LMD COLLECTION Expertise comptable

DSCG 2

Finance

Manuel

2007/2008

Sous la direction d'Alain Burlaud

Arnaud Thauvron

Annaïck Guyvarc'h

Sup'FOUCHER

Remerciements

Nous tenons à remercier vivement nos collègues et amis qui ont permis d'améliorer de façon substantielle ce manuel :

Florence Amans-Labégorre, IAE de Lille

Alexis Cellier, IAE de l'Université Paris 12

Pierre Chollet, IAE de l'Université Paris 12

Laurent Deville, Université Paris Dauphine

Jean-François Gajewski, IAE de l'Université Paris 12

Pascal Grandin, École Supérieure des Affaires (Lille 2)

Carole Gresse, Université Paris Dauphine

Jean-Jacques Julian, IAE de l'Université Paris 12

Marie-Agnès Leutenegger,Université Paris Dauphine

Patrick Mykita, ASFOREF

Juan Raposo, Université Paris Dauphine

Fabrice Riva, Université Paris Dauphine

Patrick Sentis, Université Montpellier 1

Ce manuel n'est pas figé, n'hésitez pas à nous faire part de vos commentaires en vous connectant sur le site internet des éditions Foucher.

Annaïck Guyvarc'h

Arnaud Thauvron

ISBN 978-2-216-10571-7

[Préface]

Nouveau cursus, nouvelle collection, nouvelles perspectives.

➤ Pourquoi un nouveau cursus ?

L'apparition de normes mondiales pour la formation initiale des professionnels de la comptabilité (International Federation of Accountants, 2003), la réorganisation des études universitaires en trois niveaux (licence, master, doctorat ou LMD) dans la plupart des pays du monde et l'évolution rapide des disciplines ont rendu nécessaire une refonte totale de l'architecture et des contenus des études comptables supérieures[1].

Elles comportent maintenant trois diplômes :

- le diplôme de comptabilité et de gestion, **DCG**, de niveau licence ou bac + 3 ;
- le diplôme supérieur de comptabilité et de gestion, **DSCG**, de niveau master ou bac + 5 ;
- le diplôme d'expertise comptable, **DEC**.

Ce cursus conserve l'**esprit d'ouverture** qui a fait le succès du précédent : des unités d'enseignement indépendantes, capitalisables sans contrainte de temps, des entrées possibles à différents niveaux avec des dispenses d'épreuves, des sorties à chaque niveau avec des débouchés professionnels clairement identifiés, des diplômes reconnus et appréciés, délivrés par l'Etat. Enfin, le nouveau cursus intègre pleinement le dispositif de validation des acquis de l'expérience (VAE).

➤ Quelle nouvelle collection ?

Depuis vingt ans, les éditions Foucher publient des ouvrages de référence préparant aux examens comptables de l'Etat. Ces mêmes ouvrages sont également très appréciés par les étudiants des universités, écoles de commerce ou de gestion, IUT, classes post-baccalauréat des lycées, et largement utilisés dans le cadre de la formation continue.

Aujourd'hui, la nouvelle collection « LMD Expertise comptable » répond totalement aux ambitions du nouveau cursus et s'inscrit résolument dans l'esprit du LMD.

Chaque ouvrage est un **outil multimédia** utilisant au mieux l'ergonomie de plusieurs supports. Le livre offre le meilleur confort de lecture, des possibilités d'utilisation nomade, la facilité d'appropriation et de mémorisation des contenus en annotant et en surlignant. Le numérique apporte la possibilité de mises à jour instantanées et d'applications dynamiques comme l'utilisation du tableur.

Le contenu des ouvrages, fruit du travail des meilleurs auteurs et spécialistes des différentes disciplines, est mis en valeur par une nouvelle présentation.

---

[1] Décret du 22 décembre 2006 remplaçant celui du 12 mai 1981 modifié.

Enfin et surtout, **les ouvrages de la collection « LMD Expertise comptable »** ont pour ambition de donner un sens à la connaissance ; ils privilégient le raisonnement sur la description, la déduction sur l'énumération. Ils développent une pratique raisonnée des différentes disciplines qui, conformément à l'esprit du LMD, conduit à la réussite académique et professionnelle.

➤ Quelles nouvelles perspectives ?

Le nouveau cursus est marqué par une triple ouverture.

Ouverture sur l'**université** : les ECTS[2] associés à chaque épreuve du DCG ou du DSCG permettent à chacun de valider ses acquis dans l'ensemble des universités de l'espace européen de l'enseignement supérieur.

Ouverture sur les **métiers** : les nouveaux diplômes, de niveau licence ou master, correspondent à des repères précis et appréciés des employeurs.

Ouverture sur le **monde** : les professions comptables, y compris la finance, le contrôle de gestion et l'audit, sont celles qui sont le plus ouvertes sur le monde, qu'elles soient exercées en entreprise ou en cabinet.

➤ Quel projet personnel ?

Que faut-il de plus pour réussir dans cette voie ? Simplement un peu d'ambition, les moyens de ses ambitions et de bons outils. Cet ouvrage de la collection « LMD Expertise comptable » est un excellent outil.

Alain BURLAUD
Professeur du Conservatoire national des arts et métiers

[2] European Credit Transfer System. Les ECTS sont une unité commune de mesure des acquis académiques.

Mode d'emploi

Le manuel de finance a été conçu pour préparer l'**épreuve n° 2 du diplôme supérieur de comptabilité et gestion** (DSCG) niveau Master (M).

Il comprend **quinze chapitres** regroupés en **quatre parties,** conformément à la structure du programme de l'examen. Les notions et contenus dont la connaissance est requise à l'examen, sont tous développés de manière approfondie et avec un souci pédagogique constant. Les concepts fondamentaux et les outils sont illustrés de nombreux exemples, le plus souvent tirés de la réalité.

L'architecture des chapitres est la suivante :
- un chapeau introduisant le chapitre concerné (présentation rapide des points traités) ;
- l'exposé structuré de l'un des thèmes du programme ;

Certains chapitres sont complétés par une **rubrique Excel en Pratique,** qui présente les principales fonctions financières d'Excel et leurs modalités de mise en œuvre.

Ce **manuel** est **complété par un ouvrage d'exercices** et **d'études de cas corrigés,** tous originaux, classés en trois niveaux de difficulté :

* : facile (application première des concepts du cours) ;

** : moyen (une bonne maîtrise du cours est indispensable ; c'est le niveau requis pour prétendre réussir à l'examen) ;

*** : difficile (applications qui demandent plus de réflexion et de temps de traitement ; ils permettent de vérifier la bonne maîtrise du cours et de s'entraîner pour l'examen).

• **Sur le site,** on retrouve les quinze chapitres avec une présentation homogène :
- une **fiche mémo :** qui reprend l'essentiel à retenir sous une forme différente comme par exemple des formules clefs, des informations fondamentales présentées dans des tableaux ou des définitions.
- les **fichiers Excel** qui accompagnent le manuel de cours.

Programme

DSCG UE 2
FINANCE

Niveau M : 140 heures - 15 ECTS

Thèmes	Notions et contenus	Manuel
1. La valeur (20 heures)		
1.1 La valeur et le temps	Actualisation en temps discret et en temps continu Évaluation d'une obligation : valeur coupon attaché et valeur au pied du coupon Sensibilité et duration d'une obligation Évaluation d'une action : modèles à perpétuité, modèles à plusieurs périodes Liens entre la valeur actuelle nette des investissements et la valeur des actions	Chapitre 1 Chapitre 3
1.2 La valeur et le risque	Le modèle d'équilibre des actifs financiers (MEDAF) : fondements, possibilités d'utilisation pratique, limites Les modèles à plusieurs facteurs : modèle d'évaluation par l'arbitrage (MEA), modèle de Fama French La mesure des primes de risque : l'approche historique	Chapitre 2
1.3 La valeur et l'information	Cours boursiers Les différentes formes d'efficience Les anomalies traitées par la finance comportementale et les bulles spéculatives Importance de l'hypothèse d'efficience pour la gestion financière	Chapitre 1
1.4 La valeur et les options	Option : caractéristiques de l'instrument Déterminants de la valeur d'une option Évaluation binomiale Modèle de Black et Scholes	Chapitre 3
2. Diagnostic financier approfondi (20 heures)		
2.1 Analyse financière des comptes consolidés	Démarche du diagnostic et impacts des comptes consolidés Analyse de l'activité Analyse de la structure financière Analyse de la rentabilité : rentabilité économique et rentabilité des capitaux propres Analyse par les flux de trésorerie	Chapitre 9

Thèmes	Notions et contenus	Manuel
2. 2 Les outils modernes du diagnostic	Analyse de la création de valeur Analyse de la structure financière à l'aide des options réelles Notation	Chapitre 11
3. Évaluation de l'entreprise (20 heures)		
3.1 Évaluation par les flux	Approches par les flux : revenant aux apporteurs de capitaux, revenant aux actionnaires Les modèles d'actualisation des dividendes	Chapitre 10
3.2 Évaluation par approche comparative	Le choix des inducteurs La constitution d'échantillons d'entreprises comparables Les effets des paramètres sous-jacents sur les conditions d'évaluation	Chapitre 10
3.3 Évaluation à travers des approches patrimoniales et mixtes	Actif net réévalué Détermination et justification d'une de valeur *(goodwill, badwill)*	Chapitre 10
4. Investissement et financement (30 heures)		
4.1 Les projets d'investissement	Les critères de sélection des projets d'investissement (prise en compte des : projets mutuellement exclusifs, des projets liés) Approche par les options réelles	Chapitre 5
4.2 Modalités de financement	Les quasi-fonds propres Les financements obligataires (simples et particuliers) Les titres de créance négociables L'introduction en bourse Le capital risque	Chapitre 6
4.3 Le choix d'une structure de financement	Théories explicatives du choix de financement	Chapitre 4 Chapitre 6
5. La trésorerie (20 heures)	Gestion des flux de trésorerie au sein d'un groupe (y compris les aspects spécifiques à un groupe international) Couverture des risques de change et de taux : contrats standardisés sur les marchés organisés, contrats de gré à gré	Chapitre 8
6. Ingénierie financière (30 heures)		
6.1 La politique de dividende	Le processus et les effets informationnels du paiement du dividende La dimension fiscale	Chapitre 7
6.2 La gestion de la valeur de l'action	Les rachats d'action : les mécanismes, les effets attendus, la mesure des politiques suivies Les opérations affectant le nombre d'actions Les opérations de restructuration (apport partiel d'actif, scission-dissolution, scission partielle avec échange d'actions) L'introduction de filiales en bourse	Chapitre 14

Thèmes	Notions et contenus	Manuel
6.3 Les fusions et acquisitions	Recherche de synergies et autres facteurs Le recours aux holdings Les opérations à effet de levier Les offres publiques	Chapitre 13
6.4 Les opérations sur les dettes et sur les créances	Le désendettement *(defeasance)* et la titrisation : objectifs et modalités	Chapitre 14
6.5 Les opérations de désinvestissement et de liquidation dans un contexte de défaillance	Effets attendus sur la valeur et logique des cessions Processus de redressement Processus de liquidation	Chapitre 12
6.6 Éthique et gouvernement d'entreprise	Prise en compte de l'éthique dans le management financier de l'entreprise Politique de rémunération des dirigeants	Chapitre 15

Sommaire

Partie 1

Marchés financiers et gestion de portefeuille

► *Le temps, c'est de l'argent.* Cet adage est une des règles de base de la finance. 100 euros aujourd'hui ne vaudront pas 100 euros dans un an car le temps a un coût, lié à la renonciation que représente le fait d'attendre. Cette prise en compte du prix du temps au travers du calcul actuariel se retrouve dans la plupart des problèmes financiers auxquels sont confrontés les investisseurs et les managers. Le calcul actuariel est notamment utile lorsqu'il s'agit d'estimer la valeur d'un actif coté sur un marché (action, obligation, etc.). En finance classique, les marchés sont considérés comme efficients, ce qui signifie que les cours des actifs qui y sont cotés sont représentatifs de leur valeur réelle, et que toute nouvelle information pertinente est incorporée dans les cours de façon quasi-immédiate. Ceci étant, au cours des dernières décennies, de nombreuses études sont venues remettre en cause cette hypothèse d'efficience des marchés, par la mise en évidence d'anomalies et de bulles spéculatives. Depuis une quinzaine d'années, la finance comportementale cherche à expliquer les anomalies observées. Les investisseurs ne seraient pas totalement rationnels et l'information disponible ne serait pas correctement utilisée pour leurs décisions d'investissement. Leur rationalité serait limitée. Ces différents points sont traités tout au long du chapitre 1.

En finance, il existe une relation fondamentale entre le risque et la rentabilité : *plus un actif est risqué, plus la rentabilité qui en est attendue est élevée.* C'est notre Règle d'Or n°1. Pour sa mise en œuvre, il est donc nécessaire de définir et quantifier le risque. Le fait qu'une somme future soit aléatoire, c'est-à-dire incertaine dans son montant et/ou sa date d'apparition entraîne un risque. Pour quantifier ce risque, nous disposons d'outils statistiques tels que la variance et l'écart-type. Mais la finance nous enseigne aussi qu'*il ne faut pas mettre tous ses œufs dans le même panier.* Par la diversification, l'investisseur peut diminuer le risque de son investissement. Puisque qu'une partie du risque peut être réduit par diversification, seul le risque non diversifiable est rémunéré. Pour déterminer la juste rémunération de ce risque, il existe plusieurs modèles. Le plus utilisé est le MEDAF (modèle d'évaluation des actifs financiers). Des modèles alternatifs existent cependant, tels que le modèle APT (*arbitrage pricing theory*) et le modèle de Fama et French. Cette prise en compte du risque dans la valeur fait l'objet du chapitre 2.

Tout ceci nous amène à notre Règle d'Or n°2 : *la valeur d'un actif est égale à la somme des flux de trésorerie actualisés qu'il va procurer dans le futur.* Pour mettre en œuvre ce principe, il faut déterminer un taux d'actualisation en ayant recours à notre règle d'Or n° 1. Cette Règle d'Or n° 2 permet de valoriser de façon relativement simple la plupart des actifs financiers, notamment les obligations et les actions. À coté de ces deux types de titres, il existe une catégorie particulière, les options. Le chapitre 3 est consacré aux principales techniques de valorisations de ces trois titres financiers.

La valeur, le temps et l'information

CHAPITRE 1

▶ Les marchés financiers permettent l'organisation optimale des transferts entre prêteurs et emprunteurs, en garantissant que ceux-ci s'effectuent au juste prix et à moindre coût (efficacité organisationnelle). Mais pour que des agents (individus, sociétés, banques, etc.) acceptent de prêter des fonds, il faut qu'ils puissent en tirer une certaine rémunération car ils renoncent à disposer de leur argent sur la période du prêt. En contrepartie, celui qui emprunte se voit facturer des intérêts. Ceci illustre bien le fait que les agents ne sont pas indifférents entre recevoir une certaine somme aujourd'hui et la même somme dans le futur. Toutes choses égales par ailleurs, ils préfèrent la recevoir dès maintenant. Un euro perçu aujourd'hui a ainsi plus de valeur que ce même euro, dans un an. C'est ce que l'on appelle la valeur du temps. Prenons un autre exemple. La rentabilité passée du titre A a été de 10 % alors que celle de l'action B a été de 20 %. Il paraît évident que l'action B a été un meilleur placement. Mais si cette rentabilité a été calculée sur 1 an et 2 mois pour l'action A et sur 2 ans et demi pour B, qu'en est-il ? On voit bien ici encore que le temps a de l'importance. La valeur du temps est un concept central en finance et il est fondamental pour la bonne compréhension des différents chapitres de cet ouvrage de bien maîtriser ce qui suit.

1 ▶ La valeur, le temps et le calcul actuariel

L'actualisation et la capitalisation vont consister à tenir compte de cette valeur du temps pour rendre comparables des sommes qui vont apparaître dans le temps à des dates différentes. Grâce à l'actualisation, une somme future sera convertie en une donnée actuelle, et inversement pour la capitalisation. Graphiquement, il est possible de représenter le temps par une droite, comme ci-dessous :

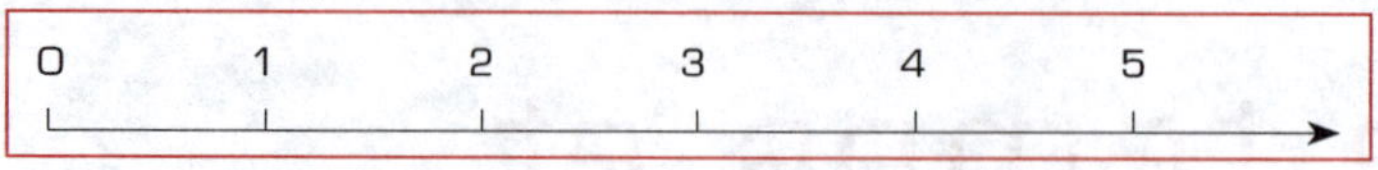

La date 0 correspond à aujourd'hui et la date 1 à la fin de la 1re période. Une période représente généralement une année mais peut avoir une durée plus courte ou plus longue (mois, trimestre, décennie, etc.), chaque période de la droite ayant la même durée. Chaque chiffre correspond à la fin d'une période et au début de la suivante. Il est ainsi équivalent de dire que la date 1 correspond à la fin de la 1re période ou au début de la 2e.

A. La valeur future

Le calcul de la valeur future permet de savoir quelle sera la valeur, dans *n* périodes, d'une somme X aujourd'hui. On parle alors de capitalisation.

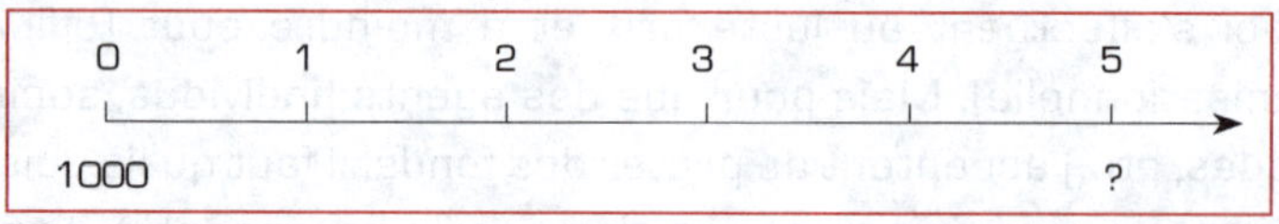

Considérons un investisseur qui place 1 000 euros sur un compte d'épargne, rémunéré au taux annuel de 2 %. Au bout d'un an, il disposera de 1 000 euros plus des intérêts au taux de 2 %, soit 1 000 + 1 000 × 2 % = 1 020 euros. Si cette somme est laissée encore un an sur le compte, la somme disponible au bout de 2 ans sera alors de 1 020 × (1,02) = 1 040,4.
Le fait que les intérêts génèrent eux-mêmes des intérêts correspond à ce que l'on appelle les intérêts composés. Au contraire, on parle d'intérêts simples lorsque les intérêts à verser ne sont calculés que sur le montant du capital initial, sans prise en compte des éventuels intérêts intermédiaires. Dans la plupart des cas, en finance, il est question d'intérêts composés et non d'intérêts simples.
En généralisant, la valeur future, dans *n* périodes, d'une somme V_0 qui procure un taux d'intérêt par période *R* (en %) est :

$$V_n = V_0 \times (1 + R)^n$$

Pour que cette relation soit valide, il faut qu'il y ait cohérence entre les périodes et le taux d'intérêt, c'est-à-dire que *R* et *n* doivent être exprimés dans des unités cohérentes. Si le taux est annuel, alors *n* devra être exprimé en années ou en mois si R est un taux d'intérêt mensuel.

exemple

Une somme de 15 000 euros est placée au taux de 5 %. Quelle sera sa valeur dans 5 ans et 3 mois ?

$$V_n = 15\,000 \times 1{,}05^{5+3/12} = 19\,379{,}17 \text{ euros.}$$

Le graphique 1.1. illustre l'impact du taux et de la durée sur la valeur capitalisée d'un euro. Plus le taux d'intérêt et/ou la durée du placement augmente, plus la valeur future est importante.

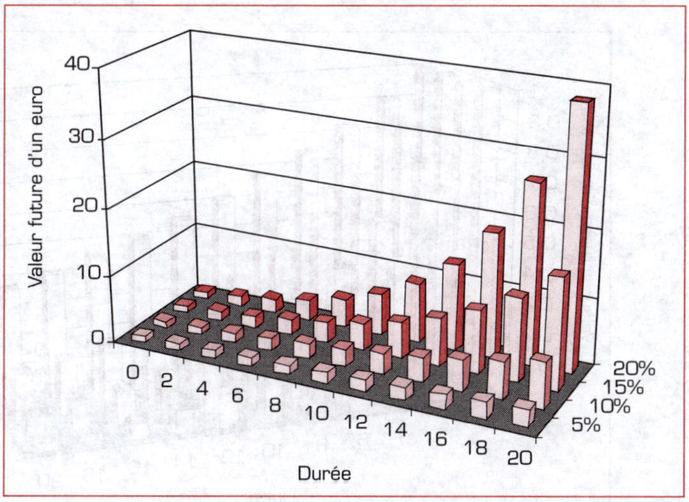

Graphique 1.1 • **Impact du taux d'intérêt et de la durée sur la valeur d'un euro investi**

B. La valeur actuelle

Maintenant, voyons ce qui se passe dans le sens inverse, c'est-à-dire quelle somme faut-il investir aujourd'hui pour disposer d'un certain montant à une date future déterminée. Ceci revient à connaître la valeur actuelle (V_0) d'une somme future. Pour cela, il faut actualiser, c'est-à-dire convertir en euros d'aujourd'hui des euros futurs, en tenant compte d'un coût d'opportunité [1], le taux d'actualisation. La formule est identique à la précédente, à ceci près que c'est V_0 que l'on recherche, et non plus V_n :

$$V_0 = \frac{V_n}{(1 + R)^n} = V_n \times (1 + R)^{-n}$$

[1] Il s'agit d'un coût d'opportunité car, en investissant, l'agent sacrifie l'opportunité de disposer des fonds aujourd'hui en échange de l'espoir de disposer d'un montant plus important dans le futur.

exemple

Quel doit être le montant d'un placement qu'un futur retraité doit réaliser pour qu'il dispose, le jour de sa retraite, dans 12 ans, d'une somme de 100 000 euros, sachant qu'il peut placer ses fonds au taux de 4 %.

$$V_0 = 100\,000 \times 1{,}04^{-12} = 62\,459{,}70 \text{ euros.}$$

Cette fois-ci, plus le taux d'actualisation et/ou la durée augmentent, plus la valeur actuelle est faible.

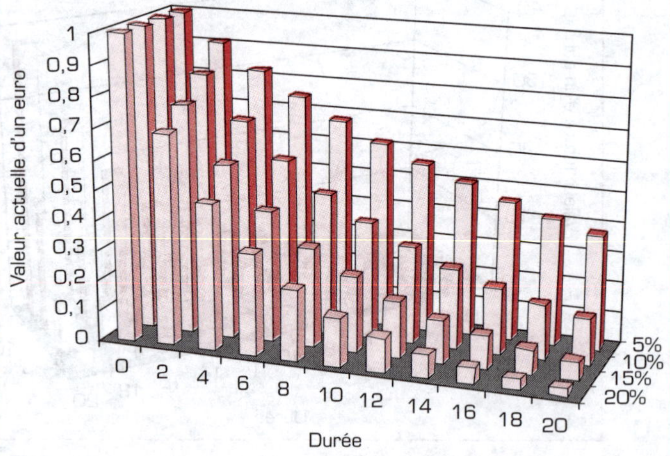

Graphique 1.2 • Impact du taux d'intérêt et de la durée sur la valeur actuelle d'un euro

Enfin, il convient de rappeler que la détermination du taux *R* se fait ainsi :

$$V_n = V_o \times (1 + R)^n \rightarrow \frac{V_n}{V_o} = (1 + R)^n \rightarrow R = \left(\frac{V_n}{V_o}\right)^{1/n} - 1$$

et que celle de la durée *n* se fait en utilisant les logarithmes népériens[2] :

$$\frac{V_n}{V_o} = (1 + R)^n \rightarrow \text{Ln}\frac{V_n}{V_o} = \text{Ln}\,(1 + R)^n \rightarrow n\text{Ln}\,(1 + R) = \text{Ln}\frac{V_n}{V_o} \rightarrow n = \frac{\text{Ln}\left(V_n/V_o\right)}{\text{Ln}\,(1 + R)}$$

[2] Car $\text{Ln}\, a^b = b\, \text{Ln}\, a$

C. L'actualisation et la capitalisation de flux multiples

Dans la réalité, il est rare qu'un investissement ne génère qu'un seul flux futur ou qu'un placement ne consiste qu'en un seul versement. Les formules présentées précédemment restent valables. Il est cependant possible d'en simplifier la mise en œuvre lorsque les flux futurs répondent à certaines conditions.

1. Formule générale

Pour actualiser ou capitaliser une série de flux futurs, il suffit de reprendre les formules vues précédemment en les appliquant à chaque flux, soit :

$$V_o = \sum_{t=1}^{n} F_t(1+R)^{-t} = F_1(1+R)^{-1} + F_2(1+R)^{-2} + \ldots + F_n(1+R)^{-n}$$

$$V_n = \sum_{t=1}^{n} F_t(1+R)^{n-t} = F_1(1+R)^{n-1} + F_2(1+R)^{n-2} + \ldots + F_n(1+R)^{n-n}$$

Graphiquement, l'actualisation de flux futurs peut se représenter ainsi :

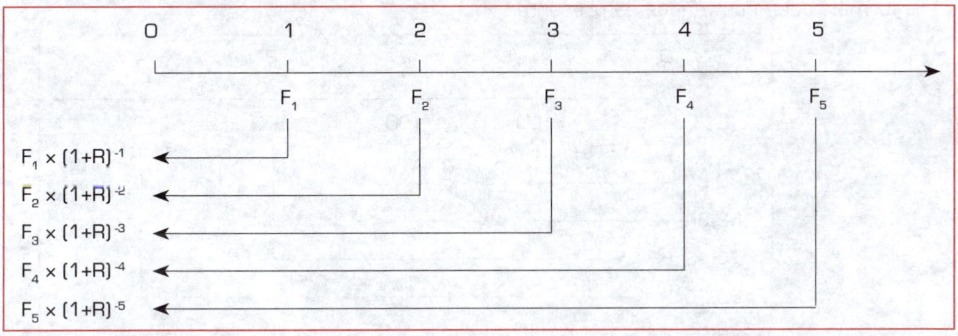

Il est important de bien avoir à l'esprit, comme le montre la droite du temps, que l'actualisation aboutit à une valeur une période avant le premier flux alors que la capitalisation donne une valeur à la date du dernier flux. Il y a un décalage d'une période avec l'actualisation et aucun décalage avec la capitalisation.

exemple

Une société est créée spécialement afin de réaliser un projet. Sur les 5 prochaines années, il va procurer des flux de 100 – 130 – 150 – 180 – 200. À l'issue des 5 ans, la valeur de ses actifs sera nulle. Le taux R est de 10 %.

$$V_0 = 100 \times (1{,}10)^{-1} + 130 \times (1{,}10)^{-2} + 150 \times (1{,}10)^{-3} + 180 \times (1{,}10)^{-4} + 200 \times (1{,}10)^{-5}$$

$$V_0 = 558{,}17 \text{ euros.}$$

2. Les flux sont constants et limités dans le temps

Il est assez fréquent que les flux présentent une régularité dans le temps. C'est, par exemple, le cas lorsque l'on vire de façon automatique sur un compte d'épargne une certaine somme d'argent (F) chaque mois ou que l'on perçoit un coupon fixe sur une obligation. Dans ce cas, il est possible de simplifier le mode de calcul de la valeur actuelle et de la valeur future :

$$V_0 = F \times \frac{1 - (1 + R)^{-n}}{R}$$

$$V_n = F \times \frac{(1 + R)^n - 1}{R}$$

exemple

Soit un flux de 100, constant pendant 4 ans, à actualiser au taux de 10 %. La valeur actuelle peut se calculer de deux façons. La première revient à calculer, comme sur le graphique, la valeur actuelle de chaque flux en tenant compte de sa date d'apparition. La seconde consiste à appliquer la formule que nous venons de présenter.

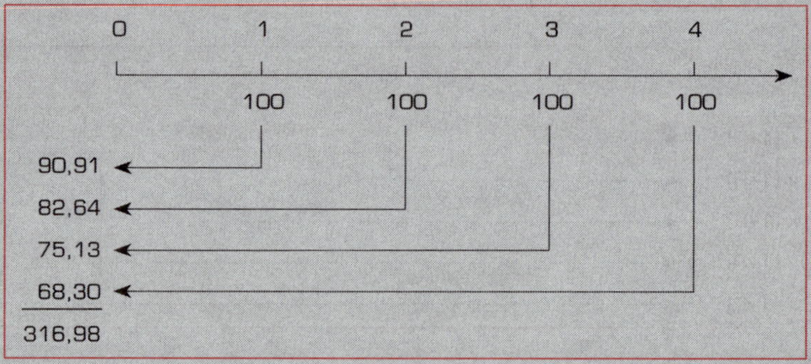

Ou, de façon équivalente :

$$V_0 = 100 \times \frac{1 - 1{,}1^{-4}}{0{,}1} = 316{,}99$$

3. Les flux sont constants, sur un horizon infini

Lorsque le nombre de périodes est infini, c'est-à-dire que les flux n'ont pas de limite temporelle, on parle de rente perpétuelle. Bien évidemment, il n'est pas possible ici de calculer une valeur future puisque l'horizon n'est pas borné. Seul le calcul d'une valeur actuelle est possible :

$$V_0 = \frac{F}{R}$$

avec F le flux constant qui sera dégagé à chaque période.

4. Les flux augmentent à un taux constant g, sur un horizon infini

Cette situation se rencontre notamment lorsque l'on cherche à actualiser des dividendes ou des flux de trésorerie de sociétés dont l'activité est arrivée en phase de maturité. Les dividendes ou flux de trésorerie augmentent alors, chaque année, d'un taux constant *g* :

$$V_0 = \frac{F_1}{R - g} \text{ avec } g < R$$

avec F_1 le flux anticipé pour la prochaine période.

D. Les taux équivalents et proportionnels

Jusqu'à présent, nous n'avons traité que des intérêts composés de façon annuelle, c'est-à-dire qui ne commencent à porter intérêt eux-mêmes qu'au bout d'un an. Dans certains cas, les intérêts peuvent être versés de façon plus fréquente (mois, trimestre, etc.). Il faut alors distinguer le taux équivalent du taux proportionnel. Le taux proportionnel est le taux qui sera généralement affiché car il est simple à comprendre et à calculer. Quant au taux équivalent, il représente le taux effectif puisqu'il tient compte du principe des intérêts composés. Ainsi, un placement qui offre un taux d'intérêt mensuel de 1 % affiche un taux d'intérêt annuel proportionnel de 12 % alors que son taux effectif (équivalent) est de 12,68 %.

1. Taux équivalent

Deux taux ayant des périodicités différentes (par exemple, mensuelle et trimestrielle) sont équivalents lorsqu'une même somme, placée à ces deux taux, à la même valeur future à une date donnée. Par exemple, si C est le montant de notre capital initial, R_a le taux d'intérêt annuel et R_s le taux d'intérêt semestriel, il y a équivalence des sommes placées si :

$$C(1 + R_a)^1 = C(1 + R_s)^2$$

d'où :

$$R_s = (1 + R_a)^{1/2} - 1$$

De façon équivalente, le taux d'intérêt équivalent annuel est donné par :

$$R_a = (1 + R_m)^m - 1$$

où m est le nombre de périodes par an et R_m le taux d'intérêt sur une période.

exemple

Quel est le taux équivalent trimestriel d'un taux annuel de 8 % ?

Une année comportant 4 trimestres, nous obtenons :

$$R_{trim.} = (1 + 0{,}08)^{1/4} - 1 = 1{,}94\ \%$$

2. Taux proportionnel

Le taux proportionnel se calcule en divisant le taux annuel par le nombre de fois où l'intérêt est versé au cours de l'année. Par exemple, le taux trimestriel proportionnel à un taux annuel de 8 % est : 8 %/4 = 2 %. De façon générale :

$$V_n = V_0\left(1 + \frac{R}{m}\right)^{m \times n}$$

avec *R* le taux d'intérêt annuel, *m* le nombre de fois dans l'année où l'intérêt est versé et *n* la durée en années du placement.

E. L'actualisation et la capitalisation en temps continu

Nous avons vu que les intérêts pouvaient être composés de façon annuelle, semestrielle, voire sur des durées plus courtes. En poussant la logique jusqu'au bout, les intérêts peuvent porter intérêts eux-mêmes à chaque instant. C'est le principe de la composition en temps continu. Dans ce cas, le *m* de l'équation précédente tend vers l'infini et l'équation précédente converge vers l'expression suivante :

$$V_n = V_0 \times e^{R \times n} \text{ et } V_0 = V_n \times e^{-R \times n}$$

où *e* représente la fonction exponentielle (environ 2,72), *R* le taux d'intérêt annuel et *n* la durée du placement en années.

exemple

Soit un placement sur 3 ans de 1 000 euros, au taux annuel continu de 8 %. Quelle sera la valeur de ce placement à l'issue des 3 années ?

$$V_3 = 1\,000 \times e^{0{,}08 \times 3} = 1\,271{,}25 \text{ euros.}$$

Ainsi, il y a équivalence entre un taux annuel continu (R_{ac}) et un taux annuel discret (R_{ad}) lorsque la valeur future en temps continu est égale à celle en temps discret, soit :

$V_n = V_0 \times e^{Rac \times n} = V_0(1 + R_{ad})^n$

D'où : $e^{Rac} = (1 + R_{ad}) \Rightarrow \text{Ln } e^{Rac} = \text{Ln}(1 + R_{ad})$

$$\Rightarrow R_{ac} = \text{Ln}(1 + R_{ad}) \text{ car Ln } (e^x) = x$$

exemple

Quel est le taux annuel discret équivalent à un taux annuel continu de 10 % ?

$$R_{ad} = e^{Rac} - 1 = e^{0,10} - 1 = 10,52 \%$$

2 ▶ L'efficience informationnelle des marchés

Un marché est efficient si le prix des actifs qui y sont cotés (actions, obligations, matières premières...) reflète leur valeur réelle. Pour les partisans de l'efficience informationnelle, les cours boursiers reflètent la valeur fondamentale des actions. Au contraire, pour les tenants de la finance comportementale, la valeur boursière d'une action peut diverger substantiellement de sa valeur intrinsèque du fait de biais comportementaux individuels, biais qui remettent en cause les hypothèses de rationalité des investisseurs.

A. Les définitions de l'efficience informationnelle

Un marché est dit « informationnellement » efficient si l'ensemble des informations pertinentes à l'évaluation des actifs financiers qui y sont cotés se trouve instantanément reflété dans les cours. On parle alors d'incorporation de l'information dans les cours : l'information nouvelle modifie le cours boursier de l'action, elle est incorporée au cours.

Le cours coté d'un titre est alors une estimation non biaisée de sa valeur intrinsèque. L'efficience informationnelle des prix cotés constitue une qualité importante pour un marché. Les prix cotés doivent refléter la confrontation de l'offre et de la demande de titres qui dépendent elles-mêmes des anticipations rationnelles des investisseurs quant à la valeur fondamentale des titres. L'efficience des marchés permet une bonne allocation des ressources entre les différents actifs. Sur les marchés efficients, les cours suivent alors une marche au hasard (*random walk*), définie uniquement par l'arrivée d'une nouvelle information. Les variations de cours trouvent leur origine dans l'arrivée d'informations non anticipées car imprévisibles. La notion de marche au hasard signifie qu'entre deux dates, le cours va évoluer de façon indépendante de son évolution à la date précédente. Il n'est pas possible de prévoir quel sera son chemin à partir de l'observation des données passées.

L'efficience informationnelle se définissant par rapport à l'incorporation de l'information, ceci conduit à définir trois formes d'efficience, selon le type d'information qui est incorporé dans les cours :

- Les cours passés : efficience faible ;
- L'information publique : efficience semi-forte ;
- L'information privée : efficience forte.

Cette typologie a été établie pour la première fois par Fama (1970), qui les définit ainsi :

- La forme faible suppose que les cours passés ne peuvent être utilisés pour prévoir l'évolution des prix futurs puisque les variations successives de cours sont purement aléatoires et fonction des informations nouvelles. Ceci remet donc en cause la pertinence des analyses techniques en matière de gestion de portefeuilles. L'analyse technique ou chartiste consiste à prévoir l'évolution des cours futurs à partir de l'historique des prix cotés. Plusieurs méthodes existent, telles que les moyennes mobiles, le momentum et les oscillateurs stochastiques. Elles fournissent des signaux d'achat et de vente aux investisseurs. Cependant, si la théorie de l'efficience est vérifiée, l'observation des rentabilités passées ne permet en rien de battre le marché. La majorité des études empiriques réalisées sur le sujet montre que les stratégies basées sur l'analyse technique sont moins performantes qu'une gestion passive de portefeuille. Une autre série de tests a été menée pour valider la forme faible de l'efficience à partir de la mesure de l'autocorrélation entre les rentabilités successives. Elles semblent confirmer la forme faible de l'efficience.
- L'efficience semi-forte est vérifiée lorsque toutes les informations publiques disponibles sont immédiatement intégrées dans les cours. Si cette forme de l'efficience du marché est vérifiée, l'intérêt de l'analyse fondamentale dans la gestion de portefeuilles est remis en cause. En effet, les conséquences sur la valeur de l'action des informations publiées (rapports annuels, annonces à la presse, etc.) sont immédiates, et il ne sert donc à rien de chercher à les exploiter pour réaliser un profit.

Le délai d'incorporation de l'information dépend de l'organisation du marché (continu ou fixing), de l'importance des volumes échangés et du montant des coûts de transaction (plus ils sont élevés, plus l'ajustement du cours prend du temps). En effet, les investisseurs mettent un certain temps à interpréter l'information qu'ils reçoivent et à définir la stratégie correspondante : doivent-ils se porter acheteurs ou vendeurs, jusqu'à quel prix et pour quel volume ? La plupart des études empiriques confirment la forme semi-forte de l'efficience et montrent que le marché met en moyenne une vingtaine de minutes à intégrer l'information et que le délai est fonction du type d'information communiquée. Cependant, certains types d'annonces se traduisent par des rentabilités anormales sur plusieurs jours, voire sur plusieurs mois. C'est notamment le cas des annonces de bénéfices pour lesquelles les cours mettent plus de temps à incorporer l'information. Des rentabilités anormales sont ainsi observées plusieurs mois après la date d'annonce. De la même façon, pour les annonces d'introductions en bourse et d'émissions d'actions nouvelles, des rentabilités anormales négatives peuvent être observées jusqu'à cinq ans après la date d'annonce.

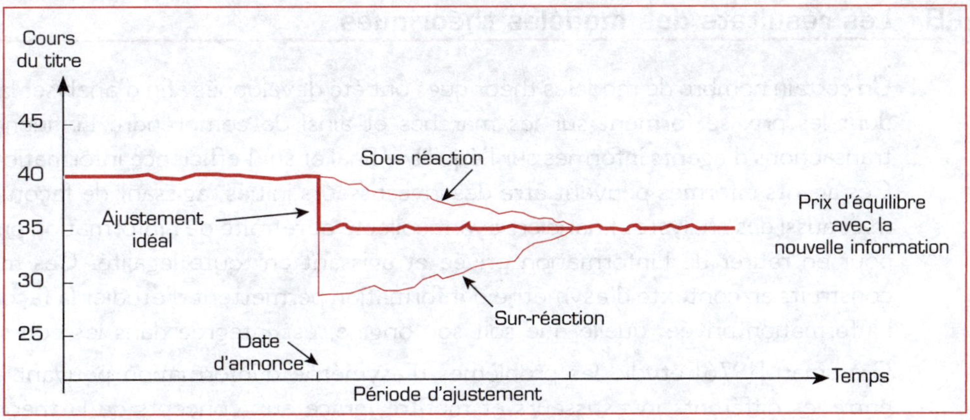

Graphique 1.3 • Ajustement des cours à une information défavorable

• La forme forte de l'efficience est observée lorsque toutes les informations, y compris les informations privilégiées (c'est-à-dire non encore rendues publiques), dont bénéficient notamment les initiés, sont intégrées dans les cours à l'occasion des premières transactions qui se fondent sur cette information. Lorsque l'information devient publique, le cours reste alors stable car il a déjà intégré la nouvelle. Les détenteurs d'informations privées peuvent être des initiés qui ont obtenu leur information de façon illicite et dont les transactions sont frauduleuses. Les analystes financiers, dont le travail consiste au retraitement de l'information publique pour générer de l'information privée, détiennent aussi de l'information privilégiée. Les tests portant sur la forme forte sont plus rares et les résultats obtenus plus nuancés. Meulbroeck (1992) sur le marché américain et Guyvarc'h (1999) sur le marché français montrent que l'intervention des initiés se traduit bien par l'apparition d'une rentabilité anormale mais que l'information n'est globalement intégrée dans les cours qu'après sa publication. L'hypothèse forte serait remise en cause. Il est en effet difficile de croire que la connaissance d'informations privilégiées ne laisse pas à son détenteur l'opportunité de réaliser des profits.

Plus récemment, Fama (1991) a revu sa typologie en fonction des tests d'efficience réalisés :

• Tests de prévisibilité des rentabilités : un marché est efficient dans sa forme faible si les cours suivent une marche au hasard, c'est-à-dire si les variations passées ne permettent pas de prédire quelles seront les variations futures ;

• Les études d'événements : un marché est efficient dans sa forme semi-forte si une information nouvelle est incorporée rapidement dans les cours ;

• Les tests de l'information privée : un marché est efficient dans sa forme forte si les dirigeants et les analystes ne sont pas en mesure de réaliser des profits sur la base d'informations privées.

Les études tendent à montrer que la plupart des marchés présentent une forme faible, voire semi-forte de l'efficience.

B. Les résultats des modèles théoriques

Un certain nombre de modèles théoriques ont été développés afin d'analyser la façon dont les prix se forment sur les marchés et ainsi de comprendre l'influence des transactions d'agents informés sur l'équilibre final et sur l'efficience informationnelle. Ces agents informés peuvent être des investisseurs initiés, agissant de façon illicite, mais aussi des analystes financiers ayant collecté et retraité de l'information publique pour en retirer de l'information privée et agissant en toute légalité. Ces modèles construits en contexte d'asymétrie d'information permettent d'étudier la façon dont l'information privée, quelle que soit son origine, est intégrée dans les cours.

Grossman [1976] étudie les problèmes d'asymétrie d'information pouvant exister entre les différents investisseurs et montre, grâce aux concepts de la théorie des équilibres en anticipations rationnelles, que la seule observation des prix cotés peut permettre l'élimination des asymétries d'information existant entre informés et non informés. Un agent ayant connaissance d'une information laissant présager une évolution favorable du cours du titre va acheter ce titre. Cette augmentation de la demande pousse le prix coté à la hausse et l'observation des variations de cours permet aux autres agents de déduire l'information privée. Dans ce cadre, les prix sont parfaitement révélateurs, c'est-à-dire que les non informés peuvent formuler les mêmes anticipations que les informés en connaissant uniquement le cours coté à l'équilibre. L'efficience informationnelle est dans ce cas parfaite.

Grossman et Stiglitz [1980] soulignent un paradoxe : les prix ne peuvent être parfaitement révélateurs si l'acquisition de l'information est coûteuse. En effet, aucun investisseur ne serait prêt à engager des dépenses pour devenir informé (en étudiant les rapports annuels par exemple) si les prix d'équilibre reflétaient déjà toute l'information disponible. Dès lors, l'intervention d'investisseurs supérieurement informés conduit à améliorer l'efficience informationnelle car leurs transactions contribuent à l'incorporation de la totalité de l'information privée dans les cours. Ceci étant, le prix qui s'établit contient certes de l'information, mais également une composante de bruit. Il ne permet donc plus aux non-informés d'inférer parfaitement le signal qui est à l'origine de l'échange des informés (*noisy rational expectations*).

Ces premiers résultats doivent cependant être nuancés, car le modèle de Grossman [1976] comporte un certain nombre d'hypothèses peu réalistes. Par exemple, Grossman [1976] se place dans un contexte parfaitement concurrentiel. Les informés ne prennent pas en compte l'impact de leurs transactions sur les prix d'équilibre lorsqu'ils déterminent leur stratégie d'échange. Or les informés peuvent adopter un comportement stratégique afin de limiter la révélation de leur information privée.

L'organisation de la Bourse de Paris (Euronext) peut également expliquer pourquoi l'information privée peut ne pas être immédiatement incorporée dans les cours. Tout d'abord, il existe un système d'interruption des cotations qui se déclenche en cas de fortes variations des cours ou avant l'annonce par l'entreprise d'informations importantes. Ainsi, si les initiés passent des ordres qui font varier les cours de façon trop importante, les cotations sont suspendues et l'information privée ne peut être incorporée dans les cours. De la même façon, le mécanisme de suspension, mis en place en l'attente d'un communiqué de l'entreprise peut empêcher les initiés de tirer profit de leur information privée. L'intégration de l'information est reportée au moment de la reprise des cotations.

Une seconde caractéristique du fonctionnement de la Bourse de Paris est la possibilité pour les investisseurs de passer des ordres dits « cachés ». Grâce à ce type d'ordres, les initiés peuvent limiter la révélation de leur information. La quantité totale de l'ordre n'est pas divulguée au marché en une seule fois, mais progressivement. L'impact de l'ordre sur les cours cotés est donc atténué et le prix coté intègre moins rapidement la totalité de l'information privée.

Bien que la révélation de l'information privilégiée puisse être limitée par de multiples facteurs, l'intervention d'agents supérieurement informés conduit à incorporer leur information privée dans les cours, ce qui a un impact positif sur le contenu informationnel des cours et sur l'efficience informationnelle.

Cependant, l'efficience informationnelle ne dépend pas uniquement de la quantité d'information privée intégrée dans les cours, mais aussi de la vitesse à laquelle l'information publique est incorporée dans les prix. La présence d'initiés sur le marché n'est pas sans conséquence sur le comportement des différents investisseurs. Elle peut les décourager d'intervenir sur le marché. Les analystes financiers et les arbitragistes qui doivent collecter et traiter l'information pour devenir informés sont découragés par l'arrivée d'initiés. Ils renoncent à acquérir de l'information sachant que les initiés obtiennent une information de meilleure qualité et à moindre coût. Cette situation se traduit alors par une diminution de l'efficience globale lorsqu'un nombre assez important d'analystes renoncent à leur collecte d'informations. La présence d'initiés n'a donc pas que des effets positifs !

L'intervention des initiés conduit aussi à une diminution de la confiance que les non-informés accordent au marché financier. Lorsqu'ils pressentent l'arrivée d'agents supérieurement informés, ils sont conscients qu'en cas d'échange, ils font face à un risque d'anti-sélection. Ils sont alors plus réticents à effectuer des transactions ce qui conduit à une baisse de l'activité d'échange et aboutit à un ralentissement de l'intégration de l'information par les prix et donc à une diminution de l'efficience informationnelle.

Ces différents résultats théoriques montrent que l'hypothèse de la forme forte de l'efficience est largement remise en cause. Bien que les formes faible et semi-forte de l'efficience soient couramment admises par la théorie financière classique, certaines anomalies observées sur les marchés semblent les remettre en cause.

C. Les anomalies et les bulles spéculatives

Depuis une vingtaine d'années, les résultats mis en évidence par un certain nombre d'études empiriques remettent en cause l'efficience informationnelle du marché boursier, en soulignant plusieurs types d'anomalies et l'existence de bulles spéculatives.

1. Les anomalies boursières

Les anomalies prennent notamment la forme de saisonnalité des rentabilités, dites « anomalies calendaires ». L'effet lundi [3] est marqué par une rentabilité des titres inférieure (voire négative) le lundi par rapport à celle observée les autres jours de la semaine, alors qu'elle devrait représenter trois fois la rentabilité des autres jours si elle était proportionnelle à la durée de détention des titres (le lundi et les deux jours du week-end). Cette anomalie est aussi appelée effet week-end. Une explication à cet effet lundi serait que, pour éviter une réaction trop forte du marché, les dirigeants auraient tendance à publier les mauvaises nouvelles le vendredi, après la clôture des marchés afin que les investisseurs disposent de plusieurs jours pour bien interpréter la nouvelle et ne sur-réagissent pas instantanément. Ce n'est donc qu'à l'ouverture, le lundi, que l'information négative se traduirait par une baisse des cours expliquant les rentabilités en moyenne plus faibles observées ce jours là. À l'inverse, les bonnes informations seraient plutôt communiquées en semaine et cela justifierait les rentabilités plus fortes observées. Une autre justification possible serait la réorganisation des portefeuilles par les investisseurs institutionnels en début de semaine. Une autre explication aux effets week-end et lundi serait que les investisseurs rachèteraient leurs positions à découvert (*short*) pour ne pas être exposés aux fluctuations du week-end (d'où la hausse des cours le vendredi), et se remettraient *short* le lundi en vendant à découvert (d'où la baisse des cours le lundi) [4]. Des études plus récentes montrent aussi des rentabilités supérieures les mercredis et la veille des jours fériés [5].

L'effet fin de mois (Ariel 1987) se traduit par une rentabilité des actions plus importante pendant la première quinzaine d'un mois donné et quasi nulle pendant la seconde quinzaine. Une autre étude montre l'existence de rentabilités anormales positives sur les trois derniers jours et les trois premiers jours de chaque mois (Lakonishok et Smidt 1987). L'effet janvier ou effet fin d'année se traduit par le fait que les actions ont tendance à avoir une rentabilité supérieure les premiers jours de janvier. Cette anomalie pourrait s'expliquer sur certains marchés par la fiscalité, les investisseurs pouvant avoir intérêt à réaliser leurs moins-values (en cédant les titres concernés) et à différer l'imposition de leurs plus-values (en ne cédant pas les titres). Elle est cependant observée sur des marchés où la fiscalité n'intervient pas. La finance comportementale l'explique par le fait que les investisseurs considèrent janvier comme un nouveau départ et décident de liquider leurs positions à la fin du mois de décembre (Shiller 1999).

L'effet taille montre que la rentabilité des entreprises de petites capitalisations est supérieure à celle des grandes. Cet effet aurait tendance à disparaître dès lors qu'il est mis en évidence. Enfin, Basu (1977) a mis en évidence le fait que plus le PER (*Price Earning Ratio*) de l'action est faible, plus sa rentabilité est forte (effet PER). Cette anomalie, expliquée initialement par l'existence d'une prime liée à leur plus faible liquidité, persiste aujourd'hui malgré la mise en place de contrats d'animation sur les valeurs les moins liquides.

---

3 French (1980) et Hamon et Jacquilllat (1992).

4 Chen et Singal (2003).

5 Ariel (1990).

2. Les bulles spéculatives

Les bulles spéculatives s'observent lorsque le cours coté s'éloigne progressivement de la valeur fondamentale du titre, jusqu'à l'éclatement de la bulle qui se traduit par une forte chute du cours. Elles peuvent se limiter à un seul titre, concerner l'ensemble des titres d'un secteur (voir la crise du marché des valeurs Internet en 2000) ou la globalité du marché. Les bulles spéculatives remettent en cause l'hypothèse d'efficience des marchés financiers. Elles résultent du comportement excessif des spéculateurs qui ne cherchent pas seulement à évaluer le titre à sa juste valeur mais qui tentent d'anticiper le comportement et les anticipations des autres investisseurs. Elles peuvent aussi se justifier par des comportements de mimétisme entraînant des phénomènes de sur-réaction. Il existe trois types de bulles :

- les bulles rationnelles, expliquées par le comportement mimétique des investisseurs ;
- les bulles informationnelles, justifiées par l'asymétrie d'information existant entre les différents intervenants sur le marché financier ;
- les bulles irrationnelles caractérisées par la non-rationalité des investisseurs et des divergences d'interprétation d'une même information.

Ces différentes anomalies et bulles spéculatives semblent remettre en cause l'efficience des marché et laissent supposer que les investisseurs ne sont pas tous rationnels. La finance comportementale, relâchant l'hypothèse de rationalité parfaite, tente de trouver des justifications aux anomalies observées.

3 ▶ La finance comportementale ou la remise en cause de l'efficience

À l'inverse de la finance classique, qui repose sur l'hypothèse d'efficience des marchés, la finance comportementale suppose que toute l'information disponible n'est pas correctement utilisée et remet en cause les hypothèses de rationalité des investisseurs et de maximisation de leur espérance d'utilité. Les anomalies présentées précédemment seraient l'illustration que le marché peut être irrationnel. Cette rationalité limitée expliquerait également la volatilité excessive des marchés car s'ils étaient rationnels, les cours ne devraient pas varier dans le temps avec autant d'intensité puisque la valeur fondamentale des titres ne varie pas dans de telles proportions. La finance comportementale s'intéresse ainsi aux facteurs psychologiques qui conduisent les investisseurs, mais également les dirigeants d'entreprises, à prendre des décisions sous-optimales, et à étudier dans quelle mesure ces décisions vont affecter le comportement du marché.

Notre objectif n'est pas ici de faire un état des lieux des travaux en finance comportementale [6], mais de présenter quelques-uns des principaux résultats de ce courant de recherche, que nous regrouperons en quatre ensembles :

- La théorie des perspectives ;
- Les biais de confiance ;

[6] Sur le sujet, voir Broihanne, Merli et Roger (2004), Mangot (2005) et Grandin (2007).

• Les heuristiques ;

• L'attention limitée.

La théorie des perspectives, pour laquelle Daniel Kahneman gagna le prix Nobel d'économie en 2002, s'intéresse à trois des aspects de la fonction d'utilité d'un individu :

• la valeur hédonique (non financière) qu'il attribue à un résultat dépend selon que ce résultat est un gain ou une perte ;

• la valeur négative hédonique d'une perte est supérieure à la valeur hédonique positive d'un gain de même montant (asymétrie de sentiment entre les gains et les pertes). Ceci expliquerait pourquoi les individus ont tendance à vendre trop vite les « bons » placements et à conserver en portefeuille les mauvais. En repoussant la réalisation des moins-values, ils espèrent un retournement de situation. On parle d'effet de disposition ;

• la valeur hédonique marginale d'une augmentation de gain (ou de perte) décroît avec la taille du gain (ou de la perte). Imaginons une action acquise 100 € et qui cote désormais 160 €. Parce qu'il n'aime pas le risque, l'investisseur sera tenté de la vendre afin de réaliser un gain de 60 €, le supplément de valeur hédonique qu'il en tirera si elle continue à augmenter allant en diminuant. Par contre, si le cours chute à 40 € (soit une perte de 60 €), toute baisse supplémentaire du cours aura une valeur hédonique négative de plus en plus faible, le conduisant à conserver son action, dans l'espoir d'une remontée de son cours.

Les biais de confiance ont pour origine le fait que les individus ont tendance à surestimer leurs capacités à anticiper des événements pour lesquels ils disposent de peu d'informations alors que, dans la situation inverse, ils vont se sous-estimer. Sur un marché efficient, les investisseurs rationnels ne devraient passer des ordres de vente que lorsqu'ils ont des besoins de liquidités (pour acheter un appartement par exemple), pour refinancer leur portefeuille (vente de titres en hausse pour couvrir les pertes sur les titres en baisse) ou encore pour des raisons fiscales. En réalité, bon nombre d'échanges s'expliquent par la sur-confiance, résultant de la surestimation que les investisseurs ont de leurs capacités à identifier des titres sous-évalués. Les conséquences de ce phénomène ont été accentuées ces dernières années par le développement des sites de bourse en ligne, qui permettent à n'importe quel investisseur d'intervenir sur le marché de façon quasi-immédiate.
Lorsque les individus sont confrontés à des choix complexes, ils vont être amenés à procéder à des simplifications afin de se décider. C'est l'utilisation de règles de décision simples que l'on qualifie d'heuristiques car elles se fondent principalement sur l'intuition. Le recours à ces heuristiques va alors conduire l'individu à prendre une décision qui peut être très éloignée de ce qu'aurait donné une décision rationnelle. Ceci explique pourquoi, lorsqu'une pièce lancée à pile ou face est tombée 5 fois sur face, de nombreux individus sont persuadés que la probabilité qu'au prochain lancé elle tombe sur pile est plus élevée que sur face. L'heuristique de représentativité conduit les investisseurs à accorder trop d'importance à l'information actuelle et à ne pas assez tenir compte des perspectives à long terme dans leurs

prises de décision. Ils investiront plus facilement dans des sociétés ayant récemment dégagés des bénéfices supérieurs aux résultats attendus. L'heuristique de disponibilité explique que les investisseurs orientent leurs investissements vers des sociétés dont on parle beaucoup dans la presse financière ou encore vers des entreprises réalisant de grandes campagnes de publicité sur leurs produits.

Enfin, l'attention limitée explique certains choix des individus à certains facteurs non pertinents plutôt qu'à des paramètres fondamentaux. Ceci serait lié aux capacités cognitives [7] limitées des individus. Ces facteurs non pertinents sont, par exemple, la façon dont l'information est présentée ou la fréquence où elle est évoquée. Ceci expliquerait ainsi la préférence domestique des investisseurs, qui consiste à investir de préférence dans des sociétés de leur pays, plutôt que de diversifier leur portefeuille avec des titres étrangers.

Que conclure de ces études ?

Que le marché est relativement efficient, au moins dans ses formes faible et semi-forte. Pour autant, on ne peut nier l'existence de bulles spéculatives et l'inefficience du marché quant à la valeur de certains titres, sur certaines périodes. Du point de vue de l'entreprise et des décisions qu'elle est amenée à prendre (investissement, financement, distribution), l'efficience reste un cadre d'analyse pertinent. On pourrait donc résumer la situation ainsi : *le marché est toujours efficient, sauf lorsqu'il ne l'est pas !*

[7] Processus par lequel un être humain acquiert des informations sur son environnement (Larousse).

Excel en pratique

Fichier utilisé : Chapitre_1.xls

Fonctions utilisées :

- Valeur actuelle : VA (taux;npm;vpm;vc;type) avec taux le taux d'intérêt, npm le nombre de périodes, vpm le coupon à chaque période, vc le prix de remboursement, type : 0 si versement en fin de période, 1 si début de période.
- Valeur capitalisée : VC (taux;npm;vpm;va;type) avec taux le taux d'intérêt, npm le nombre de périodes, vpm le coupon à chaque période, va la valeur aujourd'hui, type : 0 si versement en fin de période, 1 si début de période.
- Taux de Rentabilité Interne : TAUX (npm;vpm;va;vc;type)

exemple 1E-1 :

Valeur actuelle d'une somme future

Méthode 1 : utilisation de l'opérateur puissance : ∧

	A	B	C
3	Valeur future	100	
4	Taux	9 %	
5	Durée	6	
...			
7	Valeur actuelle	59,63	=B3*(1+B4)∧-B5

Méthode 2 : utilisation de la fonction Excel : VA

	A	B	C
3	Valeur future	100	
4	Taux	9 %	
5	Durée	6	
...			
11	Valeur actuelle	– 59,63	=VA(B4;B5;0;B3;0)

Remarque : le résultat obtenu est ici négatif. Ceci s'explique par le fait qu'Excel considère que pour obtenir 100 dans le futur (flux d'entrée, donc positif), il faut investir aujourd'hui 59,63 (flux de sortie, donc négatif).

exemple 1E-2 :

Valeur future d'une somme actuelle

	A	B	C
3	Valeur actuelle	1 000	
4	Taux	12 %	
5	Durée	7	
...			
8	Valeur future	– 2 210,68	=VC(B4;B5;0;B3;0)

exemple 1E-3 :

Taux de rendement interne

	A	B	C
3	Valeur actuelle	– 1 000	
4	Valeur future	2 350	
5	Durée	6	
6			
7	TRI	15,3 %	=TAUX(B5;0;B3;B4;0)

Remarque : pour qu'Excel puisse calculer un TRI, il est impératif que le signe de la valeur actuelle et de la valeur future soit différent. Dans le cas contraire, un message d'erreur est obtenu.

exemple 1E-4 :

Valeur actuelle en cas de paiements multiples

Chaque année, pendant 10 ans, on place 10 000 € au taux de 4 %. Quelle valeur sera obtenue à l'échéance ?

	A	B	C
3	Durée	10	
4	Annuités	10 000	
5	Taux	4 %	
6			
7	Valeur actuelle	– 120 061	=VC(B5;B3;B4)

La valeur et le risque

CHAPITRE 2

► En 2004, Danone a dégagé une rentabilité sur ses capitaux propres de 5,99 % et un bénéfice net de 317 M€. Est-ce bien ? Une société qui réalise un tel bénéfice crée-t-elle nécessairement de la valeur pour ses actionnaires ? À ce stade, il est impossible de le dire. La rentabilité à elle seule ne permet pas de trancher cette question. Pourquoi ? Car ce qui importe n'est pas la rentabilité en elle-même, mais la confrontation de la rentabilité obtenue et de la rentabilité qui était espérée. Et qu'espérait-on ? Une rentabilité suffisante pour rémunérer le risque encouru !

Nous y voilà, notre première Règle d'Or :

Règle d'Or n° 1 : La rentabilité espérée d'un actif financier est proportionnelle au risque encouru.

Tout comme le temps, le risque est un paramètre fondamental en finance. On parle de risque dès lors qu'une somme future est incertaine dans son montant et/ou sa date d'apparition. C'est l'aléa qui est à l'origine du risque et non le fait que l'on puisse perdre de l'argent. Si un titre financier qui vaut aujourd'hui 100 euros est amené à valoir 150 dans un an avec une probabilité de 25 % et 130 avec une probabilité de 75 %, il est considéré comme risqué car sa valeur future est incertaine, quant bien même il est assuré qu'elle sera supérieure à sa valeur actuelle.

1 ▶ Règle d'Or nº 1 : La relation rentabilité – risque

Un des fondements de la finance moderne est que les agents n'aiment pas le risque (en anglais, on dit qu'ils sont *risk averse*). Cette aversion au risque ne signifie pas qu'ils ne prennent jamais de risque dans leurs décisions financières mais que, s'ils en prennent, ils en attendent une certaine compensation. Un investisseur qui n'aime pas le risque placera son argent sur un livret A et percevra 3 % nets d'impôt. S'il souhaite gagner plus, il pourra acheter des obligations. Leur rendement est supérieur mais il n'est pas à l'abri d'une baisse du cours de ses obligations. S'il n'est toujours pas satisfait, il peut investir en actions. Le risque y est nettement plus élevé mais ses espérances en termes de gains le sont également. Sur un siècle (1900-2000), on observe ce type de hiérarchie entre emprunts d'États et actions (Tableau 2.1.).

Tableau 2.1 • Moyennes et écarts type des rentabilités des actions et emprunts d'État, 1900-2000

	Actions		Emprunts d'État	
	Rentabilité Moyenne (%)	Écart-type	Rentabilité Moyenne (%)	Écart-type
France	6,3	23,1	0,1	14,4
Allemagne	8,8	32,3	0,3	15,9
Royaume Uni	7,6	20,0	2,3	14,5
États-unis	8,7	20,2	2,1	10,0

Source : Dimson et March (2002).

Sur le siècle passé, les actions ont ainsi procuré une rentabilité annuelle moyenne de 6,3 % en France, nettement supérieure à celle des obligations (0,10 %). Mais, dans le même temps, l'écart-type des rentabilités des actions est également beaucoup plus élevé, signe d'une plus grande dispersion et donc d'un niveau de risque supérieur.

Ce tableau 2.1. est cependant trompeur. Il est important d'avoir à l'esprit que notre règle d'Or concerne la rentabilité espérée, donc future. Ce qui signifie que l'étude des données passées d'un titre peut aboutir à la conclusion inverse comme le montre l'exemple ci-dessous.

Tableau 2.2 • Rentabilité hebdomadaire de BNP Paribas et Eurotunnel, du 26 septembre 2003 au 31 décembre 2004

	BNP Paribas	Eurotunnel
Rentabilité moyenne	0,32 %	– 1,59 %
Écart-type	2,17 %	8,27 %
Minimum	– 4,10 %	–22,22 %
Maximum	5,62 %	28,57 %

Espérer gagner de l'argent est une chose, en gagner en est une autre. Dans ces conditions, l'étude des données passées présente-t-elle un intérêt ? La réponse est globalement positive concernant le risque et négative pour la rentabilité. L'écart-type des rentabilités est relativement stable dans le temps et il est donc possible d'estimer le risque futur sur la base de l'étude des données passées. Par contre, les rentabilités passées ne préjugent en rien des rentabilités futures. Concrètement, cela signifie que l'on peut faire l'hypothèse que l'écart-type des rentabilités hebdomadaires futures de l'action BNP Paribas sera de 2,17 %, mais pas que sa rentabilité sera de 0,32 %. Pourquoi alors investir dans de l'Eurotunnel alors que le risque est 4 fois supérieur (8,27 % contre 2,17 %). Tout simplement car l'espérance de rentabilité pour ce titre peut être plus grande. Si le titre peut beaucoup baisser, il peut aussi très fortement augmenter. L'étude des données passées le confirme. Alors qu'au maximum, sur la période d'étude, le titre BNP Paribas a augmenté en une semaine de 5,62 %, celui d'Eurotunnel a pris 28,57 %.

La prise en compte du risque dans la valeur va se faire en deux étapes :

- Étape 1 : la quantification du risque (variance, écart-type, bêta) ;
- Étape 2 : la tarification du risque (MEDAF, APT, modèle de Fama et French).

2 ▶ La quantification du risque

Avant d'étudier plus en détail les relations qui lient le risque et la rentabilité, il convient de procéder à quelques rappels de statistiques.

A. La rentabilité moyenne

Sur une période donnée, la rentabilité d'un actif tient compte de deux facteurs : la variation de valeur de l'actif et les revenus qu'il a éventuellement versés (dividendes, coupons, ...), soit :

$$\text{Rentabilité}_t = \frac{P_t - P_{t-1} + Rev_t}{P_{t-1}}$$

où P_t et P_{t-1} représentent le prix de l'actif aux dates t et $t-1$, Rev_t le revenu éventuel qu'il a distribué au cours de l'intervalle de temps entre t-1 et t.

Une fois la rentabilité de l'actif calculée sur plusieurs périodes, il faut en faire la moyenne. À ce stade, un problème se pose car il existe deux types de moyenne, la moyenne arithmétique et la moyenne géométrique. La moyenne arithmétique consiste à additionner les différentes rentabilités et à diviser le tout par le nombre de périodes. La rentabilité moyenne géométrique (R_G) tient compte, quant à elle, du principe des intérêts composés :

$$R_G = \left[(1 + R_1)\ (1 + R_2)\dots(1 + R_n)\right]^{1/n} - 1$$

$$R_G = \left[\prod_{t=1}^{n}(1 + R_t)\right]^{1/n} - 1$$

exemple

Tableau 2.2 • Rentabilités mensuelles de BNP Paribas au T4 de 2004

Date	Rentabilité
sept-04	4,48 %
oct-04	2,59 %
nov-04	– 1,96 %
déc-04	1,92 %

Moyenne arithmétique : [4,48 + 2,59 – 1,96 % + 1,92 %]/4 = 1,7575 %

Moyenne géométrique : $[1,0448 \times 1,0259 \times 0,9804 \times 1,0192]^{1/4} - 1 = 1,7302$ %

Comment expliquer et interpréter cette différence de résultat ? Tout d'abord, il faut avoir à l'esprit que l'on ne mesure pas la même chose dans les deux cas. Lors de l'étude de données passées, il est plus pertinent d'utiliser la moyenne géométrique car elle seule permet de savoir combien a été gagné, en moyenne, à chaque période, car elle intègre le principe des intérêts composés. Seule la rentabilité moyenne géométrique (R_G) permet de relier la valeur passée d'un actif (action ou obligation) à sa valeur actuelle. De la sorte, la moyenne géométrique est la plus appropriée pour apprécier des rentabilités passées.

À l'inverse, si l'on s'intéresse à la rentabilité future, la moyenne arithmétique est plus appropriée car on raisonne en termes probabilistes (on n'est pas certain de ce que sera l'avenir). Prenons un exemple. Supposons une somme de 10 000 euros qui peut doubler de valeur (+100 % : 20 000 €) ou baisser de moitié (– 50 % : 5 000 €) d'ici un an, avec la même probabilité. La valeur espérée au bout d'un an est de :

- 50 % × 20 000 + 50 % × 5 000 = 12 500 euros,
- soit une rentabilité espérée de 25 %.

La moyenne arithmétique nous donne [+100 % – 50 %]/2 = 25 % alors que la moyenne géométrique aboutit à $[(1 + 1)(1 - 0,5)]^{1/2} - 1 = 0$ %.

Tableau 2.3. • Rentabilités moyennes par classe d'actifs aux États-Unis, entre 1926 et 2005

	Moyenne géométrique	Moyenne arithmétique	Écart type
Actions (fortes capitalisations)	10,4 %	12,3 %	20,2 %
Actions (faibles capitalisations)	12,6 %	17,4 %	32,9 %
Obligations des entreprises	5,9 %	6,2 %	8,5 %
Emprunts d'État à long terme	5,5 %	5,8 %	9,2 %
Billets du Trésor à court terme	3,7 %	3,8 %	3,1 %

Source : Stocks, Bonds, Bills, and Inflation 2006 Yearbook, Ibbotson Associates.

B. La distribution des rentabilités

Une façon relativement simple de présenter des données est de les résumer sous la forme d'un histogramme. Un histogramme est un diagramme formé d'une suite de colonnes avec un intervalle de classes en abscisse et une courbe de fréquence en ordonnée. Cette représentation est extrêmement utile en finance car elle permet de savoir immédiatement, bien que de façon approximative, si la distribution d'une variable (la rentabilité hebdomadaire d'un titre par exemple) suit une loi normale ou non, ce qui peut alors permettre de définir un intervalle de confiance de sa rentabilité espérée sur la base de son écart-type.

Pour construire une distribution de fréquences des rentabilités d'un titre, il faut procéder ainsi :

- Calculer les rentabilités sur des intervalles de temps identiques (semaine, mois, ...), sur une période donnée (2000-2005 par exemple) ;
- Classer ces rentabilités par ordre croissant ;
- Définir le nombre d'intervalles de valeurs ;
- Compter le nombre d'observations pour chaque intervalle (par exemple, la rentabilité hebdomadaire a été 10 fois comprise entre 5 % et 10 %) ;
- Construire le diagramme.

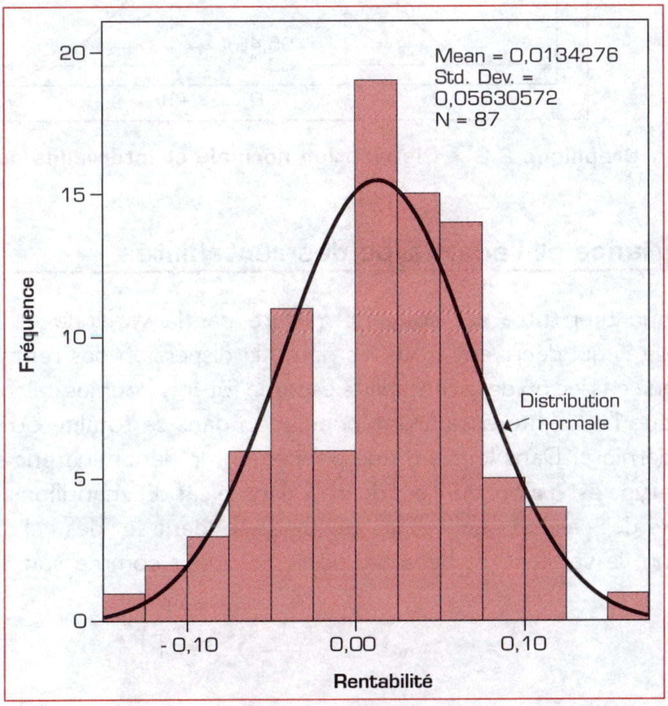

Graphique 2.1 • Distribution des rentabilités mensuelles de Danone entre le 3 janvier 2000 et le 2 avril 2007

Dans le cas de Danone, la rentabilité moyenne mensuelle entre le 3 janvier 2000 et le 2 avril 2007 est de 1,34 %, avec un écart-type de 5,63 %. Ces rentabilités sont principalement comprises entre –10 % et +10 %. Enfin, on peut remarquer que cette distribution des rentabilités s'éloigne fortement de la loi normale.

Dans le cas d'une distribution suivant une loi normale, l'écart-type permet de définir un intervalle de confiance autour de la moyenne. Si la distribution des rentabilités d'un titre suit une loi normale, il devient possible d'établir un intervalle à l'intérieur duquel se situe la rentabilité future du titre, avec une certaine probabilité. Ainsi, la rentabilité sera comprise entre ± un écart-type de la rentabilité moyenne, avec une probabilité de 68,26 % et de ± deux écarts-type avec une probabilité de 95,46 %. Si la rentabilité espérée d'un titre pour l'année à venir est de 12 % et que l'étude des données passées a permis d'observer que les rentabilités suivaient une distribution normale et avaient un écart-type de 5%, alors la rentabilité pour l'année à venir sera comprise entre :

- 7 % (12 % – 5 %) et 17 % (12 % + 5 %) avec une probabilité de 68 % ;
- 2 % (12 % – 2 × 5 %) et 22 % (12 % + 2 × 5 %) avec une probabilité de 95 %.

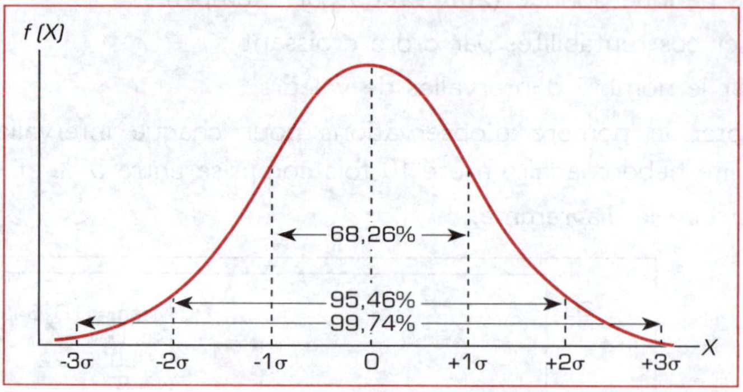

Graphique 2.2 • Distribution normale et intervalles de confiance

C. La variance et l'écart-type des rentabilités

Le risque d'un titre est souvent mesuré par la variance et l'écart-type de ses rentabilités qui décrivent, tous les deux, la dispersion des rentabilités autour de sa moyenne passée ou de la rentabilité espérée future. Pour les calculer, il faut distinguer selon que l'on s'intéresse à une population dans sa totalité ou à un échantillon de cette dernière. Dans le cas d'une population, le dénominateur de la variance et de l'écart-type est n alors qu'il est de $n - 1$ dans le cas d'échantillons. Dans la très grande majorité des cas, en finance, les calculs se fondent sur des échantillons. Dans cette situation, la variance et l'écart-type se calculent comme suit :

$$\text{Variance}_i = \frac{1}{n-1}\sum_{t=1}^{n}\left(R_{it} - \bar{R}_i\right)^2$$

$$\text{et Ecart-type}_i = \sqrt{\text{Variance}_i}$$

où R_{it} représente la rentabilité du titre i à la date t et $\bar{R}_i$ la rentabilité moyenne du titre i sur la période.

Tableau 2.4 • Rentabilités mensuelles du titre BNP Paribas en 2004

Date	Cours	Rentabilité mensuelle	(Rt–Rmoy.)²
déc-03	48,17		
janv-04	48,24	0,145 %	0,002 %
févr-04	49,06	1,700 %	0,013 %
mars-04	47,98	– 2,201 %	0,077 %
avr-04	48,34	0,750 %	0,000 %
mai-04	48,72	0,786 %	0,000 %
juin-04	48,77	0,103 %	0,002 %
juil-04	46,68	– 4,285 %	0,236 %
août-04	48,02	2,871 %	0,053 %
sept-04	50,17	4,477 %	0,152 %
oct-04	51,47	2,591 %	0,041 %
nov-04	50,46	– 1,962 %	0,064 %
déc-04	51,43	1,922 %	0,018 %
	Total :	6,896 %	0,659 %
	N :	12	
	Moyenne :	0,575 %	
	Variance :	0,0599 %	
	Écart-type :	2,448 %	

Variance de la rentabilité mensuelle de BNPP : 0,659/11 = 0,0599

D. La covariance

La covariance est également une notion importante en finance, notamment en matière de diversification des risques. Elle mesure le mouvement d'une variable par rapport à une autre sur une période de temps donnée, soit :

$$\text{Covariance}(R_1, R_2) = \frac{1}{n-1}\sum_{t=1}^{n}(R_{1t}-\overline{R}_1)(R_{2t}-\overline{R}_2)$$

où R_{1t} et R_{2t} représentent la rentabilité des titres *1* et *2* à la même date *t*. Une covariance positive signifie que les deux titres ont tendance à évoluer dans le même sens et, lorsqu'elle est négative, en sens inverse.

3 ▶ La diversification du risque

L'étude des données passées met en évidence, comme nous l'avons vu précédemment, que les titres[1] qui offrent la rentabilité la plus élevée sont ceux qui ont la volatilité (mesurée par l'écart-type) la plus importante et sont donc les plus risqués.

[1] Nous raisonnons ici globalement, par catégories de titres (actions vs obligations par exemple) et non individuellement (BNP Paribas vs Eurotunnel). À titre d'illustration, voir tableau 2.2.

Pour l'investisseur, il est cependant possible de réduire le risque supporté en investissant non plus dans les titres d'une seule société mais de plusieurs. On parle alors de diversification. Comme l'illustre le graphique 2.2., plus le nombre de titres différents au sein du portefeuille augmente, plus la variance de ce dernier baisse.

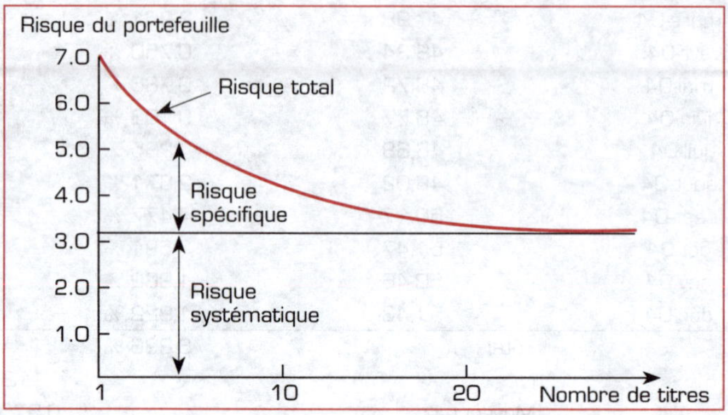

Graphique 2.3 • Diversification et décomposition du risque

Pour autant, il existe un seuil au-delà duquel l'ajout d'un titre supplémentaire ne permet plus de réduire la variance. On parle alors de risque non diversifiable ou risque systématique. À l'inverse, le risque qui peut être éliminé est qualifié de risque diversifiable ou risque spécifique.

La même décomposition peut être opérée au niveau de chaque titre. Le risque non diversifiable correspond au risque qui trouve son origine dans les variations du marché (risque systématique). Par exemple, le cas lorsque la BCE augmente ses taux, c'est l'ensemble du marché qui est affecté et qui va réagir. À l'inverse, le risque qui n'est pas lié au marché est qualifié de risque spécifique ou diversifiable. C'est, par exemple, le cas lorsque le lancement par la société d'un nouveau produit est un échec.

> Risque Total du titre =
> Risque Systématique (non diversifiable) +
> Risque Spécifique (diversifiable)

A. Le risque systématique d'un titre

Le risque systématique d'un titre se mesure au travers d'un coefficient, appelé bêta (β). L'estimation du bêta peut notamment se faire à l'aide du modèle de marché, sur la base de données passées.

Le modèle de marché postule qu'il existe une relation linéaire entre la rentabilité d'un titre (R_i) et la rentabilité du marché (R_m), du type $R_i = \alpha_i + \beta_i \times R_m$. Les variables α_i et β_i s'estiment donc en réalisant une régression linéaire par la méthode des moindres carrés ordinaires. La régression consiste, à chaque période, à associer la rentabilité du titre *i* à la rentabilité d'un indice du marché. Ceci conduit à l'équation suivante :

$$R_{i,t} = \alpha_i + \beta_i R_{m,t} + \varepsilon_{i,t}$$

où $\varepsilon_{i,t}$ représente le terme d'erreur de l'équation. La rentabilité du marché s'estime à partir des variations de valeur d'un indice, du type CAC 40 ou SBF 120 :

$$R_{m,t} = \frac{\text{Indice}_t - \text{Indice}_{t-1}}{\text{Indice}_{t-1}}$$

Cet indice doit être représentatif du marché des actions dans son ensemble. C'est pourquoi il doit être le plus large possible, ce qui conduit généralement à préférer le SBF 120 ou le SBF 250 à l'indice CAC 40.

Le bêta mesure la sensibilité d'un titre aux variations du marché, c'est-à-dire l'impact qu'ont les variations du marché sur la rentabilité du titre. Il s'agit d'un risque non diversifiable car le cours du titre est « entraîné » par le marché. Il est possible de représenter cette relation sur un graphique avec la rentabilité du marché en abscisse et celle du titre en ordonnée. Chaque point représente, à une date donnée, ces deux rentabilités. Le nuage de points est traversé par une droite, appelée droite de régression ou droite des moindres carrés, dont la pente correspond à notre coefficient bêta.

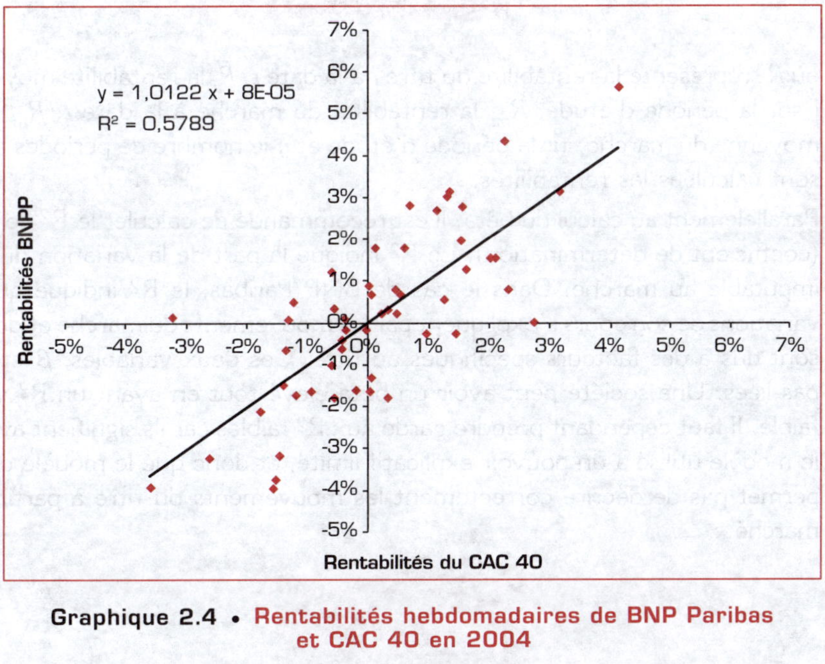

Graphique 2.4 • **Rentabilités hebdomadaires de BNP Paribas et CAC 40 en 2004**

Le bêta de BNP Paribas estimé sur la base des rentabilités hebdomadaires de 2004 est de 1,0122. Le titre a donc tendance à légèrement amplifier les variations du marché. Plus la droite est verticale, plus le titre est sensible et sera qualifié d'agressif. À l'inverse, plus la droite est horizontale, plus le titre atténue les variations du marché, et est donc considéré comme défensif. Le fait que les points ne soient pas tous sur la droite de régression traduit le fait que les variations de rentabilité du titre BNP Paribas ne s'expliquent pas uniquement par les variations du marché. D'autres facteurs, propres au titre, le font varier.

Pour déterminer le bêta de cette régression, il suffit de calculer la covariance qui existe entre la rentabilité du titre et celle du marché, et la diviser par la variance de la rentabilité du marché, soit :

$$\beta_i = \frac{Cov(R_i, R_m)}{V(R_m)}$$

avec :

$$Cov(R_i, R_m) = \frac{1}{n-1}\sum_{t=1}^{n}(R_{it} - \bar{R}_i)(R_{mt} - \bar{R}_m)$$

et

$$V(R_m) = \frac{1}{n-1}\sum_{t=1}^{n}(R_{mt} - \bar{R}_m)^2$$

où R_{it} représente la rentabilité du titre i à la date t, $\bar{R}_i$ la rentabilité moyenne du titre i sur la période d'étude, R_{mt} la rentabilité du marché à la date t, $\bar{R}_m$ la rentabilité moyenne du marché sur la période d'étude et n le nombre de périodes sur lesquelles sont calculées les rentabilités.

Parallèlement au calcul du bêta, il est recommandé de calculer le R^2 de la régression (coefficient de détermination). Le R^2 indique la part de la variation du titre qui est imputable au marché. Dans le cas de BNP Paribas, le R^2 indique que 58 % des variations de son cours s'expliquent par les mouvements du marché et donc que 42 % sont dus à des facteurs spécifiques au titre. Ces deux variables, β et R^2, ne sont pas liées. Une société peut avoir un bêta élevé tout en ayant un R^2 important ou faible. Il faut cependant prendre garde aux R^2 faibles car ils signifient avant tout que le modèle utilisé a un pouvoir explicatif limité, et donc que le modèle de marché ne permet pas de décrire correctement les mouvements du titre à partir de ceux du marché.

Tableau 2.5 • Le bêta des sociétés du CAC 40 en avril 2007

	Bêta		Bêta
ACCOR	0,74	LAGARDÈRE S.C.A.	0,78
AGF	0,75	L'ORÉAL	0,86
AIR LIQUIDE	1,04	LVMH	1,15
ALCATEL-LUCENT	1,3	MICHELIN	1,01
ALSTOM	1,34	PERNOD-RICARD	0,49
ARCELOR MITTAL	0,81	PEUGEOT	0,88
AXA	1,51	PPR	0,67
BNP PARIBAS	1,12	RENAULT	1,17
BOUYGUES	1,05	SAINT GOBAIN	1,06
CAP GEMINI	1,58	SANOFI-AVENTIS	0,77
CARREFOUR	0,61	SCHNEIDER ELECTRIC	1,04
CRÉDIT AGRICOLE	1,14	SOCIÉTÉ GÉNÉRALE	1,26
DANONE	0,93	STMICROELECTRONICS	1,18
DEXIA	1,08	SUEZ	1,17
EADS	1,22	THOMSON (EX : TMM)	0,88
EDF	0,95	TOTAL	0,97
ESSILOR	0,54	VALLOUREC	1,08
FRANCE TELECOM	0,92	VEOLIA	0,88
GAZ DE FRANCE	1,04	VINCI	1,09
LAFARGE	1,02	VIVENDI UNIVERSAL	0,89

Source : Thomson Financial.

B. Risque et rentabilité d'un portefeuille

Jusqu'à présent, nous nous sommes intéressés au risque d'un titre pris isolément. Maintenant, voyons ce qu'il en est lorsque nous sommes en présence d'un portefeuille contenant des titres de différentes sociétés. La rentabilité espérée d'un portefeuille ($E[R_p]$) n'est rien d'autre que la moyenne des rentabilités des *n* titres qui le composent, pondérée par la valeur relative de chaque ligne de titres par rapport à la valeur totale du portefeuille, soit :

$$E[R_p] = \sum_{i=1}^{n} w_i \times E[R_i]$$

où $E[R_i]$ représente la rentabilité du titre *i* et w_i le poids de ce titre dans le portefeuille. Ainsi, un portefeuille composé des titres suivants, a une rentabilité espérée de 13,8 %.

Tableau 2.6. : Composition du portefeuil

	$E[R_i]$	w_i
BNP Paribas	10 %	30 %
Danone	12 %	40 %
Vinci	20 %	30 %
	$E[R_p]$ = 13,8 %	**100 %**

Par contre, le risque du portefeuille n'est pas la moyenne des écarts-types des rentabilités des titres qui le composent. Le risque du portefeuille sera plus faible que le risque moyen car il va y avoir des phénomènes de compensation, comme l'illustre le cas ci-dessous.

Soit un portefeuille équipondéré (chaque titre représente la même somme d'argent) composé des titres A et B, dont les rentabilités au cours des 4 derniers trimestres sont présentées dans le tableau ci-dessous :

Tableau 2.7 • Rentabilité des titres A et B et du portefeuille AB

Rentabilité	Titre A	Titre B	Portefeuille AB
T1	- 10 %	20 %	5 %
T2	- 5 %	15 %	5 %
T3	15 %	- 5 %	5 %
T4	20 %	- 10 %	5 %
Moyenne	5 %	5 %	5 %
Écart-type (σ)	15 %	15 %	0 %

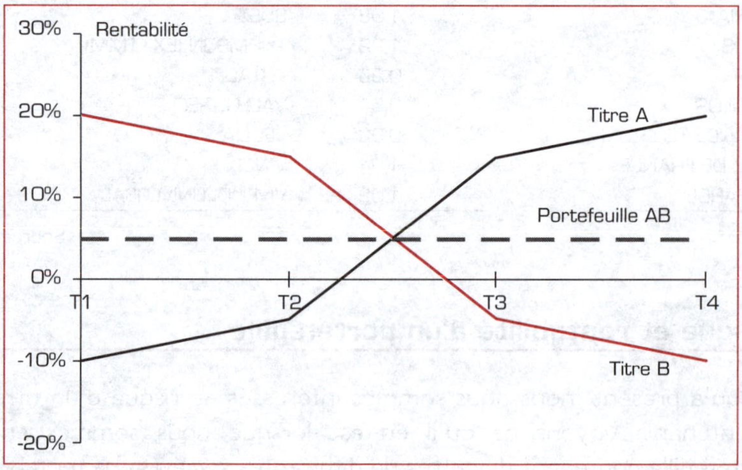

Grahique 2.4 • Evolution des rentabilités des titres A et B et du portefeuille

On voit bien ici que deux titres relativement risqués permettent de constituer un portefeuille non risqué, c'est-à-dire à l'écart-type des rentabilités nul. Ceci s'explique par le fait qu'ils évoluent en sens inverse, lorsque l'un monte, l'autre baisse. Ceci nous permet d'introduire un nouveau concept, la corrélation, dont le symbole est la lettre grecque rhô (ρ). La corrélation mesure la façon dont une variable évolue par rapport à une autre. Elle est comprise entre –1 et +1. Dans le cas présent, A et B sont parfaitement corrélés négativement ($\rho = -1$), ce qui permet d'éliminer le risque du portefeuille. À l'opposé, si les deux titres étaient parfaitement positivement corrélés ($\rho = 1$), le risque du portefeuille ne serait aucunement réduit et correspondrait à la moyenne pondérée de leurs risques individuels.

La corrélation des rentabilités de deux titres (A et B) se calcule à partir de la covariance de leurs rentabilités et de leur écart-type respectif :

$$\rho_{AB} = \frac{Cov(R_A, R_B)}{\sigma(R_A) \times \sigma(R_B)}$$

Diversifier un portefeuille ne présente donc un intérêt qu'à la condition que les titres ne soient pas parfaitement corrélés ($\rho \neq 1$), ce qui est presque toujours le cas dans les faits. Mais comme il est impossible de trouver des titres ayant une corrélation négative parfaite ($\rho = -1$), la diversification d'un portefeuille permet de réduire son risque mais pas de l'éliminer totalement. Dans la majorité des cas, les titres ont un coefficient de corrélation compris entre 0,5 et 0,7. Bien évidemment, deux titres seront d'autant plus corrélés que les sociétés sont proches en terme d'activité. Un portefeuille sera mieux diversifié s'il comprend des actions Danone et Peugeot que s'il comprend du Danone et du Nestlé.

Si, au lieu de deux titres en portefeuille, nous en avons trois, le risque sera encore réduit. Mais il arrive un moment où il ne sert à rien d'ajouter un nouveau titre car un seuil incompressible a été atteint. Dans les faits, ce seuil correspond a un écart-type d'environ 20 % et est atteint avec environ 20 à 30 titres différents en portefeuille.

C. La frontière efficiente d'un portefeuille de deux titres

Nous avons vu, jusqu'à présent, qu'il était possible de réduire le risque supporté par un investisseur grâce à la diversification de son portefeuille. Nous allons voir maintenant comment rendre opérationnel ce principe. En présence de deux titres, la question qui se pose est relativement simple : quelle doit être la proportion de chaque titre si l'on souhaite que le risque du portefeuille soit le plus faible possible pour un niveau de rentabilité espéré donné ?

Supposons deux actions, A et B, dont la rentabilité anticipée sur l'année à venir est de 15 % pour A et de 5 % pour B. De prime abord, il peut être tentant de se dire que le meilleur portefeuille est celui constitué à 100 % d'actions A. Ce serait oublier que l'on est en présence d'une rentabilité espérée, et non certaine. Inclure des actions B fera assurément baisser la rentabilité espérée du portefeuille, mais également son risque. La frontière efficiente du portefeuille va permettre d'arbitrer entre ces deux dimensions que sont l'espérance (rentabilité) et la variance (risque).

La rentabilité d'un portefeuille, $E[R_p]$, de deux titres (A et B) est donnée par l'expression :

$$E[R_p] = w_A \times E[R_A] + (1 - w_A) \times E[R_B]$$

où w_A représente la proportion de titres A et $(1 - w_A)$ celle de titres B. Pour ce qui est du risque du portefeuille, il est égal à :

$$\sigma[R_p] = \sqrt{w_A^2 \times V[R_A] + (1 - w_A)^2 \times V[R_B] + 2 \times w_A \times (1 - w_A) \times \text{Cov}(R_A, R_B)}$$

où $V[R_A]$ représente la variance du titre A et $Cov(R_A, R_B)$ la covariance entre les rentabilités des titres A et B. La covariance correspond au produit de la corrélation et des écarts-types des deux titres, soit :

$$Cov(R_A, R_B) = \rho_{AB}\sigma_A\sigma_B$$

exemple

	Titre A	Titre B
Rentabilité moyenne	15,00 %	5,00 %
Variance	9,00 %	7,00 %
Écart-type	30,00 %	26,46 %
$Cov(R_A, R_B)$	– 5,00 %	

À partir de ces informations, il est possible de construire le tableau ci-dessous :

Tableau 2.8 • Risque et rentabilité des portefeuilles

wA	wB	E[Rp]	σp
0 %	100 %	5,00 %	26,46 %
10 %	90 %	6,00 %	22,05 %
20 %	80 %	7,00 %	18,00 %
30 %	70 %	8,00 %	14,63 %
40 %	60 %	9,00 %	12,49 %
50 %	50 %	10,00 %	12,25 %
60 %	40 %	11,00 %	14,00 %
70 %	30 %	12,00 %	17,15 %
80 %	20 %	13,00 %	21,07 %
90 %	10 %	14,00 %	25,42 %
100 %	0 %	15,00 %	30,00 %

Graphiquement, il est possible de représenter ces portefeuilles avec en abscisse le risque (écart-type) et en ordonnée la rentabilité (espérance). Chaque point représente un portefeuille comprenant une certaine proportion de titres A et B.

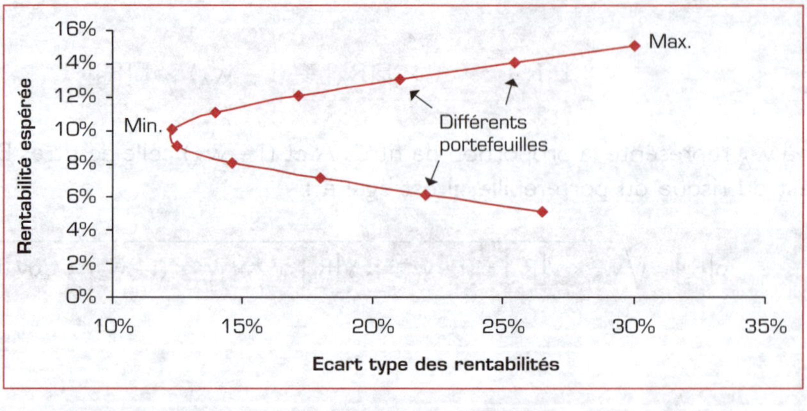

Graphique 2.5 • Risque et rentabilité des portefeuilles

Les portefeuilles optimaux se situent sur la partie supérieure de l'hyperbole. En effet, sur la partie inférieure, la rentabilité espérée des portefeuilles est inférieure à celle des portefeuilles de la partie supérieure, alors même que leur niveau de risque est identique. La frontière efficiente relie deux points particuliers, Min. où le risque est minimal et Max. où la rentabilité espérée est maximale [2]. Sur cette demi hyperbole, chaque investisseur peut choisir le portefeuille qui lui convient le mieux, selon son degré d'aversion au risque. Un portefeuille efficient est ainsi un portefeuille qui procure :

- la rentabilité la plus élevée, pour un niveau de risque donné ou ;
- le risque le plus faible, pour un niveau de rentabilité donné.

Le degré de corrélation (ρ_{AB}) entre nos deux titres A et B joue un rôle de premier ordre. Reprenons notre exemple et faisons varier ρ_{AB}, en nous rappelant que $\rho_{AB} = Cov(R_A, R_B)/(\sigma_A\sigma_B)$.

Tableau 2.9.

			σ_p		
w_A	w_B	$E[R_p]$	$\rho_{AB} = -1$	$\rho_{AB} = 0$	$\rho_{AB} = 1$
0 %	100 %	5,00 %	26,46 %	26,46 %	26,46 %
10 %	90 %	6,00 %	20,81 %	24,00 %	26,81 %
20 %	80 %	7,00 %	15,17 %	22,00 %	27,17 %
30 %	70 %	8,00 %	9,52 %	20,59 %	27,52 %
40 %	60 %	9,00 %	3,87 %	19,90 %	27,87 %
50 %	50 %	10,00 %	1,77 %	20,00 %	28,23 %
60 %	40 %	11,00 %	7,42 %	20,88 %	28,58 %
70 %	30 %	12,00 %	13,06 %	22,45 %	28,94 %
80 %	20 %	13,00 %	18,71 %	24,58 %	29,29 %
90 %	10 %	14,00 %	24,35 %	27,13 %	29,65 %
100 %	0 %	15,00 %	30,00 %	30,00 %	30,00 %

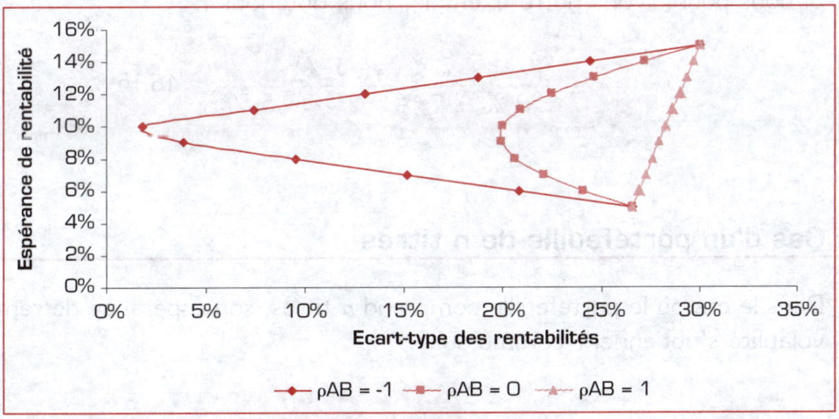

Graphique 2.6 • **Incidence de la corrélation sur la frontière efficiente**

Graphiquement, on voit bien que lorsque la corrélation est égale à –1, l'hyperbole se déplace vers la gauche, signe d'une réduction du risque.

[2] Nous avons ici considéré que les ventes à découvert n'étaient pas possibles.

D. La détermination du portefeuille de 2 titres le moins risqué

Un portefeuille de deux titres A et B est d'autant moins risqué que la variance de sa rentabilité est faible. Pour déterminer la proportion de chaque titre A et B qui permet d'obtenir la variance la plus faible, il suffit de rechercher pour quelle quantité de titre A la dérivée de la variance est nulle.

Variance du portefeuille :

$$V[R_P] = w_A^2 \times V[R_A] + (1 - w_A)^2 \times V[R_B] + 2 \times w_A \times (1 - w_A) \times Cov(R_A, R_B)$$

En développant, on obtient :

$$V[R_P] = w_A^2 \times V[R_A] + V[R_B] + w_A^2 \times V[R_B] - 2 \times w_A \times V[R_B] + 2 \times w_A \times Cov(R_A, R_B) - 2 \times w_A^2 \times Cov(R_A, R_B)$$

Puis on dérive la variance par rapport à w_A :

$$\frac{dV[R_P]}{dw_A} = 2w_A \times V[R_A] + 2w_A \times V[R_B] - 2 \times V[R_B] + 2 \times Cov(R_A, R_B) - 4 \times w_A \times Cov(R_A, R_B)$$

Le minimum est atteint lorsque la dérivée est nulle, soit :

$$w_A = \frac{V[R_B] - Cov(R_A, R_B)}{V[R_A] + V[R_B] - 2 \times Cov(R_A, R_B)}$$

Si nous poursuivons notre exemple, nous obtenons :

$$w_A = \frac{7\ \% - (-5\ \%)}{9\ \% + 7\ \% - 2 \times (-5\ \%)} = 46{,}15\ \%$$

E. Cas d'un portefeuille de n titres

Dans le cas où le portefeuille comprend *n* titres, son espérance de rentabilité et sa volatilité s'obtiennent comme suit :

$$E[R_p] = \sum_{i=1}^{n} w_i \times E[R_i]$$

$$Var[R_p] = \sum_{i=1}^{n}\sum_{j=1}^{n} w_i w_j Cov(R_i, R_j)$$

avec w_i la proportion de chaque titre et $E[R_i]$ la rentabilité espérée pour chaque titre *i* du portefeuille.

La variance d'un portefeuille est ainsi égale à la somme de la covariance des rentabilités de toutes les paires de titres en portefeuille multipliée par le produit du poids de chaque titre au sein de chaque paire.

4 ▶ La tarification du risque : le MEDAF

Après avoir quantifié le risque, reste à le tarifer. Il convient tout d'abord de noter qu'il est question ici de rentabilité future qui, par définition, est incertaine. En effet, si cette rentabilité était connue avec certitude, le risque serait alors nul et la rentabilité à attendre égale au taux sans risque. La tarification du risque permet de déterminer qu'elle est la rentabilité exigée (espérée) et non qu'elle sera la rentabilité qui sera réellement obtenue.

Nous avons vu que les investisseurs sont disposés à prendre des risques en achetant des titres financiers dès lors que leur prise de risque est compensée par une espérance de rentabilité plus élevée. Le problème qui se pose est de quantifier le risque qu'ils prennent et tarifer le supplément de rentabilité qu'ils attendent. Parmi les outils qui ont été développés au cours des dernières décennies pour y répondre, le MEDAF (Modèle d'Évaluation Des Actifs Financiers) ou CAPM (*Capital Asset Pricing Model*) est incontestablement le plus utilisé[3] du fait de sa simplicité et de son caractère relativement intuitif.

Dans le cadre du MEDAF, seul le risque systématique du titre, non diversifiable, est rémunéré. Ce risque systématique n'est autre que le bêta que nous avons vu précédemment. La part du risque du titre qui peut être éliminée par diversification ne peut induire une majoration de la rentabilité espérée puisqu'il est possible de la supprimer. C'est pourquoi l'écart-type et la variance des rentabilités du titre ne peuvent servir à quantifier le risque à rémunérer car ils incluent aussi bien le risque diversifiable (risque spécifique) que le risque non diversifiable (risque systématique).

Selon le MEDAF, la rentabilité espérée d'un actif *i*, $E(R_i)$, est égale à la rentabilité attendue d'un placement sans risque à laquelle il faut ajouter une prime de risque, soit :

> Rentabilité espérée =
> Rentabilité d'un placement sans risque + Prime de risque

En effet, lorsqu'un investisseur achète un titre financier (action ou obligation), il en attend au minimum la rentabilité que peut procurer un placement non risqué, du type emprunt d'État. Mais puisqu'il prend des risques, il va également exiger un supplément de rémunération, une prime de risque. Cette prime de risque se compose de deux éléments :

- la prime de risque du marché (PR_m) ;
- le bêta du titre.

---

[3] Des approches alternatives seront présentées plus loin.

La prime de risque du marché correspond à la différence entre la rentabilité espérée du marché, $E[R_m]$, et le taux sans risque, R_f. Le supplément de rentabilité qui est exigé par les investisseurs diffère d'un titre à l'autre car tous ne présentent pas le même niveau de risque. Dès lors, la prime de risque (PR_m) est ajustée du risque systématique du titre étudié. Au final, la rentabilité espérée pour un titre donné ($E[R_i]$), dans le cadre du MEDAF, est :

$$E(R_i) = R_f + \beta_i \times [E(R_m) - R_f]$$

En septembre 2005, le bêta d'Alcatel était de 1,28. Cela signifie que si le marché augmente de 1%, on peut espérer une hausse du titre Alcatel de 1,28 %. Il convient ici d'insister sur le fait que le MEDAF permet de déterminer la rentabilité espérée pour un titre donné, et en aucune façon quelle sera sa rentabilité réelle, ce qu'aucun modèle ne permet de prédire avec certitude. Il ne faut également pas confondre modèle de marché et MEDAF. Le bêta est généralement estimé dans le cadre du modèle de marché, plus rarement sur la base du MEDAF.

Dans les pays industrialisés, la plupart des bêtas se situent entre 0,5 et 1,5 sachant que, par définition, le bêta du portefeuille de marché (qui comprend toutes les actions incluses dans l'indice servant au calcul de la rentabilité du marché) est égal à 1 [4].

La rentabilité espérée d'une action est donc fonction de trois paramètres, dont deux sont communs à tous les titres, le taux sans risque et la prime de risque du marché, et un qui est propre au titre, le coefficient bêta. L'équation du MEDAF permet de construire la Droite de Marché (*Security Market Line*). Pour la représenter sur un graphique, on retient comme axe des abscisses le risque des titres, mesuré par le bêta, et comme ordonnée le taux de rentabilité espérée. Cette droite passe par deux points particuliers, le taux sans risque, R_f, qui se situe sur l'axe des ordonnées et le point *M* qui correspond au portefeuille de marché dont, par construction, le bêta est égal à 1. Le taux sans risque, R_f, se trouve sur l'axe des ordonnées car, comme son nom l'indique, il correspond à la rentabilité exigée pour un placement sans risque, qui a donc un bêta (axe des abscisses) égal à zéro. Le point *M*, qui correspond au portefeuille de marché a nécessairement un bêta égal à 1 puisque, par définition, lorsque le marché évolue, la valeur du portefeuille de marché varie dans les mêmes proportions.

4 En toute rigueur, le portefeuille de marché contient tous les actifs risqués (actions, obligations...).

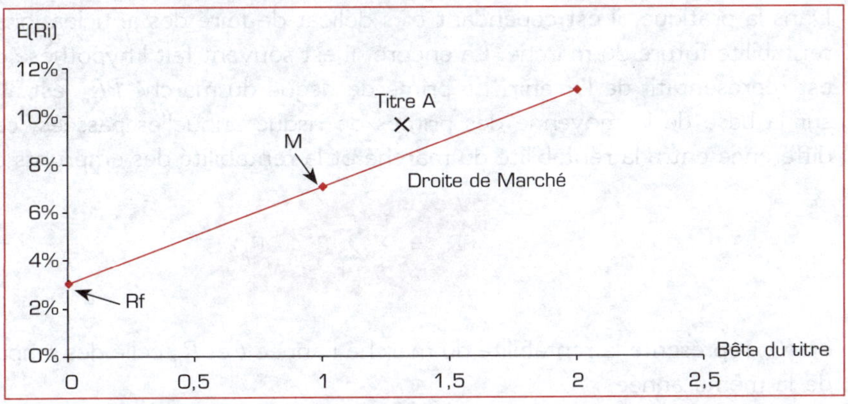

Graphique 2.7 • La droite de Marché (avec R_f = 3 % et PR_m = 4 %)

La droite de marché permet, pour chaque niveau de risque, de définir le taux de rentabilité qui est espéré pour un titre donné. Selon le MEDAF, tous les titres devraient donc être sur cette droite, où toute augmentation du risque est compensée par un accroissement de la rentabilité exigée. Dans le cas contraire, il existe une opportunité d'arbitrage. Le titre A, qui est au-dessus de la droite, offre une rentabilité espérée supérieure à ce que l'on serait en droit d'attendre, compte tenu du niveau de risque anticipé. Il est donc intéressant de l'acheter.

A. La mise en œuvre du MEDAF

Le MEDAF est un modèle *ex-ante*, c'est-à-dire que toutes les variables qui sont à retenir sont des données anticipées, prévisionnelles. Il en va notamment du bêta qui représente le risque systématique futur du titre. Or, dans la pratique, il est généralement fait l'hypothèse que le risque passé est représentatif du risque futur, ce qui permet d'estimer le bêta sur la base de données passées. Pour autant, il ne faut pas perdre de vue cette dimension prospective du MEDAF. C'est le risque futur et non passé qui doit être rémunéré. Il convient donc, si nécessaire, d'ajuster le bêta calculé sur des données passées, en fonction des anticipations qui peuvent être faites.

Pour estimer la rentabilité espérée d'un titre dans le cadre du MEDAF, outre le bêta, deux paramètres sont à retenir, le taux sans risque et la prime de risque du marché. Pour ce qui est du taux sans risque, il correspond au taux qui est proposé par les actifs ne présentant aucun risque, c'est-à-dire ceux dont les revenus futurs sont certains. Cette situation ne se rencontre que dans le cas des emprunts d'État. Au sein de cette catégorie, il faut retenir celui dont la maturité est proche de l'horizon d'investissement. En règle générale, c'est le taux des OAT à 10 ans qui est retenu.

La prime de risque représente, quant à elle, le supplément de rentabilité qui est exigé par les investisseurs s'ils devaient investir dans un portefeuille représentatif de l'ensemble des titres du marché. Elle se calcule par différence entre la rentabilité espérée du marché, $E(R_m)$, et le taux sans risque, R_f, soit :

$$PR_m = E(R_m) - R_f$$

Dans la pratique, il est cependant très délicat de faire des anticipations quant à la rentabilité future du marché. Là encore, il est souvent fait l'hypothèse que le passé est représentatif de l'avenir. La prime de risque du marché PR_m est alors estimée sur la base de la moyenne des primes de risque annuelles passées, calculées par différence entre la rentabilité du marché et la rentabilité des emprunts d'État soit :

$$PR_m = \frac{1}{n}\sum_{t=1}^{n}(R_{mt} - R_{ft})$$

où R_{mt} représente la rentabilité du marché l'année t et R_{ft} celle des emprunts d'État de la même année.

Le MEDAF postule que le portefeuille de marché comprend l'ensemble des actifs dans lesquels il est possible d'investir (actions, obligations, immobilier, ...). La construction d'un tel portefeuille étant impossible, il est d'usage de ne retenir comme actifs que les actions. La rentabilité du marché se calcule alors sur la base d'un indice boursier, qui doit être le plus large possible afin de refléter au mieux le marché. Dans le cas français, les indices SBF 120 ou SBF 250 sont donc à préférer au CAC 40.

B. Les limites du MEDAF

La force du MEDAF réside dans sa simplicité de mise en œuvre et son fort caractère intuitif. Pour autant, bien que son utilisation soit généralisée au sein de la communauté financière, il fait l'objet d'un certain nombre de critiques. Il ne s'agit pas ici de faire la liste de toutes les critiques qui ont été adressées au MEDAF, mais de se limiter aux principales :

• **La non-testabilité du MEDAF** : il n'est pas possible de tester les prédictions du modèle car la rentabilité anticipée que le modèle est censé prédire n'est pas une donnée observable. En toute rigueur, il faudrait pouvoir confronter la rentabilité anticipée estimée dans le cadre du MEDAF à la rentabilité anticipée réelle et voir s'il existe un écart. Or il n'est pas possible de quantifier la rentabilité qui est espérée par chaque investisseur pour chaque investissement qu'il réalise. Pour remédier à ceci, les études font l'hypothèse que les investisseurs font des anticipations rationnelles, ce qui permet d'utiliser les rentabilités passées à la place des rentabilités qui étaient espérées. Il est alors possible de confronter la rentabilité prédite par le MEDAF à la rentabilité qui a effectivement été réalisée. Or des études récentes remettent en cause l'hypothèse selon laquelle les investisseurs seraient nécessairement rationnels [5].

• **Le portefeuille de marché** : selon le modèle, le portefeuille de marché est une combinaison pondérée de l'ensemble des actifs disponibles, qu'il s'agisse des actions ou des obligations, mais également des autres types d'actifs, tels que les biens immobiliers, les œuvres d'art... . Dans la pratique, il n'existe pas d'indicateur représentatif d'un tel ensemble, ce qui conduit à retenir des indices boursiers tel que

[5] Voir le chapitre 1 pour une présentation de la finance comportementale.

le SBF 120 pour le calcul de la prime de risque du marché et du bêta. Dès lors, les études réalisées pour tester la validité du MEDAF sont entachées d'un biais lié au non respect d'une des hypothèses du modèle.

• **Le bêta comme facteur de risque** : en 1992, Eugène Fama et Kenneth French ont montré que deux variables pouvaient expliquer la rentabilité des actions : la taille de la société et son ratio Book-to-Market (valeur comptable des capitaux propres sur capitalisation boursière). Ils observent que la prise en compte de ces deux facteurs rend le bêta sans intérêt dans la prévision des rentabilités futures. Or le MEDAF est centré sur l'hypothèse que seul le bêta permet de prédire les rentabilités futures.

• **La stabilité du bêta** : dans le cadre du MEDAF, le bêta représente une mesure de la volatilité anticipée du titre, compte tenu de celle du marché. Comme nous l'avons vu précédemment, cette dernière n'est pas mesurable, ce qui conduit à estimer le bêta sur la base de données passées. L'hypothèse qui est faite est donc que le bêta passé est représentatif du bêta futur et ainsi, implicitement, que le bêta est stable dans le temps. Or il apparaît très clairement dans les études que le bêta n'est pas stable dans le temps et donc que le bêta passé d'un titre n'est pas nécessairement un bon estimateur de son bêta futur.

• **L'estimation du bêta** : le bêta qui est estimé par régression n'est qu'une approximation du « vrai » bêta de l'action. Or, selon qu'il est estimé à partir de données quotidiennes, hebdomadaires ou mensuelles, le bêta qui sera obtenu sera différent. Il en va de même lorsque l'on fait varier la période d'étude (généralement entre 1 et 5 ans) ou l'indice représentatif du marché. Pour ces différentes raisons, un bêta peut être juste statistiquement et erroné économiquement, c'est-à-dire non-conforme à ce qu'il devrait être, compte tenu des caractéristiques fondamentales de l'entreprise (activité et structure financière notamment).

Faut-il, dès lors, rejeter le MEDAF ? Assurément non car, jusqu'à présent, il n'existe pas de modèle alternatif dont la validité soit unanimement acceptée. Le modèle de Fama et French, par exemple, fait également l'objet de critiques de la part de certains chercheurs. Le MEDAF reste donc un cadre de référence avec ses qualités et ses défauts, qu'il convient de connaître afin de l'utiliser à bon escient.

5 ▶ Les modèles alternatifs de tarification du risque

Plusieurs modèles ont été proposés à la suite du MEDAF afin de remédier à certaines des critiques qui lui sont adressées, mais leur utilisation reste encore limitée. Nous présenterons ici brièvement les deux plus connus, le modèle d'évaluation par arbitrage (APT [6]) et le modèle de Fama et French [7]. Les prémisses de ces deux modèles sont identiques. La rentabilité espérée d'un titre trouve probablement son origine dans plus d'un facteur, contrairement à ce que suppose le MEDAF. Ils ne remettent pas en cause la relation rentabilité – risque mais le fait que le risque à retenir s'expliquerait uniquement par le facteur bêta.

6 *Arbitrage Pricing Theory.*

7 Il ne s'agit pas à proprement parler d'un modèle, mais plutôt d'une relation statistique.

A. Le modèle APT

Ce modèle a été élaboré par Stephen Ross au milieu des années 1970. Contrairement au MEDAF, l'APT (*Arbitrage Pricing Theory*) postule que la rentabilité d'un actif est fonction de plusieurs facteurs de risque et non d'un seul (le bêta). Ces facteurs de risque sont à l'origine du risque systématique (non diversifiable) du titre et sont associés à une prime de risque qui leur est propre. Hélas, cette théorie ne précise ni leur nombre, ni leur identité. Pour sa mise en œuvre, deux approches sont possibles. La première consiste à identifier statistiquement ces facteurs, notamment par le biais d'une analyse factorielle [8]. La seconde revient à retenir certaines variables macro-économiques. Dans la pratique, il peut s'agir du prix du pétrole, des taux de change... La rentabilité du titre i étudié peut être formalisée comme suit [9] :

$$R_i = R_f + \beta_{i1}(R_1 - R_f) + \beta_{i2}(R_2 - R_f) + \ldots + \beta_{in}(R_n - R_f)$$

La partie de droite présente les facteurs qui expliquent cette prime. À chaque facteur sont associés une prime et un bêta. Le problème de la méthode réside dans le fait qu'une corrélation n'est pas un lien de causalité, et qu'il est possible d'observer que, statistiquement, un facteur a un impact sur la rentabilité des titres, sans qu'il existe pour autant un lien de causalité. Au niveau empirique, il a été mis en évidence que seuls 3 ou 4 facteurs sont à retenir : l'inflation, la production industrielle, le différentiel de taux entre les obligations peu risquées et celles très risquées et la structure par terme des taux d'intérêt.

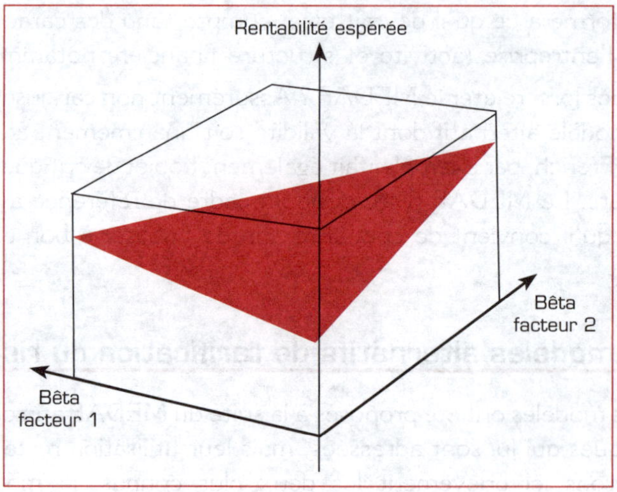

Modèle APT à deux facteurs

[8] Mais leur interprétation peut alors poser problème.

[9] Dans la version originelle du modèle, les rentabilités retenues sont des rentabilités anticipées et non des rentabilités passées comme souvent en pratique.

exemple

Dans une étude publiée en 1994, Burmeister, Roll et Ross mettent en évidence 5 facteurs qui affectent la rentabilité moyenne des actions américaines :

- Le risque de confiance, mesuré par l'écart de rendement entre les obligations à 20 ans des entreprises et du Trésor américain. Plus la confiance est grande, plus l'écart est faible ;
- Le risque temporel, mesuré par l'écart de rendement entre les emprunts d'État à 20 ans et les billets du Trésor à 30 jours. Il représente l'appétence des investisseurs pour des investissements à long terme ;
- Le risque d'inflation, lié au fait que les actions réagissent négativement aux annonces d'augmentation de l'inflation ;
- Le risque de cycle d'activité, mesure la sensibilité du titre aux variations de l'activité économique. Le secteur du commerce y est très sensible, contrairement au secteur des services aux collectivités (EDF, GDF, Veolia...) ;
- Le risque de market-timing, qui est représenté par la part de la variation de rentabilité du marché (S&P 500) qui n'est pas expliquée par les quatre facteurs macroéconomiques précédents.

Appliqué au titre Reebok, le modèle donne :

Facteur de risque	Rentabilité du facteur	Sensibilité de Reebok au facteur	Contribution du facteur de risque à la rentabilité espérée
Risque de confiance	2,59 %	0,73	1,89 %
Risque temporel	– 0,66 %	0,77	– 0,51 %
Risque d'inflation	– 4,32 %	– 0,48	2,07 %
Risque de cycle d'activité	1,49 %	4,59	6,84 %
Risque de market-timing	3,61 %	1,50	5,42 %
			15,71 %
	Bon du Trésor à 30 jours :		5,00 %
			20,71 %

B. Le modèle de Fama et French

Deux universitaires américains, Eugène Fama et Kenneth French, ont développé un « modèle » dans l'esprit du précédent à ceci près que les facteurs sont ici identifiés. Pour cela, ils observent[10] que deux facteurs sont systématiquement liés à la rentabilité des titres : la taille de la société et le ratio rapportant la valeur comptable de ses capitaux propres sur leur valeur de marché (ratio Book-to-Market). La taille de la société est mesurée par la valeur de marché de ses capitaux propres. Ils justifient le choix de retenir ce facteur par le fait que les sociétés de petite taille sont plus risquées, et on peut donc s'attendre à ce qu'elles aient une rentabilité supérieure à celles des sociétés à forte capitalisation afin de compenser le supplément de risque.

[10] Fama et French, 1992.

L'idée sous-jacente au second facteur (B-to-M) est que si la valeur de marché des capitaux propres (*Market value*) est supérieure à leur valeur comptable (*Book value*), c'est que le marché est optimiste quant à l'avenir de la société, et inversement. Un fort B-to-M est donc mauvais signe et traduit un niveau de risque élevé. L'exigence de rentabilité n'en sera que plus élevée.

Leur modèle se présente ainsi :

$$R_i - R_f = \alpha_i + \beta_{i1}(R_m - R_f) + \beta_{i2}(R_{small} - R_{big}) + \beta_{i3}(R_{high} - R_{low})$$

Ainsi, la prime de risque d'un titre *i* est égale à une valeur constante (α_i) à laquelle il faut ajouter trois primes de risque. La première est égale à la prime de risque du marché ($R_m - R_f$), ajustée de la sensibilité du titre (β_{i1}) aux variations de ce dernier. La deuxième est une prime de risque de taille ($R_{small} - R_{big}$), ajustée de la sensibilité du titre à ce facteur taille (β_{i2}). Enfin, la troisième correspond à la prime liée à l'effet *book-to-market* ($R_{high} - R_{low}$), ajustée de la sensibilité du titre à cet effet (β_{i3}).

Pour mettre en œuvre ce modèle, Fama et French procèdent de la sorte. La première prime de risque correspond au risque lié au marché et n'est autre que celle qui est utilisée dans le MEDAF. Pour estimer le deuxième facteur, ils classent l'ensemble des actions des sociétés cotées par niveau de capitalisation et forment ainsi deux portefeuilles, celui des grandes capitalisations et celui des faibles. Ceci leur permet de construire un portefeuille fictif, dont la rentabilité correspond à la différence entre celle du portefeuille des faibles capitalisations (*low*) et celle des fortes (*high*). Ce portefeuille mesure la sensibilité des rentabilités des titres à l'effet taille. Pour le troisième facteur, ils classent les actions selon leur ratio B-to-M (valeur comptable des capitaux propres sur leur valeur de marché, c'est-à-dire leur capitalisation boursière). Ceci leur permet de construire deux portefeuilles. Le portefeuille H (*high*) comprend les 30% de titres ayant le plus fort ratio B-to-M et le portefeuille L (*low*) qui regroupe les 30% d'actions au plus faible ratio B-to-M. En soustrayant la rentabilité du second portefeuille à celle du premier, ils obtiennent un nouveau portefeuille, appelé HML (*high minus low*).

D'un point de vue opérationnel, ce modèle est beaucoup plus lourd à mettre en œuvre que le modèle de marché.

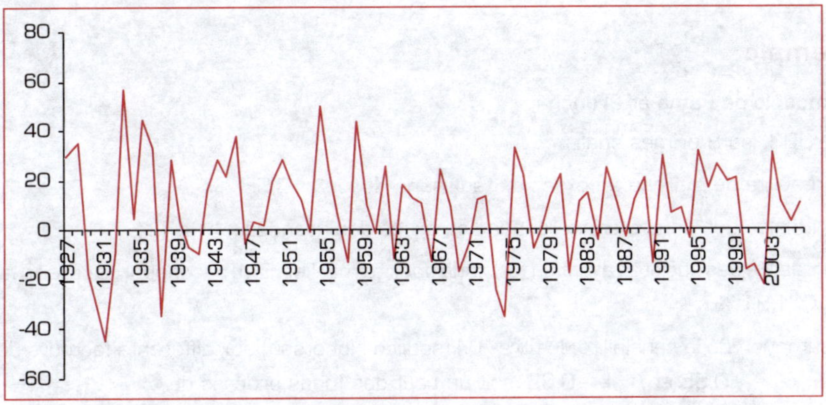

Évolution de la prime de risque du marché aux États-unis, entre 1927 et 2006

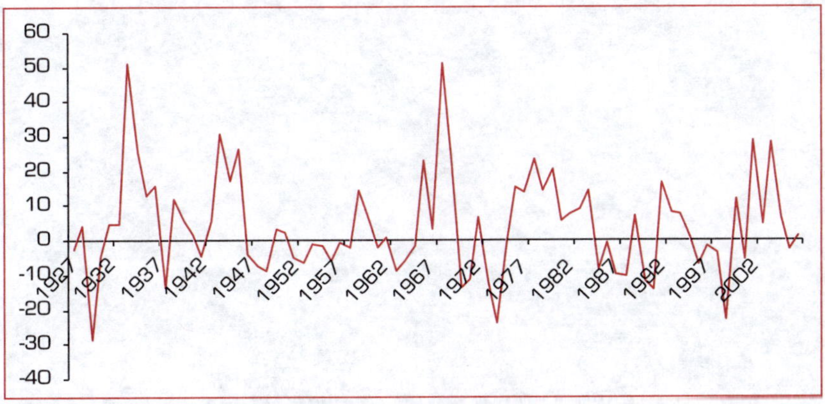

Évolution de la prime de risque liée à la taille aux États-unis, entre 1927 et 2006

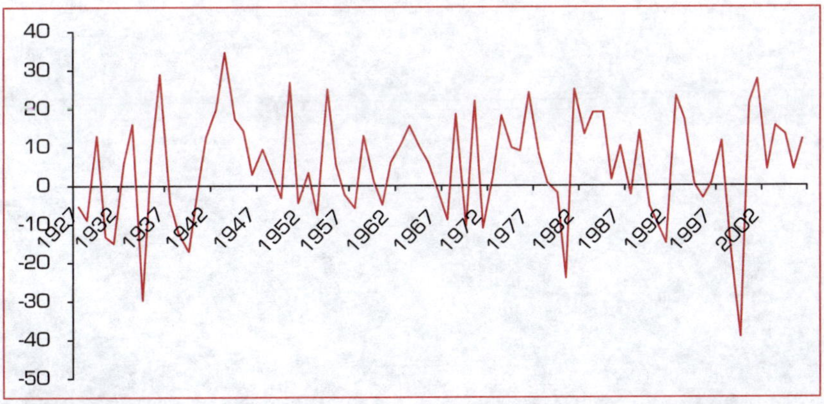

Évolution de la prime de risque *Book-to-Market* aux États-unis, entre 1927 et 2006

Source : Kenneth French.

exemple

Le modèle de Fama et French

En 2006, les 3 primes sont :

- rentabilité du marché en excès du taux sans risque : 10,58 % ;
- rentabilité des petites capitalisations en excès des grandes : 1,04 % ;
- rentabilité des sociétés ayant un fort ratio book-to-market (BM) par rapport à celles ayant un faible BM : 11,91 %.

L'estimation de la sensibilité du titre 3M (source : Ibbotson) aux différents facteurs donne : β_1 = 0,71, β_2 = –0,55 et β_3 = –0,60, soit un coût des fonds propres de :

$$R_c = R_f + 0{,}71 \times 10{,}58\ \% - 0{,}55 \times 1{,}04\ \% - 0{,}60 \times 11{,}91\ \% = R_f - 0{,}21\ \%$$

EXCEL en Pratique

Fichier utilisé : Chapitre_2.xls

Fonctions utilisées :

- Moyenne arithmétique : MOYENNE(C5:C16) : calcule la moyenne des valeurs, de la cellule C5 à la cellule C16 ;
- Variance : VAR(C5:C16) : calcule la variance des valeurs d'un échantillon, de la cellule C5 à la cellule C16 ;
- Écart-type : ECARTYPE(C5:C16) : calcule l'écart-type des valeurs d'un échantillon, de la cellule C5 à la cellule C16 ;
- Covariance : COVARIANCE(D3:D54;G3:G54) : calcule la covariance à partir de 2 plages de données (D3:D54 et G3:G54).

exemple 2E-1 :

Moyenne, variance et écart-type

Méthode 1 :

	A	B	C
3		Rentabilité	Rentabilité – Rentabilité moyenne
17	Total :	6,896 %	0,699 %
…			
19	N :	12	
20	Moyenne :	0,575 %	= C17/C19
21	Variance :	0,064 %	= D17/11
22	Ecart type :	2,520 %	= C21 ∧ 0,5

Méthode 2 :

	A	B	C
…			
24	Moyenne :	0,575 %	= MOYENNE(C5:C16)
25	Variance :	0,064 %	= VAR(C5:C16)
26	Écart type :	2,520 %	= ECARTYPE(C5:C16)

exemple 2E-2 :

Bêta d'un titre

Le calcul du bêta peut se faire de deux façons :

• à partir de la fonction DROITEREG

• en faisant le rapport entre la covariance et la variance (attention, il doit s'agit ici de la variance de la population (fonction var.p) et non de la variance d'un échantillon (fonction var)

	J	K	
28	Bêta :	1,01224657	= DROITEREG(G3:G54;D3:D54)
...			
30	Covariance	0,00023839	= COVARIANCE(D3:D54;G3:G54)
31	Variance CAC	0,00023551	= VAR.P(D3:D54)
32	Bêta	1,01224657	= K30/K31

exemple 2E-3 :

Droite de régression

Pour afficher la droite de régression et ses différents paramètres, il faut :

• sélectionner les 2 colonnes des rentabilités (BNPP et CAC)

• cliquer sur l'icône Assistant graphique

• choisir « nuage de points, compare des paires de valeurs »

• cliquer dans la barre de menu sur « graphique », puis « ajouter une barre de tendance », puis sélectionner « linéaire » et cliquer sur l'onglet « options » et sélectionner « afficher l'équation » et « afficher le coefficient de détermination ».

La valeur et les titres financiers

CHAPITRE 3

▶ Après avoir présenté l'impact du temps, du risque et de l'information sur la valeur, nous voilà armés pour évaluer les trois principaux titres financiers que sont les obligations, les actions et les options. Au préalable, nous énoncerons notre Règle d'Or nº 2, qui indique comment valoriser un actif financier.

1 ▶ Règle d'Or n° 2 : la valeur fondamentale d'un actif financier

Le fait de posséder un actif financier permet à son détenteur de bénéficier de deux types de revenus : les produits générés par l'actif au cours du temps et son prix de revente à la fin de la période de détention. Ceci est tout aussi vrai pour une action que pour une obligation. Dans chacun de ces cas, il convient d'actualiser les flux nets de trésorerie procurés par l'actif sur sa période de détention afin d'estimer la valeur fondamentale de ce dernier, soit :

$$V_0 = \sum_{t=1}^{n} \frac{\text{Flux}_t}{(1+R)^t} = \text{Flux}_1 (1+R)^{-1} + \ldots + \text{Flux}_n (1+R)^{-n}$$

où V_0 représente la valeur actuelle de l'actif financier, n le nombre de périodes pendant lesquelles des flux sont dégagés et R le taux d'actualisation[1].

D'où notre Règle d'Or n° 2 :

La valeur d'un actif financier est égale à la valeur actualisée des flux de trésorerie qu'il procure.

Pour mettre en œuvre ce modèle de valorisation, il est nécessaire d'estimer les flux futurs qui seront générés par l'actif ainsi que le taux d'actualisation à utiliser. Le taux d'actualisation correspond au taux de rentabilité qui est exigé par les bénéficiaires des flux. Or ceci nous renvoie à notre Règle d'Or n° 1 et au MEDAF : la rentabilité exigée d'un investissement est proportionnelle au risque encouru par l'investisseur.

D'un point de vue pratique, il faut donc procéder ainsi :

- identifier bénéficiaires des flux actualisés ;
- en déduire le type de taux à utiliser ;
- estimer le taux d'actualisation.

Tableau 3.1 • Cohérence des flux et des taux

À qui reviennent les flux	Caractéristiques des flux	Taux à utiliser
Actionnaires	Les flux sont calculés après déduction des intérêts sur emprunts	Coût des fonds propres (R_c)
Créanciers financiers	Les flux ne comprennent que des charges d'intérêt et des remboursements en capital	Coût de la dette (R_d)
Actionnaires + Créanciers financiers	Les flux sont calculés avant déduction des intérêts sur emprunts.	Coût du capital (CMPC)

2 ▶ Les obligations

Les obligations sont une forme particulière de dette qui peut notamment être émise par l'État, les entreprises ou les collectivités locales. Contrairement à un emprunt

[1] Ici supposé constant.

bancaire, qui est dit indivis (il n'y a qu'un seul prêteur), les fonds récoltés par l'émetteur de l'emprunt proviennent généralement d'une multitude de prêteurs, appelés obligataires. Exception faite des emprunts d'État, les obligations sont des titres qui présentent un risque de défaut, tout comme les actions, mais dans une moindre mesure. En effet, l'émetteur de l'emprunt obligataire peut connaître des difficultés et ne pas être en mesure de faire face à ses échéances. L'obligataire est également soumis au risque de taux, lié à une évolution défavorable des taux d'intérêt. Il est donc possible de réaliser une moins-value sur une obligation. Pour autant, les obligations constituent un placement généralement sûr, qui présente par ailleurs l'intérêt de procurer des revenus stables dans le temps dans la plupart des cas car le taux d'intérêt offert est majoritairement fixe.

A. Les paramètres d'une obligation

Une obligation se caractérise par différents paramètres :

• le prix d'émission : prix qui est payé lors de la souscription par les obligataires (et donc qui est perçu par l'émetteur) ;

• le prix de remboursement : prix qui sera payé aux obligataires ;

• la valeur nominale : valeur qui sert de base au calcul des coupons qui seront payés chaque année (parfois chaque semestre) ;

• le taux d'intérêt nominal : il peut être fixe ou variable ;

• la date d'échéance : date à laquelle l'emprunt est totalement remboursé. Les emprunts obligataires sont généralement émis pour des durées comprises entre 10 et 40 ans. En 1993, Walt Disney Co. a cependant émis un emprunt ayant une maturité de 100 ans ;

• le mode d'amortissement : le capital emprunté peut être remboursé en totalité à la fin (*in fine*), par amortissement constant ou par annuité constante. Dans la pratique, les grandes émissions obligataires font l'objet d'un remboursement *in fine* afin de garantir un revenu fixe à chaque obligataire, sur toute la durée de l'emprunt, ainsi qu'une durée de placement fixe. Lorsque l'emprunt n'est pas remboursé en totalité à l'échéance mais par fractions au cours du temps, on tire au sort chaque année des séries d'obligations qui sont alors remboursées.

Un emprunt est dit émis ou remboursé au pair lorsque le prix d'émission ou de remboursement est égal à sa valeur nominale. Dans certains cas, l'obligation ne verse aucun coupon mais est émise, en contrepartie, à un prix significativement inférieur au nominal et/ou remboursée très au-dessus du pair. On parle alors d'obligation zéro coupon.

B. Évaluation d'une obligation

Comme tout actif financier, la valeur d'une obligation correspond à la valeur actualisée de ses flux futurs (coupons et prix de remboursement, *PR*), soit, dans le cas général d'une obligation à coupon fixe qui sera remboursée dans *n* années :

$$V_{oblig.} = Coupon\ (1 + R_d)^{-1} + \ldots + Coupon\ (1 + R_d)^{-n} + PR\ (1 + R_d)^{-n}$$

$$V_{oblig.} = Coupon \times \frac{1 - (1 + R_d)^{-n}}{R_d} + PR\ (1 + R_d)^{-n}$$

où R_d correspond au rendement attendu des obligations de même classe de risque.

exemple

Le 25 avril 1996, l'État français a émis au pair un emprunt obligataire sur 11 ans, au taux de 5,5 %, remboursable également au pair. Chaque obligation a une valeur nominale de 1 euro. Sachant que le taux du marché des OAT (Obligations Assimilables du Trésor) est de 3,12 % le 26 mai 2006, quel est le cours de l'obligation ?

Entre le 26 avril 2006 et le 25 mai 2007, date d'échéance de l'obligation, il y a 331 jours. La valeur de l'obligation est donc de :

$$V = 0{,}055(1{,}0312)^{-331/365} + 1(1{,}0312)^{-331/365} = 1{,}0207$$

Le graphique 3.1. représente les différentes valeurs d'une obligation versant un coupon de 10 %, de nominal 100 euros, émise et remboursable au pair dans 10 ans. Trois situations sont représentées : (1) les taux d'intérêts restent constants à 10 %, (2) les taux tombent à 5 % un an après l'émission puis restent stables et (3) ils augmentent à 15 % puis se stabilisent.

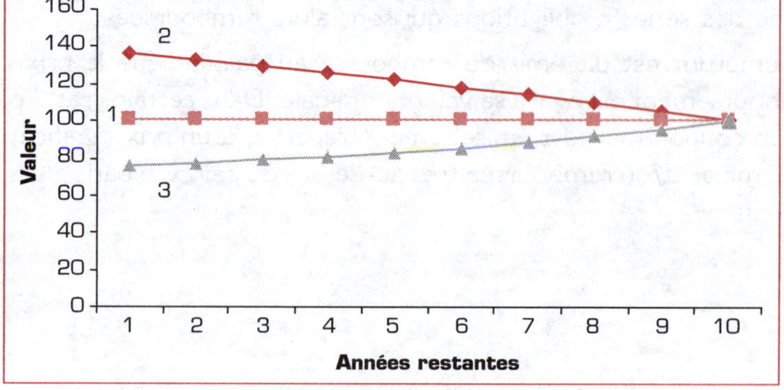

Graphique 3.1 • **Valeur de l'obligation et taux d'intérêt**

Qu'observe-t-on ? :

– lorsque les taux sont stables, la valeur de l'obligation ne varie pas et est égale à son nominal ;

– lorsque les taux augmentent, la valeur de l'obligation baisse. Au fur et à mesure que l'échéance se rapproche, sa valeur se rapproche de son prix de remboursement (100 euros) ;

– lorsque les taux baissent, la valeur de l'obligation augmente. Au fur et à mesure que l'échéance se rapproche, sa valeur se rapproche de son prix de remboursement.

C. La cotation des obligations

En France, les obligations sont cotées en pourcentage du nominal, au pied du coupon. Une obligation de 1 000 euros de nominal et qui cote 98 % vaut donc 980 euros. La cotation au pied du coupon signifie que le cours de l'obligation n'inclut pas les intérêts qui ont couru depuis le détachement du dernier coupon, bien qu'ils soient à payer au vendeur de l'obligation. L'intérêt de ce mode de cotation est que la valeur d'une obligation augmente de façon mécanique chaque jour du fait de l'intérêt couru. Ne pas tenir compte de cet intérêt couru dans la cotation et exprimer cette cotation en pourcentage permet à la fois de rendre comparables des obligations ayant des valeurs nominales et des dates de détachement des coupons différentes mais également d'observer directement la plus ou moins-value en capital.

exemple

Le 14 octobre 2005, le cours de l'obligation Lafarge 5,40 % 98-02/98 était de 105,8 %. La cote du quotidien économique La Tribune nous indique également que le taux actuariel de l'obligation (T Act.) est de 2,75 % et que le coupon couru (CC) est de 3,817% et la notation de la dette (BBB/BAA1/A-2) :

Isin	Valeur	Cours	T Act	CC
LAFARGE			BBB/BAA1/A-2	
FR0000208761	5,40 % 98-02/08	105,8	2,75	3,817

Le prix à payer pour acquérir cette obligation dont la valeur nominale est de 762,25 euros est donc constitué de deux éléments :

- l'obligation au pied du coupon : 105,8 % × 762,25 = 806,46 euros ;
- les intérêts courus : 3,817 % × 762,25 euros = 29,09 euros

soit un prix de 835,55 euros.

Les intérêts courus correspondent aux produits générés par l'obligation depuis la date où elle a versé son dernier coupon. En effet, dès le lendemain du détachement du coupon, l'obligation recommence à porter intérêts. Pour le calcul des intérêts courus, il faut tenir compte non pas de la date de cotation mais de la date de règlement, qui a lieu 3 jours ouvrés[2] après.

Coupon Couru =
Taux nominal × (Nombre de jours depuis le dernier détachement + 3 jours ouvrés)/365

Dans notre cas, le cours étant le vendredi 14 octobre, la date de règlement est le mercredi 19 octobre. Entre le 3 février (date du dernier coupon) et le 19 octobre, il y a 258 jours, soit un intérêt courus de 5,40 % × 258/365 = 3,817 %.

D. Le taux actuariel brut d'une obligation (TAB)

Le taux actuariel brut (*yield to maturity*-YTM) représente le taux de rendement de l'obligation pour celui qui l'achète aujourd'hui et la conserve jusqu'à sa date d'échéance. Ce taux peut se calculer à l'émission mais également à tout moment après. À l'émission, le taux actuariel est différent du taux nominal si l'émission et/ou le remboursement ne se font pas au pair. Ce taux actuariel se calcule comme étant le taux qui égalise le prix à payer (donc intérêts courus inclus) et la valeur actualisée des coupons et du prix de remboursement (PR), soit :

$$V_{obligation} = \sum_{t=1}^{n} \frac{coupon_t}{(1+TAB)^{t-1+j}} + \frac{PR_n}{(1+TAB)^{n-1+j}}$$

où *j* représente la fraction d'année séparant la date à laquelle est estimé le TAB de la date de détachement du prochain coupon. Dans le cas de notre obligation Lafarge, les coupons sont détachés chaque 3 février et la date de remboursement est le 3 février 2008. Entre le 14 octobre 2005 et la date de règlement du prochain coupon, soit le 8 février 2006 (3 février + 3 jours ouvrés), il y a 107 jours. De même, le second coupon sera perçu dans un an et 107 jours et le troisième sera perçu en même temps que le remboursement de l'obligation (100 + 5,40).

Ceci nous permet de calculer le TAB de l'obligation :

$$\begin{aligned} 105{,}8 + 3{,}817 = {} & 5{,}40 \times (1 + TAB)^{-107/365} \\ & + 5{,}40 \times (1 + TAB)^{-(1 + 107/365)} \\ & + 105{,}40 \times (1 + TAB)^{-(2 + 107/365)} \end{aligned}$$

soit un TAB de 2,75 %. Il convient de noter que les calculs ont ici été effectués sur la base des valeurs exprimées en pourcentage. Le même résultat aurait été obtenu si nous avions fait les calculs à partir des données monétaires (762,25 euros comme prix de remboursement au lieu de 100 %).

[2] Pour déterminer cette date, il ne faut donc pas tenir compte des samedis et dimanches.

E. Impact de l'évolution des taux d'intérêts sur la valeur de l'obligation

Bien que les paramètres d'une obligation (taux d'intérêt, prix de remboursement...) soient généralement fixes, la valeur de l'obligation varie dans le temps. Ceci est lié au fait que les conditions du marché évoluent en permanence, ce qui modifie le taux de rentabilité qui est attendu de l'obligation (R_d), faisant varier en conséquence son cours.

exemple

Considérons une obligation qui verse un coupon annuel de 40 € et dont le prix de remboursement dans 4 ans est de 1 000 €.

Si le taux requis par le marché est de 3,5 %, la valeur de l'obligation sera de :

$$V_{obligation} = 40 \times \frac{1 - 1{,}035^{-4}}{0{,}035} + 1\,000(1{,}035)^{-4} = 146{,}92 + 871{,}44 = 1\,1018{,}36$$

Si le taux requis est de 4,2 % : V = 144,51 + 848,26 = 992,77

Comme le montre cet exemple, la valeur d'une obligation à taux fixe évolue en sens inverse des taux d'intérêt. Plus les taux augmentent, plus le cours des obligations baisse. Cette relation peut s'expliquer de deux façons. La première découle de la formule de valorisation présentée plus haut. Plus le taux d'actualisation est élevé, plus la valeur actuelle des coupons et du prix de remboursement est faible. La loi de l'offre et de la demande peut également illustrer cette relation. Supposons une obligation qui cote 100 euros et verse un coupon de 4 euros. Son rendement est donc de 4 %. Supposons que les taux d'intérêts augmentent et que les investisseurs puissent placer leur argent à 5 %. La demande pour notre obligation va alors chuter, ce qui va faire baisser son cours et ce, jusqu'à ce qu'elle procure à son tour un rendement de 5%. Au contraire, dans le cas d'une obligation à taux variable, le coupon s'ajuste aux évolutions du marché, ce qui fait que la valeur de l'obligation reste stable dans le temps.

Le taux de rendement exigé pour une obligation (R_d) dépend à la fois des conditions du marché mais également de facteurs spécifiques à la société qui a émis l'obligation. Si sa santé financière vient à se détériorer, le risque supporté par les obligataires augmente, ce qui accroît le taux de rendement qu'ils en attendent, faisant ainsi baisser le cours de l'obligation.

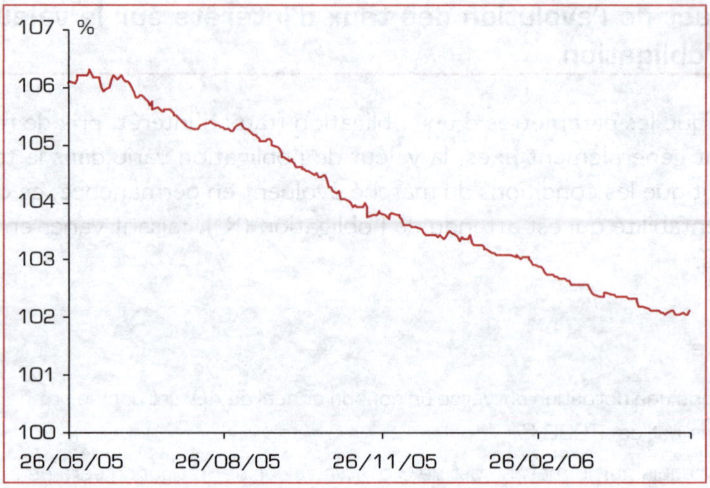

Graphique 3.2 • Cours de l'OAT 5,5 %, échéance avril 2007

F. Les risques obligataires

Plusieurs facteurs peuvent avoir une incidence sur le risque supporté par les obligataires.

1. Le risque de taux

Nous avons vu que la valeur d'une obligation évolue en sens inverse des variations de taux d'intérêt. Pour autant, la sensibilité de la valeur d'une obligation à ce paramètre n'est pas la même selon la maturité de l'obligation. Prenons le cas d'une obligation de nominal 1 000 euros, versant un coupon de 10 % et calculons sa valeur selon différents taux sur le marché, en distinguant deux cas, selon que l'obligation a une maturité résiduelle de 1 an ou de 10 ans.

Tableau 3.2 • Valeur d'une obligation selon sa maturité et le taux d'intérêt

taux	Valeur de l'obligation	
	1 an	10 ans
2 %	1 078,43	1 718,61
4 %	1 057,69	1 486,65
6 %	1 037,74	1 294,40
8 %	1 018,52	1 134,20
10 %	1 000,00	1 000,00
12 %	982,14	887,00
14 %	964,91	791,36
16 %	948,28	710,01

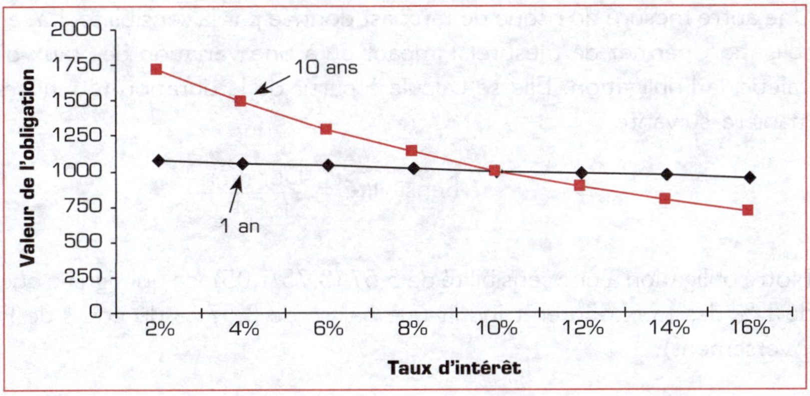

Graphique 3.3 • **Valeur d'une obligation selon sa maturité et le taux d'intérêt**

On observe sur ce graphique que deux obligations ayant le même nominal (1 000) et versant le même coupon (100) vont réagir différemment à l'évolution des taux sur le marché. Plus la maturité de l'obligation est grande, plus l'obligation est sensible aux variations de taux d'intérêt. Graphiquement, cela se traduit par une courbe de valeur plus pentue. Une mesure du degré d'exposition de l'obligation au risque de taux est donnée par la duration de l'obligation, qui correspond à sa maturité moyenne pondérée. Elle se calcule en pondérant les différentes périodes de versement des coupons (1 an, 2 ans, etc.) par le montant actualisé des coupons et du prix de remboursement, soit :

$$\text{Duration} = \sum_{t=1}^{n} \frac{t \times \text{Flux}_t \times (1 + R_d)^{-t}}{V_{\text{obligation}}}$$

exemple

Duration d'une obligation

Soit une obligation ayant une maturité de 4 ans, versant un coupon fixe de 45 et ayant un prix de remboursement de 1 000. Le taux sur le marché est de 5 %.

Date	Flux	VA Flux	Poids	Date pond.
1	45	42,86	4,36 %	0,04
2	45	40,82	4,16 %	0,08
3	45	38,87	3,96 %	0,12
4	1045	859,72	87,52 %	3,50
		982,27	100,00 %	3,75

Le total de la 3e colonne (982,27) nous donne la valeur de l'obligation puisqu'il correspond à la valeur actualisée au taux du marché des flux liés à l'obligation. La 5e colonne (date pondérée) permet de répartir cette valeur entre les différents flux, puis d'appliquer cette pondération aux différentes dates (par exemple pour l'année 3 : 3 × 3,96 % = 0,12). La somme de la dernière colonne (3,75) correspond à la duration de l'obligation.

Une autre mesure du risque de taux est donnée par la sensibilité. La sensibilité d'une obligation permet de mesurer l'impact qu'à une variation des taux d'intérêt sur la valeur de l'obligation. Elle se calcule à partir de la duration (ou inversement) de la manière suivante :

$$\text{Sensibilité} = \frac{\text{Duration}}{1 + R_d}$$

Notre obligation a une sensibilité de 3,57 (3,75/1,05), ce qui signifie que toute hausse de 1 % des taux d'intérêt induit une baisse de 3,57 % du cours de l'obligation (et inversement).

2. Le risque de crédit

Le détenteur d'une obligation, en plus du risque de taux, fait face à un risque de crédit. Ce risque de crédit peut prendre trois formes :

• Le risque de défaut. Il correspond au cas où l'émetteur ne paie pas les coupons et/ou le prix de remboursement à la date qui était prévue. En cas de liquidation, les obligataires seront remboursés avant les actionnaires et recevront, selon la valeur des actifs disponibles de l'émetteur, tout ou partie des sommes dues.

• Le risque de *spread*. Le rendement qui est attendu d'une obligation dépend de deux facteurs : (1) le taux des emprunts d'État et (2) une prime de risque dont l'objet est de compenser la prise de risque liée à l'investissement obligataire. Cette prime de risque est appelée *spread*. Si le risque associé à la détention de l'obligation change, le *spread* exigé par le marché sera ajusté en conséquence, ce qui modifiera la valeur de l'obligation, toutes choses égales par ailleurs. Ce sera, par exemple, le cas lorsque la performance économique de la société s'avère nettement moins bonne que ce qui était prévu. Dans cette situation, le *spread* augmente si le risque est accru, ce qui fait baisser le cours de l'obligation.

• Le risque de dégradation. Lors de certaines émissions obligataires, l'émetteur peut demander à une agence de notation de noter sa solidité financière. Une fois l'émission réalisée, il est possible à l'agence de revoir la note attribuée. Si la note est abaissée (on dit qu'elle est dégradée), le taux de rendement exigé par les investisseurs est revu à la hausse ce qui, mécaniquement, fait baisser le cours de l'obligation.

G. La notation des emprunts obligataires

La notation consiste à apprécier le risque de défaut de l'émetteur de l'obligation et, par là même, la probabilité de non remboursement de cette dernière. Le marché de la notation est occupé principalement par trois agences : Moody's, Standard & Poor's et FitchRatings. En fonction d'un certain nombre de critères, ces agences de notation (de *rating*) vont attribuer une note sous la forme d'une lettre (AAA par exemple) à l'emprunt émis.

La notation n'est pas obligatoire et ne se rencontre, compte tenu de son coût, qui est à la charge de l'émetteur, que dans le cas de levées de fonds conséquentes. La note attribuée est importante car elle détermine le taux auquel l'émission obligataire peut être réalisée. Plus précisément, elle détermine la prime (on parle de *spread*) à ajouter au taux sans risque pour obtenir le taux de rendement exigé par le marché. En avril 2004, le *spread* pour les entreprises industrielles souhaitant s'endetter sur 10 ans était de 0,31 % pour les mieux notées (AAA) et de 8,25 % pour les moins bien notées (B-). Une fois que l'émission est notée et réalisée, l'agence a toujours la possibilité de revoir à la hausse ou à la baisse (dégradation) la note qu'elle a attribuée [3].

3 ▶ Les actions

Bien que les actions soient des titres très différents des obligations, leur évaluation procède de la même démarche : la valeur d'une action est égale à la valeur actualisée de tous les flux de trésorerie qu'elle procurera dans le futur. Mais ici, contrairement aux obligations, les actions ne versent pas des sommes connues à l'avance et il n'existe pas d'échéance. L'évaluation des actions est de ce fait beaucoup plus délicate.

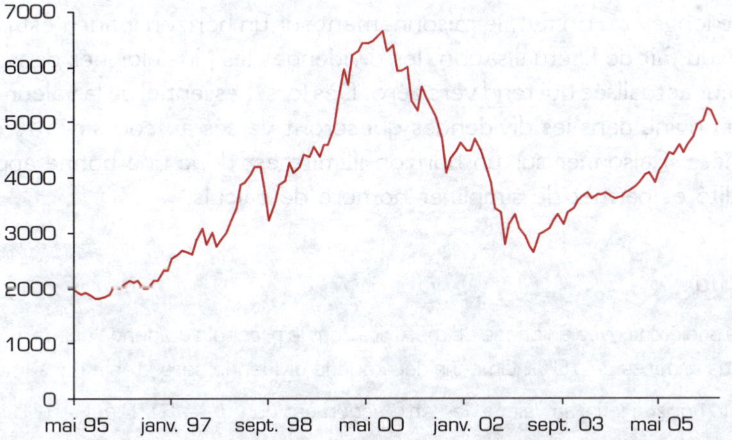

Graphique 3.4 • Évolution du CAC 40 depuis 1995

A. Le modèle général du dividende actualisé

Pour valoriser une action [4], il faut se placer dans la situation de l'investisseur qui l'achète et appliquer notre Règle d'Or n° 2. Il anticipe qu'elle distribuera des dividendes dans le futur et/ou que son cours dans *n* années (V_n) sera plus élevé le

3 Pour une présentation plus détaillée, voir chapitre 11.

4 Nous verrons au chapitre 10 qu'il s'agit là d'une vision réductrice de la réalité et qu'il existe d'autres approches pour valoriser les actions.

jour où il la revendra. La valeur de l'action correspond ainsi à la valeur actualisée de ses dividendes futurs et de son prix de revente à terme, soit :

$$V_0 = \frac{Div_1}{(1+R_c)} + \frac{Div_2}{(1+R_c)^2} + \ldots + \frac{Div_n}{(1+R_c)^n} + \frac{V_n}{(1+R_c)^n}$$

où R_c représente le coût des fonds propres de la société, qui correspond au taux d'actualisation à utiliser. Or le cours de l'action à la date de revente, V_n, est lui même fonction des dividendes qui seront versés après la cession. En poussant la logique jusqu'au bout, la valeur d'une action est donc fonction de ses dividendes futurs, sur un horizon potentiellement infini[5]. On parle alors de modèle du dividende actualisé ou DDM (*Dividend Discount Model*). Ceci nous conduit à la formule suivante :

$$V_o = \sum_{t=1}^{\infty} \frac{Dividende_t}{(1+R_c)^t}$$

Le fait de raisonner sur un horizon infini peut, à première vue, paraître choquant car si certaines sociétés peuvent être centenaires, beaucoup n'atteignent pas une telle longévité. En fait, le raisonnement sur un horizon infini n'est pas problématique car, du fait de l'actualisation, les dividendes les plus éloignés dans le temps ont une valeur actualisée qui tend vers zéro. Dès lors, l'essentiel de la valeur de l'action trouve son origine dans les dividendes qui seront versés au cours des 10 ou 20 prochaines années. Raisonner sur un horizon illimité est donc une bonne approximation de la réalité et permet de simplifier nombre de calculs.

exemple

Soit une société arrivée en phase de maturité dont le prochain dividende est de 10 euros et le coût des fonds propres de 10 %. On considère que le dividende sera stable dans le temps.

- Sur un horizon infini, la valeur de cette action est de : $V_0 = 10/0{,}10 = 100$ euros ;
- Sur un horizon de 10 ans, la valeur de l'action est de : $V_0 = 10 \times [1 - 1{,}10^{-10}]/0{,}10 = 61{,}44$ euros ;
- Sur un horizon de 20 ans, la valeur de l'action est de : $V_0 = 10 \times [1 - 1{,}10^{-20}]/0{,}10 = 85{,}13$ euros.

La valeur d'une action ayant une durée de vie illimitée est donc constituée à 61 % par la valeur des dividendes des 10 premières années, et à 85 % par celle des 20 premières années.

B. Le modèle du dividende actualisé à croissance unique

Dans le modèle général, le dividende peut être variable, c'est-à-dire qu'il peut augmenter ou diminuer d'une année sur l'autre. Dans le cas des sociétés cotées, on

[5] Bien que la durée légale d'une entreprise soit de 99 ans en France, rien n'interdit de la prolonger.

observe cependant une certaine régularité dans les distributions de dividendes[6]. Alors que les résultats de ces entreprises peuvent être relativement variables d'un exercice sur l'autre, les dirigeants ont tendance à lisser les dividendes.

Il est donc possible, dans certains cas, de faire l'hypothèse que l'action à évaluer distribuera un dividende en augmentation constante chaque année de *g* pourcents, toujours sur un horizon infini. La valeur de l'action est alors de :

$$V_o = \frac{D_1}{(1+R_c)} + \frac{D_1(1+g)}{(1+R_c)^2} + \frac{D_1(1+g)^2}{(1+R_c)^3} + \ldots = D_1 \sum_{t=1}^{\infty} \frac{(1+g)^{t-1}}{(1+R_c)^t}$$

Or, lorsque *n* tend vers l'infini et que R_c est supérieur à *g*, cette équation devient :

$$V_0 = \frac{D_1}{R_c - g}$$

Ce modèle est généralement appelé modèle de Gordon-Shapiro, du nom des deux universitaires américains qui en sont à l'origine. Comme nous le verrons plus loin, sa simplicité de mise en œuvre est également sa faiblesse. Il ne convient que dans le cas très particulier des sociétés dont l'activité est arrivée à maturité.

exemple

En janvier 2006, le dividende anticipé par le marché pour Danone est de 1,74 euros. La société étant sur un secteur relativement mature, il est plausible de faire l'hypothèse que son dividende va croître à l'avenir au taux de 3 % par an. Sachant que son coût des fonds propres est de 5,4 %, la valeur de l'action est :

$$V_{action} = 1{,}74/(0{,}054 - 0{,}03) = 72{,}5 \text{ euros.}$$

Début 2006, le cours de l'action est de 83 euros, ce qui est relativement proche de la valeur obtenue.

Le taux de croissance *g* est l'élément central de ce modèle. Une modification d'un point de ce dernier peut avoir un impact très fort sur la valeur de l'action. Comment l'estimer ? Tout d'abord, il faut avoir présent à l'esprit qu'il représente le taux de croissance moyen, à très long terme, des bénéfices et dividendes de l'entreprise. Dès lors, une simple moyenne des taux de croissance passés de l'entreprise n'est pas nécessairement pertinente. D'un point de vue économique, une société ne peut avoir une croissance durablement supérieure à celle de l'économie en général. Peu après la publication de l'article de Gordon et Shapiro, un analyste financier qui se croyait plus intelligent que deux universitaires réunis publia un article particulièrement critique sur leur modèle où il montrait qu'en l'appliquant à IBM, et en retenant son taux de croissance des bénéfices de l'année écoulée (très élevé à l'époque), on aboutissait à une capitalisation boursière supérieure à celle du PNB américain avant

6 Voir le chapitre 7 pour une présentation plus détaillée de la politique de dividende des entreprises.

la fin du siècle [7]. Il avait juste oublié que le modèle de Gordon-Shapiro ne vaut pas pour les sociétés de croissance mais uniquement pour celles arrivées à maturité. Dans la pratique, on retient un taux de croissance maximal identique à celui du PIB sur longue période, soit environ 3-4 %. Mais rien n'interdit de retenir un taux plus faible, voire négatif si l'activité est en déclin.

Une autre façon de procéder consiste à estimer le taux de croissance soutenable de la société. Ce taux représente le niveau maximal de croissance que la société peut atteindre dans le futur, sans avoir besoin de financements externes (dettes ou capitaux propres). La société autofinance ici sa croissance. Il s'estime à partir de la rentabilité des capitaux propres de l'entreprise (K_c) et de son taux de rétention des bénéfices (b), c'est-à-dire la proportion des bénéfices qui est mise en réserves et non distribuée aux actionnaires, et qui va donc servir à financer sa croissance. La croissance soutenable est égale à :

$$g = b \times K_c$$

Une société qui distribue 65 % de ses bénéfices et dont la rentabilité des capitaux propres est de 10 % a un taux de croissance soutenable *g* de :

$$g = (100\ \% - 65\ \%) \times 10\ \% = 3{,}5\ \%\ \text{par an}$$

C. Le modèle du dividende actualisé à croissance multiple

Le modèle précédent est particulièrement réducteur en ce sens qu'il impose une croissance constante des dividendes sur un horizon infini. Pour y remédier, il est possible de ne faire débuter cette période de croissance stable non pas dès le prochain dividende mais dans *n* années. Le modèle de valorisation devient alors :

$$V_o = \sum_{t=1}^{n} \frac{Div_t}{(1+R_c)^t} + \frac{Div_{n+1}}{R_c - g} \times (1+R_c)^{-n}$$

La période de croissance stable débute avec le dividende $n + 1$. Or nous cherchons une valeur à l'année 0. $Div_{n+1}/(R_c - g)$ représente la valeur actualisée à l'année *n* des dividendes de $n + 1$ à l'infini. Pour ramener cette valeur en 0, il faut donc l'actualiser sur *n* années, d'où $\times (1 + R_c)^{-n}$.

[7] Anecdote citée par Cobbaut (1994).

exemple

En janvier 2006, le consensus de marché prévoit pour Saint Gobain un dividende de 1,59 € pour l'année 2006, 1,73 € pour 2007, 1,83 € pour 2008. À compter de 2008, l'hypothèse d'une croissance stable à 4 % est faite. Sachant que le bêta du titre est de 1,03, que le taux des OAT 10 ans est de 3,2 % et la prime de risque de marché de 4 %, la valeur de l'action, dans le cadre de ce modèle, ressort à :

$$R_c = 3{,}2\ \% + 1{,}03 \times 4\ \% = 7{,}32\ \%$$
$$V_0 = 1{,}59(1{,}0732)^{-1} + 1{,}73(1{,}0732)^{-2} + 1{,}83(1{,}0732)^{-3} + [1{,}83 \times 1{,}04/(0{,}0732 - 0{,}04)] \times (1{,}0732)^{-3} = 50{,}84\ €$$

Le 2 janvier 2006, le cours de Saint Gobain était de 50,40 €.

D. La valeur des opportunités de croissance

Voyons maintenant quel est l'impact des opportunités d'investissement dont peut disposer une entreprise sur la valeur de ses actions. Supposons deux sociétés, Croissance + et Dividendes +, dont le bénéfice prévisionnel est dans les deux cas de 10 euros par action. Si on pose l'hypothèse que ces deux sociétés vont distribuer l'intégralité de leur bénéfice sous la forme de dividende : qui leurs seront constants dans le temps et que leur coût des fonds propres est de 10 %, alors la valeur des actions de ces deux sociétés sera identique : $V_0 = \text{Div.}/R_c = 10/0{,}10 = 100$ euros. Supposons maintenant que la société Croissance + dispose d'un projet d'investissement qui peut lui rapporter 15 %. Bien évidemment, elle a intérêt à réduire le montant des dividendes qu'elle avait l'intention de distribuer afin de financer ce projet. Le fait de réduire les dividendes va-t-il faire baisser le cours boursier de Croissance + ? Au contraire, la réduction des dividendes afin de financer un projet d'investissement rentable va le faire augmenter, à hauteur de la VAN du projet [8]. On parle d'information incorporée dans les cours. Cette augmentation du cours boursier du fait de l'existence d'un projet d'investissement correspond à ce que l'on appelle la VAOC, la valeur actuelle des opportunités de croissance.

De façon plus générale, il est possible de décomposer la valeur d'une action en deux éléments :

- la valeur théorique de l'action si la société décide de ne plus réaliser de projets d'investissement ;
- le supplément de valeur lié aux projets futurs de la société, la VAOC.

Cette VAOC correspond à la valeur qui est attribuée par le marché aux différents projets, connus ou non, que la société réalisera dans le futur. Cette valeur est basée sur les anticipations des investisseurs et ne procède pas nécessairement d'un calcul

[8] Voir le chapitre 5 pour une présentation détaillée de la notion de VAN.
[9] D'après Merrill Lynch, cité par La Tribune du 24 octobre 2005.

actuariel comme dans l'exemple précédent. Il est ainsi possible de calculer cette VAOC par différence entre le cours boursier de l'action et sa valeur théorique en l'absence de projets d'investissement. Cette valeur théorique s'estime en considérant que la société distribue la totalité de ses bénéfices sous la forme de dividendes, ce qui permet d'utiliser le modèle du dividende actualisé pour valoriser l'action, en considérant que le bénéfice par action (BPA) (et donc le dividende) sera constant dans le temps. Il n'a, en effet, aucune raison d'augmenter puisque la société n'investit plus. La valeur des opportunités de croissance (VAOC) est donc :

$$\text{VAOC} = \text{Cours} - \frac{\text{BPA}}{R_c}$$

Tableau 3.3 • La valeur des opportunités de croissance de quelques sociétés françaises

	Cours	BPA[1]	β	Rc [2]	VAOC	VAOC (% cours)
Alcatel	10,40	0,58	1,39	8,56	3,62	34,81 %
BNP Paribas	62,20	6,42	1,14	7,56	- 22,72	- 36,53 %
Danone	83,45	4,17	0,60	5,4	6,23	7,47 %

Source : Thomson One Analytics, 23 octobre 2005.

1 : BPA anticipé pour 2005.
2 : Pour le calcul du coût des fonds propres, nous avons retenu un taux sans risque de 3% et une prime de risque du marché de 4 %.

Alcatel, qui est une société du secteur technologique, est valorisée par le marché en tenant compte d'importantes opportunités de croissance (34,81 % de la valeur de l'action), contrairement à Danone dont le secteur est relativement mature. Le cas de BNP Paribas est plus complexe à analyser. En supposant que la société distribue 100 % de ses bénéfices, et ne réalise donc aucun investissement, ses dividendes futurs seront alors égaux à 6,42 euros, ce qui donne une valeur théorique de l'action de 6,42/0,0756 = 84,92 euros. Or le cours boursier du titre est de 62,20 euros, soit une décote de 22,72 euros. Cette décote s'expliquerait[9] par une mauvaise valorisation par le marché de son activité « investissement et financement », qui est implicitement valorisé 2,9 fois son bénéfice prévisionnel 2006, contre 7,4 fois pour la Société Générale.

4 ▶ Les options négociables

Les options[10] permettent à leur détenteur d'acquérir ou de vendre, à un prix déterminé à l'avance, une certaine quantité d'un actif donné, une action par exemple. Ces options jouent un rôle de plus en plus important en finance car, selon les cas, elles constituent :

- un instrument d'investissement ;
- un outil de couverture contre certains risques ;

10 Le lecteur intéressé par les options pourra utilement se reporter à Hull (2007).

- un instrument de rémunération des managers (*stock-options*) ;
- une grille d'analyse de certaines décisions ou projets d'investissement[11].

A. Principes et fonctionnement

Une option négociable est un titre qui procure à son détenteur le droit, et non l'obligation, d'acheter (option d'achat ou *call*) ou de vendre (option de vente ou *put*) une certaine quantité d'un actif (le sous-jacent) à un prix déterminé à l'avance (prix d'exercice ou strike). Cette option peut être exercée pendant une certaine durée (option américaine) ou uniquement à son échéance (option européenne)[12]. Les options les plus connues sont les options sur actions qui permettent d'acheter ou de vendre des actions à un prix connu à l'avance, en France sur Euronext.liffe (ex MONEP). Elles peuvent également concerner des indices boursiers ou des matières premières. Ainsi, le *call* européen Carrefour, échéance mars 2006 au prix d'exercice de 30 euros permet à son détenteur d'acheter, s'il le souhaite, une action Carrefour en mars 2006 au prix de 30 euros et ce, quel que soit le cours de l'action à ce moment-là. S'il exerce son droit, le vendeur de l'option est obligé de livrer les actions au prix de 30 euros. Mais quel est alors l'intérêt du vendeur de l'option ? En contrepartie de son obligation, il perçoit une prime lors de la vente de l'option, que cette dernière soit exercée ou non par la suite.

Il est possible d'acheter une option d'achat ou de vente et de vendre une option d'achat ou de vente :

	Acheteur d'une option	Vendeur d'une option
Option d'achat (call)	Droit d'acheter	Obligation de vendre au prix d'exercice en cas d'exercice par l'acheteur
Option de vente (put)	Droit de vendre	Obligation d'acheter au prix d'exercice en cas d'exercice par l'acheteur

Pour obtenir ce droit, l'acquéreur de l'option doit verser une prime (le prix du *call* ou du *put*) au vendeur de l'option :

L'acheteur d'une option dispose d'un **droit** qu'il acquiert, en contrepartie, du **versement** d'une prime	Le vendeur d'une option a une **obligation**, en contrepartie, d'une prime qu'il **perçoit**

Alors que l'acquéreur de l'option dispose de la possibilité d'exercer ou non son option d'achat ou de vente, le vendeur de l'option est, quant à lui, obligé de faire ce que décide le détenteur de l'option car elle est une forme de contrat, qui va lier les deux parties. Pour qu'une option existe, il faut nécessairement qu'il y ait deux parties : un acheteur et un vendeur.

[11] On parle alors d'option réelle et non d'option négociable.

[12] Cette qualification (américaine ou européenne) n'a aucun rapport avec la nationalité de l'émetteur ou du sous-jacent.

Le montant de la prime payée par l'acheteur au vendeur est notamment fonction du prix d'exercice de l'option [13] :

Une option d'achat a une prime d'autant plus faible que le prix d'exercice est élevé, et inversement	Une option de vente a une prime d'autant plus faible que le prix d'exercice est faible, et inversement

Contrairement aux actions et aux obligations, les options sur actions ne sont pas émises par les sociétés sur lesquelles elles portent. Afin de faciliter la négociabilité des options cotées sur Euronext.liffe, ces dernières font l'objet d'une standardisation en termes d'échéance, de quotité et de prix d'exercice :

- l'échéance correspond au jour où l'option cesse d'exister ;
- la quotité est la quantité de sous-jacents qui est concernée par l'option. À Paris, la quotité est de 10 actions pour les options européennes et de 100 actions pour les options américaines ;
- le prix d'exercice est le prix, déterminé dès la création de l'option, auquel le vendeur de l'option s'engage à acheter ou vendre le sous-jacent.

Une option est dite :

- dans la monnaie (*in the money*) si son exercice aujourd'hui (quelle que soit sa date d'échéance) permettrait de dégager un profit ;
- à la monnaie (*at the money*) si son prix d'exercice est égal au cours du sous-jacent ;
- en dehors de la monnaie (*out of the money*) si son exercice n'est pas profitable.

Tableau 3.4 • Qualification d'une option dont le prix d'exercice (K) est 100 €

Cours de l'action (S)	Option d'achat	Option de vente
120 euros	Dans la monnaie S > K	En dehors de la monnaie S > K
100 euros	À la monnaie S = K	À la monnaie S = K
80 euros	En dehors de la monnaie S < K	Dans la monnaie S < K

Le tableau 3.5. présente les cours des options Carrefour cotées sur Euronext.liffe le 25 novembre 2005. Ce jour-là, l'action Carrefour cote 36,95 euros. À 34 euros de prix d'exercice, l'option d'achat est dans la monnaie et celle de vente hors la monnaie. Ceci explique pourquoi le *call* européen vaut 3,7 euros alors que le *put* de même type ne cote que 0,49 euros. Le 25 novembre 2005, il n'y a aucun intérêt à vendre 34 euros une action qui en vaut presque 37.

Tableau 3.5 • Cours des options sur actions Carrefour, échéance mars 2006, le 25 novembre 2005

Call américain	Call européen	Prix Exercice	*Put* européen	*Put* américain
9.19	9.18	28	0.03	0.02
7.28	7.25	30	0.08	0.09
5.48	5.39	32	0.20	0.28
3.79	3.70	34	0.49	0.58
2.38	2.27	36	1.02	1.17

13 Nous verrons plus loin que d'autres facteurs ont une incidence sur le montant de cette prime.

Call américain	Call européen	Prix Exercice	*Put* européen	*Put* américain
1.36	1.24	38	1.98	2.15
0.72	0.60	40	3.35	3.53
0.11	0.06	45	7.78	8.05
0.01	0.01	50	12.68	13.05
0.01	0.01	55	17.64	18.05
	0.01	60	22.61	

En contrepartie de son obligation, le vendeur de l'option perçoit une prime (C pour un *call*, P pour un *put*), correspondant au prix de l'option. La valeur de cette prime (à ne pas confondre avec le prix d'exercice) n'est pas figée et varie tout au long de la journée en fonction de l'offre et de la demande, comme pour les autres titres financiers (actions et obligations). Cette valeur se compose de deux éléments :

- la valeur intrinsèque ;
- la valeur temps (ou valeur spéculative).

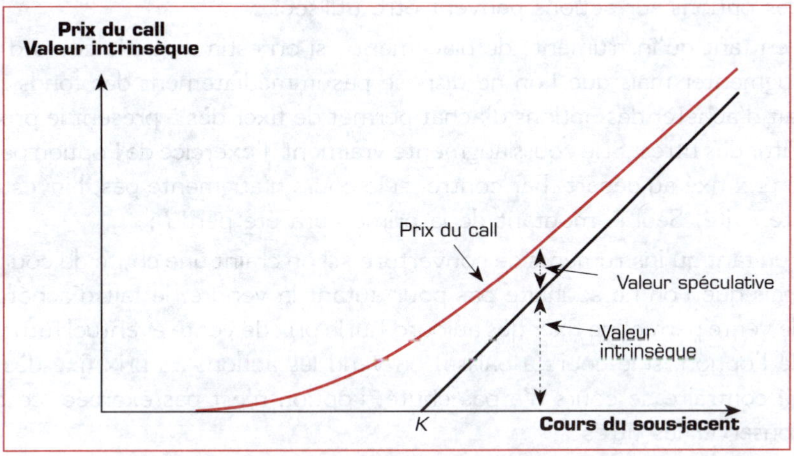

Graphique 3.5 • La valeur d'une option

La valeur intrinsèque correspond, pour une option dans la monnaie (voir tableau 3.4.), à la différence (en valeur absolue) entre le prix d'exercice et le cours du sous-jacent :

- valeur intrinsèque d'un *call* = Max [S – K ; 0] ;
- valeur intrinsèque d'un *put* = Max [K – S ; 0].

Cette valeur intrinsèque représente la valeur qu'aurait le contrat d'option si son échéance était immédiate. L'option d'achat à 28 euros sur le titre Carrefour dont le cours est de 36,95 euros a ainsi une valeur intrinsèque de 8,95 euros. Cette valeur intrinsèque est nulle pour les options à ou en dehors de la monnaie. Quant à la valeur temps, elle correspond à la différence entre la valeur de l'option et sa valeur intrinsèque. Cette valeur temps mesure la probabilité que, d'ici à l'échéance, la valeur du sous-jacent évolue favorablement pour le détenteur de l'option. Cette valeur diminue au fur et à mesure que l'on se rapproche de la date d'échéance de l'option. Elle est ici de 0,23 euro (9,18 – 8,95).

B. L'utilisation des options sur action

Le détenteur d'une option sur action peut :

- exercer son option à l'échéance (option européenne) ou avant cette date (option américaine), si l'option est dans la monnaie ;
- laisser expirer l'option à l'échéance, si l'option est hors la monnaie et ne présente donc aucun intérêt ;
- revendre son option avant son échéance s'il estime que l'évolution du cours du sous-jacent est de nature à faire perdre de la valeur à son option.

En vendant, le détenteur d'une option, qu'elle soit d'achat ou de vente, clôture sa position. De façon symétrique, le vendeur d'une option peut la racheter, ce qui va le libérer de son obligation. Il convient de noter que si une option européenne ne peut être exercée qu'à son échéance, elle peut être vendue ou achetée à tout moment.

Les options sur actions peuvent être utilisées :

- en tant qu'instruments de placement : si on estime que le cours d'une action va augmenter mais que l'on ne dispose pas immédiatement des fonds nécessaires, le fait d'acheter des options d'achat permet de fixer dès à présent le prix d'acquisition futur des titres. Si le cours augmente vraiment, l'exercice de l'option permet de payer le prix fixé au départ. Par contre, si le cours n'augmente pas, l'investissement aura été évité. Seul le montant de la prime aura été perdu ;
- en tant qu'instruments de couverture : si on craint une chute du cours d'une action mais que l'on ne souhaite pas pour autant la vendre, le fait d'acheter des options de vente permet de fixer dès aujourd'hui le prix de vente éventuel futur. À l'échéance de l'option, si le cours a baissé, on vend les actions au prix fixé dès le départ. Si, au contraire, le cours n'a pas chuté, l'option n'est pas exercée, ce qui permet de conserver les titres ;
- en tant qu'instrument de spéculation : de la même manière que les options peuvent servir à se couvrir, elles peuvent également être des instruments de spéculation grâce à l'effet de levier qu'elles permettent puisque seule la prime est investie.

C. La valeur des options sur actions à l'échéance

Parce que les options confèrent le droit, et non l'obligation, à leur détenteur d'acheter ou de vendre un actif à un prix donné, leur profil de valeur est particulier. Nous nous plaçons ici à l'échéance de l'option où K représente le prix d'exercice de l'option, C le prix du *call* et P le prix du *put*.

1. Valeur de l'option d'achat à l'échéance

Supposons une option d'achat sur action (K = 40 euros) qui est acquise pour 10 euros (C) et dont la date d'échéance est dans 2 mois. Quelle sera la valeur de cette option à l'échéance ? Si le cours de l'action sous-jacente est inférieur à 40 euros, la valeur de l'option sera nulle car il n'y a aucun intérêt à l'exercer pour acheter l'action

40 euros alors que cette dernière vaut moins sur le marché. Le coût net de l'opération pour son détenteur est 10 euros, le prix d'acquisition de l'option. Par contre, dès lors que le cours de l'action devient supérieur à 40 euros, et en ignorant les frais de transaction, il devient intéressant de l'exercer. Ainsi, si le cours de l'action à l'échéance est de 50 euros, la valeur de l'option sera de 10 euros puisque le détenteur de l'option aura le droit d'acheter pour 40 € une action dont la valeur sera de 50 €. Plus le cours de l'action augmente, plus la valeur de l'option est grande. Le graphique ci-dessous, en forme de « crosse de hockey », représente la valeur intrinsèque de l'option d'achat à l'échéance ainsi que le résultat net pour son détenteur, une fois la prime déduite.

Cours terminal de l'action	10	20	30	40	50	60	70	80	90	100
Prix d'exercice	40	40	40	40	40	40	40	40	40	40
Valeur de l'option d'achat	0	0	0	0	10	20	30	40	50	60
Résultat net pour l'acheteur	- 10	- 10	- 10	- 10	0	10	20	30	40	50
Résultat net pour le vendeur	10	10	10	10	0	- 10	- 20	- 30	- 40	- 50

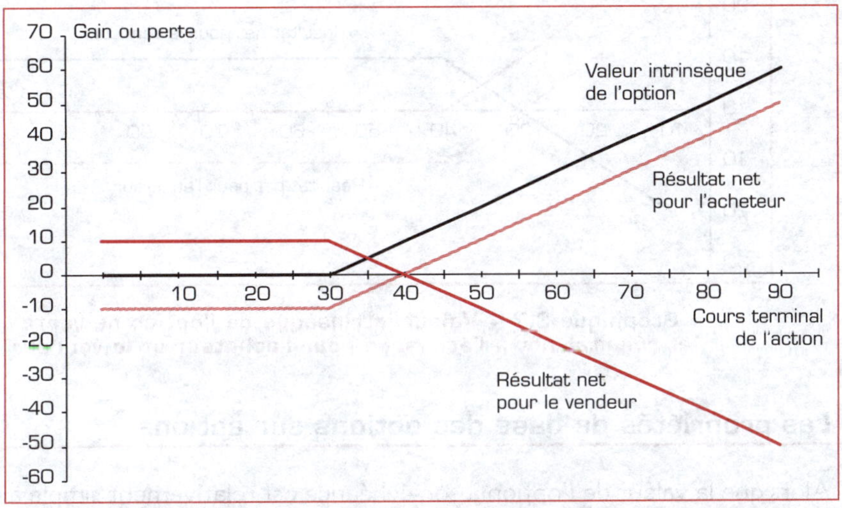

Graphique 3.6 • Valeur intrinsèque de l'option d'achat et résultat net à l'échéance pour l'acheteur et le vendeur

Ce graphique illustre bien le fait que le gain potentiel pour le détenteur de l'option est illimité et donc, par symétrie, que la perte potentielle pour celui qui l'a vendue est également illimitée. Il s'agit d'un jeu à somme nulle. Quant à la perte que peut subir l'acquéreur d'une option, elle est limitée au montant de la prime versée, ici 10 euros.

2. Valeur de l'option de vente à l'échéance

Reprenons notre exemple, mais dans le cadre d'une option de vente qui est acquise 10 euros (P) et qui permet de vendre une action dans deux mois au prix de 40 euros (K). Si le cours de l'action à l'échéance est supérieur à 40 euros, la valeur de l'option est nulle car le détenteur de l'option n'a aucun intérêt à vendre à 40 euros une action qui s'échange à un prix supérieur en bourse. Par contre, si le cours de l'action baisse en deçà de 40 euros, l'option retrouve de son intérêt et une valeur. Le gain ici est plafonné à 40 euros et est atteint lorsque la valeur de l'action est nulle. Quant au vendeur du *put*, il s'engage à acheter le titre au prix K (40 €) si l'option est exercée. C'est donc qu'il anticipe une hausse du cours de l'action. Si cette hausse ne se produit pas, il va subir une perte égale à la différence entre le prix d'exercice (K) et la valeur de l'action (S) diminuée de la prime qu'il a perçu (P).

Cours terminal de l'action	10	20	30	40	50	60	70	80	90	100
Prix d'exercice	40	40	40	40	40	40	40	40	40	40
Valeur de l'option de vente	30	20	10	0	0	0	0	0	0	0
Résultat net pour l'acheteur	20	10	0	- 10	- 10	- 10	- 10	- 10	- 10	- 10
Résultat net pour le vendeur	- 20	- 10	0	10	10	10	10	10	10	10

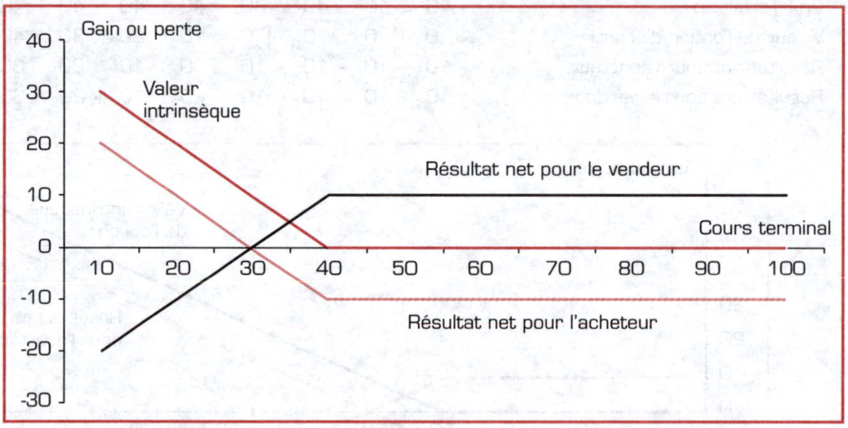

Graphique 3.7 • Valeur intrinsèque de l'option de vente et résultat net à l'échéance pour l'acheteur et le vendeur

D. Les propriétés de base des options sur actions

Alors que la valeur de l'option à son échéance est relativement simple à déterminer, il en va autrement lorsqu'il s'agit de l'estimer sur la période qui court entre sa création et son échéance.

La valeur d'une option est fonction de 6 paramètres :

• la valeur actuelle de l'action sous-jacente (S_0). Plus la valeur de l'action est élevée, plus la différence entre le cours de l'action et le prix d'exercice est grande. Ainsi, toutes choses égales par ailleurs, lorsque le cours de l'action sous-jacente augmente, la valeur de l'option d'achat croit et la valeur de l'option de vente baisse ;

• la volatilité de la valeur de l'action sous-jacente (σ). La valeur d'une option (*call* ou *put*) est d'autant plus importante que la volatilité de la valeur de l'action est élevée. Cette volatilité est représentée par l'écart-type des rentabilités. Plus la volatilité est élevée, plus le potentiel de hausse ou de baisse de l'action est grand. Or une option ne pouvant avoir de valeur négative, sa valeur sera donc d'autant plus grande que la volatilité est élevée ;

• le prix d'exercice de l'option (K). La valeur d'une option d'achat est d'autant plus élevée que le prix d'exercice est faible car le gain est alors d'autant plus grand en cas d'exercice. Quant à la valeur d'une option de vente, elle est d'autant plus forte que le *strike* est élevé ;

• le temps jusqu'à l'échéance (τ), en années. Plus le délai jusqu'à l'échéance de l'option est important, plus la valeur de l'action peut évoluer dans un sens ou dans l'autre et plus le gain potentiel est élevé. De ce fait, la valeur de l'option augmente avec la durée restant à courir de l'option, qu'il s'agisse d'un *call* ou d'un *put* ;

• le taux sans risque annuel (r). L'achat d'une option d'achat peut s'assimiler à un achat à terme, dont le prix est fixé dès maintenant. De ce fait, la valeur actuelle du montant qui sera versé est d'autant plus faible que le taux d'intérêt est élevé, et donc le gain potentiel d'autant plus élevé. Lorsque les taux d'intérêt augmentent, la valeur des options d'achat augmente et celle des options de vente baisse ;

• le dividende. Si l'action sous-jacente à l'option verse un dividende, sa valeur va baisser le jour du détachement du dividende, réduisant le gain potentiel, ce qui fera baisser la valeur de l'option d'achat et augmenter celle de l'option de vente.

Tableau 3.6 • Les différents paramètres de la valeur d'une option

Hausse d'un paramètre	Option d'achat	Option de vente
Prix du sous-jacent	hausse	baisse
Volatilité	hausse	hausse
Prix d'exercice	baisse	hausse
Date d'échéance	hausse	hausse
Taux sans risque	hausse	baisse
Dividende	baisse	hausse

À ces six paramètres, il faut en ajouter un septième, le type d'option. S'il s'agit d'une option américaine, qui peut être exercée à tout moment, sa valeur sera toujours supérieure ou égale à celle de la même option mais de type européen qui ne peut être exercée qu'à l'échéance. Cette plus grande flexibilité de l'option américaine lui confère une plus grande valeur, ce qui est logique. Ceci n'est cependant vrai que dans le cas d'un *put* américain. Dans le cas où l'action sous-jacente ne verse pas de dividende d'ici à l'échéance de l'option, la valeur du *call* européen est en effet égale à celle du *call* américain car il n'est jamais optimal d'exercer de façon anticipée le *call*.

1. Les relations de base [14]

Par définition, un *call* ne peut avoir une valeur (C) supérieure au prix du sous-jacent (S_0) et un *put* (P) ne peut valoir plus que le prix d'exercice (K), soit :

$$C \leqslant S_0 \text{ et } P \leqslant K$$

[14] Pour une présentation détaillée des options, voir Hull J., *Options futures et autres actifs dérivés*, Pearson, 2007.

exemple

Considérons une action qui cote 100 € (S_0), un *call* sur cette action avec un prix d'exercice de 80 € et un *put* dont le prix d'exercice est de 130 €. La valeur du *call* est nécessairement inférieure à 100 € car il permet d'acquérir pour 80 € une action qui en vaut 100, soit une valeur intrinsèque pour ce *call* de 20 €. La valeur du *put* est nécessairement inférieure à 130 € car il permet de vendre 130 € une action qui en vaut 100, soit une valeur intrinsèque de 30 €.

Or si C et S_0 sont appréciés à la même date, il n'en va pas de même pour P et K. P est la valeur du *put* aujourd'hui alors que K est le prix d'exercice futur. Il est donc plus juste de comparer P et la valeur actualisée de K soit :

- en raisonnant en temps continu : $P \leqslant K \times e^{-r\tau}$;
- en raisonnant en temps discret : $P \leqslant K \times (1 + r)^{-\tau}$.

avec τ le temps restant à courir jusqu'à l'échéance (en années).

Si cette relation n'était pas vérifiée, il serait possible de réaliser un profit d'arbitrage, en vendant un *put* et en investissant cette somme au taux r. De la même façon, dans le cas d'une option sur actions qui ne verse pas de dividende d'ici à l'échéance :

$$C > S_0 - K \times e^{-rt} \text{ et } P > K \times e^{-rt} - S_0$$

car la valeur du *call* (C) ne peut être inférieure à la valeur de l'action (S_0) minorée de la valeur actualisée du prix d'exercice (K) et la valeur du *put* (P) ne peut être inférieure à la valeur actualisée du prix d'exercice (K) minorée de la valeur de l'action (S_0). Dans le cas contraire, il existerait une possibilité d'arbitrage.

exemple

Stratégie d'arbitrage

Soit une action qui cote 30 euros et une option européenne sur cette action (K = 25 €, r = 10 %, τ = 0,5 an), d'où :

$$S_0 - K \times e^{-r\tau} = 30 - 25 \times e^{-0,05} = 6,22 \text{ euros}$$

La valeur théorique minimale du *call* est donc de 6,22 €. Si, sur le marché, ce *call* cote 6 €, il existe alors une possibilité d'arbitrage qui va consister à acheter ce *call* à 6 € et à vendre l'action à découvert (30 €), soit un gain net de 30 – 6 = 24 €. Ces 24 € vont pouvoir être investis 6 mois (τ = 0,5) à 10 %, ce qui permet d'obtenir 24 × $e^{-0,05}$ = 25,23 €. À l'issue des 6 mois, l'option (européenne) est à échéance. Deux situations sont alors possibles :

- Le cours de l'action (S_τ) est supérieur au prix d'exercice. L'arbitragiste exerce son *call*, achète l'action à 25 € et dénoue ainsi sa vente à découvert, soit un profit de :

25,23 – 25 = 0,23 € ;

• Le cours de l'action (S_τ) est inférieur au prix d'exercice. L'arbitragiste achète l'action sur le marché à un prix inférieur à 25 €, et dénoue ainsi sa vente à découvert. Si, par exemple, l'action cote 24 €, il réalise un gain de 25,23 - 24 = 1,23 €.

2. La parité *call-put*

La relation de parité entre la valeur d'un *call* et d'un *put* européen permet d'établir la valeur d'un *put* à partir de celle d'un *call* et inversement. Pour l'illustrer, prenons deux portefeuilles constitués de :

• portefeuille PC : une option d'achat (*call*) et des liquidités pour un montant de $K \times e^{-r\tau}$, d'où une valeur à la date 0 de : $C_0 + K \times e^{-r\tau}$;

• portefeuille PP : une option de vente (*put*) et l'action sous-jacente Z, d'où une valeur à la date 0 de : $P_0 + S_0$.

Les deux options européennes (C et P) concernent l'action Z et ont le même prix d'exercice K et la même échéance (τ). Plaçons nous à la date d'échéance τ. Si les liquidités du portefeuille PC ont été placées au taux r pendant τ périodes (nous raisonnons en temps continu), elles valent à la date τ : K euros.

• Si, à cette date τ, la valeur (S_τ) de l'action Z est supérieure à K, l'option d'achat sera exercée et l'option de vente abandonnée. Les liquidités placées qui valent désormais K permettent d'acheter une action Z au prix K alors qu'elle vaut S_τ. Pour ce qui est du portefeuille PP, l'option ne vaut plus rien et la valeur du portefeuille est alors égale à la valeur de l'action Z, soit S_τ.

• Si, à cette date τ, la valeur (S_τ) de l'action Z est inférieure à K, l'option d'achat sera abandonnée et l'option de vente exercée. La valeur du portefeuille C correspond alors à la valeur des liquidités, soit K. Dans le cas du portefeuille PP, l'option est exercée, l'action Z est vendue au prix K, et le portefeuille vaut alors K.

Tableau 3.7 • Valeur du portefeuille à la date τ

	$S_\tau > K$	$S_\tau < K$
Portefeuille PC (*call*)	S_τ	K
Portefeuille PP (*put*)	S_τ	K

On constate donc qu'à la date τ, la valeur des deux portefeuilles est égale au montant le plus élevé entre S_τ et K, soit Max (S_τ ; K). De ce fait, les deux portefeuilles doivent avoir la même valeur initiale, sous peine d'arbitrage, soit :

$$C_0 + K \times e^{-r\tau} = P_0 + S_0$$

Il s'agit de la relation de parité *call-put*.

Lorsque l'action sous-jacente verse un dividende (D) d'ici à l'échéance de l'option européenne, la relation devient :

$$C_0 + K \times e^{-r\tau} = P_0 + S_0 - D$$

Lorsqu'il s'agit d'une option américaine, l'inégalité suivante peut être démontrée :

$$S_0 - D - K \leqslant C_0 - P_0 \leqslant S_0 - K \times e^{-r\tau}$$

exemple

Opportunité d'arbitrage

Considérons des options sur actions dont le prix d'exercice (K) est de 20 € alors que sur le marché le cours de l'action (S_0) est de 21 €, le taux d'intérêt sans risque de 5 %. Le prix du *call* européen à 3 mois est de 1,75 € et celui du *put* européen à 3 mois de 1,25 €. Calculons la valeur de nos deux portefeuilles :

- Portefeuille PC : $C_0 + K \times e^{-r\tau} = 1{,}75 + 20 \times e^{-0{,}05 \times 3/12} = 21{,}50$
- Portefeuille PP : $P_0 + S_0 = 1{,}25 + 21 = 22{,}25$ €

La valeur du portefeuille PP étant supérieure à celle du portefeuille PC, il existe une opportunité d'arbitrage qui consiste à acheter le portefeuille C et à vendre à découvert le portefeuille PP. En faisant ainsi, à la date 0, on vend le *put* et l'action sous-jacente, ce qui permet d'encaisser 22,25 € et on achète le *call*, soit un flux net de 22,25 - 1,75 = 20,5 €. Ce montant est alors investi au taux sans risque (5 %), soit une valeur au bout de 3 mois de $20{,}5 \times e^{0{,}05 \times 3/12} = 20{,}76$ €.

À cette date, deux situations sont possibles :

- l'action cote plus de 20 €. Le *call* est exercé, ce qui permet d'acquérir pour 20 € l'action, et dénouer ainsi la vente à découvert ;
- l'action cote moins de 20 €. Le *put* est exercé, ce qui oblige notre investisseur (qui a vendu un *put*) à acheter 20 € l'action, mais lui permet de déboucler sa vente à découvert. Son gain net est donc de : 20,76 - 20 = 0,76 €.

E. Les modèles de valorisation des options

Les relations que nous venons de présenter nous donnent des bornes pour la valeur des options sur actions pour un cours de l'action donné.

Pour valoriser les options, il existe deux modèles de base, le modèle binomial de Cox, Ross et Rubinstein et celui de Black et Scholes. Ces deux modèles reposent sur de nombreuses hypothèses simplificatrices, qui n'enlèvent rien à leur intérêt et aux résultats auxquels ils aboutissent, mais sont autant de limites qu'il convient d'avoir à l'esprit. Une des principales hypothèses de ces modèles réside dans le mouvement que suit la valeur du sous-jacent (ici, une action) au cours du temps. Dans le cas binomial, la valeur du sous-jacent est représentée par un treillis, qui se recombine au niveau des sommets (une hausse suivie d'une baisse aboutit à la même valeur qu'une baisse suivie d'une hausse). Dans le cas de Black et Scholes, les cours suivent un mouvement brownien géométrique.

1. Le modèle binomial

Selon le modèle binomial, la valeur S de l'actif sous-jacent (l'action), à chaque période, peut varier dans deux directions. À la hausse (*up*) avec une probabilité *p* pour aboutir à une valeur S_u ou à la baisse (*down*) avec une probabilité $1 - p$ pour la valeur S_d. À la période suivante, la valeur S_u de l'action pourra augmenter ou baisser, et de la même façon pour S_d. Un point central des arbres binomiaux est que le mouvement à la hausse ou à la baisse est identique d'une période à l'autre. Assez rapidement, on obtient un arbre en forme de treillis, qui donne les différentes valeurs possibles de l'action au cours du temps.

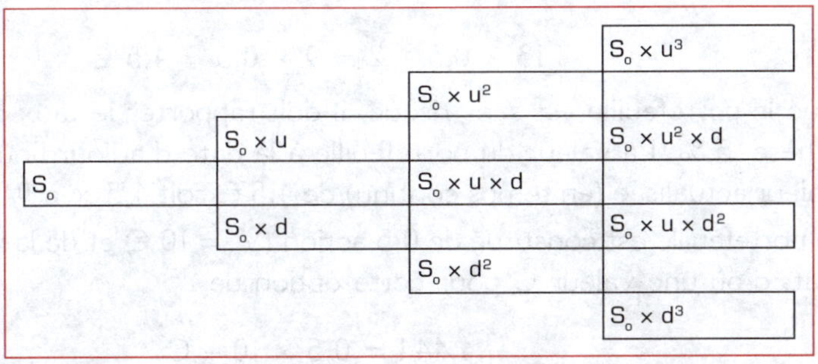

exemple

Partons d'un exemple simplifié. Soit un *call* européen à 3 mois (K = 11 €) sur une action ABC. Cette action cote 10 €. Dans trois mois, imaginons que le cours de l'action ne puisse être que 9 € ou 13 €. À ce moment là, la valeur du *call* est soit nulle (si S_T = 9 €) car il ne présente aucun intérêt de l'exercer, soit égale à 2 € (si S_T = 13 €) car il permet d'acquérir pour 11 € une action qui en vaut 13 €.

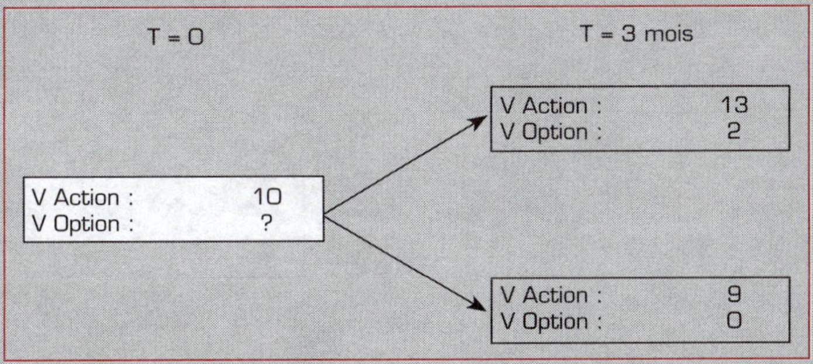

a. Le modèle binomial à une période

Pour valoriser cette option, nous allons construire un portefeuille constitué de l'action et de l'option de telle sorte que sa valeur dans 3 mois soit certaine. Puisque sa valeur est certaine, il est sans risque et doit donc procurer une rentabilité égale au taux sans risque. Pour constituer ce portefeuille, nous allons vendre un *call* sur l'action ABC et acheter Δ actions ABC. La quantité Δ est telle que notre portefeuille doit être sans risque :

- si la valeur de l'action (S_T) est 13 €, la valeur du *call* est de 2 € et celle du portefeuille [15] est égale à $13\Delta - 2$;
- si la valeur de l'action (S_T) est 9 €, la valeur du portefeuille est égale à 9Δ car le *call* a une valeur nulle.

Le portefeuille est donc sans risque si $13\Delta - 2 = 9\Delta$, soit $\Delta = 0{,}5$ action ABC. Ce portefeuille consiste ainsi en l'achat de 0,5 action ABC et en la vente d'un *call* sur ABC (avec K = 11 €). Dans un cas comme dans l'autre, la valeur du portefeuille au bout de 3 mois sera de :

$$13 \times 0{,}5 - 2 = 9 \times 0{,}5 = 4{,}5 \text{ €}$$

Puisque le portefeuille est sans risque, il doit rapporter le taux sans risque ici, par hypothèse, 5 %. La valeur du portefeuille à la date d'aujourd'hui correspond donc à la valeur actualisée (en temps continu) de 4,5 €, soit $4{,}5 \times e^{-0{,}05 \times 3/12} = 4{,}444$ €. Or ce portefeuille est constitué de 0,5 action ($V_o = 10$ €) et de la vente d'une option d'achat, d'où une valeur C pour cette option de :

$$4{,}444 = 0{,}5 \times 10 - C$$
$$\text{soit, } C = 0{,}556 \text{ €}$$

Généralisons maintenant notre propos. Soit une option sur actions, dont la valeur du sous-jacent (S_0), d'ici à l'échéance de l'option, ne peut prendre que deux valeurs, $S_0 \times d$ si le cours baisse et $S_0 \times u$ si le cours augmente. *d* représente le mouvement à la baisse ($d < 1$) et *u* le mouvement à la hausse ($u > 1$). En cas de hausse, le rendement de l'action est donc de $u - 1$ et de $d - 1$ en cas de baisse. La valeur de l'option [16] sera alors égale à f_d en cas de baisse de l'action et à f_u en cas de hausse (graphique 3.8.).

---

[15] La valeur du portefeuille est minorée de 2 € car nous avons vendu une option d'achat qui sera exercée, ce qui nous oblige à vendre 11 € une action qui sera acheté 13 €, soit une perte nette de 2 €.

[16] Nous retenons ici le symbole *f* car il peut s'agir d'un *put* ou d'un *call*.

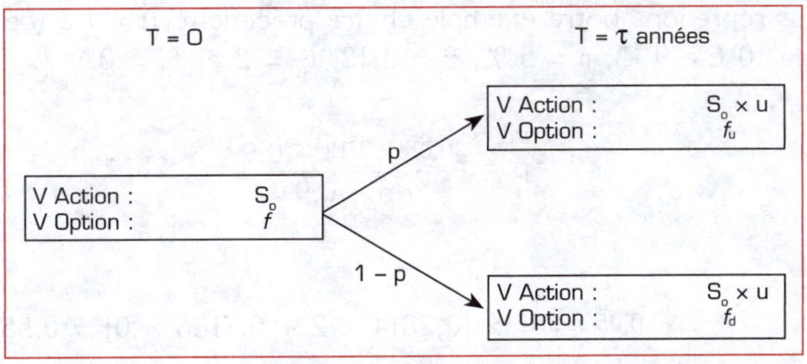

Graphique 3.8 • Valeurs de l'action et de l'option

Si nous reprenons notre raisonnement par arbitrage, la valeur de notre portefeuille composé de Δ actions et de la vente d'une option sur cette action sera, à l'échéance, de :

- si l'action baisse : $\Delta S_0 \times d - f_d$;
- si l'action monte : $\Delta S_0 \times u - f_u$.

Le portefeuille initial est sans risque si les deux valeurs ci-dessus sont égales, soit : $\Delta S_0 \times d - f_d = \Delta S_0 \times u - f_u$, d'où :

$$\Delta = \frac{f_u - f_d}{S_0 \times u - S_n \times d} = \frac{\text{variation de valeur de l'option}}{\text{varation du cours de l'action}}$$

On constate ainsi que Δ correspond au rapport entre la différence de valeur de l'option et la différence de valeur de l'action. Le portefeuille étant sans risque, il doit procurer une rentabilité égale au taux sans risque (r). La valeur initiale du portefeuille ($\Delta S_0 - f$) est alors égale à la valeur actualisée au taux r du portefeuille à la date τ, soit [17] :

$$\Delta S_0 - f = (\Delta S_0 \times u - f_u) \times e^{-r\tau}$$

Soit, en reprenant la valeur de Δ obtenue plus haut :

$$f = e^{-r\tau} \times [p \times f_u + (1 - p) \times f_d]$$

avec

$$p = \frac{e^{r\tau} - d}{u - d}$$

[17] Le même résultat est obtenu en partant du portefeuille à la baisse.

Si nous reprenons notre exemple chiffré précédent, u = 1,3 (de 10 € à 13 €), d = 0,9 (de 10 € à 9 €), r = 5 %, $\tau = 3/12$, $f_u = 2$ et $f_d = 0$:

$$p = \frac{e^{0,05 \times 3/12} - 0,9}{1,3 - 0,9} = 0,2814$$

et

$$f = e^{-0,05 \times 3/12} \times [0,2814 \times 2 + 0,7186 \times 0] = 0,556 \text{ euro}$$

soit le même résultat que celui trouvé plus haut.

La variable *p* ci-dessus peut s'interpréter dans l'univers risque-neutre comme la probabilité de hausse du sous-jacent (l'action), et donc 1 – *p* comme la probabilité de baisse. Dès lors, la valeur espérée en τ de l'option est : $p \times f_u + (1 - p) \times f_d$. La valeur de l'option européenne, qu'il s'agisse d'un *call* ou d'un *put*, à la date 0 est donc :

$$f = e^{-r\tau} \times [p \times f_u + (1 - p) \times f_d]$$

c'est-à-dire la valeur actualisée de la valeur espérée de l'option. Implicitement, ceci revient à considérer que la rentabilité espérée de l'action est égale au taux sans risque. C'est pourquoi on parle d'évaluation « risque-neutre » et que l'on qualifie *p* de probabilité risque-neutre. Dans cet univers risque-neutre, la valeur espérée de l'action ($E[S_\tau]$) correspond à la fois à la valeur capitalisée de l'action et à la moyenne pondérée des deux valeurs possibles de l'action, soit :

$$E[S_\tau] = S_0 \times e^{r\tau} = p \times S_0 \times u + (1 - p) \times S_0 \times d$$

Quant au Δ, il correspond à la quantité d'actions à détenir en portefeuille pour chaque option vendue pour annuler le risque. Un portefeuille ainsi constitué est qualifié de delta-neutre car il est sans risque.

Tableau 3.8 • Probabilités risque-neutre

	Temps continu	Temps discret
Probabilité risque-neutre	$p = \frac{e^{\tau \times t} - d}{u - d}$	$p = \frac{(1 + r)^{\tau} - d}{u - d}$
Valeur de l'option	$e^{-\tau \times t} \times [p \times f_u + (1-p) \times f_d]$	$(1+r)^{-\tau} \times [p \times f_u + (1-p) \times f_d]$

b. Le modèle binomial à plusieurs périodes

Jusqu'à présent, par simplification, nous avons considéré que le cours de l'action ne variait que sur une période. Avec le modèle binomial, il est possible de retenir plusieurs périodes. Plus le temps jusqu'à l'échéance est découpé en un nombre élevé de périodes, plus l'action peut prendre un nombre important de valeurs. La difficulté réside alors dans l'estimation des paramètres *u* et *d*, qui étaient jusqu'à présent donnés, car l'intervalle de temps entre chaque période est de plus en plus réduit. Cox, Ross et Rubinstein (1979) proposent [18] d'estimer ces deux paramètres à partir de la volatilité du cours de l'action (σ) et de la durée entre deux changements de prix de l'action (δt) :

- le niveau de la hausse, $u = e^{\sigma\sqrt{\delta t}}$
- le niveau de la baisse, $d = e^{\sigma\sqrt{\delta t}}$
- la probabilité risque-neutre de hausse, $p = \dfrac{e^{r\delta t} - d}{u - d}$

Pour construire un arbre binomial, il suffit de disposer de ces trois paramètres et du cours actuel de l'action. Comme précédemment, l'objectif recherché est d'estimer la valeur de l'option au nœud initial. Pour cela, il faut d'abord construire un arbre binomial représentant les différentes valeurs possibles de l'action puis calculer par induction arrière la valeur de l'option à chaque nœud.

exemple

Prenons le cas d'une option d'achat sur une action dont le cours boursier est de 20 €, le prix d'exercice de 24 € et la volatilité de 40 %. Le taux continu sans risque est de 5 % et l'échéance de l'option dans 6 mois. Décomposons cet intervalle de temps (0,5 an) en 5 périodes. Au préalable, il nous faut calculer les trois paramètres de l'arbre binomial :

Mouvement binomial à la hausse (u) : $e^{0,4 \times \sqrt{0,5/5}} = 1,1348$

Mouvement binomial à la baisse (d) : $e^{-0,4 \times \sqrt{0,5/5}} = 0,8812$

Probabilité de hausse (p) : $\dfrac{e^{0,05 \times 0,5/5} - 0,8812}{1,1348 - 0,8812} = 0,4882$

Ainsi, la valeur de l'action, qui est de 20 à la période 0, peut augmenter pour atteindre une valeur de 22,70 (20 × 1,1348) ou baisser jusqu'à 17,62 (20 × 0,8812) à la période 1 (au bout de 0,5/5 = 0,1 an). Au deuxième niveau de l'arbre, la valeur de 22,70 peut prendre deux nouvelles valeurs, 25,76 à la hausse (22,70 × 1,1348) ou 20 à la baisse (22,70 × 0,8812). Et ainsi de suite pour les cinq périodes.

18 Pour une démonstration, voir Hull, 2007.

Arbre de valeur de l'action

t = 0	t = 1	t = 2	t = 3	t = 4	t = 5
					37,64
				33,17	
			29,23		29,23
		25,76		25,76	
	22,70		22,70		22,70
20,00		20,00		20,00	
	17,62		17,62		17,62
		15,53		15,53	
			13,68		13,68
				12,06	
					10,63

Pour estimer la valeur de l'option, il faut partir de la droite et remonter l'arbre binomial en sens inverse. À la période $t = 5$, pour chaque valeur de l'action, la valeur de l'option sera soit égale à la différence entre le cours de l'action (S_t) et le prix d'exercice (K), soit égale à zéro en cas de différence négative. Si le cours de l'action est de 37,64, l'option aura une valeur de 13,64(37,64–24). Par contre, si le cours de l'action est de 10,63, l'option ne présente aucun intérêt et sa valeur est nulle. Ceci nous permet de construire la dernière colonne de l'arbre de valeur du *call*.

Arbre de valeur du call

t = 0	t = 1	t = 2	t = 3	t = 4	t = 5
					13,64
				9,29	
			5,81		5,23
		3,45		2,54	
	1,98		1,23		0,00
1,11		0,60		0,00	
	0,29		0,00		0,00
		0,00		0,00	
			0,00		0,00
				0,00	
					0,00

Sur les périodes précédentes, dans le cadre de l'approche risque-neutre, la valeur de l'option à chaque nœud est égale à l'espérance de valeur de l'option, actualisée au taux sans risque. Dans le cas du premier nœud de la période 4, cela conduit à :

$$f = e^{-0,05 \times 0,1} \times [0,4882 \times 13,64 + 0,5118 \times 5,23] = 9,29 \text{ euros}$$

et ainsi de suite jusqu'à la date 0. Ce type de calcul peut très facilement être fait sous Excel (voir annexe à ce chapitre). Il est également possible de développer une application financière sous Excel en Visual Basic pour automatiser les calculs [19].

c. L'évaluation binomiale des options américaines

Pour le moment, nous n'avons traité que des options européennes, qui ne sont exerçables qu'à l'échéance. Voyons maintenant comment adapter notre procédure dans le cas des options américaines, qui peuvent être exercée à chaque nœud. À la dernière période, il n'y a pas de différence de valeur entre l'option européenne et l'option américaine car dans les deux cas, il est possible de l'exercer. Par contre, aux périodes antérieures, l'option américaine peut valoir plus chère car elle peut être exercée, contrairement à l'européenne. Comme précédemment, on construit un arbre binomial en partant de la droite et en remontant vers la gauche. La différence ici est qu'à chaque nœud, il faut s'interroger sur l'intérêt d'exercer ou non l'option. Si nous reprenons notre exemple, à chaque nœud des périodes 0 à 4, la valeur de l'option sera le maximum entre :

- la valeur donnée par l'approche risque-neutre (arbre de l'option ci-dessus) ;
- le flux net procuré par l'exercice de l'option à ce nœud.

Dans le cas d'un *call*, l'arbre (et donc la valeur de l'option) est identique que l'on soit en présence d'une option européenne ou américaine. Dans le cas d'un *put*, par contre, les valeurs seront différentes. Si nous poursuivons notre exemple, à la période 4, si le cours de l'action est de 33,17 €, le détenteur du *call* a le choix entre le vendre [20] 9,29 € et l'exercer, ce qui lui permettrait d'acheter 24 € une action qui en vaut 33,17, soit un gain net de 9,17 €. Le choix optimal pour lui est donc de ne pas exercer le *call*, qui a donc une valeur à la période 4 de 9,29 €.

2. Le modèle Black et Scholes

Ce modèle a été développé au début des années 1970 par Fisher Black, Myron Scholes et Robert Merton. Il s'agissait initialement d'un modèle de valorisation des options européennes sur actions ne versant pas de dividende. Par la suite, il a été adapté aux options américaines ainsi qu'aux options sur actions versant des dividendes. Si le modèle de Black et Scholes (B&S) peut paraître complexe à mettre en œuvre, l'utilisation d'un tableur de type Excel permet un calcul instantané.

---

[19] On pourra notamment se reporter à Riva F., *Applications financières sous Visual Basic*, 3e éd., Économica, 2007 qui fournit un programme d'évaluation par les arbres binomiaux.

[20] Ou le conserver, ce qui est identique en terme de richesse.

Contrairement au modèle binomial qui suppose que le cours de l'action ne peut varier que dans deux directions, et dans des proportions identiques d'une période à l'autre (*up* et *down*), les variations (en pourcentage) du cours de l'action dans le modèle de B&S, sur un intervalle de temps court, sont distribuées selon une loi normale (on parle de mouvement brownien géométrique). Tout comme pour le modèle binomial, B&S fait l'hypothèse d'une absence d'arbitrage en construisant un portefeuille sans risque, composé de l'option et de son sous-jacent. La valeur de l'option étant liée à celle de l'action, une perte de valeur de l'action à court terme peut être compensée par un gain sur l'option. Il est donc possible de construire un portefeuille sans risque à court terme, dont la rentabilité sera en conséquence r, le taux sans risque.

Selon le modèle de B&S, la valeur aujourd'hui ($t = 0$) d'une option européenne sur action ne versant pas de dividende est égale à :

Valeur d'une option d'achat (*call*) $= S_0 \times N(d_1) - K \times e^{-r\tau} \times N(d_2)$
Valeur d'une option de vente (*put*) $= K \times e^{-r\tau} \times N(-d_2) - S_0 \times N(-d_1)$

avec :

$$d_1 = \frac{\mathrm{Ln}\,\frac{S}{K} + \left(r + \frac{\sigma^2}{2}\right) \times \tau}{\sigma \times \sqrt{\tau}}$$

$$d_2 = d_1 - \sigma\sqrt{\tau}$$

où N(d) représente la probabilité qu'une variable centrée réduite ait une valeur inférieure ou égale à d. Cette valeur N(d) peut s'obtenir à partir d'une table de la loi normale centrée réduite ou, avec Excel, grâce à la fonction « = LOI.NORMALE.STANDARD (X) ».

exemple

Utilisation de la table de la Loi Normale

La table de la Loi Normale donne la probabilité qu'une variable aléatoire normalement distribuée soit inférieure ou égale à une certaine valeur. Le graphique ci-dessous illustre cette distribution. On peut noter que la courbe est centrée autour de zéro. De ce fait, la probabilité qu'une variable soit inférieure ou égale à 0 est de 50 % car la probabilité correspond à la surface de la courbe située à gauche de la valeur étudiée (ici 0). La surface totale est donc égale à 100 %.

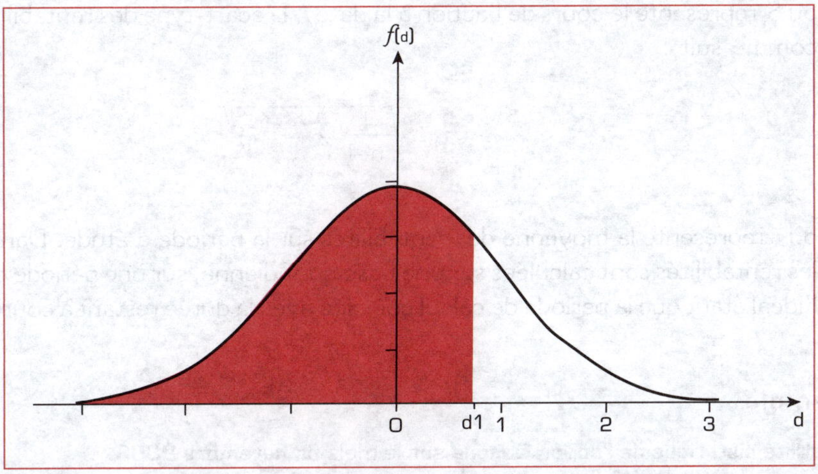

Loi Normale Centrée

Pour obtenir la probabilité N(d) que la variable étudiée soit inférieure ou égale à d, il suffit de se reporter à la valeur indiquée par la table (extrait ci-dessous).

d	0,00	0,01	0,02	0,03	0,04	0,05
0,6	0,7257	0,7291	0,7324	0,7357	0,7389	0,7422
0,7	0,7580	0,7611	0,7642	0,7673	0,7704	0,7734
0,8	0,7881	0,7910	0,7939	0,7967	0,7995	0,8023
0,9	0,8159	0,8186	0,8212	0,8238	0,8264	0,8289

Prenons d = 0,92. La probabilité correspond à la valeur qui se situe à l'intersection de la ligne 0,9 et de la colonne 0,02, d'où N(0,92) = 82,12 %. Cela signifie que la probabilité d'avoir une valeur *d* inférieure ou égale à 0,92 lorsque les variables sont distribuées selon une loi normale est de 82,12 %.

F. L'estimation de la volatilité

Les différents paramètres du modèle de B&S s'obtiennent sans calcul (S_0, K, r et τ), à l'exception de la volatilité (σ), qui doit être estimée. La volatilité est une mesure de l'incertitude relative à la rentabilité future de l'action. Deux approches sont possibles pour son estimation, soit à partir des cours passés de l'action (écart-type des rentabilités), ce qui aboutit à une volatilité historique, soit à partir de la volatilité implicite des options cotées sur le marché.

À partir des historiques de cours, il faut calculer la rentabilité périodique (quotidienne, hebdomadaire…) de l'action (r_i) en taux composé continu, soit :

$$r_i = \text{Ln}\left(\frac{S_i}{S_{i-1}}\right)$$

où S_i représente le cours de l'action à la date *i*. L'écart-type des rentabilités se calcule comme suit :

$$\sigma = \sqrt{\frac{1}{n-1}\sum_{i=1}^{n}(r_i - \bar{r})^2}$$

où $\bar{r}$ représente la moyenne des rentabilités sur la période d'étude. Dans la pratique, les rentabilités sont calculées sur une base quotidienne, sur une période de 3 à 6 mois, l'idéal étant que la période de calcul coïncide avec la durée restant à courir de l'option.

exemple

Volatilité historique de l'action Danone sur le mois de novembre 2006

Date	Cours (S_i)	$R_i = Ln(S_i/S_{i-1})$	$(\bar{r} - r_i)^2$
31/10/2006	114,8		
01/11/2006	115,7	0,007809	0,000053
02/11/2006	115,0	- 0,006069	0,000044
03/11/2006	114,9	- 0,000870	0,000002
06/11/2006	116,3	0,012111	0,000134
07/11/2006	116,5	0,001718	0,000001
08/11/2006	116,3	- 0,001718	0,000005
09/11/2006	117,5	0,010265	0,000094
10/11/2006	118,7	0,010161	0,000092
13/11/2006	120,4	0,014220	0,000187
14/11/2006	119,0	- 0,011696	0,000150
15/11/2006	119,9	0,007535	0,000049
16/11/2006	118,0	- 0,015973	0,000273
17/11/2006	117,2	- 0,006803	0,000054
20/11/2006	116,8	- 0,003419	0,000016
21/11/2006	119,0	0,018660	0,000328
22/11/2006	119,7	0,005865	0,000028
23/11/2006	119,0	- 0,005865	0,000041
24/11/2006	117,1	- 0,016095	0,000277
27/11/2006	116,7	- 0,003422	0,000016
28/11/2006	118,1	0,011925	0,000129
29/11/2006	118,5	0,003381	0,000008
30/11/2006	116,2	- 0,019600	0,000406
	Total :	0,012121	0,002388
	N :	22	

Rentabilité moyenne : $\bar{r}$ = 0,012121/22 = 0,00055

Écart-type des rentabilités[21] : $\sigma = \sqrt{\frac{0,002388}{21}} = 0,01066$

[21] Ce résultat peut être obtenu directement sous Excel avec la fonction ECARTYPE.

soit 1,066 % par jour ou, sur la base de 250 jours de bourse par an, une volatilité annuelle de : $0{,}01066 \times 250^{0{,}5} = 16{,}85$ %, ce qui est relativement peu.

Une autre façon d'estimer la volatilité d'une action est de rechercher sa volatilité implicite sur la base du cours des options sur cette action. Pour cela, il suffit de partir du modèle de B&S et du cours de l'option et rechercher de façon itérative (par tâtonnement) pour quel niveau de volatilité le modèle permet d'obtenir le cours de l'option observé sur le marché. Contrairement à la précédente méthode, la volatilité est ici anticipée et non historique.

A RETENIR

Ne pas confondre :

Mouvement à la hausse et à la baisse et probabilité de hausse et de baisse.

Probabilité réelle et probabilité risque-neutre.

Tableau de synthèse Temps discret / temps continu

	Temps discret	**Temps continu**
Taux annuel	Rtd = 5 %	Rtc = 5 %
Taux trimestriel (par exemple)	$(1+Rtd)^{1/n}-1 = (1{,}05)^{1/4}-1 =$ 1,23 %	Rtc/n = 5 %/4 = 1,25 %
Valeur actuelle de 100, versé dans 3 trimestres	$V_0 = 100 \times (1+Rtd)^{-3} = 100 \times (1{,}0123)^{-3} = 96{,}4$	$V_0 = 100 \times e^{-Rtc} = 100 \times e^{-0{,}0125} = 98{,}7$
Probabilité risque-neutre	p = [(1+Rtd)−d]/[u−d]	$p = [e^{Rtc}-d]/[u-d]$
Taux équivalent	$Rtd = e^{Rtc}-1$	Rtc = Ln(1+Rtd)

Excel en pratique

Fichier utilisé : Chapitre_3.xls

Fonctions utilisées :

- Valeur de l'obligation : VA(taux;npm;vpm;vc;type) avec npm le nombre de périodes, vpm le coupon à chaque période, vc le prix de remboursement, type : 0 si versement en fin de période, 1 si début de période.
- Taux Actuariel Brut : TAUX(npm;vpm;va;vc;type) : calcule un taux de rendement lorsque les flux intermédiaires sont constants (vpm).
- Taux Actuariel Brut hors date de détachement : TRI.PAIEMENTS(valeurs;dates) avec valeurs les différents flux, dates les dates des flux.
- Probabilité Normale centrée réduite : LOI.NORMALE.STANDARD(X) donne la probabilité qu'une variable aléatoire normalement distribuée soit inférieure ou égale à X.
- Fonction exponentielle : Exp(X) donne la valeur de e^X.
- Fonction logarithmique : LN(X) donne la valeur de Ln(X).

exemple 3E-1 :

Valeur et TAB d'une obligation

	A	B	C
3	Valeur nominale	1 000	
4	Prix remboursement	1 050	
5	Taux nominal	4 %	
6	Échéance	5	
7	Taux marché	4,2 %	
8	Valeur obligation	– 1 031,85	= VA (B7;B6;B3*B5;B4)
9			
10	Cours obligation	1 015	
11	Taux actuariel brut	4,57 %	= TAUX (B6;B3*B5;–B10;B4;0)

Remarques :

La valeur obtenue pour l'obligation est négative car, du point de vue de l'investisseur, les coupons et le remboursement de l'obligation sont la contrepartie d'un flux négatif, lié à l'achat de l'obligation.

L'estimation du TAB implique nécessairement de comparer un flux négatif (-B10) avec des flux positifs (coupons et remboursement).

exemple 3E-2:

Estimation du TAB d'une obligation (2de méthode)

À partir du moment où les flux sont espacés de façon irrégulière, la fonction TAUX n'est plus valable. C'est, par exemple, le cas lorsque l'on achète une obligation (5 %, nominal 1 000) le 25 juin 2006 pour 997 euros, dont le coupon tombe chaque année le 17 septembre, jusqu'en 2010.

	A	B	C
15	25-juin-06	-997	
16	17-sept-06	50	
17	17-sept-07	50	
18	17-sept-08	50	
19	17-sept-09	50	
20	17-sept-10	1 050	
21			
22	TAB	6,13 %	= TRI.PAIEMENTS (B15:B20;A15:A20)

exemple 3E-3 :

Valorisation d'une option avec le modèle de Black & Scholes

	A	B	C
3	Prix sous-jacent (S)	80	
4	Prix d'exercice (K)	73	
5	Tps jusqu'à échéance	0,4	En années
6	Taux sans risque	4 %	
7	Volatilité	30 %	Écart-type
8			
9	d1 :	0,6618	= (LN(B3/B4)+(B6+(B7 ∧ 2)/2)*B5)/(B7*B5 ∧ 0,5)
10	N(d1) :	0,7459	= LOI.NORMALE.STANDARD(B9)
11	d2 :	0,4721	= B9-B7*(B5 ∧ 0,5)
12	N(d2) :	0,6816	= LOI.NORMALE.STANDARD(B11)
13			
14	Valeur du Call :	10,71	= B3*B10-B4*B12*EXP(-B6*B5)
15	Valeur du Put :	2,55	= B4*EXP(-B5*B6)*(1-(B12))-B3*(1-(B10))

Partie 2

Politique financière

▶ Les managers d'une entreprise sont confrontés, dans leur activité, à de multiples décisions d'ordre financier. Il peut s'agir de décisions d'investissement, de financement, de distribution de dividende et, dans le cas d'une entreprise ayant une activité internationale, du placement de sa trésorerie et de la gestion des risques inhérents. On parle alors de politique financière.

Un élément central de la politique financière d'une entreprise est le coût du capital. Il s'agit du taux de rentabilité qui est exigé par ses apporteurs de fonds (actionnaires et créanciers financiers). Son estimation est relativement délicate, notamment dans le cas d'une société non cotée. Ceci est traité au chapitre 4.

La première des décisions relevant de la politique financière est la décision d'investissement. Faut-il ou non réaliser un investissement donné et lequel choisir lorsque plusieurs sont en compétition ? Pour cela, le critère de la VAN (valeur actuelle nette) va permettre de mesurer la création de valeur à en attendre. À coté de la VAN, il existe d'autres critères tels que le TIR (taux interne de rentabilité), l'indice de profitabilité, le délai de récupération ou les critères globaux, mais dont l'utilisation doit être limitée à des situations particulières. L'analyse d'un projet d'investissement peut être complétée par le recours à des outils de mesure du risque (analyse de la sensibilité, seuil de rentabilité et approche espérance-variance) et de valorisation de la flexibilité (arbres de décisions et options réelles). Ces différents points sont exposés au chapitre 5.

Après avoir défini sa politique d'investissement, le manager doit mettre en place les différents moyens de financement nécessaires à la couverture de ces besoins (chapitre 6). Il est rare, en effet, que les ressources internes suffisent et l'entreprise doit se tourner vers des financements externes. Il en existe deux grandes catégories : les fonds propres et l'endettement. Les fonds propres externes peuvent être procurés par une augmentation de capital, par une introduction en bourse ou encore par le recours à des sociétés de capital risque. Le financement par dettes peut se faire par emprunts bancaires, emprunts obligataires ou crédit-bail. À côté de ces deux grandes catégories bien distinctes (fonds propres et dettes), on trouve les quasi fonds propres, qui présentent à la fois des caractéristiques des capitaux propres et des dettes.

Le troisième axe de la politique financière est le choix du niveau des dividendes à distribuer aux actionnaires (chapitre 7). Une société qui réalise des bénéfices a le choix entre deux affectations possibles pour ces derniers : leur mise en réserves ou leur distribution aux actionnaires sous forme de dividendes. Les plus-values et les dividendes n'étant pas taxés de la même façon, il apparaît un effet de clientèle fiscale. D'autres éléments peuvent expliquer la politique de dividende : les opportunités d'investissement à venir, la théorie du signal, de l'agence et la théorie des coûts de transaction. Une technique alternative à la distribution de dividendes est le rachat d'actions. Si l'objectif est le même, verser de la trésorerie aux actionnaires, ces deux opérations n'ont pas le même contenu informationnel, ni le même impact fiscal.

Pour les sociétés ayant une activité internationale, la gestion de la trésorerie est bien plus complexe que pour celles dont toutes les transactions se font en euros. Plusieurs modalités de gestion de trésorerie s'offrent aux grands groupes internationaux. Par ailleurs, ces sociétés s'exposent à des risques supplémentaires, liés aux taux de change et aux taux d'intérêt. Elles vont alors avoir à choisir entre de multiples techniques de gestion de ces risques, que ce soit par des opérations de couverture interne ou externe, sur les marchés organisés ou de gré à gré. Ces différentes techniques de gestion de trésorerie et de couverture des risques sont présentées au chapitre 8.

CHAPITRE 4

Le coût du capital

▶ Le coût du capital est une notion fondamentale pour les entreprises en matière de politique financière car il est au cœur des mesures de la création de valeur. Avant d'aller plus loin, il convient tout d'abord de souligner les deux points suivants :

- il est équivalent de parler de coût du capital ou de coût moyen pondéré du capital (CMPC) ;
- par capital, on entend les différentes sources de financement de l'entreprise, qu'il s'agisse des capitaux propres ou des dettes financières. Le coût du capital ne se réfère donc pas au seul capital social.

Les capitaux propres et les dettes financières représentent ce que l'on appelle le capital investi. Ces deux sources, qui sont de nature très différente, ont comme point commun d'avoir un coût, représenté par la rentabilité exigée par ceux qui les ont apportés :

- les actionnaires pour les capitaux propres ;
- les créanciers financiers pour les dettes financières.

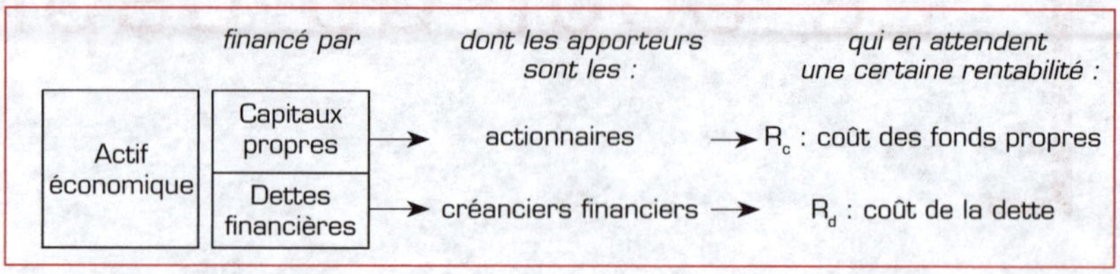

Schéma 4.1 • **Les différents apporteurs de fonds de l'entreprise**

Comme nous l'avons vu précédemment (Règle d'Or n° 1), la rentabilité espérée d'un investissement est fonction du risque encouru. En cas de faillite de l'entreprise, les créanciers financiers seront systématiquement remboursés avant les actionnaires. Par ailleurs, la rémunération des créanciers financiers est contractuelle alors que celle des actionnaires est aléatoire. De ce fait, le risque encouru par les créanciers financiers est nécessairement inférieur au risque supporté par les actionnaires. Dès lors, la rentabilité qui est exigée par les actionnaires (R_c) est toujours supérieure à celle des créanciers financiers (R_d) :

$$R_c > R_d$$

1 ▶ Le coût du capital : principes généraux

En raisonnant non plus au niveau de chaque catégorie d'apporteurs de fonds mais de façon plus globale, c'est-à-dire en prenant en compte l'ensemble des capitaux investis dans l'entreprise, on aboutit au coût du capital de l'entreprise, qui est la moyenne pondérée du coût des fonds propres (R_c) et du coût de la dette (R_d). Ce coût du capital représente ainsi la rentabilité qui est exigée par l'ensemble des apporteurs de fonds (actionnaires et créanciers financiers).

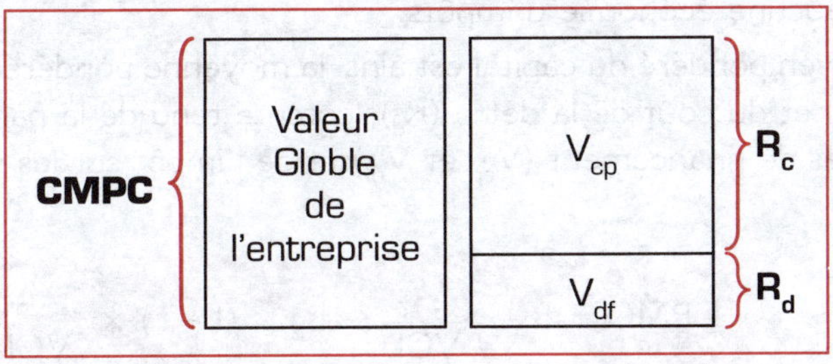

Schéma 4.2 • **Les grandes masses du bilan de l'entreprise en valeurs de marché**

Ce bilan fait ressortir trois grandes masses :

- la valeur globale de l'entreprise (VGE) ;
- la valeur de marché des capitaux propres (V_{cp}) ;
- la valeur de marché des dettes financières (V_{df}).

La valeur de l'actif de l'entreprise (VGE) est nécessairement égale à la valeur de son passif ($V_{cp} + V_{df}$), l'ajustement se faisant au travers de la valeur de marché des capitaux propres ($V_{cp} = VGE - V_{df}$) puisqu'en cas de liquidation de l'actif, après remboursement des créanciers, le solde revient aux actionnaires. Concrètement, la VGE comprend la valeur des actifs tangibles de l'entreprise (immobilisations, BFR [1], trésorerie) mais également intangibles (marques, réputation, opportunités de croissance…). À ce niveau, il est important de noter que seules les dettes financières, qui portent intérêts, sont retenues au passif. Les autres dettes (fournisseurs, envers les salariés, fiscales et sociales…) viennent en déduction de la VGE, au travers du calcul du BFR.

Mais le taux de rentabilité exigé par les créanciers financiers ne correspond pas exactement au coût qui sera supporté par l'entreprise. En effet, les intérêts des emprunts sont des charges fiscalement déductibles, qui vont permettre à la société de payer moins d'impôt. Le coût net de la dette correspond ainsi au taux de rentabilité exigé par les créanciers financiers (R_d), après déduction de l'économie d'impôt qui y est associée soit, pour un taux T d'impôt sur les sociétés :

$$\text{Coût net de la dette} = R_d \times (1 - T)$$

[1] BFR : Besoin en Fonds de Roulement

[3] Le *spread* correspond à la différence entre le taux proposé et le taux sans risque, de même maturité. Il s'exprime généralement en points de base (1 pb = 0,01 %).

Ceci suppose cependant que la société soit en mesure de dégager des bénéfices sur lesquels imputer les intérêts des emprunts. Dans le cas contraire (la société est déficitaire de façon durable), aucun avantage fiscal ne peut être tiré du recours à la dette et le coût de cette dernière est alors égal à R_d.

Du point de vue de l'entreprise, il existe ainsi une différence fondamentale entre le coût des fonds propres (R_c) et le coût de la dette (R_d). Alors que la rémunération versée aux créanciers financiers (les intérêts) est fiscalement déductible pour l'entreprise, la rémunération versée aux actionnaires, sous la forme de dividendes, n'entraîne aucune économie d'impôts.

Le coût moyen pondéré du capital est ainsi la moyenne pondérée du coût des fonds propres (R_c) et du coût de la dette (R_d), compte tenu de la part respective de ces deux sources de financement (V_{cp} et V_{df}) et de l'impôt sur les sociétés au taux T, soit :

$$CPMC = R_c \times \frac{V_{cp}}{VGE} + R_d \times (1 - T) \times \frac{V_{df}}{VGE}$$

où VGE, la valeur globale de l'entreprise, est égale à : $VGE = V_{cp} + V_{df}$.

exemple

▶ Coût du capital de la société TOTAL, en janvier 2005

La prime de risque du marché est de 4,78 %, le taux des OAT 10 ans de 3,79 %, le bêta du titre de 0,8 et la société peut s'endetter sur le marché à 3 %. La capitalisation boursière de la société représente 90 % de son passif en valeur de marché. Le taux de l'impôt sur les sociétés est de 33⅓ %.

Le coût des fonds propres [2], estimé à partir du MEDAF, est :

$$R_c = 3{,}79\ \% + 0{,}8 \times 4{,}78\ \% = 7{,}61\ \%$$

$$CMPC = 7{,}61\ \% \times 90\ \% + 3\ \% \times [1 - 1/3] \times 10\ \% = 7{,}05\ \%$$

La formule du CMPC est trompeuse. Ce ne sont pas R_c et R_d qui déterminent le CMPC, mais le contraire. C'est le coût du capital qui détermine le niveau du coût des fonds propres et non l'inverse. Le CMPC, quant à lui, dépend principalement de l'activité de la société et de la structure de ses charges (fixes/variables).

2 ▶ Le coût du capital d'une société cotée

Dans le cas d'une société cotée, le calcul du CMPC ne pose pas de difficultés particulières. Il nécessite l'estimation de la proportion des deux sources de financement (V_{cp} et V_{df}) ainsi que leur coût respectif. Un point mérite cependant d'être signalé. Lorsque le coût du capital est utilisé pour apprécier un projet

[2] Voir chapitre 2 pour les modalités d'estimation du coût des fonds propres.

d'investissement ou évaluer une entreprise, il est généralement considéré comme constant sur toute la période d'étude. Il est alors implicitement fait l'hypothèse que les managers de l'entreprise ajustent chaque année leur politique d'endettement afin de maintenir constant le levier d'endettement en valeurs de marché (V_{df}/V_{cp}).

A. L'estimation de la pondération

La pondération se fait en fonction de la valeur, à la date d'estimation du coût du capital, de chacune de ces deux ressources. Si Danone souhaite financer de nouveaux projets, tout en maintenant sa structure financière stable, il lui faudra émettre de nouvelles actions. Or ces actions seront émises à un prix égal à leur valeur de marché et non à leur valeur comptable. Dès lors, c'est la valeur de marché des dettes financières (V_{df}) et des capitaux propres (V_{cp}) et non leur valeur comptable qui est à retenir. Ce point est important car si, en période de relative stabilité des taux d'intérêt, la valeur de marché des dettes financières est assez proche de sa valeur comptable ($V_{df} = DF$), il n'en va pas de même pour les capitaux propres ($V_{cp} \neq CP$).

Bilan comptable		**Bilan économique**		**Bilan en valeurs de marché**	
Immobilisations	10 607	Immobilisations	10 607	Valeur Globale de l'Entreprise	29 865
Stocks	629				
Créances	2 500	BFR	– 1 414		
Trésorerie	2 989	Trésorerie	2 989		
	16 725		**12 182**		**29 865**
Capitaux propres	5 621	Capitaux propres	5 621	Capitalisation boursière	23 252
Dettes financières	6 561	Dettes financières	6 561	Dettes financières	6 613
Dettes non financières	4 543				
	16 725		**12 182**		**29 865**

Schéma 4.3 • Différentes présentations du bilan du groupe Danone en 2005

Le bilan comptable est tel qu'il apparaît dans le rapport annuel 2005 du groupe Danone. Le bilan économique a pour objet de faire ressortir les actifs mobilisés pour l'exploitation (immobilisations + BFR + trésorerie) et l'origine des fonds qui les ont financés (capitaux propres et dettes financières). Enfin, le bilan en valeurs de marché n'est que la traduction du bilan précédent, mais dont les valeurs comptables ont été remplacées par des valeurs « réelles », de marché. La valeur de marché des capitaux propres correspond à la capitalisation boursière (nombre d'actions dans le capital × cours de l'action). La valeur de marché des dettes financières est indiquée dans les annexes du rapport annuel. Elle prend notamment en compte le fait que certaines dettes sont cotées (emprunts obligataires). On peut remarquer que la différence entre la valeur comptable et la valeur de marché pour les dettes financières est de 0,8 % alors qu'elle est de 314 % pour les capitaux propres.

Comme nous le verrons plus loin (chapitre 6), chaque société a une structure financière optimale, qui combine des capitaux propres et des dettes financières dans des proportions telles que la valeur de l'action est maximale. Les dirigeants doivent donc, s'ils souhaitent maximiser la richesse des actionnaires, déterminer cette structure financière cible et faire tendre la structure financière de leur société vers cette structure cible.

B. Le coût de la dette (R_d)

Le coût de la dette représente la rentabilité exigée par les créanciers financiers, à la date d'estimation du coût du capital. Il s'agit du taux auquel l'entreprise pourrait s'endetter aujourd'hui, et en aucune façon le taux auquel elle s'est endettée par le passé. En effet, le coût du capital est principalement utilisé pour prendre des décisions d'investissement. Il s'agit donc de savoir si l'entreprise doit réaliser ou non un nouvel investissement et, pour cela, il est nécessaire de confronter la rentabilité anticipée du projet au coût de son financement, qui comprend éventuellement la souscription d'une nouvelle dette. Dans la pratique, la détermination de ce taux R_d est plus complexe qu'il n'y parait car les sociétés peuvent s'endetter de façons très diverses : taux fixe ou variable, emprunt bancaire ou obligataire, possibilité ou non de conversion de la dette en actions... Bien évidemment, à une date donnée, les dirigeants ne savent pas exactement de quel type et de quel montant de dettes ils vont avoir besoin. Cela sera notamment fonction du type d'actif à financer, de la situation financière de l'entreprise à ce moment là et des conditions du marché. Ceci étant, ils sont généralement en mesure de savoir à quelle forme de dette (bancaire ou obligataire) ils ont l'habitude d'avoir recours. De même, compte tenu du type de dette, la ou les banques de l'entreprise doivent être en mesure de leur indiquer le taux qu'elles sont susceptibles de leur proposer. Si elle s'est endettée dans un passé proche et que sa situation financière ne s'est pas modifiée, il suffit de prendre le *spread* [1] qui lui a été appliqué et de l'ajouter au taux sans risque du moment.

Un problème va se poser lorsque le coût du capital est estimé par une personne extérieure à l'entreprise. Dans cette situation, il n'est pas possible d'aller voir le banquier de l'entreprise et des solutions alternatives doivent être mises en œuvre pour estimer R_d. Quatre cas sont à distinguer :

- si l'entreprise a émis une dette obligataire qui est cotée, il suffit de calculer son taux actuariel brut pour estimer R_d ;
- si la dette de la société fait l'objet d'une notation (*rating*), il suffit de rechercher le *spread* qui lui est associé ;
- si la société est de taille importante, il est possible de rechercher des entreprises qui ont émis des dettes obligataires cotées et dont la situation financière est proche ;
- dans les autres cas, il faut calculer des ratios mesurant le risque supporté par les créanciers financiers et se renseigner auprès des banques pour savoir quel *spread* est proposé pour ce niveau de risque. Ce risque de crédit s'apprécie notamment au travers de ratios tels que dettes financières / capitaux propres.

C. Le coût des fonds propres

Les sociétés peuvent se financer par de nouveaux fonds propres de deux façons :

- en émettant de nouvelles actions, au travers d'une augmentation de capital ;
- en mettant en réserves une partie de leurs bénéfices.

[1] Le *spread* correspond à la différence entre le taux proposé et le taux sans risque, de même maturité. Il s'exprime généralement en points de base (1 pb = 0,01 %).

Quelle que soit l'origine des nouveaux fonds propres, ces derniers ont un coût, bien qu'il n'apparaisse pas dans le compte de résultat sous la forme d'une charge. Des investisseurs n'accepteront de souscrire à une augmentation de capital qu'à la condition que ces nouvelles actions leur procurent une certaine rentabilité. De la même façon, les actionnaires n'accepteront de mettre en réserves une partie du résultat de l'exercice que si cela leur procure une certaine rentabilité. Ils supportent, en effet, un coût d'opportunité lié au fait qu'ils ne peuvent alors disposer de fonds qui auraient pu leur revenir sous la forme de dividendes. Cette rentabilité minimale qui est exigée par les actionnaires n'est autre que le coût des fonds propres (R_c) que nous avons vu précédemment.

1. L'estimation du coût des fonds propres par le MEDAF

L'estimation du coût des fonds propres d'une entreprise *i* à partir du MEDAF se fait en 4 étapes :

- étape 1 : recherche du taux sans risque (R_f) ;
- étape 2 : estimation de la prime de risque du marché (PR_m) ;
- étape 3 : estimation du bêta du titre de la société *i* (β_i) ;
- étape 4 : calcul du coût des fonds propres de la société à partir des données des trois étapes précédentes :

$$R_c = R_f + \beta_i \times PR_m$$

Ces différentes étapes ont déjà été présentées en détail au chapitre 2.

La rigueur apparente du MEDAF ne doit pas faire perdre de vue que l'objectif recherché est d'estimer et non de mesurer le coût des fonds propres. Le bêta du titre ainsi que la prime de risque du marché ne sont que des approximations de leur vraie valeur car il n'existe pas de méthodologie de calcul unanimement acceptée. Selon la méthodologie retenue, le bêta et la prime de risque auront des valeurs différentes, ce qui se répercutera sur le coût des fonds propres.

exemple

▶ **Évaluation du coût du capital de Cofiroute, novembre 2004**

Cofiroute, filiale du groupe Vinci, exploite en France 985 kilomètres d'autoroutes : A10, A11, A28, A71, A81 et A85.

Proportion des capitaux propres :	70 %
• OAT 10 ans :	3,95 %
• Prime de risque du marché :	5 %
• bêta du titre :	0,7
= coût des fonds propres :	7,45 %
Proportion des dettes financières :	30 %
• OAT 10 ans :	3,95 %
• *Spread* :	1,5 %
• taux d'imposition :	34 %
= coût des dettes financières :	3,6 %
Coût moyen pondéré du capital :	**6,29 %**

2. L'estimation du coût des fonds propres par les modèles d'actualisation des dividendes

Nous avons vu au chapitre 3 qu'il est possible de valoriser les actions en actualisant, au coût des fonds propres (R_c), leurs dividendes futurs (D_t). Si nous nous plaçons dans le cadre du modèle à taux de croissance unique (dit modèle de Gordon-Shapiro), nous obtenons :

$$\text{Cours}_0 = \frac{D_1}{R_c - g}$$

avec D_1 le dividende anticipé pour le prochain exercice et g le taux de croissance moyen des dividendes sur un horizon infini. En réarrangeant cette équation, on obtient :

$$R_c = \frac{D_1}{\text{Cours}_0} + g$$

exemple

▶ **Évaluation du coût des fonds propres de BNP Paribas, novembre 2006**

En novembre 2006, le cours de BNP Paribas est de 85 euros. Son dividende anticipé par le consensus de marché pour 2007 est de 3 euros et sa croissance à long terme de 4 %.

Coût des fonds propres = 3/85 + 4 % = 7,53 %

La mise en œuvre de cette approche nécessite de connaître les trois paramètres du modèle que sont D_1, $Cours_0$ et g. La connaissance du cours de l'action ne pose aucune difficulté, de même que le niveau probable du prochain dividende. Le modèle de Gordon et Shapiro, relativement sommaire, peut être remplacé par un modèle d'actualisation des dividendes plus élaboré, à trois périodes par exemple[4].

La principale difficulté de ces modèles d'actualisation des dividendes futurs réside dans l'estimation du taux de croissance anticipée. Trois approches sont possibles pour l'estimer :

- à partir des données passées ;
- à partir du modèle de croissance soutenable ;
- à partir des prévisions des analystes.

La mise en œuvre de ces trois approches est détaillée en annexe de ce chapitre.

3 ▶ Le coût du capital d'une société non cotée

Lorsqu'une société n'est pas cotée, l'estimation directe de son coût du capital n'est plus possible. En effet, il n'est pas possible d'estimer le bêta de son action par régression de la rentabilité du titre sur celle du marché ($\beta = Cov[R_i, R_m]/V[R_m]$). Par voie de conséquence, le MEDAF ne peut être mis en œuvre. Pour résoudre ce problème, il faut rechercher des entreprises cotées dont l'activité est identique à celle de la société étudiée. On parle de *pure player* car les sociétés en question doivent être mono activités. Sur la base de ces sociétés, il serait tentant d'utiliser directement leur β_c afin d'estimer celui de notre société non cotée. Ce serait une erreur car si le β_c est affecté, comme nous l'avons vu, par l'activité de l'entreprise, il l'est également par sa structure financière. Plus une société est endettée, plus les actionnaires prennent de risque, et donc plus β_c est important. Le recours à un échantillon de sociétés comparables va donc nécessiter de « désendetter » le bêta de leur titre avant d'en faire une moyenne, puis de « réendetter » cette dernière en fonction de la structure financière de la société étudiée.

Cette approche, conceptuellement plus juste, mais plus délicate à mettre en œuvre, est également valable pour l'estimation du β_c de sociétés cotées. En effet, comme nous l'avons vu au chapitre 2, un bêta peut être juste d'un point de vue statistique, tout en ayant une valeur incohérente par rapport à l'activité et aux paramètres fondamentaux de la société et de son secteur. Dans ce cas, même pour une société cotée, l'estimation d'un bêta « fondamental » peut être justifiée.

A. Les différents niveaux de risque

Tout actif qui génère des flux de trésorerie (une action, une obligation, un actif réel…) a un bêta, qui mesure le risque non diversifiable de cet actif, c'est-à-dire la sensibilité de la valeur de ce dernier aux évolutions du marché. La valeur d'un actif étant fonction de ses flux de trésorerie futurs, le bêta représente donc la sensibilité

[4] Voir chapitre 10.

de ces flux aux variations du marché, elles-mêmes fonctions de la conjoncture. Et tout bêta permet d'estimer, dans le cadre du MEDAF, le taux de rentabilité qui est exigé de l'actif auquel il se rapporte.

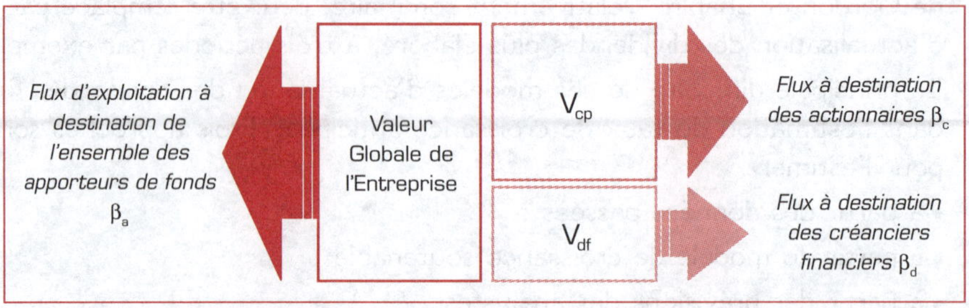

Schéma 4.4. • Bilan économique en valeurs de marché, flux de trésorerie et bêtas

Nous connaissons le β_c que nous avons étudié précédemment. Le β_d représente le risque systématique des dettes financières et peut s'estimer de deux façons :

• en régressant les rentabilités passées de la dette de l'entreprise sur les rentabilités du marché, de la même façon que ce qui a été présenté pour les actions. Ainsi $\beta_d = Cov(R_d,R_m)/V(R_m)$. Ceci suppose que la dette de l'entreprise soit cotée, ce qui est relativement rare ;

• en se plaçant dans le cadre du MEDAF. Ainsi, $R_d = R_f + \beta_d \times PR_m$, d'où $\beta_d = (R_d - R_f)/PR_m$. Ceci suppose que la rentabilité exigée par les créanciers financiers (R_d) soit une fonction linéaire du risque systématique (β_d), ce qui n'est pas nécessairement vrai.

exemple

En novembre 2004, Cofiroute peut s'endetter à un *spread* de 1,5 %. La prime de risque du marché est de 3,65 %.

Le *spread* correspond au supplément de rentabilité qui est exigé par les créanciers pour prêter, d'où *spread* = $R_d - R_f$ = 1,5 %

Et β_d = 1,5/3,65 = 0,41

Remarque : le bêta ainsi obtenu est particulièrement élevé pour une société dont l'activité (concession d'autoroutes) est relativement stable, mais, rappelons-le, la finance n'est pas une science exacte. Le β_d réel de Cofiroute est probablement plus faible.

Quant au bêta de l'actif (β_a) ou bêta de l'activité, il mesure le risque systématique des actifs de l'entreprise ou, dit autrement, la sensibilité des flux de trésorerie d'exploitation dégagés par ces actifs par rapport aux variations du marché. Le niveau de ce bêta dépend principalement de :

• la sensibilité de l'activité de l'entreprise à la conjoncture, conjoncture qui est ici représentée par le marché boursier ;

• la structure de ses charges (fixes/variables).

Si cette activité est très dépendante à la conjoncture, son bêta sera élevé. À l'inverse, si quelle que soit la situation économique, les ventes de la société sont stables, alors son β_a sera faible. Ceci se retrouve dans le tableau 4.1. Le bêta du secteur des boissons est faible (0,17) car leur consommation est indépendante de la conjoncture économique. À l'inverse, le secteur des services et logiciels internet peut être considéré comme très risqué puisque son bêta est de 3,29.

Tableau 4.1. Bêtas de l'actif économique

Secteur	Bêta	Secteur	Bêta
Énergie		Biens non cycliques	
Services et équipements pour l'énergie	1,09	Boissons	0,17
Gaz et pétrole	0,70	Production alimentaire	0,26
Matériaux		Équipements ménagers	0,32
Chimie diversifiée	0,71	Santé	
Chimie spécialisée	0,59	Équipements pour la santé	0,49
Matériaux de construction	0,59	Services pour la santé	0,53
Mines et métaux	1,00	Biotechnologie	1,08
Papier et sylviculture	0,64	Pharmacie	0,32
Industrie		Services financiers	
Aérospatiale et défense	0,66	Banques commerciales	0,40
Biens d'équipements	0,93	Banques investissements et courtage	0,85
Services industriels	0,67	Assurance	1,03
Transport ferroviaire	0,18	Technologie de l'information	
Biens cycliques		Services et logiciels internet	3,29
Équipements et pièces détachées auto	0,69	Services technologies de l'information	1,33
Constructeurs automobiles	0,50	Logiciels	2,12
Équipements durables	0,91	Équipements de communication	2,64
Produits et équipements de loisirs	0,44	Ordinateurs et périphériques	1,61
Textile et habillement	0,98	Semi-conducteurs	2,29
Restauration	0,47	Services de télécommunication	
Télévision et cinéma	1,07	Services télécoms intégrés	0,89
Publicité	0,90	Services télécoms non intégrés	1,46
Détaillants généralistes	0,80	Distribution d'énergie	
		Fournisseur d'électricité	0,12
		Fournisseur de gaz	0,25

Standard & Poor's, 2004.

B. L'estimation du bêta de l'activité (β_a)

Même dans le cas d'une société cotée, le bêta de l'actif ne peut s'observer directement, contrairement au β_c qui s'obtient par simple régression. Son estimation est une opération particulièrement délicate car elle suppose de faire des hypothèses quant à la structure financière future de la société. Pour cette raison, il existe plusieurs formules de désendettement du bêta, formules qui ne s'opposent pas mais reposent sur des hypothèses différentes. Pour notre part, nous recommandons les formules suivantes [5] :

5 Voir annexe de ce chapitre pour une démonstration.

Désendettement du bêta :

$$\beta_a = \frac{\beta_c + \beta_d \times \frac{V_{df}}{V_{cp}}}{1 + \frac{V_{df}}{V_{cp}}}$$

Réendettement du bêta :

$$\beta_c = \beta_a + [\beta_a - \beta_d] \times \frac{V_{df}}{V_{cp}}$$

Il faut bien avoir à l'esprit que c'est le β_a qui détermine β_c et β_d et non l'inverse. Si l'activité de la société est très risquée, cela se répercutera sur le risque subit par les créanciers financiers (β_d) et les actionnaires (β_c).

exemple

Modification de la structure financière et bêtas

La société Interco est financée actuellement uniquement par fonds propres. Le bêta de ses capitaux propres est de 1,1. Elle décide de faire évoluer sa structure financière vers un rapport 80 % de fonds propres pour 20 % de dettes. Pour cela, elle émet un emprunt obligataire au taux de 3,8 %, sachant que le taux sans risque est de 3 % et la prime de risque du marché de 4 %. Le taux de l'impôt sur les sociétés est de 33⅓ %.

Quel sera le nouveau bêta de ses capitaux propres ?

Avant l'émission obligataire, la société n'est pas endettée, d'où

$\beta_c = \beta_a = 1{,}1$.

La dette obligataire a un bêta de : $\beta_d = [R_d - R_f] / PR_m = [3{,}8 - 3] / 4 = 0{,}2$

L'émission obligataire ne modifie pas β_a, d'où :

$$\beta_c = \beta_a + [\beta_a - \beta_d][V_{df}/V_{cp}] = 1{,}1 + [1{,}1 - 0{,}2]\,[0{,}2/0{,}8] = 1{,}325$$

On observe donc une augmentation du risque des capitaux propres puisque le bêta des capitaux propres passe de 1,1 à 1,325, ce qui est logique. Plus la société est endettée, plus le risque supporté par les actionnaires est grand.

Ce β_a permet-il d'estimer directement le coût du capital de l'entreprise ? Hélas non, car la fiscalité intervient :

$$R_a = R_f + \beta_a \times PR_m \neq CMPC$$

où R_a représente le coût d'opportunité du capital de l'entreprise, sans prise en compte des effets positifs de la fiscalité.

exemple

Le bêta de l'actif de la société Rouart est de 1,10. Le taux des OAT 10 ans est de 4 %, la prime de risque du marché est de 5 % et le taux de l'impôt sur les société de 33 1/3 %. Tant que les dettes représentent moins de 30 % de la VGE, elles sont considérées comme sans risque (β_d = 0). Au-delà, le bêta de la dette augmente par pallier, comme indiqué dans le tableau ci-dessous.

V_{cp}/VGE	V_{df}/VGE	β_d
100 %	0 %	0,00
90 %	10 %	0,00
80 %	20 %	0,00
70 %	30 %	0,05
60 %	40 %	0,10
50 %	50 %	0,15
40 %	60 %	0,20
30 %	70 %	0,30
20 %	80 %	0,40
10 %	90 %	0,50

À partir de ces informations, il est possible d'estimer :

$$\beta_c = \beta_a + [\beta_a - \beta_d] \times \frac{V_{df}}{V_{cp}}$$

$$R_a = R_f + \beta_a \times PR_m$$

$$R_c = R_f + \beta_c \times PR_m$$

$$R_d = R_f + \beta_d \times PR_m$$

$$CPMC = R_c \times \frac{V_{cp}}{VGE} + R_d \times (1 - T) \times \frac{V_{df}}{VGE}$$

β_c	R_a	R_c	R_d	CMPC
1,10	9,50 %	9,50 %	4,00 %	9,50 %
1,22	9,50 %	10,11 %	4,00 %	9,37 %
1,38	9,50 %	10,88 %	4,00 %	9,23 %
1,55	9,50 %	11,75 %	4,25 %	9,08 %
1,77	9,50 %	12,83 %	4,50 %	8,90 %
2,05	9,50 %	14,25 %	4,75 %	8,71 %
2,45	9,50 %	16,25 %	5,00 %	8,50 %
2,97	9,50 %	18,83 %	5,50 %	8,22 %
3,90	9,50 %	23,50 %	6,00 %	7,90 %
6,50	9,50 %	36,50 %	6,50 %	7,55 %

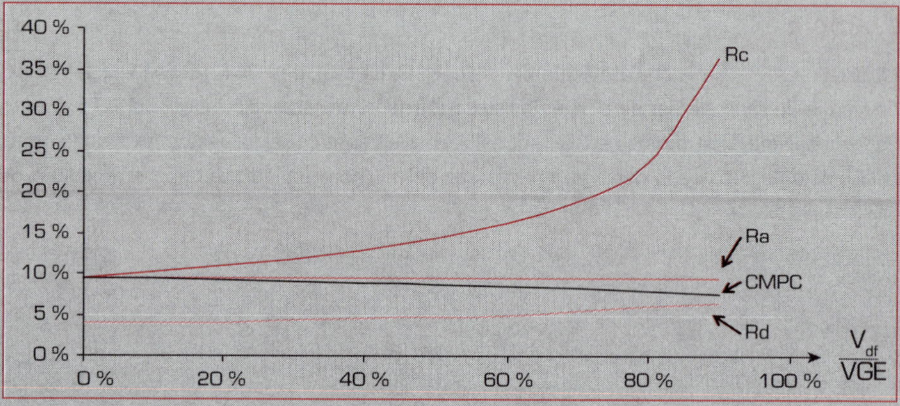

C. L'estimation du coût des fonds propres et du coût du capital d'une société non cotée

Rappelons nous le problème auquel nous faisons face. Nous devons estimer le coût du capital d'une société qui n'est pas cotée. De ce fait, il n'est pas possible de calculer le bêta de son titre et donc son coût des fonds propres comme nous l'avons fait précédemment. Nous venons de voir qu'il n'est pas possible de retenir le β_c de sociétés cotées ayant la même activité car leur bêta est affecté par leur structure financière, sauf à ce que la société non cotée ait le même niveau d'endettement que les sociétés cotées du même secteur, ce qui est peu probable.

Par contre, au sein d'un même secteur, les sociétés ont, a priori, un β_a proche. La méthode consiste donc à estimer le bêta de l'activité de la société non cotée et à en déduire le bêta de ses capitaux propres. Les différentes étapes de la démarche sont les suivantes :

- Constitution d'un échantillon d'entreprises comparables cotées ;
- Calcul de leur bêta des capitaux propres (β_c) ;
- Calcul de leur bêta de l'actif (β_a) ;
- Calcul du bêta de l'activité (moyenne des β_a des sociétés de l'échantillon) ;
- Calcul du β_c de la société non cotée à partir du β_a sectoriel, de son β_d et de sa structure financière.

Une fois le bêta des capitaux propres de la société estimé, il ne reste plus qu'à calculer son coût du capital, de façon classique.

exemple

La société Païva est un des leaders français de la pâte à papier. Afin de se diversifier, elle souhaite développer une activité d'éditeur. Un business plan relatif à cette nouvelle activité est établi. Se pose alors le problème du taux d'actualisation à retenir pour apprécier le projet. La société Païva est cotée sur le Second Marché. Le bêta de son titre est de 0,9, le taux sans risque est de 4,5 % et la prime de risque du marché est d'environ 3,5 %. Son levier d'endettement (V_{df}/V_{cp}), estimé sur la base des valeurs de marché, est de 1,2. La société peut actuellement s'endetter au taux de 5,3 %.

Bien évidemment, la nouvelle activité étant très différente de la production de pâte à papier, il n'est pas possible d'utiliser le coût du capital de la société Païva pour évaluer le projet envisagé. Pour estimer le risque de l'activité nouvelle, un échantillon de 3 sociétés, opérant dans le secteur de l'édition et qui sont cotées, est retenu. Il s'agit de :

	β_c	V_{df}/V_{cp}	R_d
Dano	1,06	0,6	5
Latic	1,20	1,0	5,2
Vebert	0,90	0,3	4,8

Solution :

Dans un 1er temps, il faut estimer le risque de la dette de chacune des sociétés :

- β_d Dano = [5 –4,5]/3,5 = 0,14
- β_d Latic = [5,2 –4,5]/3,5 = 0,20
- β_d Vebert = [4,8 –4,5]/3,5 = 0,08

Puis il faut estimer le bêta de l'activité de chaque société :

- β_a Dano = [1,06 + 0,14 × 0,6]/1,6 = 0,715
- β_a Latic = [1,20 + 0,20 × 1]/2 = 0,70
- β_a Vebert = [0,9 + 0,08 × 0,3]/1,3 = 0,71

Le bêta du secteur est donc de : (0,715 + 0,70 + 0,71)/3 = 0,71

Le bêta de la dette de la société Païva est de : (5,3 –4,5)/3,5 = 0,23

Le bêta des capitaux propres engagés dans la nouvelle activité (en reprenant la formule précédente en sens inverse) sera de : 0,71 + (0,71 –0,23] × 1,2 = 1,286

Soit un coût de fonds propres pour la nouvelle activité : R_c = 4,5 % + 1,286 × 3,5 % = 10,29 %

Puis le coût du capital du projet peut ensuite être calculé de façon classique, en considérant que le levier financier du projet est le même que celui de l'entreprise. Si aucun ajustement n'avait été opéré, le coût des fonds propres aurait été de 4,5 % + 0,9 × 3,5 % = 7,65 %

D. Et dans la vie réelle ?

La présentation qui vient d'être faite de la relation qui lie les différents bêtas est relativement stylisée. Dans la réalité, les choses ne sont pas aussi simples. En l'état actuel des connaissances, il s'agit cependant d'une bonne approximation de la réalité.

*

*   *

Annexe 1

Estimation du taux de croissance des dividendes futurs

1. Estimation du taux de croissance à partir des données passées

Pour pouvoir utiliser des données passées, il faut avoir à l'esprit les hypothèses qui sont sous-jacentes au modèle du dividende actualisé à taux de croissance unique. Il est ici fait l'hypothèse que le dividende va croître à un taux constant à l'infini. De ce fait, le modèle ne peut concerner que des sociétés dont l'activité est arrivée à maturité et l'estimation du taux de croissance à partir de données historiques de l'entreprise n'a de sens que si les données passées sont représentatives de cette phase de maturité. Cette approche est donc à utiliser avec beaucoup de précaution.

2. Estimation du taux de croissance à partir du modèle de croissance soutenable

Une société ne peut croître qu'à partir du moment où elle investit et que ses investissements dégagent une certaine rentabilité. Or, pour investir, elle doit mettre en réserve une partie de ses bénéfices plutôt que de les distribuer à ses actionnaires sous forme de dividendes. Le modèle de croissance soutenable permet d'estimer le niveau de la croissance future, compte tenu de la rentabilité des capitaux propres (K_c) de la société et de son taux de rétention des bénéfices (b) :

$$g = b \times K_c$$

où *b* représente la part des bénéfices annuels qui sera mise en réserve dans le futur. Si cette approche est souvent préférable à la précédente, elle comporte de façon implicite un certain nombre d'hypothèses dont il convient de s'assurer qu'elles sont compatibles avec la situation de l'entreprise :

- le taux de rétention des bénéfices (b) sera stable dans le futur ;
- la rentabilité des capitaux propres des futurs investissements sera constante dans le futur ;
- l'accroissement des capitaux propres ne se fait que par mises en réserves. En cas d'augmentation de capital, les nouvelles actions seront émises en fonction de la valeur comptable des capitaux propres et non en fonction de leur valeur de marché ;
- le niveau de risque des futurs investissements est identique à celui des actifs actuels de l'entreprise.

3. Estimation du taux de croissance à partir des prévisions des analystes

La dernière approche recourt aux prévisions des analystes financiers. Elle est incontestablement la meilleure mais, contrairement à l'approche par le modèle de croissance soutenable, elle ne concerne que les sociétés cotées. Les analystes financiers publient des prévisions de bénéfice par action et de dividendes pour les sociétés cotées qu'ils suivent. Certaines sociétés telles qu'Associés en Finance, JCF ou I/B/E/S compilent ces prévisions au sein de ce que l'on appelle un consensus de marché. L'intérêt d'un consensus est qu'il permet, pour une même société, d'avoir accès à de nombreuses prévisions et de pouvoir ainsi calculer une prévision moyenne et médiane. Chaque mois, les analystes qui participent à un consensus peuvent réviser leurs prévisions.

État du Consensus de marché au 1er novembre 2006

	Div 2006e	Div 2007e	Croissance
Accor	1,27	1,39	9,4 %
AGF	4,37	4,57	4,6 %
Air Liquide	3,97	4,25	7,1 %
AXA	1,00	1,10	10,0 %
Bouygues	1,12	1,30	16,1 %
Cap Gemini	0,50	0,73	46,0 %
Carrefour	1,11	1,22	9,9 %

JCF

Il faut cependant prendre garde au fait que les prévisions de croissance réalisées par les analystes ne concernent que les prochains exercices alors que le g de notre modèle est un taux de croissance moyen sur un horizon infini.

Annexe 2

Les différents bêtas

L'objet de cette annexe est de présenter les différentes approches de désendettement des bêtas et les hypothèses qui les sous-tendent.

Comme point de départ, nous avons deux sociétés, identiques en tous points (activité, structure des charges, marché...), sauf en ce qui concerne leur structure financière. La société NE est non endettée alors que la société E est endettée. Ces deux sociétés étant identiques, elles disposent des mêmes actifs (immobilisations et BFR).

Société NE (non endettée)

La société NE n'est pas endettée et finance exclusivement ses actifs grâce à ses capitaux propres. La valeur globale de cette entreprise (VGE) est donc égale à la valeur de marché de ses capitaux propres, soit :

$$VGE_{ne} = V_{cp\text{-}ne}.$$

De ce fait, le bêta de ses capitaux propres (β_c) n'est autre que le bêta de son actif (β_a), qui mesure le risque de son activité et ne dépend donc que de la sensibilité de cette dernière aux fluctuations du marché. Le coût des fonds propres de la société

NE peut alors être estimé à partir de ce β_a, soit :

$$R_{cp\text{-}ne} = R_a = R_f + \beta_a \times PR_m$$

où R_a représente le taux de rentabilité qui est attendu des actifs de l'entreprise.

Société E (endettée)

La société E étant endettée, la valeur de ses capitaux propres s'estime par différence entre sa VGE et la valeur de ses dettes financière soit :

$$V_{cp\text{-}e} = VGE_e - V_{df\text{-}e}$$

Le fait d'être endettée lui permet de payer moins d'impôt grâce à la déductibilité fiscale des intérêts d'emprunt, soit une économie d'impôt annuelle (EI) de :

$$EI = R_d \times D_t \times T$$

où R_d représente le taux auquel la société s'est endettée, D_t le montant de la dette qui reste à rembourser en *t* et T le taux de l'impôt sur les bénéfices. Ces économies d'impôt permettent d'accroître la valeur globale de l'entreprise d'un montant égal à leur valeur actualisée (VEI), soit :

$$VEI = \sum_{t=1}^{\infty} \frac{EI_t}{(1 + R_{EI})^t}$$

où R_{EI} représente le taux d'actualisation de ces économies d'impôt, qui est fonction de l'aléa relatif à leur montant. Nous verrons plus loin que R_{EI} peut être approximé, selon les cas, par R_d ou R_a.

Dès lors :

$$V_{cp\text{-}ne} + VEI = VGE_e = V_{cp\text{-}e} + V_{df\text{-}e}$$

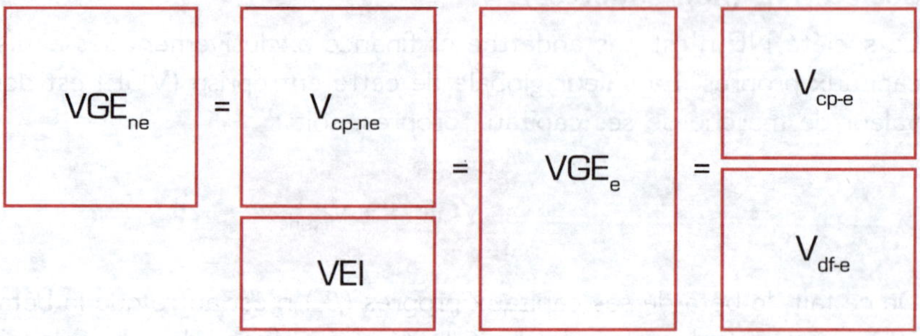

Par simplification, nous ne tenons ici compte que des conséquences fiscales de la dette (VEI). Plus loin (chapitre 6), nous verrons que la dette peut avoir un impact négatif sur VGE_e, du fait de l'existence de coûts de faillite.
Sachant que le bêta d'un portefeuille est égal à la moyenne pondérée des bêtas des actifs qui le composent, on obtient :

$$\beta_a \times \left(\frac{V_{cp-ne}}{VGE_e}\right) + \beta_{EI} \times \left(\frac{VEI}{VGE_e}\right) = \beta_{cp-e} \times \left(\frac{V_{cp-e}}{VGE_e}\right) + \beta_d \times \left(\frac{V_{df-e}}{VGE_e}\right) \quad \textbf{(1)}$$

Et, de la même façon pour la rentabilité exigée :

$$R_a \times \left(\frac{V_{cp-ne}}{VGE_e}\right) + R_{EI} \times \left(\frac{VEI}{VGE_e}\right) = R_{cp-e} \times \left(\frac{V_{cp-e}}{VGE_e}\right) + R_d \times \left(\frac{V_{df-e}}{VGE_e}\right) \quad \textbf{(2)}$$

Toute la difficulté de ces deux équations vient du fait que β_a (et donc R_a) et β_{EI} (et donc R_{EI}) ne sont pas directement observables. Il y a ainsi deux inconnues par équation. Pour les résoudre et déterminer la valeur des différents bêtas (et des rentabilités exigées), il est donc nécessaire de poser une hypothèse quant à β_{EI}, ce qui revient à s'interroger sur l'impact fiscal de la dette et l'évolution dans le temps de la structure financière de la société.

Cas n° A. Il n'y a pas d'impôt sur les bénéfices

Dans ce cas, le recours à la dette ne dégage aucune économie d'impôt, d'où VEI = 0.
L'équation (1) devient :

$$\beta_a \times \left(\frac{V_{cp-ne}}{VGE_e}\right) = \beta_{cp-e} \times \left(\frac{V_{cp-e}}{VGE_e}\right) + \beta_d \times \left(\frac{V_{df-e}}{VGE_e}\right)$$

Puisque la valeur des économies d'impôt est nulle :

$$V_{cp-ne} = VGE_e = V_{cp-e} + V_{df-e}$$

Dès lors :

$$\beta_{cp-e} = \beta_a + [\beta_a - \beta_d] \times \frac{V_{df-e}}{V_{cp-e}} \quad \textbf{(1-A)}$$

ou, de façon équivalente :

$$\beta_a = \frac{\beta_{cp-e} + \beta_d \times \frac{V_{df-e}}{V_{cp-e}}}{1 + \frac{V_{df-e}}{V_{cp-e}}}$$

De la même façon, l'équation (2) devient :

$$R_{cp\text{-}e} = R_a + [R_a - R_d] \times \frac{V_{df\text{-}e}}{V_{cp\text{-}e}} \quad \textbf{(2-A)}$$

Cette situation peut également se rencontrer en présence d'impôt, dès lors que la valeur des économies d'impôt est compensée par les coûts de faillite liés au recours à la dette.

Cas n° B. Le montant (en euros) de la dette est stable dans le temps et il existe un impôt sur les bénéfices

Dans cette situation, les intérêts payés et l'économie d'impôt qu'ils procurent sont également constants dans le temps.

L'économie annuelle d'impôt est constante et égale à : $EI = R_d \times V_{df\text{-}e} \times T$

Pour ce qui est du calcul de la VEI, la question qui se pose est de savoir à quel taux actualiser les économies d'impôt. En considérant que l'aléa associé à ces économies d'impôt dépend en grande partie de la dette, il est possible de poser que $\beta_{EI} = \beta_d$, ce qui implique que $R_{EI} = R_d$.

Dès lors, puisque le montant de la dette est constant dans le temps :

$$VEI = \sum_{t=1}^{\infty} \frac{R_d \times V_{df\text{-}e,t} \times T}{(1 + R_{EI})^t} = \frac{R_d \times V_{df\text{-}e} \times T}{R_d} = V_{df\text{-}e} \times T$$

L'équation (1) devient :

$$\beta_a \times \left(\frac{V_{cp\text{-}ne}}{VGE_e}\right) + \beta_d \times \left(\frac{V_{df\text{-}e} \times T}{VGE_e}\right) = \beta_{cp\text{-}e} \times \left(\frac{V_{cp\text{-}e}}{VGE_e}\right) + \beta_d \times \left(\frac{V_{df\text{-}e}}{VGE_e}\right)$$

Sachant que $VGE_e = V_{cp\text{-}e} + V_{df\text{-}e}$

et que $V_{cp\text{-}ne} = V_{cp\text{-}e} + V_{df\text{-}e} - VEI = V_{cp\text{-}e} + V_{df\text{-}e} - V_{df\text{-}e} \times T$

on aboutit à :

$$\beta_{cp\text{-}e} = \beta_a + (\beta_a - \beta_d) \times (1 - T) \times \frac{V_{df\text{-}e}}{V_{cp\text{-}e}} \quad \textbf{(1-B)}$$

ou, de façon équivalente :

$$\beta_a = \frac{\left[\beta_{cp\text{-}e} + \beta_d (1 - T) \times \frac{V_{df\text{-}e}}{V_{cp\text{-}e}}\right]}{\left[1 + (1 - T)\frac{V_{df\text{-}e}}{V_{cp\text{-}e}}\right]}$$

De la même façon, l'équation (2) devient :

$$R_{cp-e} = R_a + (R_a - R_d) \times (1 - T) \times \frac{V_{df-e}}{V_{cp-e}} \quad \textbf{(2-B)}$$

Le coût du capital de l'entreprise peut alors s'estimer ainsi :

$$CMPC = R_a \times \left[1 - \frac{T \times V_{df-e}}{VGE_e}\right] \quad \textbf{(3-B)}$$

Le recours à l'endettement permet de diminuer le CMPC. Dans ce cas, le financement par dettes contribue à augmenter la valeur de l'entreprise dès lors que les coûts de faillite sont ignorés.

Cas n° C. La proportion de dette est stable dans le temps et il existe un impôt sur les bénéfices [6]

Considérer que le montant en euros de la dette est stable (cas B) revient à faire l'hypothèse que si la valeur de marché des capitaux propres augmente avec le temps, la part des dettes va tendre vers zéro. Il parait souvent plus raisonnable de faire l'hypothèse que la structure financière de la société est stable dans le temps, et donc que la proportion des dettes par rapport à la VGE est constante. En matière de choix d'investissement, c'est généralement l'hypothèse implicitement faite. Retenir un coût du capital unique revient à considérer que la structure financière est stable d'une année sur l'autre.

Le montant des intérêts et des économies d'impôt va donc augmenter en proportion de la VGE. Dès lors, l'aléa relatif aux économies d'impôt est identique à l'aléa de la VGE, soit $\beta_{VEI} = \beta_a$, ce qui implique que $R_{EI} = R_a$.

L'équation (1) devient :

$$\beta_a \times \left(\frac{V_{cp-ne}}{VGE_e}\right) + \beta_a \times \left(\frac{VEI}{VGE_e}\right) = \beta_{cp-e} \times \left(\frac{V_{cp-e}}{VGE_e}\right) + \beta_d \times \left(\frac{V_{df-e}}{VGE_e}\right)$$

Sachant que : $V_{cp-ne} + VEI = VGE_e$

On aboutit à :

$$\beta_{cp-e} = \beta_a + [\beta_a - \beta_d] \times \frac{V_{df-e}}{V_{cp-e}} \quad \textbf{(1-C)}$$

6 Miles et Ezzell (1980).

ou, de façon équivalente :

$$\beta_a = \frac{\beta_{cp-e} + \beta_d \times \frac{V_{df-e}}{V_{cp-e}}}{1 + \frac{V_{df-e}}{V_{cp-e}}} = \beta_{cp-e} \times \frac{V_{cp-e}}{VGE_e} + \beta_d \times \frac{V_{df-e}}{VGE_e}$$

De la même façon, l'équation (2) devient :

$$R_{cp-e} = R_a + [R_a - R_d] \times \frac{V_{df-e}}{V_{cp-e}} \quad \textbf{(2-C)}$$

Le coût du capital de l'entreprise peut alors s'estimer ainsi :

$$CMPC = R_a - T \times R_d \times \frac{V_{df-e}}{VGE_e} \quad \textbf{(3-C)}$$

On peut remarquer que les équations 1-C et 2-C sont identiques aux équations 1-A et 2-A mises en évidence lorsqu'il n'y a pas d'impôt.

exemple

Afin d'estimer le coût du capital de la société STEF, les données de la société STIRO, qui est cotée et du même secteur d'activité que STEF, vont être utilisées. Le taux des OAT 10 ans est de 4 %, le taux de l'impôt sur les sociétés de 33⅓ % et la prime de risque du marché de 5 %.

	STIRO	STEF
βc	1,2	?
Rd	4,5 %	6,0 %
Vdf/VGE	20 %	50 %

À partir des informations ci-dessus, il est possible d'estimer le bêta de la dette de chaque société :

$$\beta_d \text{ STIRO} = [4,5 - 4]/5 = 0,1$$

$$\beta_d \text{ STEF} = [6,0 - 4]/5 = 0,4$$

Puisque $V_{df}/VGE = 20\ \%$, $V_{df}/V_{cp} = 20\ \%/80\ \% = 0,25$ (STIRO)

et $V_{df}/V_{cp} = 50\ \%/50\ \% = 1$ (STEF)

Estimation du bêta de l'activité de STIRO :

$$\beta_a = \beta_{cp\text{-}e} \times \frac{V_{cp\text{-}e}}{VGE} + \beta_d \times \frac{V_{df\text{-}e}}{VGE} = 1,2 \times 80\ \% + 0,1 \times 20\ \% = 0,98$$

Estimation du bêta des capitaux propres de STEF :

$$\beta_c = \beta_a + (\beta_a - \beta_d) \times [V_{df}/V_{cp}]$$

$$\beta_c = 0{,}98 + (0{,}98 - 0{,}4) \times 1 = 1{,}56$$

Estimation du coût des fonds propres de STEF :

$$R_c = R_f + \beta_c \times PR_m = 4\ \% + 1{,}56 \times 5\ \% = 11{,}8\ \%$$

Estimation du coût du capital de STEF (approche 1) :

$$CMPC = R_c \times (V_{cp}/VGE) + R_d \times (1 - T) \times (V_{df}/VGE)$$

$$CMPC = 11{,}8\ \% \times 50\ \% + 6\ \% \times 2/3 \times 50\ \% = 7{,}9\ \%$$

Estimation du coût du capital de STEF (approche 2) :

$$R_a = R_f + \beta_a \times PR_m = 4\ \% + 0{,}98 \times 5\ \% = 8{,}9\ \%$$

$$CMPC = R_a - T \times R_d \times (V_{df}/VGE) = 8{,}9\ \% - (1/3) \times 6\ \% \times 50\ \% = 7{,}9\ \%$$

Excel en pratique

Fichier utilisé : Chapitre_4.xls

Fonctions utilisées :

- Valeur Actuelle Nette :

VAN (taux;valeur1;valeur2;..) avec taux le taux d'intérêt et valeur les différents flux à actualiser

- Taux Interne de Rentabilité : TRI (valeur1;valeur2;...)

exemple 4E-1 :

Estimation de la VAN et du TIR d'un projet

	A	B	C
3		0	1
4	Flux	– 1 000	300
5	Taux	10 %	
6			
7	VAN	64	=VAN(B5:C4:F4)+B4
8	TIR	12,85 %	=TRI(B4:F4)

Remarques : il faut prendre garde à la fonction VAN d'Excel car la 1ère valeur qui est prise en compte est distante d'une période de la date de calcul de la VAN. Dans notre exemple, l'utilisation de la fonction VAN conduit en réalité à estimer la valeur actuelle des flux 1 à 4. C'est pour cela qu'il faut ajouter le flux initial (B4 : – 1 000)

exemple 4E-2 :

Estimation des flux de trésorerie d'un projet

	A	B	C
14	Flux de trésorerie	– 1 000 000	480 000
15			
16	Coût du capital	10 %	
17	VA du projet	1 266 661	=VAN(B16;C14:G14)+B14

La politique d'investissement

CHAPITRE 5

▶ Un investissement est une dépense qui est réalisée dans l'espoir d'en retirer un profit futur. Il se distingue d'une charge par le fait que les flux de trésorerie qu'il va dégager vont s'étaler sur plusieurs années et non sur un seul exercice. La politique d'investissement est ainsi centrale dans la vie d'une entreprise. La question qui se pose est de savoir quels sont les investissements à réaliser et ceux à rejeter. Il en découle immédiatement un problème : selon quel(s) critère(s) doit se faire cette sélection ?

1 ▶ Les différents types d'investissement

Les investissements peuvent être classés en plusieurs catégories :

• Les investissements de remplacement et d'extension. Un investissement peut servir à remplacer un actif (machine, ligne de production, bâtiment, etc.) déjà existant ou, au contraire, servir à accroître les actifs de l'entreprise. Dans le cas du remplacement d'un équipement devenu hors d'usage, la question qui se pose avant tout est de savoir si l'activité concernée doit être maintenue ou non. Dans d'autres cas, le remplacement ne concerne pas un équipement hors d'usage mais peut avoir par exemple pour objet une réduction des coûts.

• Les investissements complémentaires et mutuellement exclusifs. Deux investissements sont complémentaires s'il est possible, d'un point de vue économique et financier, de les réaliser tous les deux. Ils sont mutuellement exclusifs si la réalisation de l'un est incompatible avec celle de l'autre, notamment parce qu'ils ont tous les deux le même objet.

• Les investissements matériels et immatériels. L'investissement peut avoir un caractère matériel ou immatériel, en ce sens qu'il ne consiste pas en un actif tangible. Les dépenses concernées peuvent être très variées. Il peut s'agir de dépenses de formation ou d'une campagne de publicité. Ainsi, la formation, en permettant aux salariés de l'entreprise d'acquérir de nouvelles compétences, peut avoir des effets sur la performance de la société sur plusieurs exercices, et peut donc légitimement être considérée comme un investissement. Ceci ne signifie pas pour autant que la dépense doive être comptabilisée en immobilisations. Le classement comptable ne rejoint pas nécessairement la logique économique.

• Les investissements industriels, commerciaux et financiers. Selon que la société a une stratégie de croissance interne ou externe, elle réalisera des investissements industriels et commerciaux ou financiers. Lorsque la croissance se fait par augmentation des capacités de production, la stratégie suivie est la croissance interne. À l'inverse, des investissements financiers sous la forme de prises de participations dans d'autres sociétés correspondent à une stratégie de croissance externe.

2 ▶ La Valeur Actualisée Nette

La valeur actualisée nette (VAN) est le critère de référence pour sélectionner des projets d'investissement. Afin de déterminer si un investissement doit être réalisé ou non, la VAN conduit à estimer la création de valeur qu'il va générer. Cette création de valeur se mesure en confrontant les sommes que l'entreprise va devoir débourser aux sommes qu'elle va, par la suite, encaisser. Pour les rendre comparables, ces sommes qui vont apparaître à des dates différentes seront actualisées afin de les ramener à une date commune.

La Valeur Actualisée Nette (VAN) mesure ainsi la création nette de valeur, après paiement de l'investissement initial et rémunération des apporteurs de fonds, qu'ils soient actionnaires ou créanciers financiers. Elle est égale à la valeur actualisée au coût du capital du projet (R_p), à la date de l'investissement (t_0), de tous les flux de trésorerie d'exploitation qui vont être dégagés ou engagés (F_t), pendant *n* années, sous déduction de l'investissement initial (I_0) :

$$VAN = -I_o + F_1(1+R_p)^{-1} + F_2(1+R_p)^{-2} + ... + F_n(1+R_p)^{-n} = -I_o + \sum_{t=1}^{n} \frac{F_t}{(1+R_p)^t}$$

Un signe négatif symbolise un flux de trésorerie qui est décaissé par l'entreprise (c'est notamment le cas de la dépense d'investissement) et un signe positif représente un flux de trésorerie qui est encaissé par l'entreprise (les ventes encaissées par exemple).

Le taux d'actualisation (R_p) à retenir est le coût du capital du projet. Il représente la rentabilité minimale qui est exigée du projet, compte tenu du risque de ce dernier. Sous certaines conditions (risque d'exploitation et financement du projet identiques à l'entreprise prise dans sa globalité), ce coût du capital du projet peut être égal au coût du capital de l'entreprise. Un projet peut être réalisé dès lors que sa VAN est positive, c'est-à-dire qu'il y a création de valeur. En effet, si la VAN est positive, c'est que la rentabilité du projet est supérieure à son coût du capital.

Lorsque deux projets sont mutuellement exclusifs (on ne peut réaliser les deux en même temps) et ont une VAN positive, c'est celui à la VAN la plus élevée qui doit être retenu.

exemple

Soit un projet d'investissement dont les flux de trésorerie sont résumés dans le tableau ci-dessous. Le coût du capital du projet est de 10 %.

Année	0	1	2	3	4
Flux	– 500	150	200	250	300

Le principe de la VAN consiste à ramener à la date 0 l'ensemble des flux relatifs à l'exploitation, en les actualisant :

$$VAN = -500 + 150 \times (1{,}10)^{-1} + 200 \times (1{,}10)^{-2} + 250 \times (1{,}10)^{-3} + 300 \times (1{,}10)^{-4} = 194{,}39$$

La VAN du projet étant positive, le projet est rentable et doit être réalisé. Concrètement, cela signifie que le projet a permis de rembourser les fonds investis, en tenant compte d'un taux de rémunération de 10 % et qu'il a généré un surplus de 194,39. Ce surplus représente la valeur créée par le projet.

Le critère de la VAN présente de nombreux avantages :

• il se fonde sur les flux de trésorerie et non sur les résultats comptables, contrairement à d'autres critères. Or, rappelons-nous de notre Règle d'Or n° 2 : *la valeur d'un actif est égale à la valeur actualisée de ses flux de trésorerie futurs* ;

• il tient compte du prix du temps, mais également du prix du risque au travers du taux d'actualisation, ce qui nous renvoie à notre Règle d'Or n° 1 : *la rentabilité espérée d'un actif est proportionnelle au risque encouru* ;

• il aboutit à l'estimation de la création de valeur pour l'actionnaire ;

• enfin, l'utilisation d'un tableur du type Excel permet de faire des tests de sensibilité, en faisant varier les flux ou le taux d'actualisation, et d'en mesurer les impacts.

Si le critère de la VAN doit guider le manager dans le choix de ses projets d'investissement, d'autres facteurs peuvent venir interférer :

• Les stratégies d'enracinement. Dans certains cas, les managers, afin de rendre leur éviction plus difficile, peuvent réaliser des investissements irréversibles, pour lesquels ils disposent d'une expertise particulière. Ce faisant, ils rendent leur licenciement plus délicat car il peut conduire à la perte de valeur des investissements en question, leur sort étant lié à celui du manager ;

• Les stratégies court-termistes. Pour favoriser la croissance du cours boursiers de leur société, certains dirigeants peuvent avoir intérêt à réaliser des investissements dont le délai de récupération est rapide, au détriment de projets à plus long terme, mais dont la VAN est plus élevée ;

• La stratégie de l'entreprise. Elle peut avoir intérêt à réaliser un projet non rentable si ce dernier présente un caractère stratégique.

3 ▶ Les autres critères de choix des investissements

Parallèlement au calcul de la VAN, d'autres critères financiers sont fréquemment utilisés par les entreprises pour sélectionner leurs investissements. Ces critères n'ont pas vocation à se substituer à la VAN mais à compléter son étude, en fournissant des informations complémentaires qui peuvent être utiles à la prise de décision.

A. Le taux interne de rentabilité (TIR)

Le TIR (Taux Interne de Rentabilité) représente le taux qui rend la VAN nulle. Il mesure le taux de rentabilité dégagé par le projet, sous l'hypothèse de réinvestissement des flux au taux du TIR, soit :

$$-I_0 + F_1(1 + TIR)^{-1} + F_2(1 + TIR)^{-2} + \ldots + F_n(1 + TIR)^{-n} = 0$$

En matière d'investissement, la société doit se fixer un taux de rentabilité d'adoption. Ce taux représente la rentabilité qui est exigée par les apporteurs de fonds, compte tenu du risque du projet. Ce taux est d'autant plus élevé que le risque du projet est important.

Lorsque le TIR est supérieur à ce taux d'adoption, le projet d'investissement est acceptable. À l'inverse, si le TIR lui est inférieur, le projet doit être abandonné. Ce taux d'adoption est, en toute rigueur, le même que celui qui est utilisé pour le calcul de la VAN. Il s'agit du taux de rendement exigé pour les investissements de même classe de risque, c'est-à-dire le coût du capital du projet (R_p).

Comme le montre le graphique 4.1. ci-dessous, le montant de la VAN baisse lorsque le taux d'actualisation augmente.

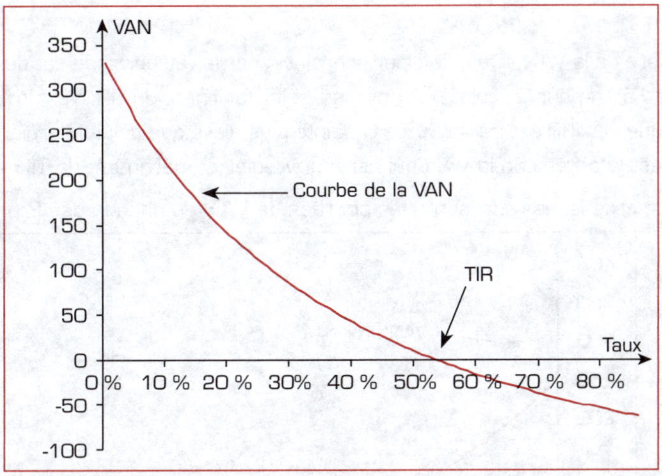

Graphique 4.1 • Evolution de la VAN en fonction du taux

Le TIR correspond au point d'intersection entre la courbe de la VAN et l'axe des abscisses. À ce niveau, la VAN du projet est nulle. Le graphique illustre également la sensibilité de la VAN du projet au taux d'actualisation. Plus la pente de la courbe est forte, plus la VAN est sensible au taux d'actualisation.

Ainsi, si le TIR est supérieur au taux d'actualisation, la VAN est nécessairement positive (et inversement). Les deux critères aboutissent ainsi à la même conclusion d'adoption ou de rejet du projet. Par contre, ils peuvent différer en matière de classement lorsqu'il s'agit de choisir entre deux projets mutuellement exclusifs. Dans ce cas, c'est le critère de la VAN qu'il convient de privilégier car lui seul mesure la valeur créée.

Enfin, lorsque deux projets sont mutuellement exclusifs, l'intersection entre les courbes de la VAN des deux projets donne le taux d'indifférence entre ces projets.

exemple

Soit deux projets A et B qui sont mutuellement exclusifs. Ils nécessitent tous les deux un investissement initial de 250 et doivent dégager les flux de trésorerie présentés dans le tableau ci-dessous. Le coût du capital des projets est de 10 %.

	2007	2008	2009	2010	2011
Projet A	**100**	**110**	**120**	**130**	**140**
Projet B	**160**	**160**	**170**	**0**	**0**

VAN (projet A) = 197,7 VAN (projet B) = 155,4

TIR (projet A) = 35,74 % TIR (projet B) = 42,44 %

Selon le critère de la VAN, il faut réaliser le projet A car la valeur créée est de 197,7 alors qu'elle n'est que de 155,4 pour le projet B. À l'inverse, selon le critère du TIR, c'est le projet B qui doit être retenu puisque son TIR est de 42 %, de 6 points plus élevé que celui du projet A. Dans ce type de situation, c'est le critère de la VAN qui est à privilégier au détriment du TIR.

Le graphique ci-dessous représente les courbes de VAN de chacun des 2 projets :

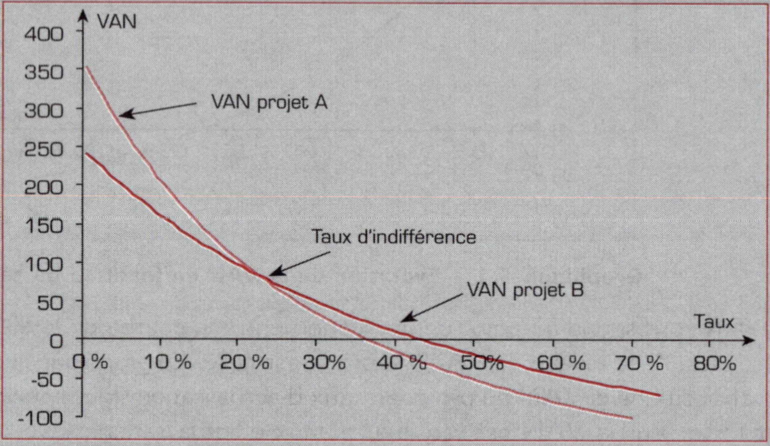

L'intersection entre les 2 courbes donne le taux d'indifférence, c'est-à-dire le taux pour lequel la VAN des 2 projets est identique. Ce taux d'indifférence peut s'estimer en calculant le TIR des flux différentiels entre les deux projets, soit :

	0	1	2	3	4	5
Flux Diff.	**0**	**60**	**50**	**50**	**- 130**	**- 140**

Soit un taux d'indifférence de 22,07 %.

Il existe trois limites à l'utilisation du TIR :

- Lorsque le signe des flux de trésorerie du projet change plus d'une fois, la résolution du système d'équation peut être impossible ou conduire à l'obtention de plusieurs TIR, ce qui n'a pas de sens économique. Le changement de signe se produit notamment lorsqu'en cours de vie, un investissement complémentaire est à réaliser ;
- Implicitement, ce critère suppose un réinvestissement des flux qui sont générés chaque année par le projet à un taux égal au TIR. Ainsi, si le TIR est de 25 %, cela implique que la société est en mesure de réinvestir les flux du projet à un taux de 25 %, ce qui est peu probable ;
- En raisonnant en pourcentages et non en termes monétaires comme pour la VAN, le TIR peut conduire à préférer un projet dont la rentabilité est plus élevée en pourcents alors que, compte tenu de leur taille différente, un autre projet, avec un TIR plus faible peut créer plus de valeur.

exemple

Soit un projet d'un montant de 100 M€, qui va générer les flux de trésorerie qui sont résumés dans le tableau ci-dessous. À l'année 4, il faut prévoir un investissement complémentaire de 300 M€ afin de remettre en l'état les terrains sur lesquels le projet va être réalisé afin de le dépolluer. Le coût du capital du projet est de 10 %.

(M€)	0	1	2	3	4
Flux	- 100	120	130	150	- 300

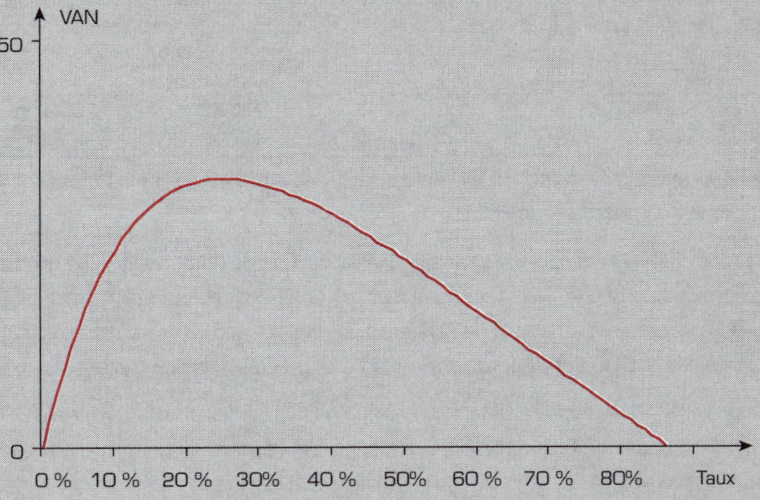

Comme on peut le constater sur le graphique ci-dessus, la courbe de la VAN coupe 2 fois l'axe des abscisses. Il existe donc deux TIR pour ce projet. Le critère du TIR n'est donc pas pertinent pour décider s'il faut ou non réaliser cet investissement alors que la VAN de 24,32 met en évidence la rentabilité du projet.

B. Le délai de récupération (DR)

Le délai de récupération (DR) représente le temps nécessaire pour récupérer un investissement, c'est-à-dire le nombre d'années ou de mois qui égalise le montant investi avec le montant des flux qui seront générés. Le projet à retenir, en cas de projets mutuellement exclusifs, est celui dont le DR est le plus faible, c'est-à-dire celui qui permet de récupérer le plus rapidement le montant investi. Ce critère présente l'avantage d'être simple à calculer et de tenir compte de la rapidité à récupérer la mise de fonds initiale, ce qui est important dans les PME. Mais c'est fondamentalement un mauvais critère car il ne prend pas en compte les flux qui vont apparaître au-delà de ce délai. De plus, il n'intègre pas le prix du temps associé au projet, ni le prix du risque. Il s'agit avant tout d'un critère de liquidité (rapidité à récupérer de la trésorerie), et non de rentabilité comme la VAN.

exemple

Pour fabriquer un nouveau produit, la société Lartillot hésite entre deux machines, dont le coût est identique (10 000) mais qui ont une durée de vie et un rythme de production différents. Les données sont résumées dans le tableau ci-dessous. Le coût du capital pour chaque projet est de 10 %.

(euros)	Année 1	Année 2	Année 3	Année 4	Année 5
Flux Machine A	3000	3000	3000	3000	4000
Flux Machine B	6000	5000	1000	0	0

Éléments de solution :

(euros)	1	2	3	4	5
Flux cumulés A	3000	6000	9000	12000	16000
Flux cumulés B	6000	11000	12000	0	0

Les deux projets s'élevant à 10 000 euros, le DR se situe entre 3 et 4 ans pour la machine A et entre 1 et 2 ans pour la machine B.

Avec la méthode de l'interpolation linéaire, il est possible de déterminer plus précisément ce délai. Pour le projet A, à l'issue de l'année 3, il reste 1 000 de flux à générer pour atteindre le DR. Or 3 000 vont apparaître au cours de l'année 4. En supposant qu'ils se répartissent régulièrement sur l'année, les 1 000 vont apparaître en : (1 000/3 000) × 12 mois = 4 mois.

Pour le projet B, à l'issue de l'année 1, il manque 4 000 de flux pour atteindre le DR. Or 5 000 vont apparaître au cours de l'année 2. En supposant une répartition uniforme sur l'année, les 4 000 vont apparaître en : (4 000/5 000) × 12 mois = 9,6 mois.

DR projet A = 3 ans et 4 mois et VAN Projet A = 1 993

DR projet B = 1 an et 9,6 mois et VAN Projet B = 338

Selon le critère du DR, la machine à privilégier est la B car elle est « remboursée » au bout de 1 an et 9 mois. Pour A, il faut attendre plus de 3 ans avant de récupérer les 10 000 euros qui ont été investis. À l'inverse, selon le critère de la VAN, il faut choisir la machine A qui est celle qui crée le plus de valeur. Cette divergence dans le classement des deux projets s'explique par le fait que le projet B sécrète de très importants flux de trésorerie dès le début alors que ceux du projet A s'étalent sur une plus longue période. Le projet B est plus liquide, alors que le projet A est plus rentable.

Un raffinement peut consister à actualiser les flux avant de calculer le DR. Ceci ne rend pas pour autant ce critère plus valable que précédemment car il reste avant tout un critère de liquidité et non de rentabilité.

C. L'indice de profitabilité

L'indice de profitabilité est un critère de choix d'investissement assez proche de celui de la VAN. Il correspond au rapport entre la valeur actuelle des flux de trésorerie d'exploitation du projet (FTE_t), à l'exclusion de celui relatif à l'investissement en lui-même, et le coût de ce dernier (I_0), soit :

$$IP = \frac{\sum_{t=1}^{n} \frac{FTE}{(1+R_p)^t}}{I_o} = \frac{VAN + I_o}{I_o} = \frac{VAN}{I_o} + 1$$

La règle de décision pour ce critère est qu'un projet peut être réalisé dès lors que son indice de profitabilité est supérieur à 1. Un IP supérieur à 1 signifie que la valeur actualisée des flux dégagés par un projet est supérieure au coût de ce projet, et donc que sa VAN est positive. Tout comme le TIR, l'IP peut conduire à un mauvais choix lorsqu'il s'agit de comparer deux projets, compte tenu de l'effet taille. Un projet A ($I_0 = 100$) sera préféré à un projet B ($I_0 = 200$) si son IP est de 1,6 contre 1,2 pour B. Ramenée en valeur absolue, la valeur actualisée des flux de trésorerie est de 100 × 1,6 = 160 pour A et de 240 pour B. On voit bien ici la limite de la méthode.

D. Les critères globaux

Le critère de la VAN suppose que les flux générés par le projet sont réinvestis à chaque période à un taux égal au coût du capital. Le critère du TIR suppose, quant à lui, un réinvestissement au taux du TIR. Cette différence explique pourquoi les critères de la VAN et du TIR peuvent aboutir à des classements différents lorsque plusieurs projets sont comparés.

Les critères globaux, quant à eux, tiennent compte d'un réinvestissement des flux à un taux différent du coût du capital ou du TIR. Les flux du projet sont ainsi capitalisés à un taux de réinvestissement, puis actualisés, soit au coût du capital pour le calcul d'une VAN, soit au taux du TIR global, pour la détermination de ce dernier.

exemple

Soit un projet de 100 M€, qui va générer des flux de trésorerie de 60 M€ pendant 3 ans. Le coût du capital est de 10 %. On estime pouvoir réinvestir les flux intermédiaires au taux de 8 %.

$$\text{VAN du Projet} = -100 + 60(1{,}10)^{-1} + 60(1{,}10)^{-2} + 60(1{,}10)^{-3} = 49{,}21$$

Pour le calcul de la VAN Globale, le flux de 60 de l'année 1 va être réinvesti pendant 2 ans (jusqu'à l'année 3) au taux de 8 %, et ainsi de suite. Le montant total des flux capitalisés est ensuite actualisé au taux de 10 %.

$$\text{VAN Globale} = -100 + [60(1{,}08)^2 + 60(1{,}08)^1 + 60] \times (1{,}10)^{-3} = 46{,}34$$

Comme on peut le constater, la VAN Globale est inférieure à la VAN du projet. Ceci s'explique simplement. Avec le critère de la VAN, les flux intermédiaires sont implicitement réinvestis au coût du capital, ici 10 %. Avec la méthode de la VAN Globale, le réinvestissement se fait ici à un taux inférieur (8 %).

Du point de vue de la théorie financière, cette méthode est critiquable. En effet, le fait de maintenir la trésorerie dans l'entreprise fait supporter à cette dernière un risque. De ce fait, les apporteurs de fonds vont en attendre une certaine rentabilité, mais laquelle ? À première vue, il pourrait s'agir du coût du capital. Dans ce cas, réinvestir les flux à un taux inférieur au coût du capital est donc destructeur de valeur. Mais la trésorerie présente un niveau de risque bien moindre que les autres actifs de l'entreprise. Dans ces conditions, le taux de réinvestissement peut être le coût du capital, minoré de quelques points.

Bien que la VAN soit un critère de choix d'investissement plus pertinent que le TIR, le caractère relativement intuitif de ce dernier conduit de nombreuses entreprises et managers à l'utiliser. Son principal défaut est, comme nous l'avons vu, qu'il suppose que les flux du projet sont réinvestis à chaque période à un taux égal au TIR. La méthode du TIR global (*Modified Internal Rate of Return*) lève cette hypothèse, en prévoyant une rémunération de ces flux à un certain taux, généralement le coût du capital du projet. La méthode consiste ainsi à :

- capitaliser les flux de trésorerie dégagés au taux de réinvestissement afin d'aboutir à une valeur terminale ;
- rechercher le taux (TIR global) qui rend nulle la VAN de cette valeur terminale.

Outre le fait que l'hypothèse de réinvestissement est ici plus plausible, la méthode évite la possibilité d'obtenir un taux multiple. Cette approche conduit au même résultat que la VAN, sauf lorsque deux projets sont en concurrence, auquel cas le classement peut différer.

exemple

Le calcul du TIR Global procède de la même démarche. Les flux sont capitalisés au taux de 8 %, puis actualisés à un taux (le TIRG) qui rend la VAN nulle.

$$-100 + [60(1{,}08)^2 + 60(1{,}08)^1 + 60] \times (1 + \text{TIRG})^{-3} = 0$$

$$\text{TIRG} = [100/194{,}8]^{-1/3} - 1 = 24{,}89\ \%$$

4 ▶ L'estimation des flux de trésorerie

La mise en œuvre des différents critères de choix d'investissement nécessite l'estimation des flux de trésorerie associés au projet. Il s'agit là de l'étape la plus délicate, bien plus que la mise en œuvre des méthodes en elles-mêmes. Si l'estimation du coût initial du projet pose souvent peu de problèmes, il en va autrement des flux de recettes qui lui sont associés car ils nécessitent de faire des prévisions quant aux ventes futures qui sont rattachables à l'investissement.

Les flux de trésorerie à retenir sont ceux qui sont directement ou indirectement liés au projet d'investissement, sans tenir compte de son mode de financement, mais après prise en compte de l'impôt sur les sociétés. Les flux de trésorerie qui ne sont pas directement liés au projet résultent des interactions éventuelles entre le projet et l'entreprise qui le réalise (effets de synergie, économies d'échelle, etc.). C'est pourquoi les flux à actualiser sont des flux différentiels, qui se calculent par différence entre les flux de trésorerie de l'entreprise si le projet est réalisé et les flux de trésorerie si cette dernière ne réalise pas l'investissement. Cette notion de flux différentiel est fondamentale car seul ce mode d'estimation permet de tenir compte de tous les effets du projet.

Il est important, à ce niveau, d'insister sur le fait que les flux de trésorerie ne doivent pas tenir compte des conséquences du financement du projet, qu'il s'agisse des charges d'intérêt, des loyers de crédit-bail ou des remboursements des sommes empruntées.

Il faut distinguer trois types de flux de trésorerie :

- le flux de trésorerie de la période initiale ;
- les flux de trésorerie des périodes intermédiaires ;
- le flux de la période terminale.

A. Le flux de la période initiale

Le flux de la période initiale (I_0) correspond aux fonds investis à l'occasion du lancement du projet. Il comprend :

- l'investissement en lui-même ;
- les dépenses qui lui sont liées (frais de mise en service par exemple) ;
- l'accroissement du BFRE qu'il est susceptible d'entraîner ;
- les éventuels coûts d'opportunité.

De ces flux, il faut déduire le flux éventuel lié à la cession des anciens matériels, net d'impôt.

Le BFRE (Besoin en Fonds de Roulement d'Exploitation) représente le besoin de financement qui résulte de l'exploitation du projet d'investissement. Ce BFRE correspond au fait que le projet implique de constituer des stocks, que les clients ne vont pas payer systématiquement au comptant et donc que la société va avoir un besoin de trésorerie dans l'attente du règlement de ses créances. De la même façon, l'entreprise va payer ses fournisseurs avec un certain délai, ce qui va réduire son besoin de financement. À la période initiale, (t_0), le BFR ne sera constitué que du stock de démarrage et des dettes fournisseurs qui lui sont liées. C'est lors des périodes suivantes que des créances clients vont apparaître. Le BFRE se calcule comme suit :

BFRE = Stocks + créances clients TTC – dettes fournisseurs TTC

Les coûts d'opportunité proviennent du fait que des actifs appartenant à l'entreprise peuvent être affectés à la réalisation du projet d'investissement et ne pourront alors plus être utilisés, loués ou cédés par la suite. Si l'entreprise construit une usine sur un terrain qui lui appartient, elle économise le coût d'achat d'un terrain, mais elle s'interdit à l'avenir de le vendre ou de le louer, ce qui représente un coût de renonciation. C'est ce coût qu'il faut inclure dans les flux de trésorerie de la période initiale.

La réalisation du projet peut rendre inutiles certains actifs. Dans ce cas, la société a intérêt à les céder afin de récupérer des fonds et limiter les apports nécessaires à l'investissement initial. Cette cession est soumise à l'impôt sur les plus-values. Cet impôt se calcule sur le montant de la plus-value (prix de vente – valeur nette comptable [1]) et non sur le prix de vente du bien. En cas de moins-value, elle dispose d'une économie d'impôt.

Par contre, les dépenses qui ont été engagées préalablement au projet sont perdues (*sunk costs*) et ne doivent pas être retenues. En effet, que le projet soit réalisé ou non, la dépense a été faite. Ces dépenses concernent notamment les frais d'études préalables à la réalisation éventuelle du projet.

Enfin, si les flux d'investissement sont étalés dans le temps, le montant de l'investissement initial s'estime comme suit :

$$I_o = \sum_{t=o}^{n} \frac{I_t}{(1 + R_p)^t}$$

exemple

Après une étude de marché qui a coûté 40 K€, la société Montmorency décide d'investir dans une machine à imprimer en offset, dont le prix est de 1 500 K€. Les frais de mise en service sont d'environ 80 K€. L'acquisition de cette machine va permettre de céder une ancienne rotative qui avait été acquise il y a 6 ans au prix de 600 K€ et dont la durée d'utilisation était estimée à 10 ans. Le prix de vente de la rotative est de 270 K€.

Pour que la machine soit utilisable, il faut un stock préalable de 800 litres d'encre (à 5 euros le litre). Il s'agit de la même encre que celle utilisée pour la rotative et dont il reste 150 litres. Le taux de l'impôt sur les sociétés est de 33 1/3 %.

[1] VNC = valeur brute d'origine – montant cumulé des amortissements.

Solution :

Les frais d'étude de marché ayant déjà été engagés, ils ne doivent pas être pris en compte.

Flux net de cession = prix de cession – impôt sur les PV

- Impôt sur les plus-values = [prix de cession – VNC] × taux de l'impôt
- Valeur Nette Comptable = Valeur d'origine du bien – somme des amortissements pratiqués

La machine ayant 6 ans, on peut faire l'approximation que 6 dotations aux amortissements ont été comptabilisées, sachant que sa durée d'amortissement est de 10 ans, soit :

- VNC = 600 – 6 × 600/10 = 240 K€
- PV = 270 000 – 240 000 = 30 000 €
- Impôt sur PV : 30 000 × 1/3 = 10 000 €
- Flux net de cession : 270 000 – 10 000 = 260 000 €

Détermination du BFRE :

- Valeur du stock nécessaire : 800 × 5 = 4 000 €
- Valeur du stock antérieur : 150 × 5 = 750 €
- Variation du stock : 4 000 – 750 = 3 250 €

Soit un flux pour la période initiale de :

I_0 = 1 500 000 + 80 000 + 3 250 – 260 000 = 1 323 250 €

B. Les flux des périodes intermédiaires

Les flux à retenir au titre des périodes qui font suite à la réalisation de l'investissement doivent être estimés :

- de façon différentielle ;
- après impôt sur les bénéfices ;
- indépendamment du mode de financement du projet.

Ces flux de trésorerie d'exploitation (FTE) peuvent se déterminer de deux façons :

FTE = Excédent brut d'exploitation – IS d'exploitation – Δ BFRE

FTE = Résultat net d'exploitation + DAP d'exploitation – Δ BFRE

Avec la seconde méthode, il faut ajouter la dotation aux amortissements du bien car il s'agit d'une charge qui est venue minorer le résultat imposable mais qui n'a pas d'incidence directe en terme de trésorerie. Dans tous les cas, il faut faire attention au fait que l'impôt (IS) d'exploitation est calculé sur le résultat d'exploitation (résultat d'exploitation = EBE – DAP) et non sur l'excédent brut d'exploitation (EBE).

Au cours de ces périodes intermédiaires, il est possible que le BFR mobilisé par le projet varie. Dans ce cas, il faut tenir compte de sa variation au cours de l'exercice pour l'estimation des flux de trésorerie. En règle générale, la variation du BFRE qui est estimée en *n* ($\Delta = BFR_n - BFR_{n-1}$) est fonction du chiffre d'affaires de *n+1* (BFR_n) et de *n* (BFR_{n-1}).

Afin de prendre en compte l'ensemble des effets du projet, les flux de trésorerie s'estiment de façon différentielle, c'est-à-dire par différence entre les flux qui apparaîtront si le projet est réalisé et ceux constatés s'il ne l'est pas. Dans le cas d'un nouveau projet, les flux différentiels sont souvent égaux aux flux du projet en lui-même. Par contre, dans le cas d'un investissement de renouvellement, le flux différentiel s'estime en déduisant des flux du projet les flux attendus en cas de non renouvellement.

C. Le flux de la période terminale

La période terminale correspond à la dernière année au cours de laquelle l'investissement produit ses effets. À l'issue de cette période, l'investissement est totalement liquidé. Le flux de trésorerie qui va être encaissé est constitué du prix de cession après impôts de l'investissement et de la récupération du BFRE. Cette récupération du BFRE correspond au fait que la société va également liquider le stock attaché au projet, encaisser les dernières créances clients que le projet a générées et régler les dettes fournisseurs qui ne l'ont pas encore été. Son montant est égal à la somme du BFRE initial et à ses éventuelles variations ultérieures.

exemple

Soit un projet d'investissement d'une durée de 5 ans, amortissable en linéaire et d'un montant de 1 M€. Afin que la production puisse démarrer dès la mise en service de la machine, le 1er janvier 2007, il faut constituer au préalable un stock de matières premières pour un montant de 100 K€.

Le business plan du projet tient compte de l'accroissement du chiffre d'affaires au cours du temps, qui se traduit au niveau du bilan par l'évolution des postes suivants (au 31.12 de chaque année) :

Postes Bilan (en K€)	31.12.07	31.12.08	31.12.09	31.12.10	31.12.11
Stocks matières 1res	120	130	135	140	40
Stocks produits finis	50	50	60	65	70
Créances clients	60	70	80	90	110
Dettes fournisseurs	70	80	95	95	110

Prévisions	31.12.07	31.12.08	31.12.09	31.12.10	31.12.11
Résultat net	110	120	130	140	150

Solution :

	01.01.07	31.12.07	31.12.08	31.12.09	31.12.10	31.12.11
BFR	100	160	170	180	200	110
Variation BFR	100	60	10	10	20	- 90

	01.01.07	31.12.07	31.12.08	31.12.09	31.12.10	31.12.11
Résultat net d'exploitation		110	120	130	140	150
DAP		200	200	200	200	200
- Variation BFR	– 100	– 60	– 10	– 10	– 20	90
Récupération BFR						110
FTE	– 100	250	310	320	320	550
Investissement	– 1 000					
Flux totaux	– 1 100	250	310	320	320	550

Commentaire :

À la fin de l'année 2010, le BFR de la société se monte à 200 000 euros. Au cours de l'année 2011, une partie du stock est liquidée et des créances clients sont payées, pour un montant de 90 000 euros (d'où la variation négative de BFR). Il n'est plus alors que de 110 000 euros. Pour la construction du tableau des flux de trésorerie en 2011, il faut donc tenir compte de la baisse du BFR de 90 K€ au cours de l'année, et du solde de 110 K€ qui va être considéré comme liquidé au 31 décembre 2011.

5 ▶ Les difficultés de mise en œuvre

Pour l'estimation des flux de trésorerie associés au projet d'investissement, un certain nombre de problèmes peuvent se rencontrer :

- choix du mode d'amortissement comptable du projet ;
- impact fiscal de l'éventuel déficit engendré par le projet ;
- structure des charges (fixes/variables) ;
- traitement de l'inflation.

A. L'incidence du mode d'amortissement

Au niveau comptable, un investissement doit être amorti sur sa durée probable d'utilisation. Cet amortissement est la constatation comptable d'un amoindrissement irréversible de sa valeur, dont le potentiel se réduit avec le temps. Sa base de calcul est le prix d'achat de l'immobilisation, augmenté des frais accessoires nécessaires à sa mise en service. Ainsi, le coût de l'investissement est étalé sur la durée du projet et n'est pas imputé en totalité sur l'exercice au cours duquel il est réalisé.

La charge que représente le mode d'amortissement est une charge calculée, c'est-à-dire qu'elle ne représente pas une sortie de trésorerie pour l'entreprise, à la variable fiscale près. En effet, la dotation aux amortissements est fiscalement déductible et va venir réduire l'impôt à payer par l'entreprise. La répartition dans le temps des amortissements a donc une incidence sur la répartition dans le temps de l'impôt sur les sociétés.

Cet étalement de la charge au travers des dotations aux amortissements peut se faire principalement selon deux méthodes :

- l'amortissement linéaire ;
- l'amortissement dégressif.

1. L'amortissement linéaire

L'amortissement linéaire consiste à étaler de façon égale la charge d'investissement sur la durée d'utilisation de l'immobilisation. L'annuité est constante sauf pour le premier et le dernier exercice car le calcul se fait *prorata temporis*. La règle du *prorata temporis* (au prorata du temps) signifie que le premier amortissement est proportionnel au temps pendant lequel le bien a été en service la première année. Si un bien est mis en service le 1er octobre, l'amortissement de la première année sera de 92/365e de l'amortissement normal car il y a 92 jours entre le 1er octobre et le 31 décembre. Un mode de calcul alternatif consiste à retenir des mois de 30 jours et une année de 360 jours. Le calcul du *prorata temporis* doit se faire en jours, à compter de la date exacte de mise en service du bien (la règle est différente par l'amortissement dégressif). Les dotations s'étalent ainsi sur une année de plus que la durée d'amortissement.

2. L'amortissement dégressif

Avec l'amortissement dégressif, les annuités sont décroissantes dans le temps. Les premières annuités sont plus élevées qu'avec un amortissement linéaire, ce qui le rend plus intéressant pour les entreprises car la déduction fiscale est plus rapide. Chaque année, il faut calculer la valeur résiduelle du bien, qui devient la nouvelle base de calcul de l'amortissement. Pour déterminer le taux d'amortissement, il faut multiplier le taux de l'amortissement linéaire (fonction de la durée d'utilisation du bien) par un coefficient qui dépend également de cette durée d'utilisation. Ce coefficient est de :

- 1,25 lorsque la durée d'utilisation est de 3 ou 4 ans ;
- 1,75 lorsque la durée d'utilisation est de 5 ou 6 ans ;
- 2,25 lorsque cette durée est supérieure à 6 ans.

Tout comme pour l'amortissement linéaire, il faut appliquer un *prorata temporis* pour le premier exercice. Par contre, ce calcul se fait à partir du premier jour du mois d'acquisition (et non plus du jour exact de mise en service). Une différence apparaît également lors des derniers exercices. Lorsque l'annuité dégressive devient inférieure à l'annuité linéaire correspondante calculée sur la durée restante, il faut retenir cette dernière annuité.

3. L'impact fiscal du mode d'amortissement

Fiscalement, le choix d'un mode d'amortissement n'est pas neutre. Globalement, quel que soit le mode d'amortissement, le montant total des dotations qui seront déduites du résultat imposable de l'entreprise est identique. Par contre, leur répartition dans le temps rend l'amortissement dégressif plus intéressant car l'entreprise profite plus rapidement de cet avantage fiscal.

exemple

Soit un matériel qui est acquis le 20 juin 2003 pour 1 million d'euros. La durée normale d'utilisation est de 10 ans. La mise en service intervient le 7 juillet 2003.

Amortissement en linéaire

- La dotation d'amortissement normale du bien est de : 1 000 000/10 = 100 000 par an.
- Pour la 1re année, il faut tenir compte d'un *prorata temporis* à compter du 7 juillet, soit 5 mois complets (soit 153 jours) et d'une partie du mois de juillet (31 – 7 = 24 jours), soit un total de 177 jours.
- La dotation de la 1re année est donc de : 100 000 × 177/365 = 48 493 euros.
- L'amortissement de la dernière année correspond au solde, soit 100 000 – 48 493 = 51 507 euros.

Amortissement en dégressif

Détermination de la 1re annuité :

$$1\,000\,000 \times 1/10 \times 2{,}25 \times 7/12 = 131\,250$$

- le calcul du prorata se faisant en mois, il est de 7 mois sur 12, soit 7/12 ;
- le taux d'amortissement linéaire est de 1/10 ;
- le coefficient à appliquer est de 2,25 ;

La seconde annuité (2004) est de :

$$(1\,000\,000 - 131\,250) \times 1/10 \times 2{,}25 = 195\,469$$

En 2009, l'amortissement dégressif aurait dû être de 242 886 × 2,25/10 = 54 649, soit un montant inférieur à l'amortissement linéaire sur la durée restante (242 886/4 = 60 722). C'est donc ce dernier amortissement qui est retenu pour les 4 dernières années.

Comparaison des 2 modes d'amortissement et impact fiscal

Année	Amortissement dégressif	Amortissement linéaire	Économie d'IS si dégressif	Économie d'IS si linéaire
2003	131 250	48 493	43 750	16 164
2004	195 469	100 000	65 156	33 333
2005	151 488	100 000	50 496	33 333
2006	117 403	100 000	39 134	33 333
2007	90 988	100 000	30 329	33 333
2008	70 515	100 000	23 505	33 333
2009	60 722	100 000	20 241	33 333
2010	60 722	100 000	20 241	33 333
2011	60 722	100 000	20 241	33 333
2012	60 721	100 000	20 240	33 333
2013		51 507		17 169
Total	1 000 000	1 000 000	333 333	333 333

La VAN du projet amorti en dégressif est ainsi supérieure à celle du projet qui l'est en linéaire. En effet, les flux de trésorerie d'exploitation des premières années sont plus élevés en dégressif car l'impôt y est plus faible.

B. Les pertes d'exploitation et l'impôt sur les sociétés

Lorsque le résultat d'exploitation qui provient du projet d'investissement est négatif, la prise en compte de l'impôt sur les sociétés pose problème. Deux cas sont à distinguer :

• soit l'entreprise a d'autres activités qui sont bénéficiaires. Dans ce cas, la perte liée au projet va venir s'imputer sur les bénéfices générés par les autres activités et réduire ainsi l'impôt global à payer. Il faut alors, dans le tableau des flux de trésorerie, tenir compte d'un impôt négatif, qui est assimilable à un flux de trésorerie positif (cas n° 1) ;

• soit l'entreprise vient d'être créée, n'a pas d'autre activité, ses autres activités sont déficitaires ou pas assez bénéficiaires pour y imputer la totalité des pertes. La perte ne peut donc être imputée au cours de l'exercice. Le montant non imputé viendra s'imputer sur les bénéfices futurs, s'il y en a. Elle réduira alors l'impôt à payer les années suivantes (cas n° 2).

exemple

Cas n° 1 :	1	2	3	4	5
Résultat d'exploitation	– 300	– 200	400	550	600
– Impôt sur les sociétés	100	67	– 133	– 183	– 200

Cas n° 2 :	1	2	3	4	5
Résultat d'exploitation	– 300	– 200	400	550	600
Base imposable	0	0	0	450	600
– Impôt sur les sociétés	0	0	0	– 150	– 200

Dans le 2nd cas, le résultat de 400 à l'année 3 n'est pas imposé car les 500 de déficits qui ont été accumulés au cours des 2 premiers exercices vont s'y imputer. De ce fait, à l'issue de l'année 3, le déficit qui reste reportable est de 500 – 400 = 100. L'année 4, les 100 de déficits vont s'imputer sur le bénéfice de 550. L'impôt à payer sera de (550 – 100)/3 = 150. Dans les deux cas, l'impôt total qui est payé par la société est identique, seule diffère sa répartition dans le temps, ce qui a des conséquences sur le calcul de la VAN.

C. La structure des charges

Un point central dans l'estimation des flux de trésorerie est la prévision des ventes. En effet, la plupart des postes de charges vont en dépendre car une part souvent significative des dépenses est proportionnelle au chiffre d'affaires. Pour la détermination des flux intermédiaires, il faut donc tenir compte de la structure des charges, c'est-à-dire du fait que certaines charges sont fixes (non proportionnelles au chiffre d'affaires) et d'autres variables.

exemple

Soit un projet d'investissement d'un montant de 1 million d'euros. Le prix de vente du produit est de 10 euros. Le besoin en fonds de roulement est estimé à 10 % du chiffre d'affaires de l'année suivante. Le projet a une durée de 5 ans. Les charges fixes qui y sont associées sont de 150 000 euros par an (hors DAP linéaires). Les charges variables sont de 2 euros par produit. Le taux de l'impôt sur les sociétés est de 33,1/3 %.

Prévisions des ventes (en unités)

	2008	2009	2010	2011	2012
Quantités	100 000	120 000	130 000	130 000	130 000

Flux de trésorerie prévisionnels

Flux de Trésorerie d'Exploitation	2003	2004	2005	2006	2007	2008
Prévisions ventes		*100 000*	*120 000*	*130 000*	*130 000*	*130 000*
Chiffre d'affaires		1 000 000	1 200 000	1 300 000	1 300 000	1 300 000
Dotation à l'amortissement		– 200 000	– 20 000	– 200 000	– 200 000	– 200 000
Charges fixes		– 150 000	– 150 000	– 150 000	– 150 000	– 150 000
Charges variables		– 200 000	– 240 000	– 260 000	– 260 000	– 260 000
Résultat d'exploitation		450 000	610 000	690 000	690 000	690 000
Impôt sur les bénéfices		– 150 000	– 230 333	– 230 000	– 230 000	– 230 000
Résultat net		300 000	406 667	460 000	460 000	460 000
Investissement	– 1 000 000					
Variation du BFR	– 10 000	– 20 000	– 10 000	0	0	130 000
Flux de trésorerie	– 1 100 000	480 000	596 667	660 000	660 000	790 000

D. L'impact de l'inflation

Jusqu'à présent, nous ne nous sommes pas préoccupés de l'inflation. La question qui se pose désormais est de savoir si cette dernière a un impact sur la VAN et à quel niveau il faut en tenir compte (taux d'actualisation, estimation des flux...). Le coût du capital intègre déjà l'inflation. En effet, il représente la rentabilité exigée par les différents apporteurs de fonds, compte tenu du risque qu'ils supportent. Si les apporteurs de fonds anticipent une inflation de 4 %, ils en tiendront compte dans leur exigence de rentabilité.

Quant aux flux de trésorerie, ils sont estimés eu euros courants, c'est-à-dire après prise en compte de l'inflation anticipée. Il doit, en effet, y avoir cohérence entre le mode de détermination du coût du capital et celui des flux de trésorerie.

6 ▶ Les cas particuliers

Si la VAN est le meilleur des critères de choix d'investissement, sa mise en œuvre peut poser problème dans certaines situations. C'est notamment le cas lorsque la société subit une contrainte de financement, que les projets en concurrence sont de montants différents ou que leur durée n'est pas identique.

A. La contrainte de financement et les projets de montants différents

En principe, les contraintes de financement (on parle de rationnement du capital) ne devraient pas exister car, dès lors qu'un projet a une VAN positive, il est créateur de valeur et doit pouvoir être réalisé. Dans cette situation, il doit trouver un financement. Plusieurs raisons peuvent cependant conduire à limiter les possibilités de financement d'un projet :

• l'incertitude qui pèse sur les prévisions de flux de trésorerie, qui rend les banques méfiantes ;

• un endettement trop important de la société, qui l'empêche de souscrire à tout nouvel emprunt ;

• l'impossibilité de recourir à des fonds propres, les actionnaires ne souhaitant pas perdre le contrôle de leur entreprise et ne pouvant participer à une augmentation de capital ;

• les coûts liés à une augmentation de capital ;

• le risque que l'augmentation de capital soit perçue par le marché comme le signal d'une surévaluation des actions de la société, ce qui risque de faire baisser le cours en bourse du titre.

Le fait que la société soit contrainte au niveau de ses financements conduit à intégrer dans le processus de sélection des projets d'investissement le montant de l'investissement en lui-même, contrairement à ce qui est fait lorsque la VAN ou le TIR sont calculés. Le TIR est un taux qui est indépendant du montant de l'investissement. Quant à la VAN, elle mesure globalement la valeur créée, sans que cette valeur créée soit mise en rapport avec le montant de l'investissement initial.

À l'inverse, l'indice de profitabilité (IP) permet de déterminer le niveau de la création de valeur par euro investi. L'IP correspond au rapport entre la valeur actualisée des flux de trésorerie du projet (VA) et le montant de ce dernier :

$$IP = \frac{VA}{I_0} = 1 + \frac{VAN}{I_0}$$

exemple

Cette méthode peut conduire à des classements différents de la VAN.

Soit les deux projets ci-dessous, dont le coût du capital est de 10 %. La contrainte financière est de 100.

Projet	0	1	2	3	VAN	IP
A	– 10	5	5	5	2,43	1,24
B	– 40	18	18	18	4,76	1,12

Sur la base du critère de la VAN, le meilleur projet est le B (4,76). En réalité, c'est le projet A qui est préférable car il a l'IP le plus élevé (1,24). Ce projet est le plus créateur de valeur car il est possible de le réaliser 10 fois puisque la contrainte de financement est de 100.

B. Les projets de durées différentes

Lorsque deux projets mutuellement exclusifs ont des durées différentes, l'utilisation de la VAN peut conduire à des résultats biaisés. Deux méthodes peuvent être mises en œuvre dans ce type de situation.

1. La méthode de l'horizon commun

La méthode de l'horizon commun consiste à renouveler à l'identique les projets afin de faire coïncider leur durée. Il faut donc rechercher la durée correspondant au plus petit commun multiple. Si un projet dure 3 ans et l'autre 4 ans, un horizon commun de 12 ans va être retenu. Le projet de 3 ans sera fait 4 fois et celui de 4 ans, 3 fois. Dans la construction du tableau des flux de trésorerie, il faut faire attention au fait qu'il y a chevauchement du dernier flux de recette avec le nouveau flux d'investissement pour un même projet. L'un est au 31 décembre de l'année N et l'autre au 1er janvier de l'année N + 1.

Pour être pertinente, cette méthode suppose que les projets puissent être répliqués à l'identique plusieurs fois, à des dates différentes. Or cette hypothèse est souvent peu vraisemblable. En effet, l'évolution des procédés techniques fait qu'il est peu probable qu'un même investissement puisse être réalisé à l'identique à plusieurs années d'intervalle.

exemple

Soit 2 projets dont les principales données sont résumées dans le tableau ci-dessous. Le coût du capital est de 10 %.

Projet	Durée	Investissement	Flux
A	3 ans	– 3 000	1 625
B	6 ans	– 3 000	1 000

	0	1	2	3	4	5	6
Projet A	– 3 000	1 625	1 625	1 625 - 3 000	1 625	1 625	1 625
Projet B	– 3 000	1 000	1 000	1 000	1 000	1 000	1 000

VAN Projet A = 1 823 et VAN Projet B = 1 355

C'est donc, selon ce critère, le projet A qui est à privilégier (sa VAN sur 3 ans n'est que de 1041).

2. La méthode de l'annuité équivalente

Il est également possible de comparer les deux projets sur la base d'une annuité équivalente, qui représente la VAN annualisée de chaque projet. Cette méthode permet, par ailleurs, de comparer des projets ayant des niveaux de risque différents puisqu'il est possible de retenir un taux d'actualisation propre à chaque projet. Cette seconde méthode s'inspire de la précédente car elle revient à considérer que les deux projets sont répliqués à l'identique, sur une période infinie. Le projet qui crée le plus de valeur est celui dont l'annuité moyenne est la plus élevée. Cette annuité moyenne est ce que l'on appelle l'annuité équivalente (AEQ) :

$$\text{VAN du projet} = AEQ \times (1 + R_p)^{-1} + AEQ \times (1 + R_p)^{-2} + ... + AEQ \times (1 + R_p)^{-n}$$

$$= AEQ \times \frac{1 - (1 + R_p)^{-n}}{R_p}$$

d'où :

$$AEQ = \frac{\text{VAN du projet} \times R_p}{1 - (1 + R_p)^{-n}}$$

exemple

En reprenant l'exemple précédent :

VAN A = –3 000 + 1 625 × [1–1,10^{-3}]/0,10 = 1 041 → AEQ = 418

VAN B = –3 000 + 1 000 × [1 - 1,10^{-6}]/0,10 = 1 355 → AEQ = 311

C'est donc, selon ce critère, le projet A qui est à privilégier.

7 ▶ Prise en compte de l'incertitude

La prise en compte de l'incertitude dans un projet d'investissement peut se faire de deux façons. La première consiste à ajuster le taux d'actualisation afin de tenir compte de ce risque. Dans ce cas, il faut distinguer selon que le projet réplique ou non la situation de l'entreprise en matière de risque et de financement. La seconde approche consiste à ajuster les flux de trésorerie.

A. La détermination du coût du capital du projet

L'estimation du taux d'actualisation à retenir pour le calcul de la VAN est sans conteste l'étape la plus délicate dans le choix d'un projet d'investissement. Cette estimation se fonde sur la relation fondamentale entre le risque et la rentabilité, illustrée par la droite de marché.

Un projet d'investissement est dit risqué dès lors que les flux de trésorerie qu'il doit dégager dans le futur sont incertains dans leur montant et/ou dans leur date de réalisation, ce qui est presque toujours le cas. La prise en compte de ce risque se fait ici au travers du taux d'actualisation. Plus l'aléa est important, plus le taux d'actualisation sera élevé. Ce taux est ce que l'on appelle le coût du capital du projet (R_p). C'est le taux de rendement qui est exigé de l'investissement, compte tenu de son niveau de risque.

On retrouve ici le principe du MEDAF (Modèle d'Évaluation des Actifs Financiers) selon lequel l'espérance de rentabilité d'un actif est fonction de son risque non diversifiable (β). Pour déterminer ce taux d'actualisation, il faut estimer le niveau de risque du projet, puis se reporter à la droite de marché.

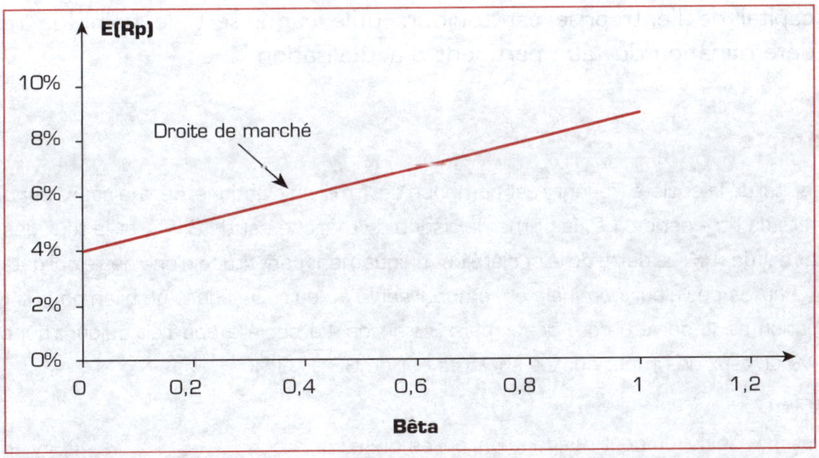

Graphique 4.2.

La mise en œuvre de ce principe est relativement complexe. Il faut distinguer deux cas :

- soit le projet à réaliser est relativement proche de ce que fait déjà l'entreprise et son financement ne modifie pas de façon significative la structure financière de l'entreprise ;
- soit une des deux conditions précédentes n'est pas respectée.

Dans le premier cas, il suffit d'estimer le coût du capital de l'entreprise, qui est une bonne approximation de la rentabilité qui est exigée pour le projet (R_p = CMPC). C'est ce que nous avons vu au chapitre précédent. Dans le second cas, il faut estimer un coût du capital qui soit spécifique au projet ($R_p \neq$ CMPC).

1. Le recours au coût du capital de l'entreprise

En règle générale, le coût du capital de l'entreprise qui réalise le projet d'investissement est retenu comme taux d'actualisation. Ceci suppose cependant que le risque du projet soit identique à celui de l'entreprise dans son ensemble. En d'autres termes, il faut que la société n'ait qu'une seule branche d'activité, que le projet entre dans cette activité et qu'il soit d'un niveau de risque proche. Il ne faut pas qu'il présente des caractéristiques technologiques telles qu'il soit plus risqué dans sa mise en œuvre que l'activité actuelle de la société. Ainsi, lorsque Bouygues (BTP) décide d'investir dans TF1 (télévision) ou dans Bouygues Telecom (téléphonie mobile), ce n'est pas le coût du capital de la société qui doit être retenu mais le coût du capital du projet.

Une seconde condition pour pouvoir utiliser le coût du capital de l'entreprise est que le projet ne change pas significativement la structure financière de la société (V_{df}/V_{cp}) et que l'éventuelle dette qui le finance ne comporte pas de clauses particulières (prêt bonifié, garanties sur les actifs financés...). Quoi qu'il en soit, le calcul du coût du capital de l'entreprise est toujours utile car il sert de point de repère dans la détermination du taux pertinent d'actualisation.

exemple

Le capital de la société Pénégry est composé de 1 million d'actions, dont le cours est de 20 euros. Le bêta du titre est de 1,2, la prime de risque du marché est de 3,5 % et le taux des obligations d'état est de 4 %. La dette de la société est uniquement constituée d'une dette obligataire à 4,5 %, de 40 euros de valeur nominale et remboursable au pair, qui figure au bilan pour 4 M€. Chaque obligation de la société cote désormais 38 euros. La société pourrait aujourd'hui s'endetter à 4,8 %. Le taux de l'impôt sur les sociétés est de 33 1/3 %.

Solution :

1re étape. Calcul du coût des fonds propres de la société :

$$R_c = 4\,\% + 1{,}2 \times 3{,}5\,\% = 8{,}2\,\%$$

2e étape. Calcul de la valeur de marché des sources de financement :

capitaux propres : 1 000 000 × 20 = 20 000 000 (84 %)

dettes financières : 100 000 × 38 = 3 800 000 (16 %)

(le nombre d'obligations s'obtient ainsi : 4 000 000/40 = 100 000)

3e étape. Calcul du coût du capital :

CMPC = 8,2 % × 84 % + 4,8 % × (1 – 1/3) × 16 % = 7,40 %

Pourquoi utiliser le coût du capital si le projet à étudier est financé exclusivement par dettes ?

Afin d'estimer si un projet est rentable ou non, il convient d'actualiser au coût du capital les flux de trésorerie qui lui sont liés. Si le projet est financé exclusivement par dettes, il peut être tentant d'actualiser les flux de trésorerie non pas au coût du capital mais au taux auquel l'entreprise peut s'endetter (R_d). Or ce serait une erreur. En finançant le projet, les nouveaux créanciers financiers n'obtiennent aucune garantie particulière sur les flux de trésorerie du projet. Ils se retrouveront à égalité avec les autres créanciers financiers de la société. C'est pourquoi le projet doit dégager une rentabilité qui satisfasse l'ensemble des apporteurs de fonds (actionnaires et créanciers financiers) et non les seuls créanciers qui ont financé le projet. C'est donc bien le coût du capital de l'entreprise qui est à utiliser.

2. L'utilisation du coût du capital du projet

Lorsque le projet a un niveau de risque différent de celui de l'entreprise prise dans sa globalité, il n'est pas pertinent d'utiliser son coût moyen pondéré du capital pour apprécier la création de valeur du projet. Il faut alors estimer un coût du capital spécifique au projet, à partir du bêta de l'actif d'entreprises mono activité (*pure player*) évoluant dans le même secteur que le projet.

a. Le risque du projet et le bêta de l'actif

Le risque du projet se détermine à partir d'un panier d'entreprises dont l'activité est comparable au projet étudié. À partir du bêta de leurs capitaux propres (β_c), il convient de déterminer le bêta de leur activité (β_a), en utilisant la formule présentée au chapitre précédent [2] :

$$\beta_a = \frac{\left[\beta_c + \beta_d \frac{V_{df}}{V_{cp}}\right]}{\left[1 + \frac{V_{df}}{V_{cp}}\right]}$$

où β_a représente le bêta de l'activité, β_c le bêta des actions de la société, β_d le bêta de la dette, V_{cp} la valeur de marché des capitaux propres et V_{df} la valeur de marché de la dette.

[2] Voir annexe au chapitre 4 pour une démonstration.

Le bêta de l'activité est indépendant de la structure financière de l'entreprise et est donc commun (proche) à l'ensemble des sociétés d'un même secteur d'activité. Ce β_a mesure la sensibilité de la valeur globale de l'entreprise (VGE = $V_{cp} + V_{df}$) par rapport aux évolutions du marché boursier. Un β_a de 0,75 signifie que lorsque le marché augmente de 1 %, on peut s'attendre à ce que la valeur globale de l'entreprise augmente de 0,75 %.

En faisant la moyenne des bêtas de l'activité (β_a), on obtient une mesure du risque d'exploitation du projet d'investissement. Puis il faut tenir compte du fait que la société qui réalise le projet est endettée, ce qui influe sur le bêta de ses actions (β_c). Il suffit pour cela de reprendre la formule précédente, mais dans le sens inverse :

$$\beta_c' = \beta_a + [\beta_a - \beta_d] \times V_{df}/V_{cp}$$

Si le financement du projet ne modifie pas la structure financière de l'entreprise, il suffit de retenir le ratio de cette dernière (V_{df}/V_{cp}). Sinon, il faut retenir la structure de financement du projet.

b. Le coût du capital du projet

Une fois le nouveau bêta des capitaux propres estimé (β_c'), il suffit de reprendre la formule du MEDAF pour déterminer le nouveau coût des fonds propres du projet, soit $R_c' = R_f + \beta_c' \times PR_m$.

Le nouveau coût des fonds propres déterminé (R_c'), il reste à calculer le coût du capital du projet (R_p), en tenant compte de la structure financière de l'entreprise (ou du projet s'il comporte des clauses particulières) :

$$\text{Coût du capital du projet } (R_p) = R_c' \times \frac{V_{cp}}{VGE} + R_d \times (1 - T) \times \frac{V_{df}}{VGE}$$

exemple

Soit une société dont le bêta du titre est de 1,2, le bêta de sa dette de 0,2 et la part des dettes dans sa VGE de 30 %. Elle souhaite réaliser un projet, dont le bêta (β_a) est de 1,4, qui ne modifierait pas significativement sa structure financière. Sachant que le taux sans risque est de 4 %, la prime de risque du marché de 5 % et le taux de l'impôt de 34 %, quel doit être le taux de rentabilité minimal du projet ?

Coût du capital de l'entreprise (CMPC) :

- Rc = 4 % + 1,2 % × 5 % = 10 %
- Rd = 4 % + 0,2 % × 5 % = 5 %
- CMPC = 10 % × 70 % + 5 % × 0,66 × 30 % = 7,99 %

Coût du capital du projet (R_p) :

- $\beta_c' = \beta_a + [\beta_a - \beta_d] \times [V_{df}/V_{cp}] = 1{,}4 + (1{,}4 - 0{,}2) \times (30/70) = 1{,}91$
- R_c' = 4 % + 1,91 × 5 % = 13,55 %
- R_p = 13,55 % × 70 % + 5 % × 0,66 × 30 % = 10,47 %

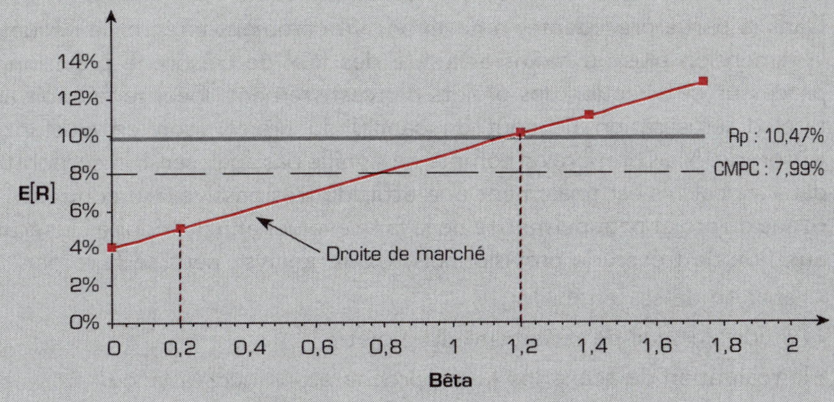

B. Une alternative : l'ajustement des flux de trésorerie

Une autre façon de tenir compte du risque est d'ajuster les flux de trésorerie. Plus un flux est risqué (incertain dans son montant et/ou sa date de réalisation), plus il sera ajusté à la baisse. Ceci se fait par la méthode des équivalents certains, qui consiste à réduire les flux risqués pour les convertir en flux de trésorerie non risqués (certains dans leur montant et leur date de réalisation). Concrètement, il s'agit de déterminer le flux non risqué qui est équivalent au flux risqué (par essence, plus élevé) :

$$FT_t \text{ certain} = FT_t \left(\frac{1 + R_f}{1 + R_p}\right)^t$$

où R_f représente la taux sans risque, R_p le coût du capital du projet, et t la date de réalisation du flux. Une fois les flux certains déterminés, il suffit de les actualiser au taux sans risque. La VAN obtenue doit être équivalente à la VAN calculée sur la base des flux risqués et du coût du capital du projet.

exemple

Soit un projet dont les flux de trésorerie sont résumés dans le tableau ci-dessous. Le taux sans risque est de 5 % et le coût du capital de 9 %.

Année	0	1	2	3	4	5
Flux trésorerie	– 1 000	300,0	300,0	300,0	300,0	300,0
Flux équivalent	– 1 000	289,0	278,4	268,2	258,3	248,8

La VAN des flux de trésorerie au taux de 9 % est de : 166,89

La VAN des flux équivalents au taux de 5 % est de : 166,89

8 ▶ L'analyse du risque du projet d'investissement

Dans la partie précédente, nous avons vu comment intégrer le risque, c'est-à-dire la dimension plus ou moins aléatoire des flux de trésorerie prévisionnels, dans le processus de sélection des projets d'investissement. Ceci se fait soit au travers du taux d'actualisation (le coût du capital du projet), soit en ajustant les flux de trésorerie. Mais prendre en compte ne signifie pas analyser. L'incorporation du risque dans les calculs est finalement une attitude très passive. Au contraire, l'analyse du risque du projet peut permettre de le faire évoluer afin de réduire l'incertitude relative aux flux de trésorerie prévisionnels. Cette analyse peut se faire par :

- l'analyse de sa sensibilité ;
- l'étude du seuil de rentabilité du projet ;
- la réalisation de scénarios et l'approche espérance-variance.

A. L'analyse de la sensibilité

Dans un projet d'investissement, l'incertitude porte sur différents éléments : prévisions des flux de trésorerie, taux d'actualisation, durée d'utilisation de l'investissement... L'estimation des flux de trésorerie nécessite d'anticiper de nombreux paramètres (niveau des ventes, prix de vente, coût de production...). Dans les faits, il est très probable que certains de ces paramètres seront différents de ce qui avait été anticipé, et toute modification de ces derniers aura un impact sur la VAN du projet. L'analyse de la sensibilité consiste à mesurer l'impact de ces changements sur la VAN.

Pour mettre en œuvre cette méthode, un scénario de base doit être construit afin d'estimer la VAN du projet. Puis l'analyse de la sensibilité va consister à modifier un ou plusieurs de ces paramètres et à en étudier l'impact sur la VAN. L'utilisation d'un tableur de type Excel est alors très utile.

Dans la pratique, les variables déterminantes d'un projet d'investissement sont de deux types :

- Macroéconomique : état de la conjoncture dans les années à venir, prix des matières premières... ;
- Propres à l'entreprise : taux de marge, prix de vente des produits, durée du projet...

exemple

Soit un projet d'investissement d'un montant de 1 M€, et dont la durée est de 5 ans. Les charges annuelles sont estimées à 360 K€ (dont la dotation aux amortissements de 200). Chaque année, la société espère vendre 10 000 pièces. Elle souhaite estimer la sensibilité de la VAN du projet au prix de vente des pièces, qui sera compris entre 50 et 75 euros. Le coût du capital du projet est de 10 % et le taux d'impôt de 33 ⅓ %.

Solution :

Soit P, le prix de vente des produits. Le flux de trésorerie annuel est de :

$$(10\,000 \times P - 360\,000) \times (1 - 33\ ⅓\ \%) + 200\,000 = 6\,667P - 40\,000$$

$$\text{VAN du projet} = -1\,000\,000 + (6\,667P - 40\,000) \times \frac{1 - (1{,}10)^{-5}}{0{,}10}$$

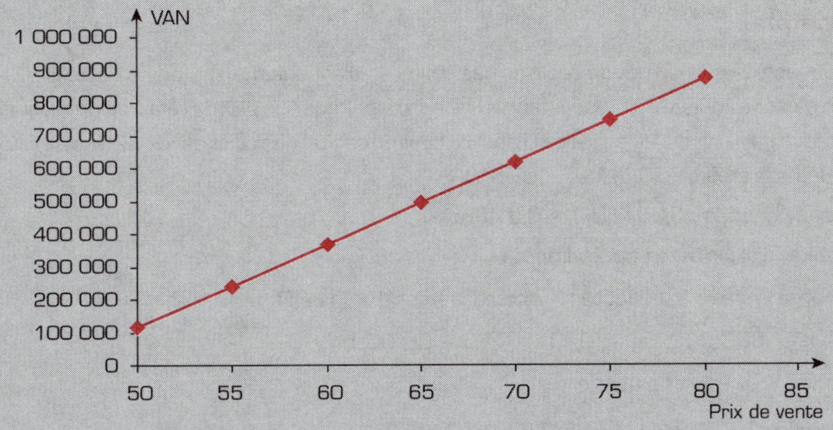

Le graphique montre bien que la VAN du projet augmente avec le prix de vente des produits.

Il est possible également de croiser deux paramètres dans l'analyse de la sensibilité. Dans ce cas, la représentation devient matricielle.

exemple

Si nous reprenons le même exemple et que nous faisons varier la durée du projet entre 3 et 6 ans, nous obtenons la matrice suivante :

	VAN du projet	Prix de vente			
		50 euros	**60 euros**	**70 euros**	**80 euros**
Durée du projet	**3 ans**	-270 482	-104 683	61 115	226 913
	4 ans	-70 120	141 215	352 550	563 885
	5 ans	112 027	364 759	617 491	870 223
	6 ans	277 616	567 981	858 346	1 148 711

La fourchette de valeur de la VAN est ainsi comprise entre –270 K€ et 1 148 K€.

La principale limite de la méthode vient du fait qu'elle conduit à une multitude de résultats, sans que cela permette de privilégier une hypothèse au détriment des autres. La prise de décision finale est donc relativement subjective.

B. L'analyse du seuil de rentabilité

L'estimation du seuil de rentabilité permet de compléter l'analyse du projet d'investissement en s'intéressant non plus à la création de valeur mais au risque de perte associé au projet. La méthode va consister à déterminer le niveau minimal des ventes qu'il faut réaliser pour que le projet soit acceptable, c'est-à-dire que sa VAN soit positive. Pour cela, il faut mettre en équation le calcul de la VAN, avec comme inconnu le niveau des ventes.

exemple

Une machine qui permet de réaliser des stylos en plastique thermoformé coûte 600 K€. Le coût de revient de chaque stylo est estimé à 0,2 euro alors que son prix de vente en gros est de 0,5 euro. La machine a une durée de vie de 5 ans. Le coût du capital du projet est de 12 % et le taux de l'impôt sur les sociétés de 33 ⅓ %.

Marge par stylo : 0,05 – 0,2 = 0,3 euro

Résultat d'exploitation après impôt :

- [marge unitaire × quantités – amortissement] × [1 – T]
- [0,3Q – 600 000/5] × [2/3] = 0,2Q – 80 000

Flux net de trésorerie annuel :

- Résultat d'exploitation après impôt + amortissement annuel
- 0,2Q – 80 000 + 120 000 = 0,2Q + 40 000

$$\text{VAN du Projet} = -600\,000 + [0{,}2Q + 40\,000] \times \frac{1 - (1{,}12)^{-5}}{0{,}12} = 0$$

d'où : Q = 632 230 stylos à vendre chaque année pour que la VAN soit nulle.

D'une façon plus générale, cette méthode peut être utilisée pour toutes les variables qui interviennent dans la détermination de la VAN.

Tout comme lors de l'analyse de la sensibilité, la méthode ne permet pas de décider s'il faut ou non réaliser le projet d'investissement. Par contre, elle fournit des informations utiles à la prise de décision.

C. L'analyse de scénarios et l'approche espérance-variance

Puisque les flux sont incertains, il est possible de définir et d'analyser plusieurs scénarios quant à leurs niveaux futurs. Dans certains cas, il est même possible de leur affecter une probabilité de survenance, en général en fonction des états possibles de la nature (conjoncture, prix des matières premières, législation…). Cette analyse probabiliste permet de calculer une espérance de VAN, mais également la variance de cette VAN, qui donne une mesure du risque total du projet. Plus la variance est importante, plus le risque est élevé. La détermination de ces probabilités résulte soit de l'expérience de celui qui réalise l'étude, soit de statistiques issues de données passées. Cette méthode est principalement utilisée lorsqu'il s'agit de comparer deux projets concurrents. Dans ce cas, outre le niveau de la création de valeur dégagée par chaque projet, les dirigeants sont très attentifs à la probabilité que la VAN soit négative.

Une fois l'espérance (rentabilité) et la variance (risque) calculées, il reste à réaliser un arbitrage entre les différents projets sur la base de ces deux dimensions.

1. L'espérance de VAN

Pour chaque période, il faut calculer une espérance de flux, $E(F_t)$, puis actualiser au coût du capital du projet (R_p) ces espérances pour obtenir l'espérance de VAN du projet :

$$E(VAN) = -I_o + E(F_1)(1 + R_p)^{-1} + \ldots + E(F_n)(1 + R_p)^{-n}$$

$$\text{Avec : } E(F_t) = \sum_{i=1}^{n} Proba_i \times F_{t,i}$$

Une autre méthode consiste à estimer la VAN de chaque scénario, puis de les pondérer en fonction de la probabilité de réalisation des *n* scénarios :

$$E(VAN) = \sum_{i=1}^{n} Proba_i \times VAN_i$$

exemple

Soit un projet d'un montant de 200, dont le coût du capital est de 10 % et la durée de 3 ans. Les flux de trésorerie qu'il va générer dépendent fortement de la conjoncture et sont présentés dans le tableau ci-dessous :

	Probabilité	Année 1	Année 2	Année 3
Hypothèse optimiste	60 %	100	120	130
Hypothèse pessimiste	40 %	60	70	80
Flux espéré : E(F)		84	100	110

Pour chaque année, il faut calculer le flux moyen pondéré par les probabilités (dernière ligne du tableau). Puis il suffit d'actualiser ces flux espérés pour obtenir une espérance de VAN.

$$VAN = -200 + 84 \times (1,1)^{-1} + 100 \times (1,1)^{-2} + 110 \times (1,1)^{-3} = 41,65$$

Le même résultat peut être obtenu en calculant la VAN de chaque hypothèse, puis en pondérant ces deux VAN en fonction des probabilités.

VAN (optimiste) = 87,75 et VAN (pessimiste) = –27,50

d'où VAN (projet) = 87,75 × 60 % – 27,50 × 40 % = 41,65

2. La variance de la VAN

L'étude de la variance permet de mesurer le risque associé au projet, afin de le comparer à son espérance de rentabilité.

$$\text{Var(VAN)} = \sum_{i=1}^{n} \text{Proba}_i \times (\text{VAN}_i - \overline{\text{VAN}})^2$$

où $\overline{\text{VAN}}$ représente l'espérance de VAN du projet.

Le calcul de la VAN peut être complété par celui de son coefficient de variation, qui est de rapport entre l'écart-type des VAN et l'espérance de VAN. Lorsque plusieurs projets sont en compétition, c'est celui qui a le coefficient de variation le plus faible qui sera préféré.

exemple

Demande	VAN du scénario	Proba.	VAN × P
Optimiste	87,754	60 %	52,652
Pessimiste	– 27,498	40 %	– 10,999
		100 %	41,653
	Valeur espérée de la VAN :		41,65
	Variance des VAN :		3 187,91
	Écart-type :		56,46
	Coefficient de variation :		1,36

9 ► La valorisation de la flexibilité du projet d'investissement

Avec la méthode de la VAN, le choix à opérer est binaire : réaliser ou non l'investissement. Dans la réalité, les choses ne sont pas aussi simples. Un manager peut, lorsque l'incertitude est grande, préférer différer le projet d'un an afin, par exemple, de disposer de plus d'informations sur l'environnement. De la même façon, il peut réaliser l'investissement, et attendre quelques années avant éventuellement de l'étendre. Les managers disposent ainsi d'options qui leur permettent de faire évoluer au cours du temps le projet d'investissement. C'est ce que l'on appelle des options réelles. Graphiquement, ces options sont représentées sous la forme d'arbres de décision. Les principales options dont disposent les managers sont les options d'abandon, de différer et d'expansion.

Prenons un exemple. Une société d'extraction minière se voit proposer le droit d'exploiter une mine pendant 10 ans. Le coût de l'extraction est d'environ 230 euros la tonne, alors que le prix actuel de ce minerai sur le marché est de 210 €. Sur la base du critère de la VAN, il est clair que ce projet n'est pas acceptable. Or le fait d'acquérir le droit d'exploitation n'oblige en rien la société à exploiter dès maintenant le gisement. Elle peut avoir intérêt à l'acquérir et à attendre que le cours augmente pour se lancer dans l'exploitation. Tout l'intérêt des arbres de décisions et des options réelles est de prendre en compte dans l'appréciation du projet cette possibilité d'attente, et de la valoriser :

Valeur du Projet = VAN du projet + Valeur de la flexibilité

La valeur de cette flexibilité dont disposent les managers peut s'estimer de deux façons :

- par la méthode des arbres de décisions ;
- par la méthode des options réelles.

Ces deux approches sont relativement proches et ne diffèrent que sur certains points. Notamment, pour la mise en œuvre d'une évaluation par les options réelles, il est nécessaire de disposer d'informations concernant le niveau d'incertitude du projet (la variance de sa valeur future), contrairement aux arbres de décision.

Nous allons illustrer notre propos à partir d'un exemple très simplifié, en recourant à l'une des options réelles les plus courantes, l'option de différer.

Imaginons un investissement de 220 K€, qui peut être reporté d'un an. Ce projet permet d'espérer sur un horizon infini des flux nets de trésorerie de 25 K€ à partir de l'année suivant la réalisation de l'investissement. Le principe d'un horizon infini est ici retenu afin de simplifier les calculs. Nous rappelons que lorsque *n* tend vers l'infini :

$$\sum_{n=1}^{\infty} \frac{F}{(1+r)^n} = \frac{F}{r}$$

En réalité, selon que la conjoncture sera bonne (probabilité = 50 %) ou mauvaise (50 %) dans un an, les flux annuels seront de 30 K€ ou de 20 K€, soit bien une espérance de flux de 25 K€. Le coût du capital du projet est de 10 % et le taux discret sans risque de 5 %.

La VAN du projet correspond à la valeur actualisée au coût du capital de ses flux de trésorerie, soit :

$$VAN = -220 + \sum_{n=1}^{\infty} \frac{25}{(1+10\%)^n} = -220 + \frac{25}{0,10} = 30\text{ K€}$$

Ici, il n'est pas tenu compte du fait qu'il est possible de repousser d'un an la prise de décision, qui se fait donc sans savoir quelle sera la conjoncture, et donc la rentabilité réelle du projet.

Nous allons maintenant voir comment valoriser cette flexibilité par les arbres de décision et les options réelles.

A. Les arbres de décision

Pour la construction d'un arbre de décision, il faut bien distinguer :

• les nœuds de décisions (symbolisés par un carré), qui correspondent à des choix effectués par le manager ;

• les nœuds d'événements (symbolisés par un rond), qui sont subis et qui sont affectés d'une probabilité de réalisation. A chaque nœud de décision, il faut choisir celle qui conduit à la VAN la plus élevée.

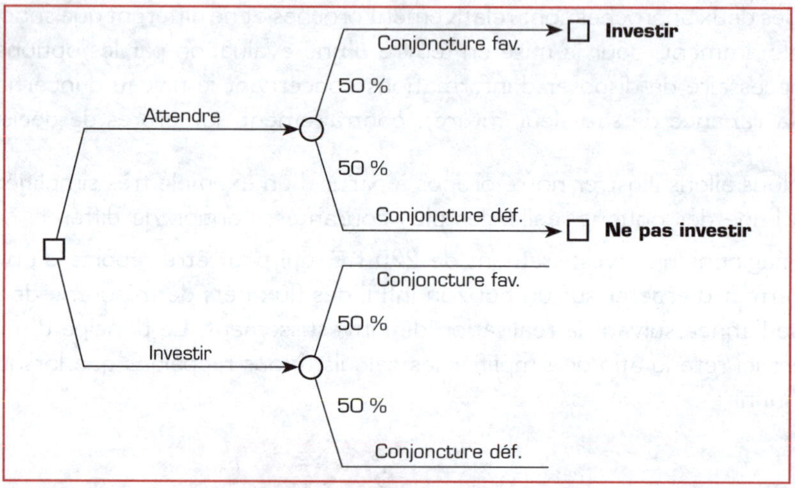

Schéma 5.1 • Arbre de décision du projet

L'arbre de décision va permettre de faire apparaître et de valoriser l'option dont disposent les managers, à savoir le report d'un an du projet afin de connaître l'évolution de la conjoncture et décider ou non de réaliser le projet.

Proba.	t=0	t=1	t=2	t=∞	VA (t=1)	Décision	VAN réelle
50 %	/	-220	30	30	300	Investir	80
50 %	/	-220	20	20	200	Ne pas investir	0

Dans le cas d'une mauvaise conjoncture, la valeur actualisée des flux de trésorerie n'est que de 200 (20/0,1), soit moins que le montant de l'investissement qui est de 220. Dans cette situation, la décision optimale à $t = 1$ est donc de ne pas réaliser l'investissement, puisque le projet a alors une VAN de –20. En n'investissant pas, le projet a alors une VAN réelle nulle. Au contraire, si dans un an la conjoncture est bonne, la valeur actualisée des flux de trésorerie (300) sera largement supérieure au montant de l'investissement (220), et le projet pourra être réalisé. Le report d'un an de la prise de décision permet ainsi de se décider en connaissance de cause. La valeur du projet à la date initiale ($t = 0$) en cas de report d'un an est donc de :

$$\text{VAN} = \frac{50\ \% \times 80 + 50\ \% \times 0}{1 + 10\ \%} = 36{,}36$$

La possibilité de reporter d'un an le projet a fait passer sa valeur de 30 K€ à 36,36 K€, ce qui valorise l'option de différer à 6,36 K€.

Le principal avantage des arbres de décision est qu'ils nécessitent, pour le manager, de prendre en compte les différentes situations qui peuvent se présenter. De ce fait, ils sont riches d'enseignements dans l'analyse d'un projet d'investissement. Ils permettent également de mettre en évidence les liens qui existent entre les décisions qui sont prises aujourd'hui et celles qui le seront dans le futur.

B. Les options réelles[3]

Pour valoriser ici notre option de différer, l'approche binomiale par arbitrage ainsi que l'approche risque-neutre vont être mises en œuvre. Dans le cas de l'approche par arbitrage, les flux de trésorerie sont actualisés à un taux risqué (le coût du capital du projet) alors que les gains dans l'approche risque-neutre le sont au taux sans risque.

Le prix d'exercice de notre option correspond au montant de l'investissement qui peut être réalisé (K = 220). La valeur du projet est égale à la valeur actualisée de ses flux de trésorerie, soit 300 ou 200 selon la conjoncture. Cette valeur ne doit pas être confondue avec la VAN du projet, qui mesure la création de valeur qu'il procure. Dans un an, soit la conjoncture est bonne et le projet à une valeur de 80, soit elle est mauvaise et le projet a une valeur nulle.

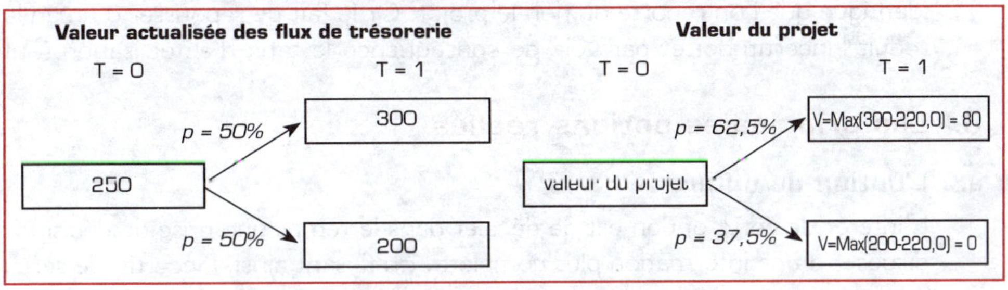

1. Évaluation binomiale par arbitrage

À la date 1, les deux portefeuilles répliqués doivent procurer le même gain que le projet. Chaque portefeuille comporte la même proportion (Δ) du projet et doit permettre de rembourser une somme (B) empruntée au taux sans risque (r). La valeur en $t = 1$ des deux portefeuilles répliqués est donc de :

- Portefeuille *up* : $300 \times \Delta - B \times (1 + r) = 80$
- Portefeuille *down* : $200 \times \Delta - B \times (1 + r) = 0$

La résolution de ce système nous donne $\Delta = 0{,}8$ et $B = 152{,}38$.

À la date 0, la valeur du portefeuille est donc de $250 \times 0{,}8 - 152{,}38 = 47{,}62$ K€, soit une valeur pour l'option réelle de $47{,}62 - 30 = 17{,}62$ K€.

3 Pour une présentation détaillée, voir chapitre 11.

2. Évaluation binomiale risque-neutre

Compte tenu des différentes valeurs possibles pour le projet, les mouvements à la hausse (*u*) et à la baisse (*d*) sont :

- up (*u*) = 300/250 = 1,2
- down (*d*) = 200/250 = 0,8

Ceci nous permet de calculer les probabilités risque-neutre en temps discret :

- probabilité risque-neutre de hausse : ([1 + r] – d)/(u – d) = (1,05 – 0,8)/(1,2 – 0,8) = 0,625
- probabilité risque-neutre de baisse : 1 – 0,625 = 0,375

On peut remarquer que les probabilités risque-neutre sont différentes des probabilités réelles (50 % – 50 %). La valeur du projet flexible à $t = 0$ est donnée par la valeur actualisée des deux possibilités de gain, soit :

V = [0,625 × 80 + 0,375 × 0]/[1,05] = 47,62 K€

La valeur de l'option de différer est donnée par la différence entre la valeur du projet flexible et celle du projet non flexible, soit 47,62 – 30 = 17,62 K€.

La différence de montant avec l'approche par les arbres de décision (6,36 K€) provient du fait que ce dernier fait l'hypothèse que le taux d'actualisation est identique que l'on reporte ou non le projet. Or le fait de repousser d'un an le projet réduit l'incertitude, et par voie de conséquence le taux d'actualisation à utiliser.

3. Les principales options réelles

a. L'option de différer

L'intérêt de cette option est de décaler dans le temps une prise de décision afin de disposer d'une information plus complète. En faisant ainsi, l'incertitude sera réduite au moment de décider s'il faut investir ou non. Par exemple, le fait d'acquérir un gisement pétrolier et de décider de ne pas l'exploiter de suite et d'attendre que le cours du pétrole atteigne un certain niveau pour le faire permet de ne pas s'engager immédiatement dans des investissements lourds, dont la rentabilité peut être nulle ou négative.

L'option de différer est ainsi assimilable à un *call* (droit de réaliser un investissement) dont le prix d'exercice est le coût de l'investissement. Si le coût du forage est de 100 M€ et que la valeur actualisée des flux nets de trésorerie à attendre est de 90 M€, il n'est pas rentable de réaliser le projet. Ce *call* ne sera exercé qu'à partir du moment où la valeur du sous-jacent (valeur actualisée des flux de trésorerie procurés par le projet) devient supérieure au prix d'exercice (coût de l'investissement), c'est-à-dire à partir du moment où la VAN du projet est positive.

Nous avons vu qu'un *call* américain sur action pouvait avoir la même valeur qu'un *call* européen, et donc qu'il est optimal de l'exercer à l'échéance et non en cours de vie. Ceci n'est cependant vrai qu'à la condition que l'action ne verse pas de dividendes pendant la durée de vie de l'option. Or, ici, reporter l'investissement à un coût d'opportunité puisque la société s'interdit de percevoir pendant un an des flux de trésorerie. En matière de valorisation de l'option réelle, ce coût d'opportunité est assimilable aux dividendes qui sont versés par l'action dans les modèles d'évaluation des options financières. Le modèle d'évaluation de l'option doit donc en tenir compte et il peut être optimal d'exercer l'option avant son échéance. Les coûts en question peuvent être réels ou d'opportunité.

b. L'option d'abandon

Lorsque la rentabilité d'un projet ou d'une entreprise est faible, son détenteur peut disposer de la possibilité de le céder à un certain prix. Il doit alors comparer sa valeur (valeur du sous-jacent) au prix qu'il peut en tirer (prix d'exercice) ou le coût de la poursuite de l'exploitation au coût de son arrêt (licenciements, etc.). Cette option est donc assimilable à une option de vente car, une fois exercée, son détenteur n'a plus aucun flux à attendre.

c. L'option d'expansion

Il s'agit ici de lancer un projet, et donc d'investir, tout en se laissant la possibilité de l'étendre dans le futur en fonction des informations qui seront alors disponibles. Ce type d'option est souvent une option composée (*compound option*), dont la valeur est liée à celle d'autres options. L'exemple typique d'option composée est la recherche et le développement. À chaque stade, le projet peut être abandonné, poursuivi ou étendu. Ces options peuvent être séquentielles (les unes après les autres) ou simultanées. L'option d'expansion est donc assimilable à un *call*.

CONCLUSION

Quelles méthodes retenir ?

Du point de vue de la théorie financière, la VAN est incontestablement la meilleure méthode de sélection des projets d'investissement. Seul ce critère permet de mesurer directement la valeur absolue créée par un projet. Ce qui ne signifie pas pour autant qu'il ne faille mettre en œuvre les autres approches. L'utilisation d'un tableur tel que Excel permet d'automatiser les calculs, ce qui enrichit d'autant l'analyse du projet d'investissement car chaque méthode fournit des informations qui lui sont propres. Le délai de récupération renseigne sur la liquidité du projet et donc sur son niveau de risque. Plus le délai est long, plus le montant de l'investissement est immobilisé sur une longue période, ce qui rend le projet d'autant plus illiquide. Mais cette durée signifie également que les flux de trésorerie dégagés par le projet sont plus aléatoires, signe d'un risque plus important.

Le TIR, tout comme la VAN, mesure la profitabilité du projet, mais il permet également de mesurer la marge de sécurité dont dispose l'entreprise. Prenons un exemple. Un projet A coûte 30 000 euros et rapportera dans un an 38 000 euros alors qu'un projet B, qui coûte 70 000 euros en rapportera 82 000. En retenant un coût du capital de 10 %, on obtient la même VAN pour les deux projets, soit 4 545 euros. Il y a donc, selon le critère de la VAN, indifférence entre les deux projets. Le TIR de A est de 26,67 % et celui de B de 17,14 %. De la sorte, si les prévisions se révèlent erronées, la marge de baisse avant que le projet ne détruise de la valeur est plus grande avec A qu'avec B. La même logique est valable pour l'indice de profitabilité. Plus ce dernier est élevé, plus la marge de sécurité est grande.

La politique de financement

CHAPITRE 6

▶ Une fois sélectionnés les projets d'investissements rentables, c'est-à-dire ceux dont la VAN est positive, se pose la question de leur financement. Ce financement peut se faire principalement selon les deux modes suivants :

- les fonds propres ;
- l'endettement et le crédit-bail.

Les dettes sont remboursées à une certaine échéance alors que les capitaux propres ne le sont pas. La rémunération des capitaux propres est aléatoire et fonction du résultat de l'entreprise. Au contraire, celle de l'endettement est contractuelle et indépendante des résultats. Quant au crédit-bail, il n'est, d'un point de vue économique, qu'une forme particulière d'endettement. La répartition des financements de l'entreprise entre les dettes et les fonds propres s'appelle la structure du capital, le mot capital ayant ici le sens de financement.

Dans un premier temps, nous présenterons en détail les différents modes de financement. Puis nous verrons que dans un marché de capitaux parfait, le choix du mode de financement est sans impact sur la valeur de l'entreprise. Enfin, nous soulèverons les différentes hypothèses de ce cadre d'analyse afin de tenir compte des imperfections du marché et mettrons ainsi en évidence les facteurs qui influencent le choix d'un financement au détriment d'un autre.

1 ▶ Le financement par fonds propres

Le financement par fonds propres recouvre deux catégories très différentes :

- Les fonds propres ayant une origine interne : l'autofinancement ;
- Les fonds propres ayant une origine externe : l'augmentation de capital, éventuellement dans le cadre d'une introduction en bourse ou d'un apport en capital risque.

A. L'autofinancement

L'autofinancement correspond au surplus monétaire dégagé par l'entreprise grâce à ses activités courantes (capacité d'autofinancement), après distribution des dividendes :

> Autofinancement = CAF – Dividendes versés au cours de l'exercice

L'autofinancement est d'autant plus grand que les dividendes versés sont faibles et donc que les mises en réserves sont importantes. Il constitue le moyen de financement privilégié des entreprises françaises car :

- il ne nécessite l'accord d'aucun partenaire (actionnaire ou créancier financier). Pour le dirigeant, cette flexibilité lui évite d'avoir à rendre de comptes ;
- pour l'actionnaire, la mise en réserve des bénéfices accroît la valeur des fonds propres, et donc la plus-value qu'il réalisera le jour où il cédera ses actions. Or, comme nous le verrons au chapitre 7, les plus-values sont généralement moins taxées que les dividendes ;
- pour les créanciers, l'autofinancement rend les dettes de l'entreprise moins risquées puisque la trésorerie de la société est plus élevée.

Si l'autofinancement a des effets positifs pour l'entreprise et ses partenaires, il peut également avoir des effets négatifs. Une trésorerie trop importante peut détruire de la valeur, conduire à des investissements non rentables ou à une mauvaise allocation des fonds et engendrer des coûts d'agence. Elle détruit de la valeur lorsque la rentabilité qu'elle procure est inférieure à ce qu'elle devrait être. Dans cette situation, en l'absence de projets d'investissement, l'entreprise a intérêt à reverser ces fonds à ses actionnaires (sous la forme de dividendes ou de rachats d'actions) afin que ces derniers les réinvestissent de façon plus efficiente. Une trésorerie trop importante peut également pousser les dirigeants à réaliser des investissements dont la rentabilité est inférieure au coût du capital de la société. Là encore, cette mauvaise allocation des fonds est destructrice de valeur. Enfin, dans certains cas, le dirigeant peut, afin de satisfaire son orgueil (*hubris hypothesis*), réaliser des dépenses somptuaires ou se lancer dans une politique de prises de contrôle d'autres sociétés, loin de l'intérêt social de l'entreprise.

Bien que l'autofinancement n'induise aucune charge dans le compte de résultat, ce serait une erreur de croire qu'il n'a pas de coût. Le fait pour les actionnaires de maintenir des fonds dans l'entreprise alors qu'ils auraient pu les percevoir sous la forme de dividendes représente pour eux un coût d'opportunité. Ce coût d'opportunité est le coût des fonds propres, que nous avons vu au chapitre 2.

B. L'augmentation de capital

Il existe différentes formes d'augmentation de capital (par incorporation des réserves, par conversion de dettes, par distribution de dividendes en actions nouvelles) mais seule l'augmentation par apport en numéraire est source de nouveaux fonds pour l'entreprise.

L'augmentation par incorporation des réserves résulte d'un simple jeu d'écritures comptables et aboutit à la distribution d'actions gratuites aux actionnaires. Il s'agit avant tout d'une opération de « marketing financier », même si la transformation des réserves rend ces dernières non distribuables sous la forme de dividendes, et accroît alors la solidité financière de l'entreprise. L'augmentation de capital par conversion de dettes consiste à transformer certaines des créances sur l'entreprise en actions. Les créanciers concernés deviennent ainsi actionnaires de la société, ce qui évite à cette dernière à avoir à payer des intérêts et à rembourser le montant emprunté. Cette technique est principalement utilisée lorsque la société connaît de grandes difficultés, comme ce fut le cas pour Eurotunnel. Elle se rencontre également lorsque la société a émis des obligations hybrides (OCA, ORA).

En cas d'augmentation de capital en numéraire, deux possibilités s'offrent à l'émetteur selon le prix d'émission des actions nouvelles :

- l'émission avec droit préférentiel de souscription (DPS) lorsque le prix est inférieur au cours boursier de l'action ;
- l'émission directe, sans droit préférentiel, lorsque le prix est proche du cours boursier de l'action.

Lorsque l'émission se fait à un prix inférieur au cours boursier, le cours du titre à l'issue de l'opération va mécaniquement baisser, pour se fixer à un niveau égal à la moyenne entre le cours avant l'opération et le prix des actions émises, pondérée par le nombre de titres concernés. Pour compenser cette perte de richesse des actionnaires, la société leur attribue autant de DPS que d'actions qu'ils détiennent. Ces DPS permettent de souscrire à l'augmentation de capital et peuvent être utilisés par les actionnaires ou revendus. Lorsque l'action est cotée, le DPS le sera aussi. La valeur théorique de ce DPS est telle que leur richesse est maintenue intacte et correspond à la différence entre la valeur de l'action avant l'émission et sa valeur théorique après.

L'émission à un prix inférieur au cours a pour objet de rendre l'opération attractive aux yeux des investisseurs. Avec cette technique, il est nécessaire de disposer de DPS pour pouvoir participer à l'opération, ce qui permet aux actionnaires qui le souhaitent de maintenir constante la fraction du capital qu'ils détiennent.

exemple

Augmentation de capital avec DPS

La société HUILLO, dont le capital est constitué de 100 000 actions qui cotent 50 € décide de procéder à une augmentation de capital, par l'émission de 20 000 actions nouvelles à 47 €.

Valeur théorique de l'action après l'opération :

[100 000 × 50 + 20 000 × 475]/120 000 = 49,5 €.

Valeur du DPS = 50 – 49,5 = 0,5 €

Pour souscrire à une action nouvelle, il faut :

- détenir 5 DPS (puisque les 100 000 DPS permettent de souscrire 20 000 actions nouvelles)
- payer 45 euros

Coût de la souscription d'une action nouvelle pour un actionnaire externe :

Coût = 5 × 0,5 + 47 = 49,5 €

c'est-à-dire la valeur théorique de l'action après l'émission.

Lorsque l'émission se fait à un prix proche du cours, il n'est pas nécessaire d'émettre des DPS puisque la valeur théorique de l'action après l'émission est proche de sa valeur avant. Dans cette situation, les actionnaires en place peuvent bénéficier d'un délai de priorité pour souscrire les actions nouvelles. Cette technique est notamment utilisée lorsque l'émission comporte une tranche placée sur un marché étranger car, dans cette situation, la nécessité de détenir des DPS risque de compliquer le placement des actions nouvelles.

Dans le cas d'une société cotée en bourse, l'augmentation de capital est généralement mal perçue par le marché financier et conduit à une baisse du cours de l'action. Le signal associé à l'opération est souvent interprété par ce dernier comme le signe d'une surévaluation de l'action, les dirigeants procédant à une augmentation de capital lorsqu'ils estiment que le cours boursier de la société est survalorisé. Par ailleurs, ce mode de financement présente l'inconvénient de ne pas constituer un outil de discipline des dirigeants comme peut l'être l'emprunt, où l'entreprise est tenue de payer les intérêts et de rembourser le capital à des échéances données.

Tableau 6.1 • Les augmentations de capital des sociétés cotées à Paris (en M€)

Eurolist	2004	2005
Augmentation de capital en numéraire	3 928,4	4 876,3
Réservées aux salariés	736,3	2 050,9
Autres réservées	2 850,4	665,8
Paiement du dividende en actions	520,0	802,4
Exercice de bons de souscription	1 274,6	3 689,9
Levées d'options	1 281,6	1 986,2
Total :	10 591,3	14 071,5

Alternext	2004	2005
Augmentation de capital en numéraire		50,4
Réservées aux salariés		0,0
Autres réservées		3,2
Exercice de bons de souscription		0,3
Total :		53,9

Source : Rapport annuel AMF.

C. L'introduction en bourse

L'introduction en bourse consiste à faire coter sur un marché les actions de la société. Elle présente plusieurs avantages car elle permet :

- de lever des fonds, parfois pour des montants très élevés ;
- de diversifier l'actionnariat de la société en faisant entrer de nouveaux actionnaires ;
- d'accroître la notoriété de la société (et celle de son dirigeant !) ;
- de rendre les actions liquides puisqu'il devient possible de les acheter ou de les vendre en passant simplement un ordre en bourse ;
- aux actionnaires historiques, de sortir du capital en réalisant éventuellement une plus-value conséquente et de diversifier leur patrimoine.

À coté de ces avantages, il existe cependant un certain nombre d'inconvénients :

- les coûts liés à l'opération d'introduction sont très élevés ;
- la société est soumise à certaines obligations propres aux sociétés cotées, notamment en matière d'informations financières, ce qui engendre des coûts directs (mise en place d'une comptabilité en normes IFRS, double commissariat aux comptes…), mais également indirects (diffusion d'informations à la concurrence).

En fonction de ses caractéristiques (âge, taille), la société a accès aux différents compartiments d'Eurolist (A, B, ou C), à Alternext ou encore au marché libre. L'introduction en bourse peut se faire soit par la revente par les actionnaires historiques d'une partie de leurs actions, soit par une augmentation de capital et donc l'émission d'actions nouvelles.

Tableau 6.2 • Les introductions à la Bourse de Paris

	2003	2004	2005	2006
Eurolist	3	18	20	34
Alternext	/	/	14	50

L'entreprise, pour son introduction en bourse, fait appel à une ou plusieurs banques qui vont avoir la charge de monter l'opération d'introduction, de diffuser l'information auprès du public, de proposer les titres émis aux investisseurs et d'assurer la garantie du placement des actions.

Il existe différentes procédures d'introduction en bourse. La première, dite « placement garanti » est destinée aux investisseurs institutionnels. Par l'intermédiaire d'un carnet d'ordres, les intentions des investisseurs en termes de prix et de volume sont recueillies, le prix d'émission est ensuite déterminé. La seconde concerne le public et est dite « mise à disposition du marché ». Elle peut prendre quatre formes différentes :

- l'offre à prix ferme ;
- l'offre à prix minimal ;
- l'offre à prix ouvert ;
- la cotation directe.

L'offre à prix ferme (OPF), anciennement appelée « offre publique de vente », est la procédure la plus pratiquée en France, en particulier pour les valeurs de taille modeste et pour les privatisations. Une proportion de titres (en moyenne 10 % du capital) est mise à la disposition du public à un prix fixé à l'avance. Les ordres d'achat passés au prix fixé sont centralisés par Euronext. Si le nombre de titres demandés est supérieur à l'offre, il y a réduction des ordres, qui sont servis en fonction d'un ratio « nombre de titres offerts / nombre de titres demandés ». Les ordres de petite taille peuvent être servis en priorité afin de privilégier les investisseurs individuels. Le taux de service ne peut être inférieur à 1 %. Ici, le prix est connu à l'avance et n'est donc pas influencé par le niveau de la demande. Si cette dernière est largement supérieure à l'offre, un nouveau prix pouvant être supérieur de 5 % au premier peut être fixé.

Avec l'offre à prix minimal (OPM), l'avis publié par Euronext précise à la fois le nombre de titres offerts et le prix de vente minimal. Les investisseurs adressent alors des ordres de souscription, en fixant un prix limite. Les ordres fixant une limite trop élevée par rapport au prix minimal peuvent être éliminés par Euronext. En cas de forte demande, les ordres peuvent faire l'objet d'une réduction qui est d'autant plus forte que le prix limite proposé est faible. Si plus de 4 % des ordres ne peuvent être servis, une seconde procédure sous forme d'OPF peut être mise en place. Le premier cours coté, résultant d'une procédure d'enchère, correspond à la limite inférieure de la dernière tranche des ordres servis et représente le prix auquel seront acquises les actions pour ceux qui sont servis. Le premier cours coté ne peut excéder de plus de 50 % le prix de l'offre. Cette procédure est particulièrement intéressante pour les émetteurs lorsque le marché connaît de fortes hausses.

Dans une offre à prix ouvert (OPO), l'émetteur fixe une fourchette de prix et le nombre de titres proposés. Le placement des titres est réalisé par un syndicat bancaire qui se porte garant de l'introduction. Les ordres sont passés à cours limité avec une limite devant être comprise à l'intérieur de la fourchette publiée dans l'avis d'Euronext. Les ordres sont centralisés dans un livre d'ordres. Le prix définitif n'est déterminé qu'après réception de la totalité des ordres en accord avec l'émetteur et le chef de file du syndicat. Le prix définitif à l'issue de l'offre résulte de l'ensemble des demandes issues du placement de l'OPO. La réduction peut se faire soit de façon uniforme, soit en privilégiant les ordres de petite taille. Cette procédure est mise en place pour accompagner un placement qui, lui s'adresse aux investisseurs institutionnels.

La cotation directe (CD), autrefois appelée « procédure ordinaire », est aujourd'hui peu utilisée. Comme pour la procédure d'ordre à prix minimal, le nombre de titres offerts et le prix minimal sont communiqués dans l'avis. La différence est ici que les ordres au prix du marché, qui ne sont pas possibles dans le cadre de l'OPM, sont acceptés. Les ordres ne sont pas centralisés par Euronext. Le premier cours coté ne doit pas s'écarter de plus de 10 % du prix minimal de l'offre. Si plus de 4 % de la demande ne peut être satisfaite, la procédure de cotation directe est abandonnée, soit au profit d'une introduction à un prix plus élevé, soit au profit de l'offre à prix ferme.

Tableau 6.3. Les introductions à Paris en 2005

Date	Nom	Marché	Type	Prix offre	Premier cours coté	Capitaux levés (M€)
27 janvier	Cafom	Eurolist	OPM	11,65	13,50	52,7
23 mars	Sanef	Eurolist	PG/OPO	41,00/40,00	41,20	837,2
30 mars	EuroCommercial Properties	Eurolist	CD	–	25,34	0,0
15 avril	Akka Technologies	Eurolist	PG/OPO	24,8	24,80	17,7
12 mai	Poncin Yachts	Eurolist	PG/OPO	9,8	9,80	22,0
17 mai	CRCAM Brie Picardie	Eurolist	CD	–	48,20	0,0
17 mai	Meilleurtaux	Alternext	PG/OPO	13,7	13,70	4,3
19 mai	Cbo Territoria	Alternext	CD	1,32	3,26	0,0
23 juin	Harvest	Alternext	PG/OPO	10,2	10,20	4,6
23 juin	MG International	Alternext	OPM	26,1	26,10	12,9
28 juin	Satimo	Alternext	PG/OPO	17,77	17,77	12,9
29 juin	Maximiles	Alternext	PG/OPO	8,05	8,05	8,0
29 juin	Saft	Eurolist	PG/OPO	26	26,00	280,1
30 juin	Entrepose contracting	Eurolist	PG/OPO	23	23,00	44,1
07 juillet	Gaz de France	Eurolist	PG/OPO	23,4/23,2	27,80	3 481,9
07 juillet	Sidetrade	Alternext	CD	12,5	12,51	5,0
08 juillet	Groupe Pizzorno	Eurolist	PG/OPO	30	30,00	30,0
12 juillet	Freelance.com	Alternext	PG/OPO	6,81	6,69	2,6
18 juillet	Sporever	Alternext	PG/OPO	14,25	13,20	12,5
05 août	Techniline	Alternext	PG/OPO	4,3	4,50	5,0
29 septembre	Rue du Commerce	Eurolist	PG/OPO	15,6	15,60	69,1
06 octobre	NextRadioTv	Eurolist	PG/OPO	19	19,00	75,1
11 octobre	Mercialys	Eurolist	PG/OPO	18,13	18,13	214,0
12 octobre	Meetic	Eurolist	PG/OPO	22,3	22,30	88,9
20 octobre	Staff and Line	Alternext	PG/OPO	13	13,00	4,2
17 novembre	Exonhit Therapeutics	Alternext	PG/OPO	2,89	2,89	3,8
18 novembre	EDF	Eurolist	PG/OPO	33/32,0	32,29	7 000,0
25 novembre	Overlap Group	Alternext	PG/OPO	8,4	8,40	2,7
02 décembre	Eutelsat Communications	Eurolist	PG/OPO	12	12,00	860,0
06 décembre	Ipsen	Eurolist	PG/OPO	22,2	22,20	324,1
07 décembre	Bioalliance Pharma	Eurolist	PG/OPO	13,3	13,30	30,0
13 décembre	Vectrane	Eurolist	PG/OPO	14	14,00	51,1
16 décembre	Paref	Eurolist	PG/OPO	71,5	71,50	15,6
20 décembre	O2I	Alternext	PG/OPO	5,77	5,77	3,7

Source : Rapport annuel AMF.

Tableau 6.4. récapitulatif des différentes procédures

	OPF	OPM	OPO	Cotation directe	Placement Garanti
Prix	Prix fixé de façon définitive par l'émetteur	Fixation d'une limite inférieure	Fixation d'une fourchette de prix	Cession des titres à un intermédiaire qui fixe le prix minimal	
Ordre recevable	Ordres passés au prix fixé	Ordres à prix limité Élimination par Euronext des ordres dont la limite est trop haute (ordres au mieux déguisés)	Ordre à cours limité compris dans la fourchette centralisés dans un livre d'ordres	Ordre à prix limité Ordres au marché	Ordres à cours limité
Réduction	Au prorata de la quantité demandée. Possibilité de priorité pour les ordres de petite taille	En fonction du cours limite	Au prorata de la quantité demandée. Possibilité de priorité pour les ordres de petite taille		Réduction discrétionnaire
Taux de réponse	1 % minimum	4 % minimum	6 % (4 % exceptionnelle-ment)	4 % en principe	
Cours coté	Non fonction de la demande, égal au prix fixé par l'émetteur	Limite inférieure de la dernière tranche d'ordres servis.	Déterminé en fonction des ordres reçus	Inférieur ou égal à 1,1 fois le prix minimal	Prix de l'OPF ou de l'OPO
Avantages	Simple dans sa mise en œuvre Peu coûteuse Prix connu à l'avance	Profitable à l'émetteur en cas d'euphorie boursière	Pas de rationnement excessif Favorise les petits investisseurs	Procédure simple	
Inconvénients	Pas d'ajustement du prix à la demande	Coût plus élevé que l'OPF	Plus complexe que OPF et OPM	Résultat incertain	
Pratique	La plus pratiquée en France Courante pour les émissions de taille modeste et les privatisations		Accompagne la procédure de placement destiné aux investisseurs institutionnels	Rarement pratiquée	Réservé aux investisseurs institutionnels

D. Le capital risque

Jusqu'à présent, nous avons vu qu'une société qui souhaite accroître ses fonds propres pour financer son développement doit mettre en réserve ses bénéfices ou procéder à une augmentation de capital. Cette augmentation de capital peut se faire de deux façons :

- soit en demandant à ses actionnaires actuels d'apporter de nouveaux fonds ;

• soit en demandant à de nouveaux actionnaires d'entrer dans son capital, que ce soit dans le cadre d'un placement privé (la société démarche des investisseurs qu'elle a identifiés) ou d'une introduction en bourse, auquel cas elle ne choisit pas ses nouveaux actionnaires.

À coté de ces deux modalités, il est possible de faire appel à de nouveaux actionnaires, d'un type particulier, les capitaux-risqueurs. Ils se distinguent des investisseurs classiques sur plusieurs points :

• leur activité consiste à réaliser ce type d'opérations ;

• leur présence dans le capital est temporaire. Ils ont vocation à en sortir au bout de quelques années (3-7 ans) afin de réaliser une plus-value ;

• ils ne cherchent pas à diriger l'entreprise, bien qu'ils soient généralement membres de son conseil d'administration. Leur intervention se limite aux décisions stratégiques ;

• les sociétés concernées sont à une phase de leur vie qui nécessite d'importants investissements. Ce sont donc souvent des sociétés en forte croissance.

À l'origine, le capital risque concernait principalement les petites structures, financées par des fonds d'origine familiale et par des emprunts bancaires. Il s'étend aujourd'hui à de grandes entreprises qui financent ainsi des projets innovants proposés par leurs salariés (essaimage). Ce mode de financement est indispensable pour les sociétés de taille moyenne, en pleine expansion, qui ont difficilement accès à de nouvelles sources de financement car elles sont à la fois trop petites pour procéder à une introduction en bourse ou à l'émission d'un emprunt obligataire, et trop risquées pour bénéficier de prêts bancaires. Plus qu'un simple mode de financement, le capital-risqueur peut procurer à l'entreprise des conseils et des soutiens divers.

Le capital risque concerne toutes les activités d'apports de fonds propres à des sociétés non cotées, et peut prendre trois formes d'interventions :

• le « capital risque création » qui consiste à financer des entreprises dont la création est récente ;

• le « capital risque développement », qui sert à financer le développement d'une entreprise afin d'en préparer l'introduction en bourse. Les modalités de sortie et la durée de l'investissement sont en général définies dès le départ ;

• le « capital risque transmission » est destiné à financer une partie du rachat d'une entreprise par LBO (*leverage buy out*) ou RES (rachat d'entreprise par les salariés).

Compte tenu de ce qui précède, on voit bien que le risque pris par le capital-risqueur est grand. Il en attend donc une rentabilité élevée. Mais puisque les sociétés concernées sont généralement en phase de croissance, elles distribuent peu de dividendes. Le capital-risqueur ne peut donc espérer atteindre son objectif de rentabilité que par la vente de ses actions et la réalisation d'une plus-value. Cette cession peut se faire par une revente des titres à l'entrepreneur, par une introduction en bourse sur Eurolist ou Alternext ou encore par une cession à un autre investisseur, industriel ou financier.

2 ▶ Le financement par dettes

Le financement par dettes peut se faire par le recours à des dettes bancaires ou à des dettes obligataires. Avec les premières, le prêteur est unique : la banque qui prête. Avec les dettes obligataires, les prêteurs peuvent être multiples : les obligataires.

A. La dette bancaire

Les emprunts contractés auprès des établissements financiers sont dits indivis car il n'existe qu'un seul prêteur et que la dette n'est pas divisible. Ils ont pour la plupart un objet spécialisé et s'accompagnent généralement d'une prise de garantie sur l'actif financé. Les fonds accordés se répartissent entre prêts et crédits. Un prêt entraîne le versement des fonds tandis que pour le crédit, le versement n'est pas obligatoire car l'entreprise l'utilise en fonction de ses besoins. Le prêt est plutôt à long terme (7 à 15 ans) alors que le crédit est à moyen terme (2 à 7 ans).

Pour mémoire, nous rappelons que les intérêts sont calculés sur le capital restant dû en début de période et que l'annuité correspond à la somme des intérêts à payer et du remboursement en capital [1].

exemple

Pour financer un investissement, la société BDS envisagent de s'endetter à hauteur de 2 M€ sur 5 ans au taux de 10 %. Trois modalités de remboursement sont envisagées : amortissement constant, annuité constante ou remboursement in fine.

Amortissement constant

Chaque année, la part du capital emprunté qui est remboursée est identique, soit 2 M€/5 = 400 000 euros.

Année	Capital dû	Intérêts	Amortissement	Annuités
1	2 000 000	200 000	400 000	600 000
2	1 600 000	160 000	400 000	560 000
3	1 200 000	120 000	400 000	520 000
4	800 000	80 000	400 000	480 000
5	400 000	40 000	400 000	440 000
Total		600 000	2 000 000	2 600 000

Annuité constante

Chaque année, la société verse une somme (l'annuité) identique à la banque, soit :

$$\text{Emprunt} = \text{Annuité} \times \frac{1-(1+i)^{-n}}{i} \rightarrow 2\,000\,000 = \text{Annuité} \times \frac{1-(1{,}10)^{-5}}{0{,}10}$$

d'où Annuité = 527 595 euros.

[1] Pour une présentation détaillée, voir Mollet et Langlois, 2007.

L'amortissement annuel se détermine par différence entre le montant de l'annuité constante et les intérêts de l'année.

Année	Capital dû	Intérêts	Amortissement	Annuités
1	2 000 000	200 000	327 595	527 595
2	1 672 405	167 241	360 354	527 595
3	1 312 051	131 205	396 390	527 595
4	915 661	91 566	436 029	527 595
5	479 632	47 963	479 632	527 595
Total		637 975	2 000 000	2 637 975

Remboursement *in fine*

La totalité du capital emprunté sera remboursée à l'issue de l'emprunt.

Année	Capital dû	Intérêts	Amortissement	Annuités
1	2 000 000	200 000	0	200 000
2	2 000 000	200 000	0	200 000
3	2 000 000	200 000	0	200 000
4	2 000 000	200 000	0	200 000
5	2 000 000	200 000	2 000 000	2 200 000
Total		1 000 000	2 000 000	3 000 000

Comme le montre cet exemple, les intérêts totaux sont moins importants dans le cas du remboursement par amortissement constant. L'emprunt in fine est celui qui coûte le plus cher.

B. La dette obligataire

Une obligation est un titre de créance qui matérialise l'engagement de l'emprunteur vis-à-vis d'un prêteur (l'obligataire) qui, en contrepartie des fonds mis à disposition, est rémunéré sous la forme de coupons (les intérêts). Du point de vue de l'émetteur, les conséquences en terme de trésorerie sont identiques à l'emprunt bancaire. Il paie des intérêts et rembourse le capital emprunté.

L'emprunt obligataire porte généralement sur un montant élevé, divisé en fractions égales appelées obligations. Les obligations peuvent être proposées au public dans le cadre d'un appel public à l'épargne ou faire l'objet d'un placement privé. Dans le cas d'un placement privé, les obligations sont placées soit auprès d'investisseurs connus par la société (amis, partenaires…), soit auprès d'investisseurs institutionnels lorsque le montant de l'émission obligataire est élevé. Dans ce dernier cas, c'est la banque qui gère l'émission qui se charge de démarcher les investisseurs afin de leur placer « du papier ». En cas d'appel public à l'épargne, l'obligation peut être négociée sur le marché secondaire, ce qui n'est pas le cas d'un prêt bancaire classique. Ceci est cependant très rare dans la pratique. Cette possibilité présente un avantage considérable pour le prêteur car il peut ainsi se défaire de ses obligations, sans attendre l'échéance de l'emprunt.

Pour pouvoir émettre des obligations, une société doit avoir deux ans d'existence, avoir publié deux bilans approuvés par les actionnaires et avoir libéré la totalité de son capital. En cas d'appel public à l'épargne, elle doit en plus publier une notice d'information visée par l'AMF (Autorité des Marchés Financiers).

Enfin, le mécanisme de l'assimilation rend possible, pour un même émetteur, l'émission ultérieure d'autres emprunts présentant les mêmes caractéristiques que l'emprunt initial (même maturité, même coupon, même échéancier, même valeur de remboursement, mêmes garanties). Plutôt que d'avoir plusieurs emprunts cotés, les emprunts suivants vont alors être assimilés au premier, ce qui présente deux avantages : l'assimilation permet une diminution des frais de gestion et l'augmentation de la liquidité sur le marché secondaire.

1. Les modalités de remboursement des emprunts obligataires

Plusieurs modes de remboursement sont possibles pour un emprunt obligataire : le remboursement *in fine*, par annuités constantes ou par tranches égales (aussi appelé par amortissement constant car le nombre d'obligations amorties chaque année est le même).

Le remboursement *in fine* est le mode de remboursement le plus fréquent depuis les années 80. L'émetteur verse des intérêts chaque année ou semestre et rembourse l'intégralité du capital emprunté à la date d'échéance de l'emprunt. Ces titres sont plus simples à placer auprès des investisseurs car il n'y a pas d'incertitude quant à leur date de remboursement.

Un remboursement échelonné dans le temps est également possible et peut se faire soit par tranches égales (amortissement constant) ou par annuités constantes. Dans les deux cas, les obligations remboursées chaque année sont désignées par un tirage au sort. Ce type d'obligations présente pour les souscripteurs un risque de remboursement anticipé et rend, par conséquent, aléatoire la durée du placement effectué. C'est pourquoi ce mode de remboursement a tendance à disparaître au profit du remboursement *in fine*.

L'émetteur peut, dès l'émission, prévoir une clause de remboursement anticipé. Il se laisse alors la possibilité de rembourser son emprunt avant l'échéance initialement prévue. Cette clause exposant le souscripteur à un risque supplémentaire (être remboursé plus tôt que prévu), le taux proposé pour ce type d'obligation est en général légèrement supérieur à celui versé aux obligations classiques.

2. La rémunération des emprunts obligataires

Bien que la majorité des obligations émises le soient à taux fixe, l'émetteur peut opter pour une rémunération à taux variable ou révisable. Dans ces deux cas, l'intérêt à verser n'est pas fixé dès le départ comme pour les obligations classiques, mais est fonction d'un taux de référence majoré d'une marge (le *spread*) visant à rémunérer le risque de crédit de l'émetteur.

Les obligations à taux non fixe peuvent être soit à taux variable, soit à taux révisable :

• le taux variable est calculé à partir d'une moyenne de taux observés sur l'année. Il est donc connu *a posteriori* et s'applique au montant du capital restant dû passé. On parle de taux post déterminé ;

• le taux révisable prend pour référence un taux à une date donnée. C'est donc un taux *a priori*, qui va s'appliquer aux échéances futures. On parle aussi de taux prédéterminé. Entre deux révisions, le taux reste fixe.

En France, les principaux taux de référence sont :

• l'EONIA (*Euro Overnight Index Average* ou taux représentatif du marché monétaire européen au jour le jour) ;

• l'EURIBOR (*European Interbank Offered Rate* ou taux du marché monétaire européen) ;

• le T4M ou taux moyen mensuel du marché monétaire (moyenne arithmétique des taux journaliers EONIA, sur un mois) ;

• le TAM ou taux annuel monétaire (rendement d'un placement sur un mois au T4M, renouvelé sur 12 mois en intérêts capitalisés) ;

• le T6M ou taux du marché monétaire à six mois ;

• le TMO, taux mensuel obligataire, qui est une moyenne sur six mois du taux à l'émission des emprunts à plus de sept ans non garantis par l'État ;

• le TME, taux à l'émission des emprunts d'État.

exemple

Une obligation verse son coupon tous les six mois et le taux de référence est le T4M + une marge de 0,5 %. Si les valeurs du T4M sur les six derniers mois sont : 4 %, 4,3 %, 4,7 %, 4,4 %, 5 % et 5,1 %. Le montant du coupon est égal à :

Taux moyen = (4 + 4,3 + 4,7 + 4,4 + 5 + 5,1) %/6 = 4,583 %

Coupon = Valeur nominale × [4,583 % + 0,5 %] × (nombre de jours civils du placement / nombre de jours civils dans l'année).

Il existe également des obligations pour lesquelles le coupon et/ou le remboursement est indexé sur un indice, un prix ou sur la valeur de l'action de la société émettrice. En France, il y eu les emprunts indexés sur l'or (emprunts Giscard), et plus récemment les OAT €i, obligations dont la valeur de remboursement et les coupons sont indexés sur l'inflation moyenne de la zone euro. Certaines obligations sont indexées sur le cours de bourse des actions de l'entreprise les ayant émises. Lafarge en 1991 a émis des obligations zéro-coupon indexées sur son cours de bourse, de même que LVMH en 1998.

L'intérêt des obligations à taux variable est qu'elles peuvent permettre à l'émetteur de bénéficier d'une chute des taux et réduire ainsi le coût de son endettement en cas d'évolution favorable. Si la solvabilité de l'émetteur ne change pas au cours du temps, la valeur de l'obligation à taux variable reste égale avec sa valeur nominale (si le remboursement se fait au pair). La volatilité de ces titres est donc très faible car une évolution des taux est sans conséquence sur leur valeur de marché, contrairement à celles à taux fixe. Au contraire, si le taux sur le marché augmente, la valeur de l'obligation à taux fixe diminue.

3 ▶ Le financement par crédit-bail

Le crédit-bail est une location assortie d'une option d'achat à un prix fixé à l'avance, portant sur un bien meuble ou immeuble. À la fin du contrat, l'entreprise a le choix entre :

- lever l'option d'achat et devenir propriétaire du bien ;
- prolonger le contrat de location ;
- restituer le bien s'il est devenu sans utilité.

D'un point de vue économique et financier, le crédit-bail est assimilable à un mode de financement, au même titre que l'emprunt car le montant de l'option d'achat est généralement suffisamment faible pour que l'entreprise l'exerce et acquiert le bien. Si, sur la durée du contrat, elle n'en est pas propriétaire d'un point de vue juridique, elle a vocation à le devenir. Ceci n'est pas sans conséquence au niveau de son bilan [2]. Le bien concerné n'apparaît pas à l'actif, de même que l'engagement de l'entreprise au passif. Au contraire, dans les comptes consolidés, les biens en crédit-bail doivent être inscrits au bilan de façon obligatoire si la société applique les normes IFRS et de façon facultative si elle a recours aux normes du PCG Conso. (il s'agit cependant de la méthode préférentielle du PCG Conso.)

Le principal avantage du crédit-bail est qu'il permet de financer à 100 % une acquisition. Il peut être obtenu facilement et rapidement dans de nombreux cas car ce mode de financement est généralement proposé par le vendeur du bien, qui propose ainsi un package bien+financement. Le principal inconvénient du crédit-bail est son coût relativement élevé. Par ailleurs, sa facilité d'obtention peut conduire les entreprises à réaliser des investissements dont la rentabilité est faible ou incertaine.

Le coût du crédit-bail correspond au taux qui égalise la valeur du bien obtenu et la somme actualisée à ce taux des redevances de crédit-bail et de l'option d'achat [3].

exemple

Une société envisage d'acquérir un matériel dont le prix est de 500 K€ HT. Le vendeur lui propose une location-financement (crédit-bail) sur la base de 5 redevances annuelles de 160 K€, payables au début de chaque année. Le montant de l'option d'achat à la fin de la quatrième année est de 10 K€. En cas d'exercice, la durée de vie résiduelle du bien est de un an.

[2] Au contraire, les normes américaines ou ouest-africaines (SYSCOA) prévoient de faire figurer le bien et la dette équivalente au bilan.
[3] Voir Mollet et Langlois (2007) pour une présentation détaillée.

Le taux d'imposition est de 34 % et le bien serait amortissable de façon linéaire sur 5 ans.

Pour estimer le taux actuariel brut, il faut calculer les flux nets d'impôt décaissés chaque année. Il faut aussi tenir compte du fait que l'entreprise, n'étant pas propriétaire du bien, ne bénéficie pas de l'économie d'impôt que peuvent procurer les dotations aux amortissements du bien.

Année	0	1	2	3	4	5
Loyer	+ 160 000	+ 160 000	+ 160 000	+ 160 000	+ 160 000	
– économie d'impôt sur loyer	– 54 400	– 54 400	– 54 400	– 54 400	– 54 400	
+ perte économie d'impôt sur les dotations		+ 34 000	+ 34 000	+ 34 000	+ 34 000	+ 34 000
Levée de l'option d'achat					+ 10 000	
– économie d'impôt sur amortissement						– 3 400
	105 600	139 600	139 600	139 600	149 600	30 600

Le taux actuariel du crédit-bail (R) est :

$500 = 106 \times (1 + R)^{-1} + 140 \times (1 + R)^{-2} + 140 \times (1 + R)^{-3} + 140 \times (1 + R)^{-4} + 150 \times (1 + R)^{-5} + 31 \times (1 + R)^{-6}$

Soit un taux actuariel brut proche de 17,96 %.

4 ▶ Les quasi-fonds propres

Les quasi-fonds propres sont des fonds intermédiaires entre les capitaux propres et les dettes, en ce sens qu'ils ont un rang de privilège dégradé par rapport aux dettes bancaires et obligataires classiques. En cas de liquidation de l'entreprise, ces titres seront remboursés aux investisseurs après désintéressement des créanciers ordinaires et avant les actionnaires. Cette catégorie comprend notamment les titres participatifs, les prêts participatifs et les titres subordonnés, qui sont des titres de dettes, tout comme les obligations, mais dont certains aspects les rapprochent des actions.

A. Les titres participatifs

Les titres participatifs sont des titres de créances dont la durée de vie est normalement indéterminée et qui ne sont remboursables qu'en cas de liquidation de la société. La Loi autorise cependant les sociétés à les rembourser, au plus tôt 7 ans après leur émission, et à la condition que ceci ait été prévu lors de leur émission. Le remboursement se fait alors à l'initiative de l'émetteur et non du souscripteur. Pour la société émettrice, les titres participatifs permettent de renforcer ses fonds propres, sans avoir à procéder à une augmentation de capital, et donc sans modification de la structure de son actionnariat. C'est d'ailleurs pour cela qu'ils ont été créés en 1983. Les sociétés nationalisées avaient besoin d'argent, et l'État français pas les moyens de les financer, ni la volonté de les privatiser.

Ces titres ne peuvent être émis que par des sociétés du secteur public, des sociétés anonymes coopératives, des banques mutualistes, des sociétés d'assurance et des coopératives agricoles. La rémunération qu'ils procurent est pour partie fixe, pour partie variable. La partie fixe doit représenter au moins 60 % du nominal du titre. Quant à la partie variable, elle est indexée sur un indicateur d'activité de l'entreprise (chiffre d'affaires, résultat, etc.).

exemple

En avril 1984, Saint-Gobain a réalisé une émission[1] de 194 633 titres participatifs (1 000 euros de nominal).

La rémunération de ces titres participatifs est composée d'une partie fixe applicable à 60 % du titre et égale à 7,5 % l'an, et d'une partie variable applicable à 40 % du titre, liée au bénéfice net consolidé de l'exercice précédent, dans les limites fixées par le contrat d'émission. Au total, la rémunération évolue, selon le résultat net consolidé, entre TMOE – 0,50 % et TMOE + 1,75 %. Le montant versé par titre en 2005 s'est ainsi élevé à 67,50 €, sur la base d'un TMOE de 5,625 %.

Rémunération : 1 000 × 60 % × 7,5 % + 1 000×40 % × 5,625 % = 67,50 €.

B. Les prêts participatifs

Les prêts participatifs ont été créés en 1978 afin d'améliorer la structure financière des sociétés commerciales ou industrielles éligibles à ce dispositif. Ce prêt est sans garantie et est donc considéré comme une créance de dernier rang. Il est rémunéré par un intérêt fixe, complété le cas échéant par un intérêt variable selon les performances économiques de l'entreprise. Peuvent notamment consentir des prêts participatifs l'État, les établissements de crédit, les sociétés commerciales, les sociétés et mutuelles d'assurances. Depuis 2005, l'intéressement auquel ces prêts ouvrent droit peut prendre la forme :

- d'une participation au bénéfice réalisé lors de l'utilisation du bien acquis, financé totalement ou partiellement par ce prêt ;
- d'une participation sur la plus-value réalisée lors de la cession de ce bien ;
- d'une participation sous la forme de rétrocession de la marge réalisée.

Ce type de financement est notamment proposé par OSÉO, établissement public qui résulte de la fusion en 2005 de l'Anvar (Agence nationale de valorisation de la recherche) et de la BDPME (Banque du développement des PME).

C. Les titres subordonnés

Les titres subordonnés sont des obligations auxquelles est attachée une clause de subordination. Cette clause conditionne le remboursement du titre subordonné au

1 Saint Gobain était alors une société nationalisée.

désintéressement préalable des autres créanciers. Quant à l'ordre de remboursement entre prêts participatifs, titres participatifs et titres subordonnés, il est libre depuis la loi de sécurité financière de 2003. Il existe deux formes de titres subordonnés, les TSDI et les TSR.

Les titres subordonnés à durée indéterminée (TSDI) ne sont remboursables qu'à la liquidation de l'entreprise, après désintéressement de tous les créanciers. Le versement d'un intérêt sur ces titres est également subordonné au fait que la société ait distribué des dividendes et que l'assemblée ait autorisé ce versement. Lors de leur émission, la société peut cependant prévoir la possibilité d'un remboursement avant liquidation. Les titres subordonnés remboursables (TSR) ont généralement une échéance de 10 ans et le paiement d'un intérêt n'est pas subordonné, contrairement aux TSDI.

exemple

BNP Paribas a émis en 2005 un Titre Subordonné Remboursable indexé sur l'inflation, d'une durée de vie de 12 ans et offrant la première année (2006) un coupon exceptionnel de 4 % brut puis les années suivantes une rémunération garantie de 1,1125 % majorée de l'inflation. Cette émission permet ainsi au souscripteur de compenser l'éventuelle baisse de son pouvoir d'achat engendrée par une hausse de l'inflation.

5 ▶ Les emprunts obligataires particuliers

Il existe une multitude d'obligations particulières. Nous limiterons ici notre exposé aux plus courantes.

A. Les obligations à coupon zéro

Les obligations à coupon zéro (OCZ), comme leur nom l'indique, ne versent aucun coupon en cours de vie. Elles sont remboursées *in fine*, en même temps que les intérêts qui ont été capitalisés pendant la durée de l'emprunt. Fiscalement, l'obligataire ne perçoit aucun revenu en cours de vie et est imposé à l'échéance (ou à la date de cession de l'obligation), sur la différence entre le prix qu'il perçoit et le prix d'émission.

De manière générale, les OCZ sont remboursées au pair mais émises et cotées très en dessous du pair. Ainsi l'OAT émise par l'État français le 02/02/06 et remboursable le 25/04/16 cote le 09/02/07 68,90 % de sa valeur nominale (1 euro).

B. Les obligations à bons de souscription (OBSA et OBSO)

Les obligations à bons de souscription d'actions (OBSA) ou d'obligations (OBSO) sont des obligations auxquelles sont attachés des bons de souscription. Chaque bon permet de souscrire une certaine quantité d'actions ou d'obligations selon une parité définie dès l'émission de l'OBS, à un prix déterminé lui aussi dès l'origine. En général, ces bons ont une durée de vie moitié plus courte que celle de l'obligation à laquelle ils se rattachent.

Après l'émission de l'OBSA ou de l'OBSO, l'obligation et le bon se scindent en deux et font l'objet d'une cotation séparée. Grâce à la présence de ce bon, l'émetteur peut offrir une rémunération plus faible que s'il avait émis des obligations « sèches », sans bon.

Pour le souscripteur, l'existence du bon peut être l'occasion de réaliser une plus-value en cas de hausse du cours de l'action ou de l'obligation sur laquelle porte le bon. Le bon permet ainsi de parier sur la croissance de l'entreprise, avec une prise de risque limitée puisque leur coût, pour le souscripteur, correspond au différentiel de taux entre le taux d'une obligation sèche de même classe de risque et le taux de l'OBS.

C. Les obligations à bons de souscription d'actions remboursables (OBSAR)

Dans le cas des obligations à bons de souscriptions d'actions remboursables (OBSAR), les bons comportent une clause de remboursement. À chaque obligation est attaché un ou plusieurs BSAR qui permettent de souscrire à une future augmentation de capital, dans des conditions, délais et un prix déterminés dès l'émission obligataire. Une fois émis, l'OBSAR se scinde en deux : les obligations et les BSAR, qui font l'objet d'une cotation séparée. Les obligations sont généralement souscrites par un pool bancaire et les BSAR sont placés auprès des investisseurs que l'entreprise souhaite favoriser (actionnaires historiques, managers, fonds d'investissement, etc.). Ces derniers paient les BSAR un prix relativement faible, ce qui leur confère un effet de levier très important car leur potentiel d'augmentation de valeur est illimité. Ainsi, le BSAR ASSYSTEM émis en avril 2005 avec un prix d'exercice de 10,15 € cotait le 5 janvier 2007, 7,63 €, soit une hausse de 1 310 % depuis l'émission. Cette hausse considérable s'explique par le fait qu'ils permettaient de souscrire pour 10,15 € des actions qui cotaient le 5 janvier 2007, 15,40 €. Ils sont donc assimilables à des options d'achat à long terme puisque leur échéance est ici le 31 mars 2012.
Enfin, le risque supporté lors de la souscription des BSAR est limité par le fait que la société peut s'engager à rembourser chaque BSAR à un prix proche de sa valeur d'origine s'il n'est pas exercé.

exemple

Havas 2006

Le 1er décembre 2006, Havas a émis 27 000 OBSAAR (OBS ou d'acquisition d'actions remboursables), au pair, à 10 000 €. L'emprunt obligataire a une durée de 7 ans, est remboursable par amortissement constant en 3 tranches en 2011, 2012 et 2013 et procure un intérêt annuel variable (euribor 3 mois – 0,02 %). À chaque obligation sont attachés 1 555 BSAAR (parité : 1 action par BSAAR) qui sont placés auprès d'une liste limitative d'administrateurs et de cadres. Ces BSAAR sont cédés au prix unitaire de 0,34 € et permettent de souscrire des actions Havas au prix de 4,30 €. Ils ne peuvent être exercés qu'à partir de la 4e année après leur émission. En cas d'exercice, ces BSAAR entraîneraient au maximum la création de 42 millions d'actions Havas.

Par leur caractère hybride (dette et capitaux propres) et la possibilité de prévoir des clauses particulières, les OBSAR sont des titres qui permettent d'optimiser le financement de l'entreprise, en intégrant ses contraintes financières et actionnariales. Elles sont généralement émises pour 4-5 ans, à taux variable (euribor ± *spread*).

Tableau 6.5. Les émissions d'OBSAR en 2006

Émetteurs	Émission	Montant	Coupon
HAVAS	Novembre 2006	270 M€	Euribor – 0,02 %
DEVOTEAM	Octobre 2006	55,6 M€	Euribor + 0,07 %
ECM	Juillet – Août 2006	25,6 M€	Taux fixe : 5 %
CS Communication & Systèmes	Mai 2006	14,85 M€	Euribor + 0,734 %
Belvédère	Mars 2006	160 M€	Taux fixe : 7,7 %
Eurofins Scientific	Février 2006	120 M€	Euribor + 0,85 %
U10	Janvier 2006	39,87 M€	Euribor + 1 %

Source : www.obsar.com

D. Les obligations convertibles en actions (OCA)

Les obligations convertibles en actions (OCA) sont des titres qui peuvent être échangés contre une ou plusieurs actions de la société émettrice, à l'initiative de l'obligataire. Cette conversion se fait selon des modalités fixées à l'origine par le contrat d'émission (période de conversion, parité de conversion, clause de rappel). La conversion est possible soit à tout moment après l'émission, soit à partir d'une certaine date. La parité de conversion représente le nombre d'actions obtenues par la conversion d'une obligation. Cette parité est ajustée automatiquement lors des opérations de capital qui entraînent une variation du nombre de titres non proportionnelle à la variation de la capitalisation boursière (division du nominal, augmentation de capital avec DPS, incorporation de réserves au capital, etc.).

Pour savoir si la possibilité de conversion présente un intérêt, il faut calculer la prime de conversion. Elle correspond à la différence entre le cours de l'obligation convertible et sa valeur de conversion, c'est-à-dire la valeur des actions auxquelles elle donne droit. La conversion est profitable lorsque la prime de conversion est négative.

exemple

Le 3 mars 2007, le cours de l'action GWA est de 505 € et le cours de l'obligation convertible est de 1 020 €. La parité est de deux actions pour une obligation. La valeur de conversion de l'obligation convertible au 3 mars 2007 est égale à : 2 × 505 = 1 010 €

La prime de conversion est égale à 1020 – 1010 = 10

L'investisseur n'a donc pas intérêt à exercer son droit de conversion à cette date.

La valeur d'une obligation convertible peut se décomposer en deux éléments :

- la valeur nue : valeur de l'obligation sans prise en compte de l'option de conversion. Elle s'obtient en actualisant au taux du marché les flux procurés par l'obligation (coupons et prix de remboursement) ;
- la valeur du droit de conversion : supplément de valeur lié à l'existence de l'option de conversion. Dans le cas d'une OCA cotée, la valeur de ce droit peut s'obtenir par différence entre le cours de l'OCA et la valeur de l'obligation nue. Elle peut également s'estimer sur la base d'un modèle de valorisation d'options.

À son tour, la valeur du droit de conversion, comme la valeur d'une option, peut se décomposer en deux éléments :

- la valeur intrinsèque = Max (valeur de conversion – valeur OCA ; 0) ;
- la valeur spéculative, qui dépend des anticipations du marché quant à l'évolution du cours de l'action.

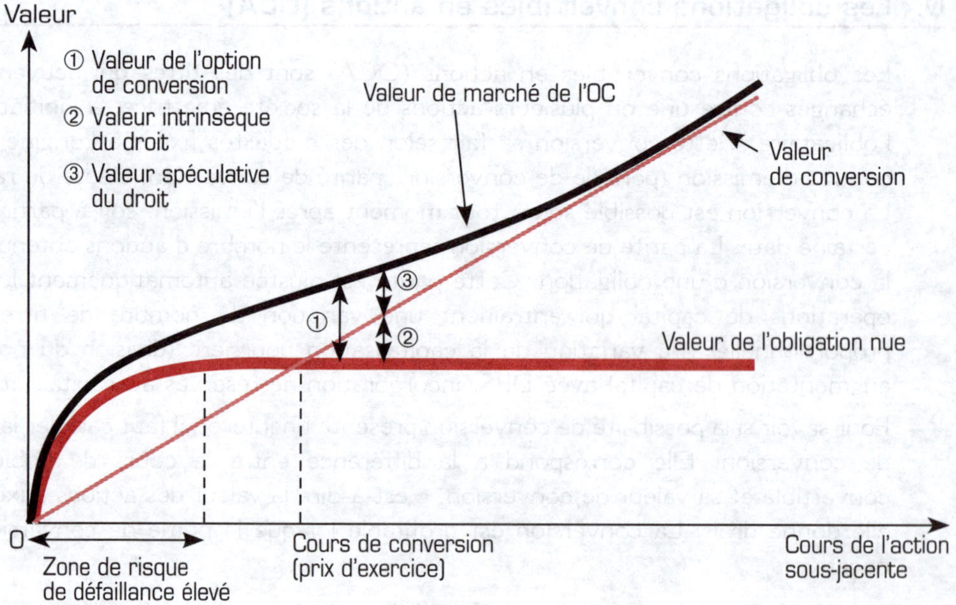

Graphique 6.1 • **Valeur de l'obligation nue, valeur de conversion et valeur de l'obligation convertible**

exemple

Soit une OCA, remboursable *in fine* dans 4 ans, avec une valeur de remboursement (VR) de 1 010 €. Le taux d'intérêt nominal de l'OCA est de 8 %. Sa valeur nominale (VN) est de 1.000 €. Le taux pratiqué sur le marché primaire pour des obligations de même risque est de 7 %. Le cours de l'OCA est de 1 045 €. La parité de conversion est de trois actions pour une obligation et le cours de l'action est de 345 €.

La valeur nue de cette obligation est égale à :

$$\text{Valeur nue} = \text{coupon} \times \frac{1 - (1 + i)^{-n}}{i} + VR \times (1 + i)^{-n}$$

Valeur nue = $1000 \times 0{,}08 \times [1 - (1{,}07)^{-4}]/0{,}07 + 1010 \times (1{,}07)^{-4}$ = 1 041 €

Valeur du droit de conversion = cours de l'OCA – Valeur nue = 1 045 – 1 041 = 4 €

La conversion n'est pas souhaitable car la prime de conversion est égale à 1 045 – 3 × 345 = 10 €.

Cependant le droit a une valeur. Ici, la valeur intrinsèque du droit est nulle, donc sa valeur spéculative est égale à 4 €.

La valeur de l'obligation convertible est ainsi toujours supérieure à sa valeur nue. Lorsque la valeur de l'action est inférieure au prix d'exercice, la valeur intrinsèque du droit de conversion est nulle, mais il peut avoir une valeur spéculative.

En combinant certains des aspects des actions et des obligations, les OCA présentent des avantages tant pour les émetteurs que pour les investisseurs :

- Du point de vue de l'émetteur : il s'agit d'une source de financement moins coûteuse qu'une émission obligataire sèche grâce à la présence de l'option de conversion. Les intérêts versés sont, par ailleurs, déductibles fiscalement contrairement aux dividendes ;
- Du point de vue du souscripteur : l'OCA assure un revenu régulier, comme une obligation, tout en permettant la réalisation d'une plus-value en cas de conversion, comme avec une action ;
- En cas de difficultés financières, le cours de l'action est déprécié, ce qui rend l'émission d'actions nouvelles peu souhaitable sauf à diluer fortement le capital. Un emprunt bancaire ou obligataire est également peu souhaitable car le taux d'intérêt exigé sera élevé. L'émission d'OCA permet de lever ces deux contraintes, en faisant profiter les obligataires du potentiel de croissance futur de l'entreprise, rendant ainsi l'émission attractive.

L'émission de ce type de titres constitue un signal positif, qui montre que le dirigeant anticipe une hausse du cours des actions. En effet, il peut être de l'intérêt de l'entreprise que les obligataires optent pour la conversion de leurs obligations car, dans ce cas, elle n'a aucun versement à faire à l'échéance de l'emprunt.

Bien que l'OCA soit proche de l'OBSA, elle s'en distingue sur deux points :

- avec une OCA, la création de l'action implique la disparition de l'obligation alors que l'exercice du BSA ne fait pas disparaître l'obligation ;
- pour l'investisseur, l'OCA est un produit unique, l'option n'est pas détachable de l'obligation, alors que l'OBSA est un produit composé, le BSA étant séparable et cessible à tout moment.

E. Les autres obligations particulières

L'obligation convertible en actions nouvelles ou existantes (OCEANE) permet à son émetteur de choisir, au moment de la conversion par le souscripteur, entre l'émission d'actions nouvelles, ce qui implique une augmentation de capital et la remise d'actions détenues au préalable en portefeuille, à la suite de rachats d'actions par exemple. Dans le premier cas, il y a dilution du capital contrairement au second cas, où aucune action nouvelle n'est créée.

Les obligations échangeables sont des obligations émises par une société et qui sont remboursables en actions d'une autre société, généralement du même groupe.

Les obligations remboursables en actions (ORA) se transforment obligatoirement en actions à l'échéance. Il n'y a donc pas de risque de non conversion pour l'émetteur, ni de flux monétaire de remboursement à l'échéance. Pour le souscripteur, le prix de remboursement n'est donc pas connu à l'avance.

Les obligations spéciales à coupon à réinvestir (OSCAR) sont des titres pour lesquels les coupons peuvent être perçus en espèces ou utilisés pour souscrire à de nouvelles obligations de même nature, selon une parité définie lors de l'émission.

6 ▶ Le choix d'une structure financière

Pour se financer, une entreprise doit faire un certain nombre de choix. Le premier consiste à choisir entre un financement interne (sa trésorerie) et un financement externe. En cas de financement externe, elle devra arbitrer entre un financement intermédié (bancaire) et un financement par le marché. Enfin, en cas de financement par le marché, la société aura le choix entre une émission de dettes obligataires et une émission d'actions. Cette répartition des financements de l'entreprise entre les dettes et les fonds propres s'appelle la structure du capital, le mot capital ayant ici le sens de financement. Comme l'illustre le bilan ci-dessous, la valeur globale de l'entreprise (immobilisations, BFR, trésorerie d'exploitation) se répartie entre :

- la valeur de marché des capitaux propres (V_{cp}), qui représente la richesse des actionnaires ;
- la valeur de marché des dettes financières (V_{df}).

Valeur Globale de l'Entreprise	V_{cp}
	V_{df}

Bilan économique en valeurs de marché

Au chapitre 10, nous verrons que la valeur globale d'une entreprise est égale à la valeur actualisée des flux de trésorerie disponibles (FTD) qu'elle va dégager dans le futur. Or ces FTD vont servir à rémunérer les actionnaires et les créanciers financiers, dans des proportions qui vont dépendre de la structure de financement de la société. La question qui se pose, et qui l'a été pour la première fois par Franco Modigliani et Merton Miller en 1958, est de savoir si la répartition de ces flux entre ces deux catégories d'apporteurs de fonds affecte la valeur globale de l'entreprise. Si tel est le cas, cela signifie qu'il existe une combinaison dettes/fonds propres qui maximise la valeur globale de l'entreprise ou, dit autrement, qui minimise son coût du capital.

A. Un monde parfait : la neutralité de la politique de financement (Modigliani et Miller, 1958)

Dans un marché de capitaux parfait, les titres financiers (actions et obligations) sont parfaitement valorisés car il n'y a pas d'asymétrie d'information, il n'y a pas d'impôt, ni coûts de transaction (frais liés à l'achat ou le revente de titres). Il est évident que ce cadre théorique est très éloigné de la réalité mais il constitue un point de départ très utile pour l'analyse de la politique de financement. Et c'est en prenant en compte les « imperfections » du marché et en levant une à une les différentes hypothèses de ce cadre que l'on va pouvoir mettre en évidence les déterminants de la politique financière des entreprises.

Modigliani et Miller (1958) montrent que, dans ce cadre, la répartition du financement entre les dettes et les fonds propres est sans incidence sur la valeur globale de l'entreprise. Ainsi, la valeur (VGE) d'une entreprise endettée est identique à celle d'une entreprise non endettée ayant les mêmes caractéristiques économiques. Il y a neutralité de la politique de financement. Ils justifient ceci par le fait que la VGE est déterminée par la capacité de l'entreprise à dégager des FTD, et que ces derniers sont indépendants de sa structure financière. Dans un monde sans impôt, les flux de trésorerie disponibles se calculent comme suit :

FTD = Résultat d'exploitation
+ DAP d'exploitation
– Variation du BFRE
– Investissements de l'exercice.

Les FTD dépendent donc uniquement de l'exploitation de l'entreprise. Qu'une société soit endettée ou non est sans incidence sur ses FTD car à aucun moment dans leur estimation il n'est nécessaire de déduire les charges d'intérêt. La répartition de ces flux de trésorerie entre les créanciers (FTC) et les actionnaires (FTA) change selon la structure financière, mais FTA+FTC reste identique. À l'image d'un gâteau, la façon dont on le coupe en parts ne change pas sa taille.

$$VGE = \sum_{t=1}^{\infty} \frac{FTD_t}{(1+CMPC)^t}$$

$$V_{cp} = \sum_{t=1}^{\infty} \frac{FTA_t}{(1+R_c)^t}$$

$$V_{df} = \sum_{t=1}^{\infty} \frac{FTC_t}{(1+R_d)^t}$$

Flux de trésorerie et bilan en valeurs de marché

Avec R_c le coût des fonds propres, R_d le coût de la dette et CMPC le coût du capital. Par définition, la VGE est égale à $V_{cp} + V_{df}$. En présence de deux sociétés, l'une endettée (E) et l'autre non endettée (NE), on doit avoir selon Modigliani et Miller :

$$VGE_e = VGE_{ne}$$
$$V_{cp\text{-}ne} = V_{cp\text{-}e} + V_{df\text{-}e}$$

puisque $V_{df\text{-}ne} = 0$. La démonstration de Modigliani et Miller se fonde sur l'idée que si leur théorie n'est pas vérifiée, il existe une opportunité d'arbitrage. Or, sur un marché parfait, il n'y a pas de profit d'arbitrage possible car si un profit de ce type pouvait être réalisé, les investisseurs en profiteraient, ce qui l'annulerait.

exemple

Modigliani et Miller (1958) et la possibilité d'arbitrage

Deux entreprises (E et NE) dégagent le même résultat d'exploitation et ont le même risque d'exploitation. Elles diffèrent uniquement par leur structure financière. L'entreprise NE se finance en totalité par des capitaux propres tandis que l'entreprise E est endettée. Elles distribuent 100 % de leurs bénéfices. Leurs caractéristiques sont données dans le tableau suivant :

	Entreprise NE	Entreprise E
Nombre d'actions	1 000	600
Cours de l'action	1 000	1 000
Vcp	1 000 000	600 000
Nombre d'obligations	0	1 000
Cours de l'obligation	0	400
Vdf	0	400 000
VGE	1 000 000	1 000 000
Ra : rentabilité exigée de l'actif	10 %	10 %
Rd : rentabilité exigée des dettes		6 %
FTD (REX)	100 000	100 000
FTC (Charges d'intérêt)	0	-24 000
FTA	100 000	76 000

Pour simplifier la démonstration, les hypothèses suivantes sont faites :

- Les flux sont constants et perpétuels ;
- Il n'existe pas de décalage de paiement et les amortissements d'un exercice sont compensés par de nouveaux investissements. De ce fait, le FTD est égal au résultat d'exploitation (REX).

Situation 1. La proposition de Modigliani et Miller est vérifiée, il n'y a donc pas de possibilité d'arbitrage

Puisque la rentabilité exigée des actifs (R_a) est de 10%, et que les FTD sont constants et perpétuels :

$$VGE = \sum_{t=1}^{\infty} \frac{FTD_t}{(1+R_a)^t} = \frac{FTD}{R_a} = \frac{100.000}{0,1} = 1.000.000$$

Dans le cas de NE, puisqu'il n'y a pas de dette, la rentabilité exigée des capitaux propres (R_c) est égale à la rentabilité exigée des actifs, soit 10 %.

Dans le cas de E, les actionnaires perçoivent moins (76 000), mais ont également participé plus faiblement au financement de l'entreprise (600 000), soit une rentabilité R_c = 76 000/600 000 = 12,67 %.

Situation 2. La proposition de Modigliani et Miller n'est pas vérifiée, il y a donc une possibilité d'arbitrage

Supposons que l'égalité $VGE_e = VGE_{ne}$ ne soit pas vérifiée, et que le cours de l'action E soit de 1 200 (et non 1 000). Un actionnaire de E (qui détient par exemple 15 % de son capital) peut alors réaliser un profit d'arbitrage, en s'endettant au même taux que la société, soit 6 %.

Pour réaliser son profit d'arbitrage, il va réaliser les trois opérations suivantes :

- Vente de ses actions E : 15 % × 600 × 1 200 = 108 000
- Emprunt d'un montant équivalent à 15 % des dettes de E : 15 % × 400 = 60 000
- Achat de 15 % des actions de NE : 15 % × 1 000 000 = 150 000.

Avant la vente de ses actions, il possédait 15 % d'une société endettée (E). Après ces différentes opérations, il possède 15 % d'une société non endettée (NE), mais est lui-même endetté, dans les mêmes proportions que la société E.

Au bout d'un an, il touche ses dividendes de NE et paie les intérêts de sa dette, soit : 15 % × 100 000 – 6 % × 60 000 = 11 400

S'il avait conservé ses actions E, il aurait perçu : 15 % × 76 000 = 11 400

Le gain est identique dans les deux cas... à ceci près qu'il lui reste 18 000 de trésorerie puisqu'il a investi 150 000 alors qu'il disposait de 168 000. Or ces 18 000 peuvent également être investis, et lui procurer ainsi un gain supplémentaire.

L'existence de cette possibilité d'arbitrage va conduire les investisseurs à vendre leurs actions E, ce qui va faire chuter son cours jusqu'à ce que l'équilibre soit rétabli.

Sous les hypothèses du modèle de MM, la VGE d'une entreprise est indépendante de sa structure financière car, s'il en va différemment, des arbitragistes vont intervenir pour réaliser des profits et rétablir ainsi l'équilibre.

Modigliani et Miller (1958) font également une seconde proposition, toujours sous les mêmes hypothèses d'un marché parfait : la rentabilité attendue des capitaux propres d'une société endettée est une fonction linéaire de son niveau d'endettement. Cette proposition peut se formuler ainsi :

$$R_c = R_a + (R_a - R_d)\frac{V_{df}}{V_{cp}}$$

Avec R_c la rentabilité attendue des fonds propres, R_a celle attendue des actifs, R_d le coût de la dette, V_{df} et V_{cp} les valeurs de marché des dettes financières et des fonds propres. Si R_a et R_d sont constants, et sachant que $V_{cp} + V_{df} = VGE$, on obtient :

$$R_a = R_c \times \frac{V_{cp}}{VGE} + R_d \times \frac{V_{df}}{VGE}$$

On retrouve ici la formule du coût du capital, à ceci près qu'il n'est pas tenu compte ici du taux d'imposition de la société.

Comment relier les deux propositions de Modigliani et Miller ? Nous avons vu que la structure financière est sans impact sur la VGE. Nous savons que la structure financière n'a pas d'incidence sur les FTD. Nous savons également que la VGE s'estime en actualisant au taux R_a les FTD futurs de l'entreprise.

Puisque la VGE et les FTD sont indépendants de la structure financière, il en va donc de même de R_a. Le coût du capital est donc indépendant de la structure financière, sous les hypothèses de Modigliani et Miller (1958).

Comment interpréter ceci ? La formule du coût du capital peut laisser à penser qu'il résulte d'une moyenne entre le coût des fonds propres (R_c) et du coût de la dette (R_d). Modigliani et Miller nous disent, au contraire, que ce sont ces deux coûts qui sont le résultat du coût du capital (R_a). Si la proportion de dettes et de fonds propres évolue, le coût du capital reste stable et ce sont R_c et R_d qui vont s'ajuster. Si R_c = 15 % et R_d = 6 %, le fait pour une société de s'endetter afin de racheter une partie de ses actions va faire augmenter la proportion de dettes au détriment des fonds propres. Mais, dans cette situation, le coût des fonds propres (R_c) va augmenter (2nde proposition de MM).

V_{df}/V_{cp}	R_a	R_c	R_d
0 %	10,0 %	10,0 %	6,0 %
10 %	10,0 %	10,4 %	6,0 %
20 %	10,0 %	10,8 %	6,0 %
30 %	10,0 %	11,2 %	6,0 %
40 %	10,0 %	11,6 %	6,0 %
50 %	10,0 %	12,0 %	6,0 %
60 %	10,0 %	12,4 %	6,0 %
70 %	10,0 %	12,8 %	6,0 %
80 %	10,0 %	13,2 %	6,0 %
90 %	10,0 %	13,6 %	6,0 %
100 %	10,0 %	14,0 %	6,0 %

V_{df}/V_{cp}	R_a	R_c	R_d
110 %	10,0 %	14,4 %	6,0 %
120 %	10,0 %	14,8 %	6,0 %
130 %	10,0 %	15,2 %	6,0 %
140 %	10,0 %	15,6 %	6,0 %
150 %	10,0 %	16,0 %	6,0 %

Avec $R_c = R_a + (R_a - R_d) \times (V_{df}/V_{cp})$

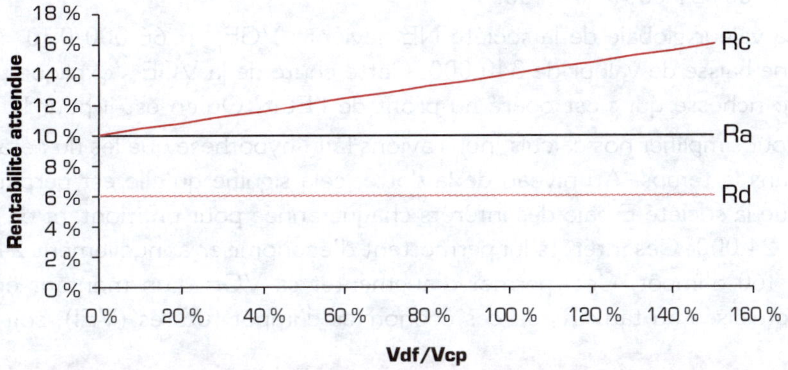

B. Un monde presque parfait : la non neutralité de la politique de financement (Modigliani et Miller, 1963)

En 1963, Modigliani et Miller reformulent leur modèle en incorporant les conséquences de l'impôt sur les sociétés. Dans notre exemple précédent, les flux de trésorerie dégagés par la société non endettée NE vont en totalité aux actionnaires, alors que ceux de la société endettée E vont dans un premier temps servir à rémunérer et rembourser les créanciers, puis le solde revient aux actionnaires. Pour autant, nous avons montré que ceci était sans effet sur la VGE. La prise en compte de l'impôt sur les sociétés va modifier l'égalité des VGE de nos deux sociétés car les intérêts qui sont versés aux créanciers vont permettre de réduire l'impôt à payer par E.

Si nous reprenons les données de notre exemple, en introduisant un impôt sur les bénéfices (T) au taux de 34 %, nous obtenons :

	Entreprise NE	Entreprise E
Nombre d'actions	1 000	600
Cours de l'action	1 000	?
Vcp	1 000 000	?
Nombre d'obligations	0	1 000
Cours de l'obligation	0	400
Vdf	0	400 000
VGE	1 000 000	?
Ra : rentabilité exigée de l'actif	10 %	10 %

	Entreprise NE	Entreprise E
Rd : rentabilité exigée des dettes		6 %
Flux de Trésorerie Disponible	100 000	100 000
Flux de Trésor. pour les Créanciers	0	-24 000
Flux d'impôt (34%)	-34 000	-25 840
Flux de Trésorerie pour les Actionnaires (FTA)	**66 000**	**50 160**

Dans le cas de la société NE, les flux qui reviennent à l'ensemble des apporteurs de fonds sont de 66 000, alors que dans le cas de la société E ils sont de 50 160+24 000 = 74 160.

La valeur globale de la société NE devient : VGE_{ne} = 66 000/0,10 = 660 000, soit une baisse de valeur de 340 000. Cette chute de la VGE s'explique par le transfert de richesse qui s'est opéré au profit de l'État. Qu'en est-il pour la société E ?

Pour simplifier nos calculs, nous avions fait l'hypothèse que les flux étaient constants dans le temps. Au niveau de la dette, cela signifie qu'elle est perpétuelle, et donc que la société E paie des intérêts chaque année pour un montant de 6 %×400 000 = 24 000. Ces intérêts lui permettent d'économiser annuellement 24 000×34 % = 8 160 d'impôt. Ceci permet d'augmenter sa VGE d'un montant égal à la valeur actualisée au taux R_d de ces économies d'impôt futures (VEI), soit [4] :

$$VEI = (T \times R_d \times V_{df}) / R_d = T \times V_{df} = 0{,}34 \times 400\,000 = 136\,000$$

D'où :

$$VGE_e = VGE_{ne} + VEI$$

Dans notre exemple, la VGE de la société endettée est alors de 660 000 + 136 000 = 796 000. Or ce résultat est obtenu avec un taux d'endettement de 40 %. Si on va jusqu'au bout de la logique, toute augmentation de l'endettement permet à la société d'économiser un peu plus d'impôt, ce qui augmente d'autant sa VGE. À partir de là, il est de l'intérêt de la société de se financer à 100 % par dettes !

Comment expliquer ce résultat qui paraît étonnant ? Par le fait que nous sommes toujours dans un cadre d'analyse théorique, où le marché est presque parfait, la seule imperfection étant la présence d'un impôt sur les sociétés. Nous allons voir que d'autres imperfections (coûts de faillite et coûts d'agence) vont remettre en cause la conclusion selon laquelle la valeur est maximale lorsque le financement se fait à 100 % par dettes. Ceci va également nous conduire à présenter les quatre principales théories explicatives de la structure financière des entreprises.

[4] L'hypothèse d'une dette constante dans le temps permet de retenir comme taux d'actualisation R_d. En annexe du chapitre 4, nous avons vu que si c'est le levier d'endettement (V_{df}/VGE) qui est stable dans le temps, alors l'actualisation doit se faire au taux R_a.

C. Un monde imparfait : les coûts de faillite et d'agence

1. Les coûts de faillite

Les résultats mis en évidence par Modigliani et Miller ne permettent pas d'expliquer les comportements réellement observés en matière d'endettement, les sociétés ne se finançant pas à 100 % par dettes. Pour comprendre ce qui guide les entreprises, il faut notamment tenir compte du risque de faillite. Or le risque d'une faillite est d'autant plus grand que l'entreprise est endettée. Ceci s'explique par le fait que quelle que soit sa performance opérationnelle, elle doit payer régulièrement des intérêts et rembourser une fraction des fonds empruntés.

Le risque de faillite est représenté par la probabilité que l'entreprise se trouve dans l'incapacité d'honorer ses engagements (payer ses fournisseurs, ses salariés, rembourser ses dettes, etc.). Or, si une procédure de faillite est engagée, elle va entraîner des coûts (avocat, indemnités de licenciement, perte de valeur des actifs, etc.) qui viendront réduire la valeur de l'entreprise. Sans attendre la procédure de faillite, le simple fait qu'elle soit possible engendre des coûts pour l'entreprise (perte de confiance des clients et fournisseurs, démotivation de son personnel, etc.).

La valeur de ces coûts de faillite (VCF) est d'autant plus élevée que la société est endettée et donc que sa probabilité de faillite est grande. Bien qu'il soit délicat de les estimer, on peut dire que ces coûts dépendent à la fois de la probabilité que l'entreprise soit réellement en faillite et de la perte de valeur que cela entraînera, soit :

$$\text{VCF} = \text{probabilité de faillite} \times \text{perte de valeur en cas de faillite}$$

Ceci nous permet de reformuler le modèle de Modigliani et Miller (1963) en tenant compte à la fois de la valeur des économies d'impôt (VEI) mais également de la valeur de ces coûts de faillite (VCF), soit :

$$VGE_e = VGE_{ne} + VEI - VCF$$

L'avantage fiscal retiré du recours à la dette est donc contrebalancé par ces coûts de faillite.

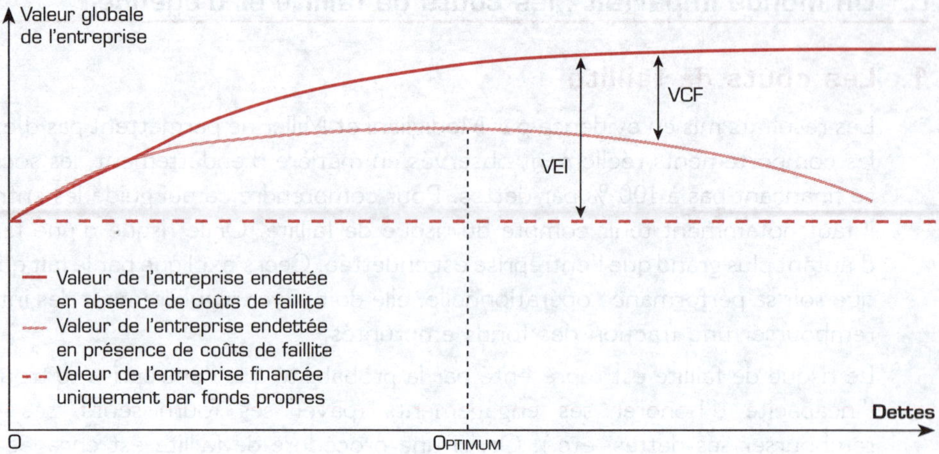

Structure financière optimale et incidences de l'endettement

2. Les coûts d'agence

La théorie de l'agence a été développée à partir des travaux de Michael Jensen et William Meckling. Ils partent du cas d'une entreprise détenue à 100 % par son dirigeant. Dans cette situation, il n'y a aucune séparation des fonctions de direction et de détention. Il supporte donc la totalité des risques et profits de son activité de dirigeant. À partir du moment où il cède une partie de ses actions, les coûts qui peuvent être engendrés par son activité de direction sont alors partagés avec les autres actionnaires. Il n'est plus seul à les supporter et peut être incité à engager des dépenses qui ne vont pas dans l'intérêt de l'entreprise (voyage dans les caraïbes, voiture de fonction luxueuse, etc.). Lorsqu'il détient 100 % du capital de son entreprise, c'est au final lui qui supporte ces dépenses. S'il n'en détient plus que 75 %, 25 % de la dépense est supporté par les autres actionnaires.

Quel rapport entre les coûts d'agence et le choix d'une structure financière ? Jensen et Meckling (1976) montrent qu'en s'endettant, la société s'oblige à une meilleure gestion car elle doit être en mesure de rémunérer et rembourser à intervalles réguliers ses créanciers. Le niveau des flux de trésorerie pour les créanciers financiers (FTC) étant contractuels, contrairement aux flux de trésorerie pour les actionnaires (FTA), il est fondamental pour l'entreprise d'être en mesure de les supporter. Et donc, plus une entreprise est endettée, plus ses FTC sont élevés, et plus ses dirigeants doivent gérer de façon efficace leur société. Dans le cas contraire, les FTD ne permettront pas de couvrir les FTC et la société sera en cessation de paiement. L'endettement réduit pour le dirigeant les possibilités d'utilisation discrétionnaire de la trésorerie de l'entreprise. La dette a ainsi un rôle disciplinaire.

Mais si la dette a un impact positif, la théorie de l'agence montre également qu'elle a un versant négatif. Selon cette théorie, le dirigeant est l'agent des actionnaires, qui lui délèguent la gestion de leur entreprise. Afin qu'il agisse dans leur intérêt, et non dans son propre intérêt, ils peuvent mettre en place des mécanismes incitatifs (bonus, stock-options, etc.) afin que les intérêts des actionnaires et du dirigeant soient convergents. Ils peuvent également mettre en place des systèmes de contrôle (*monitoring*). De la même façon, les créanciers peuvent avoir intérêt à mettre en place des mécanismes qui restreignent les décisions que pourrait prendre le dirigeant ou les actionnaires en leur défaveur. C'est ce que l'on appelle des clauses d'endettement (*debt covenants*). Elles peuvent prendre la forme d'une interdiction de cession de certains actifs, d'une limitation des distributions de dividendes ou de recours à de nouvelles dettes. Tous ces mécanismes de contrôle ont un coût pour l'entreprise, qu'ils soient directs ou d'opportunité, qui viennent réduire sa valeur. Or plus une société est endettée, plus les créanciers financiers sont incités à mettre en place ce type de clauses.

Le recours à l'endettement conduit à la fois à réduire les coûts d'agence, tout en induisant des coûts de contrôle.

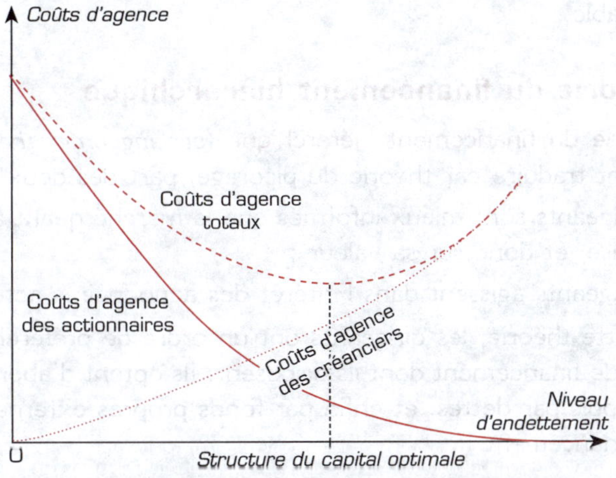

Schéma 6.1 : Endettement et coûts d'agence

D. Les autres théories explicatives de la politique de financement des entreprises

Au cours des 50 dernières années, les chercheurs ont élaboré un certain nombre de théories tendant à justifier les choix des entreprises en matière de sources de financement. Ces différentes théories intègrent notamment les conséquences des imperfections de marché vues jusqu'à présent : impôt sur les bénéfices, coûts de faillite, coût d'agence.

1. La théorie du compromis

La théorie du compromis (*trade-off*) tient compte à la fois de l'effet positif sur la VGE du recours à la dette grâce à la valeur actuelle des économies d'impôt (VEI), mais aussi de son effet négatif au travers des coûts de faillite (VCF). Pour chaque entreprise, il existe donc un optimum en matière de structure du capital (V_{df}/V_{cp}) qui maximise sa VGE. À l'optimum, la VEI due à un euro de dette supplémentaire est juste compensée par une augmentation de la VCF. Au-delà de ce ratio d'endettement optimal, la valeur des coûts de faillite est plus élevée que l'avantage fiscal procuré par les intérêts d'emprunt.

La limite de cette théorie vient du fait qu'elle ne permet pas d'indiquer quel est le niveau réel de cet optimum pour une société. Un optimum existe, mais elle ne permet pas de le quantifier. Dans la pratique, on observe que les secteurs d'activité où les actifs tangibles sont importants (industrie...) sont plus endettés que les secteurs à fort actifs intangibles (services, hautes technologies, etc.). Cette observation peut se justifier de deux façons :

• Les banques prêtent d'autant plus facilement qu'elles peuvent se garantir sur les actifs de la société, d'où l'importance des actifs tangibles ;

• Dans les secteurs où les actifs intangibles sont importants, les coûts de faillite sont très élevés car la perte de valeur de la société en cas de liquidation peut être considérable.

2. La théorie du financement hiérarchique

La théorie du financement hiérarchique (*pecking order theory*), que l'on pourrait également traduire par théorie du picorage, part des deux hypothèses suivantes :

• Les dirigeants sont mieux informés que le marché quant à la santé financière de l'entreprise, et donc sur sa valeur ;

• Les dirigeants agissent dans l'intérêt des actionnaires actuels.

Selon cette théorie, les dirigeants ont un ordre de préférence entre les différents moyens de financement dont ils disposent. Ils optent d'abord pour un financement interne, puis par dettes, et enfin par fonds propres externes :

1. autofinancement ;
2. endettement ;
3. augmentation de capital.

L'autofinancement présente l'avantage de ne nécessiter l'accord d'aucun partenaire (banque ou actionnaire). De ce fait, il est pour le dirigeant le mode de financement à la fois le plus souple, mais également le plus confortable car il n'a pas à se justifier quant à l'utilisation qu'il compte en faire.

Si l'autofinancement est insuffisant, un financement externe est alors nécessaire. Dans ce cas, il va préférer le recours à la dette plutôt qu'à une augmentation de capital car cette dernière est généralement mal perçue par le marché. En effet, partant du principe que les dirigeants sont mieux informés que le marché quant à la vraie valeur de l'entreprise, ces derniers ne procéderont à une augmentation de capital que lorsqu'ils considèrent que le cours est surévalué. À l'inverse, si les dirigeants estiment que le cours ne reflètent pas correctement la valeur de la société, qui vaut plus chère, alors ils ne procéderont pas à une augmentation de capital. Par ailleurs, si l'augmentation de capital est un signal négatif, le recours à la dette est plutôt considéré comme un signal positif du fait de son rôle disciplinaire.

3. La théorie du signal

La théorie du signal repose sur l'une des hypothèses de la théorie précédente, l'existence d'asymétries d'information entre les dirigeants et le marché. Pour que le marché valorise correctement leur société, les dirigeants sont alors obligés d'émettre des signaux. Mais pour qu'un signal soit efficace, il faut qu'il soit coûteux pour celui qui l'émet, sinon n'importe quelle entreprise risquerait de l'imiter.

Le recours à un financement par dette est considéré comme un signal positif car il s'interprète comme le fait que le dirigeant anticipe que la performance de son entreprise sera bonne. Il s'agit d'un signal coûteux car une entreprise avec des perspectives défavorables ne peut l'imiter, sauf à prendre le risque de se retrouver en situation de défaut si elle n'est pas en mesure de faire face à ses échéances.

4. La théorie de l'opportunisme managérial

Pour Baker et Wurgler (2002), le choix d'une structure financière relèverait d'une forme d'opportunisme de la part des dirigeants (théorie de l'opportunisme managérial). Les sociétés émettraient des actions lorsqu'elles considèrent que leur titre est surévalué et émettraient des dettes lorsqu'il est sous-évalué. La structure du capital d'une société ne serait donc que la conséquence des opportunités passées, les dirigeants ayant décidé, selon les cas, d'émettre des actions ou des obligations.

CHAPITRE 7

La politique de dividendes

▶ Lorsqu'une société réalise des bénéfices, ses actionnaires doivent se prononcer lors de l'assemblée générale annuelle sur l'affectation de ces derniers. Deux choix s'offrent à eux : mettre en réserve tout ou partie de ces bénéfices ou se les distribuer sous forme de dividendes. Le graphique 7.1. illustre les différentes utilisations possibles lorsque l'on raisonne non plus sur la base du résultat mais du flux de trésorerie pour les actionnaires (FTA) dégagé au cours de l'exercice. Ce FTA correspond au flux de trésorerie disponible, minoré des versements aux créanciers financiers (annuités nettes d'impôt). Il correspond à la trésorerie qui est susceptible de revenir aux actionnaires.

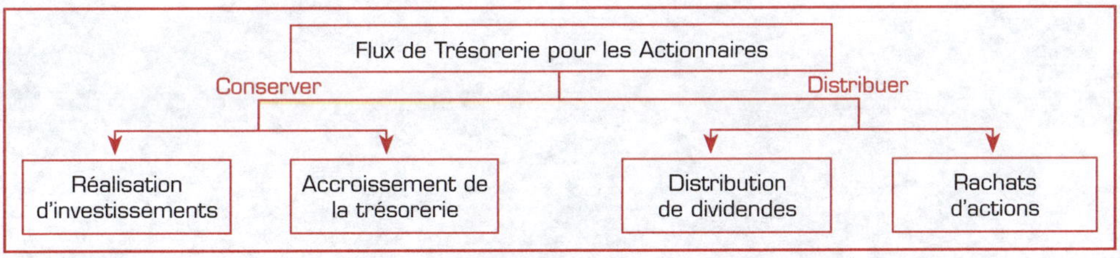

Schéma 7.1.
Les affectations possibles des flux de trésorerie disponibles pour les actionnaires

La politique de dividendes d'une entreprise correspond à la façon dont elle va utiliser son FTA, et notamment à l'arbitrage qu'elle va devoir faire entre conserver cette trésorerie et la distribuer à ses actionnaires. Si elle décide de la distribuer, elle pourra le faire par une distribution de dividendes ou dans le cadre d'un programme de rachat d'actions.

CHAPITRE 7

La distribution de dividendes est ainsi un moyen pour le dirigeant de rendre aux actionnaires une partie de leurs liquidités. Le rachat d'actions, la réduction de capital et le versement d'un dividende exceptionnel sont également des moyens de reverser aux actionnaires des liquidités. L'observation des politiques de dividendes des entreprises montre une très grande diversité des pratiques. Ceci nous amène à nous poser deux questions :

- Quels sont les déterminants de la politique de dividendes ?
- Quel est l'impact de cette politique sur la valeur de l'entreprise et son cours boursier ?

1 Les dispositions légales en matière de distribution de dividendes

Le code de commerce prévoit que « *le bénéfice distribuable est constitué par le bénéfice de l'exercice, diminué des pertes antérieures, ainsi que des sommes à porter en réserves en application de la loi ou des statuts, et augmenté du report bénéficiaire* ». Pour bien comprendre ceci, voyons les trois postes des capitaux propres qui sont concernés par une distribution de dividendes :

- le résultat de l'exercice ;
- le report à nouveau ;
- les réserves.

Le bénéfice de l'exercice correspond au bénéfice tel qu'il apparaît au compte de résultat. Il est donc après impôt. Le report à nouveau correspond aux sommes des exercices antérieurs qui n'ont pas été affectées. Ceci ne concerne que deux situations. La première se produit lorsque la société a fait des pertes. Le résultat de l'exercice déficitaire d'une année apparaît alors l'année suivante en report à nouveau négatif. La seconde situation correspond aux sommes qui n'ont été ni mises en réserves, ni distribuées, généralement pour des raisons d'arrondi de dividendes. Quant aux réserves, il faut distinguer celles qui sont obligatoires de celles qui sont facultatives. Elles sont obligatoires lorsqu'elles sont imposées par la loi (réserve légale et réserves réglementées) ou par les statuts. La dotation à la réserve légale est ainsi égale à 5 % du résultat net de l'exercice, diminué de l'éventuel report à nouveau négatif. Elle est obligatoire tant que son montant n'atteint pas 10 % du capital social. Les réserves réglementées doivent être dotées afin de pouvoir bénéficier de certains avantages fiscaux. Les réserves statutaires correspondent à des dotations qui sont prévues dans les statuts. Dans les faits, elles sont très rares car, en imposant une dotation, elles réduisent les marges de manœuvre de l'entreprise. Enfin, les réserves facultatives sont dotées de la part du bénéfice distribuable qui n'a pas été distribuée.

Pour bien comprendre la politique de dividendes, il faut avoir à l'esprit les différences qui existent entre bénéfice distribuable, réserves et trésorerie. Pour pouvoir distribuer des dividendes, il faut avoir un bénéfice distribuable mais également une trésorerie disponible. Imaginons une société qui affiche au 31 décembre 2008 un bénéfice de 100 et une trésorerie de 100. En janvier 2009, elle réalise un investissement de 100 par autofinancement. D'un point de vue comptable, la société peut distribuer. Mais d'un point de vue pratique, elle ne dispose pas de la trésorerie nécessaire. De même, le fait de disposer de réserves importantes n'implique pas nécessairement d'avoir une trésorerie conséquente. Enfin, une société peut dégager beaucoup de trésorerie au cours d'un exercice et ne pas disposer pour autant d'un bénéfice distribuable. Cette situation peut, par exemple, se rencontrer lorsque l'entreprise a investi dans le passé et comptabilise donc des dotations aux amortissements. Ces dotations, qui sont des charges comptables, réduisent le résultat et donc le bénéfice distribuable mais n'ont pas d'incidence en terme de trésorerie (à l'exception de l'économie d'impôt qu'elles permettent).

En conclusion, pour pouvoir distribuer des dividendes, il faut :
- dégager des bénéfices ;
- disposer d'une trésorerie suffisante.

exemple

L'affectation du résultat

Les capitaux propres au 31 décembre 2007 de la société Guitard se présentent comme suit :

Capital (10 000 actions) :	1 000 000
Réserve légale :	97 000
Autres réserves :	7 000
Report à nouveau :	1 000
Résultat :	21 000

Les statuts prévoient un intérêt statutaire de 3 %. Les actionnaires, réunis en AGO, décident du versement d'un superdividende de 15 € par action et d'une dotation à la réserve facultative de 25 000 € et le report à nouveau du solde.

Dotation à la réserve légale : 5 % × 212 000 = 10 600 €, plafonnée à 10 % du capital social (10 % × 1 M€ – 97 000), soit une dotation de 3 000 €.

Résultat :	212 000
Dotation à la réserve légale :	– 3 000
Report à nouveau :	1 000
Bénéfice distribuable :	210 000
Intérêt statutaire (3%×1 M€) :	30 000
Superdividende :	150 000
Réserve facultative :	25 000
Report à nouveau :	5 000

En France, les dividendes sont généralement versés annuellement en numéraire. Il existe cependant d'autres alternatives, plus rares en pratique :
- L'acompte sur dividendes : qui consiste au versement anticipé d'une fraction du dividende, sur décision du conseil d'administration. L'avantage ici est d'étaler les décaissements pour l'émetteur et de lisser le revenu pour l'actionnaire. Ce mode de paiement est très peu pratiqué en France.
- Le paiement du dividende en actions : il doit être décidé par l'assemblée générale ordinaire. Pour l'entreprise, il présente l'avantage de ne pas entraîner de décaissement. Pour l'actionnaire, il peut entraîner des problèmes de trésorerie car l'impôt doit être payé au même titre que s'il avait touché un dividende en espèces. Ceci étant, cette modalité de paiement n'est qu'une option proposée à l'actionnaire, qui peut toujours opter pour un paiement en numéraire. Pour l'actionnaire désirant réinvestir dans l'entreprise, il évite les frais de transaction occasionnés par l'achat

d'actions supplémentaires et permet en général de bénéficier d'un prix inférieur au cours de bourse. C'est un mode de règlement en voie de disparition aujourd'hui.

- Le dividende majoré : cette possibilité consiste à verser un dividende supérieur au dividende normal aux actionnaires détenant leurs actions depuis plus de deux ans. La majoration ne peut excéder 10 % du dividende normal.

Le calendrier d'une distribution est le suivant. Tout d'abord, l'assemblée générale ordinaire (AGO) des actionnaires qui va décider de l'éventuelle distribution doit se tenir dans les 6 mois suivant la clôture de l'exercice. Quant au paiement effectif, il doit avoir lieu dans les 9 mois de la clôture. Dans le cas d'une société cotée où l'actionnariat change à chaque instant, c'est celui qui a la qualité d'actionnaire à la date de mise en paiement qui va percevoir le dividende.

L'identification de cette date est importante car le jour en question, le cours de l'action décroche d'un montant à peu près égal à la valeur du dividende, ce qui est logique. Si une action cote 75 € et verse un dividende de 7 € le 2 mars 2007, son cours va baisser mécaniquement à 68 € le 2 mars car l'actionnaire qui détient une action le 1er mars touchera un dividende de 7 €, contrairement à celui qui l'achèterait le 2. Cette chute du cours ne modifie pas la richesse de l'actionnaire, mais uniquement sa composition. Le 1er mars, il possède une action qui vaut 75 € alors que le 2 mars, sa richesse se décompose en une action à 68 € et des espèces pour 5 €.

2 ▶ Dans un monde parfait : la thèse de la neutralité

La politique de dividende a t elle un impact sur la valeur de l'entreprise ? Les sociétés qui distribuent de forts dividendes valent-elles plus chères que celles qui n'en distribuent pas ? Comment expliquer les différences de politique de dividendes que l'on peut observer entre sociétés ?

Miller et Modigliani [1961] ont tenté de répondre à cette question, en développant un modèle dans un contexte de marché de capitaux parfait, qui suppose :

- l'absence de fiscalité ou de distorsion fiscale entre l'imposition des dividendes et des plus-values ;
- un montant du dividende fixé librement par les dirigeants ;
- un accès au marché financier libre ;
- une absence de frais d'augmentation de capital et de coût de transaction ;
- pas d'asymétrie d'information entre le dirigeant et les actionnaires ;
- pas de conflits d'intérêts entre le dirigeant et les actionnaires : les dirigeants prennent des décisions qui maximisent le patrimoine des actionnaires.

Dans ce cadre d'hypothèses, ils démontrent que la politique de dividende ne peut influencer la valeur de l'entreprise dès lors qu'elle est sans incidence sur sa politique d'investissement. L'actionnaire est indifférent entre recevoir un euro sous forme de dividende ou sous forme de plus-value.

exemple

La neutralité de la politique de dividendes selon Miller et Modigliani (1961)

Une société envisage de reverser une partie de sa trésorerie, à hauteur de 1 M€. La valeur de l'entreprise s'élève à 11 M€ et son capital est composé de 100 000 actions. La valeur de l'action est donc égale à 11 000 000/100 000 = 110 €.

Cas nº 1. Si cette entreprise décide de distribuer des dividendes pour un montant de 1 M€, sa valeur va diminuer de 1 M€. La valeur de l'action est alors égale à 10 000 000/100 000 = 100 € et chaque actionnaire perçoit 10 € par action. La richesse de l'actionnaire est donc intacte et se décompose en une action de 100 € et des liquidités pour 10 €. La distribution de dividendes a seulement modifié la répartition de celle-ci.

Dans un marché de capitaux parfait, le jour où le dividende est versé, le cours de l'action baisse d'un montant équivalent.

Cas nº 2. Si cette entreprise décide de distribuer des dividendes pour un montant de 1 M€ et de financer cette distribution par une augmentation de capital. Pour cela, elle doit émettre 1 M€/110 = 9 091 actions nouvelles. Le nombre d'actions en circulation est alors de 100 000 + 9 091 = 109 091. La valeur de l'entreprise est inchangée puisque la sortie de trésorerie a été compensée par une entrée d'un montant équivalent. Le montant du dividende unitaire versé est par contre modifié : 1 000 000/109 091 = 9,17 €. La valeur de l'action est alors de 11 000 000/109 091 = 100,83 €, soit une richesse globale de 110€ pour un actionnaire qui détient une action.

Dans un marché de capitaux parfait, la distribution de dividendes est sans impact sur la richesse des actionnaires.

Cas nº 3. Si cette entreprise décide de procéder à des rachats de ses propres actions pour un montant de 1 M€, le rachat va se faire au cours de bourse, soit 110 € et porter sur 1 M€/110 = 9 091 actions. Le rachat d'actions entraînant leur annulation, la valeur de l'entreprise va diminuer de 1 M€ et le nombre d'actions en circulation est de 100 000 – 9 091 = 90 909. La valeur de l'action est alors de 10 000 000/90 909 = 110 €.

Dans un marché de capitaux parfait, un rachat d'actions est sans impact sur le cours de bourse du titre.

Lorsque le montant du dividende augmente, l'actionnaire voit ses liquidités augmenter et, de façon symétrique, la valeur de ses actions diminuer. Le montant du dividende distribué n'influence donc pas la richesse de l'actionnaire. Elle entraîne juste une modification de la composition du patrimoine de celui-ci.

Si ce résultat est largement discutable du fait des hypothèses réductrices sur lesquelles repose le modèle, il présente l'avantage de mettre en évidence les conditions de sa réalisation. Dans la suite de ce chapitre, nous lèverons ces différentes hypothèses, ce qui nous permettra d'expliquer pourquoi certaines entreprises sont incitées à verser des dividendes alors que d'autres ne le sont pas.

3 Dans un monde imparfait : l'impact de la fiscalité

La fiscalité joue un rôle important en matière de politique de dividendes car ces derniers ne sont pas taxés au même taux que les plus-values sur actions. Nous avons vu que la distribution de dividendes induit une baisse mécanique du cours du titre. Supposons un actionnaire qui a acquis une action pour 50 € et souhaite la vendre le 30 juin. Elle cote ce jour là 72 €. Sa plus-value est donc de 72 – 50 = 22 €. Si, la veille, elle avait versé un dividende de 5 €, son cours aurait été de 72 – 5 = 67 €, et la plus-value de 67 – 50 = 17 €. La taxation de notre actionnaire dans le cadre de son impôt sur le revenu se fera dans des catégories fiscales différentes :

- Sans distribution : 22 € au titre des plus-values ;
- Avec distribution : 17 € au titre des plus-values et 5 € au titre des revenus de capitaux mobiliers.

Si cet actionnaire avait décidé de ne pas vendre son action, il n'aurait fait l'objet d'aucune imposition dans le premier cas et uniquement sur la base des 5 € de dividendes dans le second cas. En effet, l'imposition de la plus-value n'a lieu qu'au moment de la cession de l'action. Tant que le titre n'est pas cédé, la plus-value est latente et n'est pas imposable. C'est une seconde différence par rapport aux dividendes.

A. La taxation des dividendes et des plus-values

De manière générale, les dividendes sont plus taxés que la plus-value, notamment pour les personnes dont le taux d'imposition se situe dans les tranches les plus hautes. Par ailleurs, le fait que la plus-value ne soit taxée qu'au moment de la cession de l'action permet de reporter dans le temps le paiement de l'impôt. Pour ces différentes raisons, les actionnaires ont généralement intérêt à ce que la société ne distribue pas de dividendes et procède plutôt à des rachats d'actions si elle souhaite reverser des fonds à ses actionnaires car, dans ce cas, seuls ceux qui ont besoin de liquidités vendront leurs titres et seront taxés. On parle alors de dividende « maison » (*homemade dividend*) car seuls les actionnaires qui ont des besoins de trésorerie vont vendre une partie de leurs actions.

Dans ces conditions, toutes choses égales par ailleurs, une société qui procède à des rachats d'actions plutôt qu'à des distributions de dividendes fera économiser des impôts à ses actionnaires, et vaudra donc plus chère.

1. Imposition des dividendes perçus par les particuliers

Les dividendes sont imposables, pour les particuliers, au barème progressif de l'impôt sur le revenu. Le montant imposable est calculé après un premier abattement égal à 40 % des dividendes perçus, puis un second de 1 525 € (3 050 € pour un couple). C'est ce montant net qui va venir s'ajouter aux revenus imposables au barème progressif. L'actionnaire va, par ailleurs, disposer d'un crédit d'impôt égal à 50 % des dividendes perçus, avant abattements. Ce crédit s'impute sur le montant de l'impôt à payer, dans la limite de 115 € (230 € pour un couple). S'il est supérieur à l'impôt dû, le montant non imputé est remboursé par le Trésor Public à l'actionnaire.

Ces dividendes sont également soumis à des prélèvements sociaux à hauteur de 11 % (dont 5,8 % de CSG déductible).

exemple

Un couple perçoit des dividendes pour un montant D = 20 000 euros. Ce couple est imposé au titre de l'impôt sur le revenu au taux marginal de 40 %.

Dividende brut :	20 000
1er abattement (40 %) :	8 000
2nd abattement (fixe) :	3 050
CSG déductible [1] (5,8 %) :	1 160
Montant imposable :	7 790

Impôt brut (40 %) :	3 116
Crédit d'impôt :	230
Impôt sur les dividendes :	2 886

À cet impôt, il faut ajouter les 11 % de prélèvements sociaux, soit 2 200 euros supplémentaires.

Barème de l'imposition sur le revenu en 2007 (applicable aux revenus de 2006)

Tranches de revenus nets imposables	Taux d'imposition
De 0 à 5 515 €	0 %
De 5 515 à 11 000 €	5,5 %
De 11 000 à 24 432 €	14 %
De 24 432 à 65 500 €	30 %
Au-delà de 65 500 €	40 %

2. Imposition des plus-values réalisées par les particuliers

Les plus-values sont, quant à elles, taxées à 27 % (taux forfaitaire de 16 % + 11 % de prélèvements sociaux), dès lorsque le total des cessions dans l'année dépasse 15 000 euros. Lorsque les titres sont détenus depuis plus de 8 ans, la plus-value est exonérée.

[1] Dans les faits, cette CSG ne sera déductible que l'année suivante.

3. Imposition des dividendes perçus par une société imposable à l'impôt sur les sociétés

Dans le cas où l'actionnaire est une entreprise imposable à l'IS (SA, SARL, sociétés de personnes ayant opté pour l'IS), les dividendes reçus seront imposés au taux de droit commun (33,33 % ou 15 % selon les sociétés). Si la société qui reçoit les dividendes est actionnaire à plus de 5 % de la société qui distribue, elle bénéfice du régime fiscal des sociétés mères-filles. Elle ne sera alors pas imposée sur les dividendes qu'elle reçoit. Enfin, lorsque la société mère détient plus de 95 % du capital de sa filiale, elle peut opter pour le régime de l'intégration fiscale. Là encore, les dividendes reçus ne sont pas imposables.

4. Imposition des plus-values réalisées par une société

En matière d'imposition des plus-values, il faut distinguer les titres de participations des titres de placement. Alors que les titres de participations (détention d'au moins 5 % du capital, prix de revient supérieur à 22 800 000 € ou acquis dans le cadre d'une OPA ou d'une OPE) sont acquis afin d'exercer un pouvoir sur la société, les titres de placement ont un caractère spéculatif.

Pour les exercices ouverts à partir de 2007, les plus-values à long terme (détention > à 2 ans) sur titres de participations seront exonérées. Une quote-part de frais et charges de 5 % calculée sur le résultat net des plus-values nettes à long terme sur cession de titres de participation sera, en contrepartie, imposée au taux normal. Lorsque la société revend des titres qu'elle détient depuis moins de deux ans, la plus-value dégagée sera imposée au taux normal. Enfin, en cas de titres de placement, la plus-value est considérée comme un produit financier et est donc imposée au taux normal.

B. L'effet de clientèle fiscale

Nous venons de voir que la plupart des investisseurs préfèrent réaliser des plus-values que de recevoir des dividendes. L'intensité de cette préférence va dépendre du différentiel de taxation entre plus-values et dividendes et conduire les sociétés à attirer des investisseurs selon leur politique de dividendes. Les actions à dividendes élevés seront recherchées par les investisseurs faiblement imposés tandis que les actions à faibles dividendes et fortes plus-values auront les faveurs des investisseurs se situant dans les tranches élevées de l'impôt sur le revenu. C'est ce que l'on nomme l'effet de clientèle fiscale.

4 ▶ Les autres déterminants de la politique de dividendes

Nous venons de voir que la fiscalité avait un impact sur la politique de dividendes des entreprises. D'autres facteurs vont influer sur la politique de l'entreprise.

A. Le financement de projets d'investissement

La décision de verser ou non un dividende est également liée aux projets d'investissement de l'entreprise. Une entreprise peut décider de ne pas distribuer de dividendes et de mettre en réserves une partie de ses bénéfices afin de pouvoir les réinvestir dans des projets rentables, c'est-à-dire à VAN positive. La politique de dividendes est alors un sous-produit de la politique d'investissement de l'entreprise. Par contre, si la société ne dispose pas de projets rentables, elle doit réaliser un arbitrage entre distribuer et mettre en réserves. La mise en réserves lui permet d'accroître sa trésorerie disponible et ainsi réduit son risque de défaut et le coût de nouveaux financements.

Le cas de Microsoft est assez révélateur. La société a été créée en 1975 et a attendu 2003 pour distribuer son premier dividende. L'année suivante, elle versait un dividende exceptionnel de 53 milliards de dollars. Tout ceci n'a pas empêché le titre de voir son cours s'envoler sur la période, passant, par exemple, de 0,08 $ début 1986 à 30 $ fin 2006.

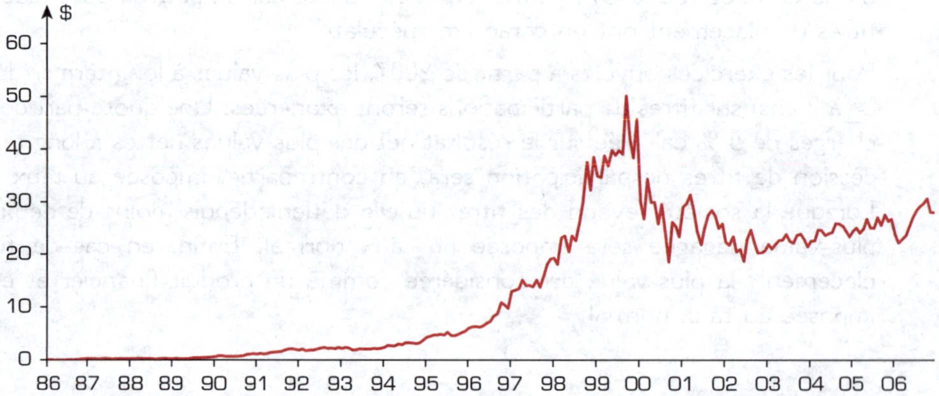

Graphique 7.2. • **Évolution entre janvier 1986 et mars 2007 de l'action Microsoft**

Dans certains cas, une société va se constituer une trésorerie importante afin de financer une acquisition future. En mettant en réserve ses bénéfices, elle se constitue un « trésor de guerre » et s'évite les coûts de transaction associés à un financement externe (augmentation de capital ou dette). Les entreprises jeunes, novatrices et en phase de croissance ont tendance à verser peu ou pas de dividendes. A l'inverse, les entreprises ayant atteint leur phase de maturité distribuent des dividendes élevés.

Mais cette mise en réserves induit des coûts d'agence et éventuellement une hausse de l'imposition. La trésorerie qu'elle se constitue va être placée dans des instruments financiers qui vont lui procurer des produits imposables. Or ces produits de trésorerie seront taxés au taux de droit commun (33,1/3 %) alors qu'ils l'auraient été au taux marginal d'imposition de l'actionnaire si les fonds concernés avaient été distribués. Cette mise en réserve peut également induire des coûts d'agence car les dirigeants vont se trouver à la tête d'une trésorerie importante dont l'utilisation pourra ne pas être efficiente. C'est pourquoi la théorie de l'agence parle de rôle disciplinaire de la dette. Une société qui a besoin de s'endetter pour financer ses projets d'investissements sera mieux gérée que si elle peut les autofinancer avec sa trésorerie car l'existence de dettes met les dirigeants sous pression. S'ils ne sont pas performants, la société risque de ne pas être en mesure de faire face à ses engagements vis-à-vis de ses banques, et de se retrouver en situation de défaut.

B. Le dividende comme signal

Dans la plupart des entreprises, et notamment celles où l'actionnariat est très dispersé, il y a séparation entre la propriété (les actionnaires) et la gestion de l'entreprise (le dirigeant). Il s'ensuit des problèmes d'asymétrie d'information. Pour rassurer les actionnaires et le marché quant à la bonne santé de l'entreprise, les dirigeants doivent émettre des signaux qui soient à la fois crédibles et coûteux.

Le niveau du dividende constitue un de ces signaux. Un dirigeant ne peut se permettre de verser un dividende significatif que s'il anticipe un avenir favorable pour l'entreprise. Ce signal est coûteux, et donc crédible, car il ne peut être imité par des entreprises dont les perspectives sont mauvaises car cela les mettrait en difficultés financières.

De la même façon, si une entreprise continue à verser le même dividende alors que son bénéfice est en diminution, cela peut être interprété par le marché comme le fait que le dirigeant considère que la baisse du bénéfice n'est que passagère. C'est d'ailleurs pour se prémunir contre l'envoi d'un signal négatif au marché que les entreprises ont tendance à lisser dans le temps leurs distributions de dividendes. Alors que leurs résultats peuvent être très variables d'une année sur l'autre, on observe une relative régularité dans les distributions. Les dividendes sont beaucoup moins volatiles que les bénéfices. En maintenant le dividende stable, les dirigeants se ménagent des réserves en cas de baisse des bénéfices futurs. Ils ne l'augmentent que s'ils sont convaincus de pouvoir le maintenir à ce niveau les années suivantes, et ne le réduisent qu'en cas de graves difficultés.

C. La réduction des coûts d'agence

La distribution de dividende, au même titre que l'endettement, peut être considérée comme un moyen de discipline et de contrôle du dirigeant. Pour Jensen (1986), la séparation des fonctions de direction et de possession entraîne des coûts d'agence, les dirigeants pouvant agir dans leur intérêt personnel et non dans celui des actionnaires. Pour limiter ce type de comportement, les sociétés qui dégagent des flux de trésorerie disponibles (FTD) ont intérêt à verser des dividendes afin de réduire les risques d'utilisation inefficiente des fonds par les dirigeants.

D. Les coûts de transaction

La politique de dividende peut aussi être contrainte par les coûts de transaction que peuvent supporter les actionnaires lorsqu'ils ont besoin de liquidité ou, au contraire, lorsqu'ils veulent placer leurs liquidités. Dans un cas comme dans l'autre, ceci entraîne des coûts, liés aux frais de bourse qui sont à supporter pour vendre des actions et obtenir des liquidités, ou en acheter pour les placer.

E. Les autres facteurs

La finance comportementale permet aussi de justifier la politique de dividendes menée par l'entreprise. Lorsque le marché manque de confiance dans l'avenir, il va préférer que les sociétés distribuent d'importants dividendes, ce qui assure un revenu certain. Par contre, lorsqu'il est optimiste, la non distribution est perçue comme un gage de plus-values futures.

La structure de l'actionnariat peut aussi expliquer la politique de certaines entreprises, lorsque leur capital est détenu par un actionnaire majoritaire. Ce dernier peut avoir besoin de liquidités pour réaliser de nouveaux investissements ou, au contraire, peut ne pas souhaiter percevoir de dividende pour ne pas payer d'impôt. À partir de là, sa position d'actionnaire majoritaire peut lui permettre de décider de la politique de l'entreprise, en fonction de ses intérêts personnels.

L'existence de clauses d'endettement imposées par les créanciers financiers peut également limiter les marges de manœuvre de l'entreprise. Ces clauses ont pour objet de limiter le risque pris par les créanciers en restreignant les distributions de dividendes de l'entreprise. Ce faisant, la société conserve de la trésorerie et limite ainsi son risque de défaillance.

5 ▶ Les rachats d'actions et dividendes exceptionnels

Pour reverser des liquidités excédentaires à ses actionnaires, il existe des alternatives à la distribution de dividendes :

- les rachats d'actions, éventuellement suivis de réductions de capital ;
- les distributions de dividendes exceptionnels.

Les programmes de rachats d'actions ont pour objet soit de réduire le capital de la société, soit de lui permettre d'honorer ses engagements envers les détenteurs de dettes convertibles (OCA, ORA, etc.), soit envers ses salariés (attribution d'actions gratuites, plan de *stock-options*, etc.). Les programmes de rachats ne peuvent porter sur plus de 10 % du capital de la société. Ils peuvent se faire de trois façons : par achats au fil de l'eau, c'est-à-dire en bourse et étalé au cours du temps, par offre publique ou, au contraire, en ciblant certains actionnaires.

La différence essentielle entre ces modes de reversement et le versement d'un dividende normal est que ces deux opérations ont un caractère ponctuel. Un rachat d'actions une année ne laisse pas supposer qu'il y en aura un autre au cours de l'année suivante. De la même façon, les dividendes exceptionnels, comme leur nom l'indique, n'ont pas de caractère récurrent. À l'inverse, un dirigeant qui augmente le dividende d'une année aura des difficultés à le réduire l'année suivante, sauf à envoyer un signal négatif à ses actionnaires et au marché. C'est ce que l'on appelle l'effet cliquet.

exemple

Programme de rachats d'actions par Valéo, mai 2006

À l'occasion de son Assemblée Générale des actionnaires du 17 mai 2006, Valeo a décidé de procéder ou de faire procéder au rachat de ses propres actions, en vue :

– de la mise en œuvre de tout plan d'options d'achat d'actions de la Société ;

– de l'attribution d'actions aux salariés au titre de leur participation aux fruits de l'expansion de l'entreprise et de la mise en oeuvre de tout plan d'épargne d'entreprise ;

– de l'attribution gratuite d'actions au personnel ;

– de la remise d'actions lors de l'exercice de droits attachés à des valeurs mobilières donnant accès au capital par remboursement, conversion, échange, présentation d'un bon ou de toute autre manière ;

– de l'annulation de tout ou partie des titres ainsi rachetés ;

– de la remise d'actions (à titre d'échange, de paiement ou autre) dans le cadre d'opérations de croissance externe ;

– de l'animation du marché secondaire ou de la liquidité de l'action Valeo par un prestataire de services d'investissement dans le cadre d'un contrat de liquidité.

En absence d'imposition des dividendes et de coûts de transaction, les actionnaires sont indifférents entre une distribution de dividende et des rachats d'actions suivis de leur annulation. Dans cette dernière situation, le nombre d'actions est réduit, ce qui majore le bénéfice et le dividende par action et maintient constant le cours du titre.

exemple

La neutralité des rachats d'actions

Prenons le cas d'une entreprise au capital de 10 millions d'actions, qui cotent 37 €. Il y a 1 mois, la société a cédé une filiale aux Pays-Bas, ce qui lui permet de disposer de 74 M€ de trésorerie en excès. Ses dettes sont de 27 M€. Elle s'interroge sur l'impact d'un programme de rachat d'actions.

Sa valeur globale (VGE), qui correspond à la valeur actualisée au coût du capital de ses flux de trésorerie disponibles futurs, n'est pas affectée par le programme puisque ni ses FTD, ni son coût du capital ne sont affectés par l'opération. La valeur d'une action, avant le rachat d'actions est :

$$V_{action} = [\text{VGE} + \text{trésorerie en excès} - \text{dettes}] / \text{nombre d'actions}$$

D'où :

$$\text{VGE} = V_{action} \times \text{nombre d'actions} - \text{trésorerie en excès} + \text{dettes}$$

------ ➤

Soit :

$$VGE = 37 \times 10 - 74 + 27 = 323 \text{ M€}$$

Voyons maintenant ce qui se passe en cas de rachat d'actions.

La trésorerie en excès va permettre de racheter δ actions sur les *n* en circulation, à un prix *P*. Le prix *P* auquel vont être rachetées les actions s'estime à partir de la valeur de marché des capitaux propres après l'opération et du nouveau nombre d'actions, soit :

$$P = [VGE - dettes] / [n - \delta]$$

Soit :

$$P = [323 - 27] / [10 - \delta]$$

Nous savons que les 74 M€ vont servir à racheter δ actions, soit :

$$74 = \delta \times P$$

En résolvant ces deux dernières équations, nous obtenons :

$$\delta = 2 \text{ millions d'actions}$$
$$P = 37 \text{ €}$$

Le rachat aboutit à un cours de l'action après l'opération de 37 €, identique à celui qu'il était avant, bien que le nombre d'actions ait été réduit. Au contraire, si la société avait procédé à une distribution de dividendes, le cours de l'action aurait baissé de 74/10 = 7,4 €.

Dans les faits, il existe cependant des différences entre une distribution de dividendes et un rachat d'actions :

• un programme de rachats d'actions permet aux actionnaires de choisir s'ils souhaitent ou non recevoir des liquidités en cédant une partie de leurs actions. Au contraire, une distribution de dividendes s'impose à tous ;

• un programme de rachats est souvent perçu positivement par le marché, comme le signal d'une sous-évaluation des actions ;

• en cas de liquidités importantes, un programme de rachats évite l'effet cliquet, c'est-à-dire le fait qu'il est délicat, du point de vue de la communication financière de la société, d'augmenter le dividende, puis de le diminuer l'année suivante ;

• une augmentation du dividende est un signal plus fort qu'un rachat car, du fait de l'effet cliquet, il s'interprète comme le signe d'une performance durable ;

• le rachat peut permettre de faire évoluer la structure du capital. Par exemple, cette technique peut permettre à un actionnaire qui détient 40 % du capital de devenir majoritaire sans avoir à racheter une seule action, grâce à un programme de rachat d'actions à hauteur de 10 % ;

• avec une distribution, le cours va baisser et tous les actionnaires vont être taxés. Avec un rachat, le cours est inchangé et seuls les actionnaires qui ont cédés leurs titres seront taxés, généralement moins que s'ils avaient touché des dividendes ;

• le rachat entraînant une réduction du nombre d'actions, le prix d'exercice des éventuels *stock-options* des managers sera revu à la baisse, ce qui leur est profitable. Ils vont donc préférer les rachats au détriment des dividendes.

En conclusion, il apparaît clair que l'impact de la décision de verser ou non des dividendes aux actionnaires n'est pas neutre. Pour autant, l'importance de la politique de distribution reste marginale par rapport aux politiques d'investissement et de financement qui déterminent avant tout l'évolution de la valeur de l'entreprise.

CHAPITRE 8

La gestion de trésorerie internationale

▶ Dans les grands groupes internationaux comme dans n'importe quelle entreprise, le rôle du trésorier est d'équilibrer la trésorerie tout en réduisant les frais bancaires, en maximisant les produits financiers issus des placements et en gérant les risques financiers à court terme. Afin de remplir ces différentes missions, il établit des prévisions sous la forme de budgets de trésorerie.

Lorsque ces prévisions font ressortir un solde de trésorerie négatif, il doit prévoir des moyens de financement à court terme, qui peuvent être d'origine bancaire ou provenir des marchés monétaires.

Les crédits d'origine bancaire sont :

- la mobilisation des créances (escompte, crédit de mobilisation de créances commerciales, crédit Dailly, avances de devises) ;
- les crédits de trésorerie (facilités de caisse, découverts, le crédit spot) ;
- les crédits pour opérations spécifiques (crédits de campagne, préfinancement des marchés publics).

Le financement direct sur les marchés se fait par l'émission de billets de trésorerie ou de bons à moyen terme négociables (BMTN).

Il existe enfin une troisième possibilité de financement à court terme : le crédit interentreprises, l'affacturage et la cession des créances.

En cas d'excès de liquidité, caractérisé par un solde positif du budget de trésorerie, le trésorier doit envisager des placements à court terme. Les placements bancaires sont le dépôt à terme ou les dépôts bancaires en devises. Les placements sur les marchés se font en titres de créances négociables (bons du

Trésor négociables, billets de trésorerie, certificats de dépôts) ou en valeurs mobilières de placement (obligations ou OPCVM choisies pour leur liquidité).

Tous ces éléments concernant la gestion de trésorerie sont abordés dans le programme du DCG et ne seront donc pas détaillés ici [1].

Ce chapitre concerne les entreprises ayant une activité internationale qu'il s'agisse de grands groupes ou de PME.

Il s'articule autour des trois thèmes suivants :

- Les particularités de la gestion de la trésorerie internationale ;
- La couverture du risque de change ;
- La couverture du risque de taux.

La gestion de trésorerie internationale est plus complexe que celle en euros du fait de l'existence de flux réalisés dans différentes monnaies, de techniques complexes de transferts de fonds internationaux et de la réglementation des changes internationaux.

Seront présentés les différents modes de paiement possibles pour des transactions internationales, les moyens de transfert du risque de non-paiement des créances internationales, les avantages et les inconvénients de la centralisation de la trésorerie, et enfin les moyens techniques de la centralisation.

Pour limiter le risque de change, l'entreprise peut prendre un certain nombre de mesures comme choisir la devise de facturation, prévoir dans ses contrats des clauses d'indexation monétaire, pratiquer des opérations de termaillage et de *netting*, mettre en place un centre de facturation, organiser un système de *cash pooling* ou encore recourir à la diversification monétaire. L'entreprise peut aussi améliorer sa couverture en ayant recours aux instruments proposés sur les marchés de gré à gré et sur les marchés organisés. Elle peut ainsi réaliser des opérations d'avance en devises, réaliser des emprunts et des placements sur le marché monétaire, s'assurer auprès de la Coface, acheter ou vendre des contrats à terme, réaliser des *swaps* de devises ou encore recourir aux options sur devises.

Ces entreprises s'exposent aussi au risque de taux d'intérêt. Ce risque de taux peut être réduit par une bonne gestion interne des flux se traduisant par un adossement des actifs aux passifs, par l'immunisation de portefeuille, par la mise en place de clauses optionnelles, par la réduction des échéances ou encore par le recours à des produits à taux variables. En plus de ces différentes méthodes qui peuvent être mises en place en interne, il existe un certain nombre d'instruments financiers permettant au trésorier de se couvrir contre le risque de taux. Ces produits sont proposés soit sur des marchés de gré à gré comme les *forward-forwards*, les FRA, les options sur taux d'intérêt ou encore les *swaps*, soit sur des marchés organisés pour les *futures* et les options.

---

[1] Sur le sujet, voir Mollet et Langlois (2007).

1 La gestion de trésorerie des groupes internationaux

Les objectifs spécifiques de la gestion de trésorerie d'un groupe multinational sont :

- l'optimisation des coûts et des revenus des placements, grâce notamment à la compensation des flux provenant des différentes filiales et à une meilleure négociation des conditions bancaires rendue possible du fait de l'importance des flux gérés (effet taille) ;
- la mise en place d'un système de *reporting* fiable ;
- la mise en place de procédures de contrôle ;
- l'assistance et le conseil adressés aux trésoriers des filiales ;
- la gestion des risques de taux et de change.

En plus des modes de paiement par chèque, virement bancaire, lettre de change ou billet à ordre existant pour le règlement des opérations domestiques, le recours au crédit documentaire ou à la lettre de crédit permet d'augmenter la sécurité des opérations réalisées.

Le risque de non-paiement des créances est plus important pour les opérations transfrontalières que pour les transactions nationales. L'exportateur peut, dès lors, choisir de transférer ce risque dès son apparition en contractant un crédit documentaire avec sa banque. Il peut aussi se débarrasser de ce risque en s'assurant auprès de la Coface. L'entreprise peut enfin céder ses créances à un affactureur ou à une société de forfaitage.

En cas de la défaillance du débiteur constatée, l'exportateur peut, par la technique de la compensation, récupérer une partie de ses créances en nature. Sa créance peut aussi être remboursée sous forme de titres de participation dans des entreprises locales. L'exportateur peut enfin revendre sa créance à un tiers à un prix inférieur à sa valeur initiale.

A. Les différents moyens de paiement internationaux

Les moyens de paiement doivent être choisis avec attention car le risque de non recouvrement peut être important. Aux moyens de paiement utilisés pour les opérations domestiques s'ajoutent d'autres possibilités assurant une meilleure sécurité tel que le crédit documentaire.

1. Le chèque

Pour le créancier, le chèque est un moyen présentant peu de sécurité. Il peut être volé, sans provision ou encore perdu. De plus, il s'agit d'un moyen de paiement plutôt lent, le délai entre son émission et son encaissement par l'exportateur étant en général d'une quinzaine de jours.

2. La traite ou lettre de change

La traite ou lettre de change est un écrit par lequel l'exportateur (dit le tireur) donne l'ordre à l'importateur (le tiré), de payer une certaine somme à lui-même ou à un tiers. Ce mode de paiement présente la particularité d'avoir une fonction de crédit car lorsque la lettre de change est à terme, elle peut être mobilisée auprès de la banque.

3. Le billet à ordre

Le billet à ordre est une reconnaissance de dette par laquelle le souscripteur (l'acheteur) s'engage à verser une somme à l'ordre du bénéficiaire. Il est peu utilisé dans les échanges internationaux. Le billet peut être au comptant ou à terme. De la même façon que la lettre de change, il peut être mobilisé par l'exportateur auprès d'une banque commerciale.

4. Le crédit documentaire

Le crédit documentaire ou credoc est une lettre par laquelle le banquier de l'acheteur promet au banquier du vendeur de régler un certain montant sur présentation d'un certain nombre de documents (facture, titre de transport, certificat d'origine) attestant que l'exportateur a bien livré les biens. Il assure ainsi la garantie du paiement.

Le mécanisme du credoc est le suivant. L'acheteur donne l'ordre à sa banque d'ouvrir un crédit documentaire au nom de son fournisseur. La banque du débiteur ouvre le crédit dans une banque correspondante située dans le pays de l'exportateur. Le correspondant informe l'exportateur de l'existence du crédit. L'exportateur remet les biens entre les mains du transporteur qui lui fournit un certain nombre de documents. L'exportateur envoie ces documents à la banque correspondante qui, après les avoir vérifiés, règle le prix des marchandises. La banque correspondante adresse alors l'ensemble des documents à la banque de l'importateur. La banque émettrice du crédit documentaire i.e. la banque de l'acheteur remet les documents à l'importateur en contrepartie du paiement de la créance. L'acheteur, en échange des documents, récupère ses marchandises auprès du transporteur.

5. La lettre de crédit

Il s'agit là plus d'une garantie bancaire que d'un mode de paiement. La lettre de crédit est émise en faveur de l'exportateur par la banque de l'importateur. L'acheteur demande à sa banque d'émettre une lettre de crédit en faveur du vendeur. La banque de l'acheteur rembourse l'exportateur en cas de défaillance de l'acheteur. Elle permet de dédommager l'exportateur en cas de non-respect du contrat. C'est une procédure simple, rapide et peu coûteuse. Elle présente cependant moins de garanties que le crédit documentaire.

6. Le virement bancaire

Le virement est un ordre donné par le débiteur à son banquier de régler une somme donnée à son créancier. C'est un mode de règlement très fréquent dans les opérations internationales car il est à la fois sûr, rapide et peu coûteux. Il ne protège cependant pas du risque de défaut du débiteur. Les ordres de virement passent par le réseau Swift (*Society for Worldwide Interbank Financial Telecommunications*).

B. La gestion du risque de non paiement d'un client étranger

Afin de gérer le risque de défaut de ses clients, l'exportateur a le choix entre transférer ce risque dès son apparition ou attendre le non-paiement des créances.

1. Le transfert de risque de défaut à un tiers

Le recours au crédit documentaire offre la possibilité à l'exportateur de transférer ce risque sur sa banque ou sur celle de l'acheteur. La Coface (Compagnie Française d'Assurance pour le Commerce Extérieur) joue aussi un rôle d'assurance en procédant au remboursement des créances non recouvrées. Après un délai de constatation de carence d'une durée minimale de six mois. L'exportateur est alors indemnisé à hauteur d'une quotité comprise entre 85 et 95 % du montant de la créance.

L'entreprise peut aussi choisir de revendre ses créances à une société d'affacturage (*factoring*) ou de forfaitage (*forfaiting*). Tandis que les opérations d'affacturage portent sur l'ensemble des créances à l'exportation acceptées par le *factor*, le forfaitage ne concernent que certaines transactions. Les sociétés d'affacturage peuvent se mettre en rapport avec leurs homologues étrangers, ce qui facilite le remboursement des créances. Les contrats portent alors sur la globalité des ventes de l'entreprise. Le coût de ce service se compose d'une rémunération majorée d'agios.

2. La gestion du risque de défaut a posteriori

Lorsqu'un client fait défaut et qu'aucune couverture de ce risque n'a été mise en place, le créancier dispose de plusieurs solutions. La première est le recours à la compensation, la dette est réglée en nature, les produits proposés étant en général des matières premières. Le trésorier international remplace le coût du défaut par de nouveaux risques : risque de qualité ou risque commercial.

Une autre possibilité est de transformer la créance non réglée en parts dans le capital du débiteur. C'est ce que l'on appelle un *debt equity swap*.

Il est aussi possible de revendre les créances à un tiers moyennant une perte conséquente. Il ne faut, en effet, pas perdre de vue que le défaut signifie que la dette n'a pas été payée dans les délais initialement impartis. Il est toujours possible qu'elle le soit plus tard.

C. Les avantages et les inconvénients de la centralisation

L'organisation de la gestion de trésorerie dans un groupe multinational dépend du niveau de centralisation désiré par la maison mère. Alors qu'il y a encore une vingtaine d'années, la gestion de trésorerie décentralisée était préconisée, la centralisation rendue possible par les progrès technologiques et informatiques est devenue aujourd'hui la tendance.

La centralisation de la trésorerie à l'intérieur d'un groupe permet d'augmenter le pouvoir de négociation du trésorier auprès des banques car les fonds à gérer sont d'autant plus importants. Elle permet également de couvrir les besoins de certaines filiales grâce aux excédents dégagés par d'autres et de réduire ainsi les frais financiers.

Le risque d'une telle centralisation est une diminution de la motivation des trésoriers des filiales qui voient une partie de leurs responsabilités disparaître. Il faut avant tout obtenir l'adhésion des trésoriers des filiales pour que le système centralisé fonctionne.

Cette centralisation peut bien fonctionner si le système de *reporting* est de haute qualité. L'objectif du *reporting* est de renseigner la société mère sur la position du groupe en terme d'endettements, de placements et de positions vis-à-vis du risque de change. Les informations émanant des filiales doivent faire preuve d'une grande harmonisation en terme de présentation afin de pouvoir être rapidement consolidables.

La mise en œuvre de la centralisation implique que certaines entités du groupe (en excédent de trésorerie) prêtent des fonds à d'autres (en déficit de trésorerie). Pour que les avances de trésorerie dans les groupes soient légales, un certain nombre de conditions doivent être remplies. Ces avances doivent être dictées par l'intérêt économique, social ou financier du groupe, ne pas léser les intérêts particuliers des sociétés et de leurs actionnaires minoritaires, ne pas excéder les possibilités financières des sociétés qui en supportent la charge, être rémunérées suivant des conditions normales, c'est-à-dire proches de celles du marché, et les sociétés doivent appartenir à un même groupe.

D. Les moyens techniques de la centralisation

1. La fusion des échelles d'intérêts

La fusion des échelles d'intérêts s'applique lors du calcul des intérêts débiteurs de l'ensemble des filiales, sur la base d'un solde global unique intégrant l'ensemble des soldes individuels des filiales. Chaque filiale disposant librement de son solde, la fusion des soldes est donc virtuelle. En cas de solde global négatif, les intérêts sont calculés et réglés par le groupe, qui refacture ensuite aux filiales les agios au *prorata* de leur découvert.

On parle de *cash pooling* notionnel ou compensation notionnelle car il n'y a pas de transfert de fonds, ce qui évite le coût des transferts et permet aux filiales de garder le contrôle de leur compte.

2. Le cash pooling

Le trésorier du groupe assure la gestion de la trésorerie de toutes les filiales, en couvrant les besoins de financement et en assurant les placements financiers à court terme. Grâce à la fusion des trésoreries des filiales, les conditions bancaires obtenues sont plus intéressantes que si chaque filiale négociait individuellement avec sa banque. Ce *cash pooling* peut être international lorsque certaines des filiales sont étrangères. Il évite non seulement aux filiales de trouver des modes de financement auprès de leurs banques mais permet aussi de limiter les certains transferts de fonds internationaux.

Il existe plusieurs formes de *cash pooling* :

• la centralisation automatique ou *Zero Balancing Account (ZBA)* pour laquelle tous les comptes des filiales sont automatiquement remis à zéro et les soldes transférés sur un compte central en fin de journée ;

• le *Zero Balancing Overnight (ZBO)* qui se traduit comme le *Zero Balancing Account* le soir, à la différence que le matin suivant, le solde de chaque filiale retrouve le montant qu'il présentait la veille au soir ;

• le *Target Balancing*, qui prévoit un solde minimum pour chaque filiale sans que la totalité du compte ne soit créditée.

3. Le *netting* ou compensation multilatérale

Le *netting* se traduit par la mise en place d'un centre de compensation, qui centralise l'ensemble des créances et des dettes du groupe. Après compensation entre les différentes filiales, seuls les soldes nets sont payés au centre de compensation qui a la charge de rembourser les créanciers. L'intérêt du *netting* est une diminution des coûts de transferts de fonds du fait d'une réduction des montants et du nombre d'opérations. Le *netting* sera présenté plus en détail dans l'étude de la couverture interne du risque de change.

exemple

En 2005, le groupe Vedior France a réorganisé en profondeur sa gestion de trésorerie. La première étape a consisté à redéfinir ses relations avec son pool bancaire composé à l'origine de 17 banques. En réduisant ses interlocuteurs à 4 banques, l'entreprise, par la mise en place d'un *cash pooling ZBA*, a pu renégocier ses conditions bancaires et a ainsi vu baisser ses coûts bancaires de 40 %.

Pour améliorer la sécurité mais aussi la rapidité des flux (plus de 100 000 opérations à l'heure aujourd'hui), Vedior France a développé la dématérialisation de ses opérations de paiement grâce notamment à la lettre de change magnétique et aux virements. Les transferts d'information des banques vers l'entreprise se font aussi plus rapidement et permettent un meilleur suivi du solde de trésorerie au jour le jour.

2 ▶ Le risque de change de transaction

Toute entreprise réalisant des opérations dans une monnaie autre que sa monnaie de référence s'expose à un risque de change. L'évolution des taux de change n'est donc pas sans impact sur le résultat de l'entreprise. Il est important pour le trésorier de mesurer son exposition au risque de change de manière régulière et de s'organiser afin de minimiser ce risque. Si le risque ne peut être supprimé par une bonne gestion des flux de trésorerie, il doit être couvert en externe par le recours aux marchés de gré à gré ou aux produits proposés sur les marchés organisés.

A. La définition et la mesure du risque de change

1. La définition

Le risque de change pèse sur toute entreprise qui réalise des opérations commerciales (achats ou ventes) ou financières (placements ou emprunts) dans des devises différentes de sa monnaie de référence, qui est en général sa monnaie nationale. C'est le risque de voir le contrat se dénouer à des conditions de change différentes de celles en vigueur au moment de la passation du contrat.

Un exportateur français détenant des créances libellées en dollars court le risque d'observer une chute du cours de cette devise entre la date de la signature de la vente et celle du paiement de sa créance. À l'inverse, un importateur dont les achats sont facturés en devises craint une hausse du cours de la devise entre le moment de l'achat et le règlement de la dette.

2. L'exposition au risque de change

L'exposition au risque de change est mesurée par la position de change qui représente le solde entre les créances et les dettes dans une même devise et pour un même terme. La position est dite « longue » (ou ouverte) dans la devise si les créances sont supérieures aux dettes. À l'inverse, si le montant des dettes excède celui des créances, la position est dite « courte ».

Après avoir mesuré son risque de change, l'entreprise doit prendre la décision de couvrir ou non sa position compte-tenu de ses anticipations quant à l'évolution de la devise et du coût de la couverture. Dans un premier temps, le trésorier utilise des techniques de couverture pouvant être mises en place en interne. Après cette première phase, seul le risque résiduel reste à couvrir en externe.

B. La couverture interne

L'objectif de la couverture interne est soit :

- d'éviter l'exposition au risque ;
- de réduire l'exposition au risque de change ;
- de ne gérer qu'une position globale plutôt qu'une multitude de positions individuelles grâce à la centralisation.

1. Le choix des devises

Pour éviter toute exposition au risque de change, il est possible de choisir de libeller toutes les opérations en monnaie nationale (en euros pour une entreprise française). Le risque de change est alors transféré sur les partenaires de l'entreprise avec parfois, en contrepartie, un coût implicite (hausse des prix à l'achat, baisse des tarifs à la vente). De plus, il devient alors impossible de tirer profit d'une évolution future favorable des taux de change.

Une autre possibilité, plutôt rare en pratique, est de choisir la devise en fonction des anticipations d'évolution des taux de change, les facturations en monnaie forte (monnaie pour laquelle une augmentation du taux de change est anticipée) et inversement, les achats en monnaie faible.

2. L'indexation monétaire

Le contrat commercial peut prévoir une augmentation ou une diminution du prix de vente en fonction de l'évolution du taux de change ou encore des taux d'intérêt et de l'inflation. Le vendeur reporte ainsi une partie du risque de change sur son client.

exemple

Un exportateur italien signe un contrat pour un montant de 10 000 dollars sur la base de USD 1 = 0,83 EUR, avec une clause d'adaptation des prix proportionnelle à la fluctuation du taux de change.

- Si le cours du dollar diminue à USD 1 = 0,80 EUR, l'exportateur italien va augmenter son prix de vente en dollars, soit : 10 000 × (0,83/0,80) = 10 375 dollars.
- Si le cours du dollar augmente jusqu'à USD 1 = 0,90 EUR, l'exportateur va diminuer le prix libellé en dollars, qui devient alors : 10 000 × (0,83/0,90) = 9 222 dollars.

Le montant reçu par l'exportateur italien en euros sera toujours égal à 10 000 × 0,83 = 8 300 euros :

- si USD 1 = 0,80 EUR, il reçoit 10 375 dollars, soit 10 375 × 0,80 = 8 300 euros.
- si USD 1= 0,90 EUR, il reçoit 9 222 dollars, soit 9 222 × 0,90 = 8 300 euros.

Ici la totalité du risque est transférée sur le client de l'exportateur qui supporte intégralement l'évolution du taux de change.

Ces contrats peuvent prévoir des franchises, c'est-à-dire des seuils de variation du taux de change à partir desquels les ajustements de prix ont lieu. Le risque peut aussi être partagé contractuellement entre l'importateur et l'exportateur.

3. Le termaillage ou *leading and lagging*

Le termaillage ou *leading and lagging* est une méthode qui consiste à accélérer les entrées de trésorerie (diminution des délais de paiement accordés aux clients) libellées en devises faibles (anticipation d'une dépréciation de la devise) et à retarder les décaissements exprimés en monnaie forte (anticipation d'une appréciation de la monnaie). Ceci se fait en augmentant les délais négociés auprès des fournisseurs.

De façon symétrique, il est possible de retarder les recettes en monnaie fortes et d'accélérer les règlements des dettes en monnaie faible.

Le trésorier doit bien sûr arbitrer entre le gain réalisé sur le taux de change et le coût engendré par l'augmentation du BFRE consécutive à l'allongement d'un délai client et à la diminution d'un délai fournisseur.

Cette technique est cependant difficile à mettre en œuvre car elle nécessite l'accord des partenaires commerciaux (clients et fournisseurs). Il est naturellement plus facile d'augmenter les délais accordés et de raccourcir ceux obtenus que le contraire.

4. Le *netting*

Le *netting* permet d'éviter les transferts de fonds entre les sociétés d'un même groupe grâce à la technique de la compensation. La compensation peut être bilatérale, entre deux entités. Dans ce cas, seuls les soldes résiduels font l'objet d'un versement.

exemple

Soit deux filiales d'un même groupe multinational américain : A (filiale française) et B (filiale italienne).

A doit verser à la filiale B un montant de 3 millions de dollars et B doit verser à A un montant de 4 millions de dollars. Après compensation bilatérale, le seul flux versé sera d'un million de dollars, de B vers A.

Lorsqu'il y a plus de deux entreprises entrant en jeu, un centre de compensation doit être mis en place afin d'assurer une compensation multilatérale. Le centre de compensation reçoit les sommes des filiales dont le solde est débiteur et redistribue les sommes aux filiales dont le solde est créditeur.

Ce centre de compensation peut être un département au sein de la maison mère ou un organisme juridiquement autonome situé dans un pays autorisant la compensation.

exemple

Soit un groupe composé de trois filiales A, B, C.

Les dettes existant entre les trois filiales sont représentées par le schéma suivant :

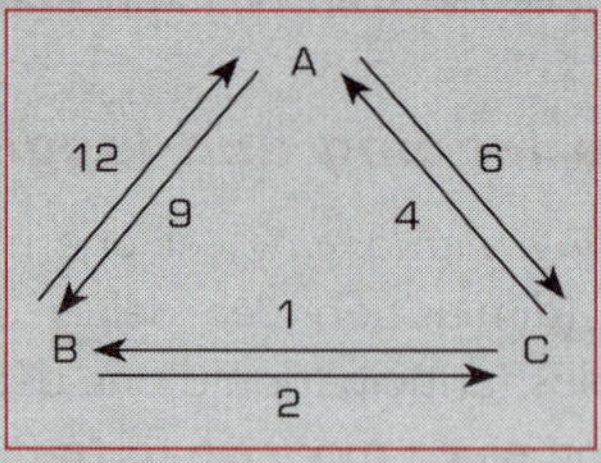

Après compensation bilatérale, les flux résiduels sont les suivants :

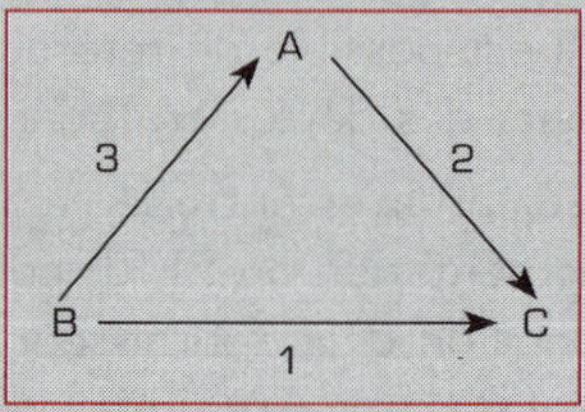

Après compensation multilatérale, les flux sont les suivants :

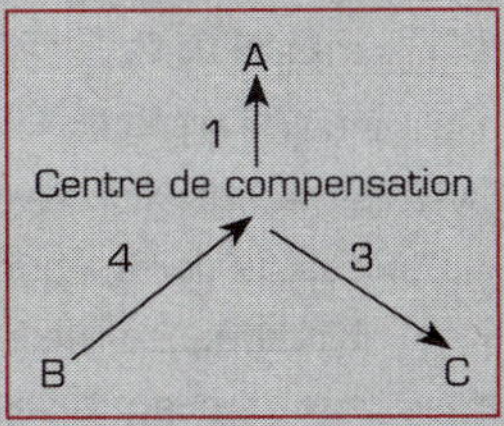

Le risque de change résiduel, au niveau du centre de compensation, est nul. Il n'y a donc plus besoin de couverture externe.

Le principe de compensation entre entreprises situées dans des pays différents n'est pas autorisé par toutes les législations. Par exemple en France, la compensation multilatérale est interdite.

5. Le centre de refacturation

Le recours à un centre de refacturation est une extension du principe de *netting*. Il permet d'étendre le système de compensation aux paiements intervenant en dehors du groupe. Les entreprises adressent leurs factures non plus à leurs clients mais à un centre de facturation qui assure le paiement de celles-ci dans la monnaie de référence de l'entreprise. Le risque de change est alors transféré sur le centre de facturation.

6. Le *cash pooling* ou centre de trésorerie

Il permet de centraliser les besoins et les excédents de trésorerie des différentes filiales d'un groupe international. Le trésorier principal peut ainsi avoir une vision globale et quotidienne de la trésorerie par devise. Le *cash pooling* permet aussi de réduire le coût des transferts internationaux. Il se traduit par la centralisation la plus large possible des opérations réalisées en devises pour les différentes filiales d'un groupe. La gestion de trésorerie intégralement centralisée présente l'avantage de pouvoir compenser au niveau global les retards de paiement par ailleurs.

7. La diversification monétaire

Il s'agit de centraliser les mouvements de trésorerie entre les entreprises du groupe mais aussi la trésorerie externe au groupe, ce qui permet de couvrir uniquement les soldes exprimés dans chaque devise mais aussi de diminuer le risque de change compte tenu de la diversification monétaire.

exemple

Soit une multinationale A qui a deux filiales, B et C.

Dans deux mois, B doit régler une créance de 2 M€ et recevoir 5 M$. L'entreprise C doit recevoir 3 M€ et régler une créance de 4 M$. La recette globale du groupe est ainsi de 1 M€ et de 1 M$. Il faut donc se protéger contre une baisse du dollar et de l'euro mais uniquement sur les soldes calculés. Les positions nettes peuvent se compenser entre elles, en particulier parce qu'elles sont exprimées dans des devises dont les taux de change peuvent évoluer en sens inverse.

L'effet diversification résulte de la centralisation de trésorerie à l'intérieur des groupes.

C. Les techniques de couverture externe

Les techniques de couverture externe permettent de couvrir le risque résiduel n'ayant pu être totalement éliminé par les techniques mises en œuvre en interne. Elles peuvent se réaliser sur les marchés organisés ou sur les marchés de gré à gré.

1. Le recours au marché monétaire

L'opération de couverture consiste à réaliser un prêt ou un placement dans la devise concernée et une opération symétrique dans sa monnaie locale.

exemple

Un exportateur français doit être payé d'une vente d'un montant de 20 000 dollars dans deux mois. Le cours de change au comptant est de 1 USD pour 0,83 EUR, le taux d'intérêt sur le marché monétaire américain est de 3,5 % pour deux mois (exprimé en taux annuel). Le taux sur le marché européen est de 4,5 % pour deux mois (exprimé en taux annuel). L'exportateur craint une dépréciation du dollar. Pour se couvrir, il va emprunter la valeur actualisée de 20 000 dollars aujourd'hui, soit un emprunt égal à : $20\,000/(1 + 3{,}5\ \% \times 2/12) = 19\,884$ dollars.

Il les convertit contre des euros et obtient : $19\,884 \times 0{,}83 = 16\,503{,}73$ € qu'il place au taux de 4,5 % sur une période de deux mois. Le placement lui procurera au bout de deux mois un montant de : $16\,503{,}73 \times (1 + 4{,}5\ \% \times 2/12) = 16\,627{,}5$ euros.

Le remboursement de sa créance dans deux mois lui permettra de rembourser l'emprunt de 20 000 dollars qu'il a souscrit. Le risque de change est ainsi supprimé.

2. L'avance en devises

À la différence de l'opération précédente, il n'y a qu'une seule opération en devises. Un exportateur qui attend une entrée de devises va réaliser aujourd'hui un emprunt en devises. Il revend immédiatement ces devises sur le marché des changes au comptant.

exemple

Un exportateur italien, qui a une créance à trois mois en dollars auprès de son client, peut prévoir, dès la vente, un emprunt en devises correspondant à la valeur actuelle du montant de sa créance. A l'échéance il utilise le montant payé par son client pour rembourser son emprunt.

3. Les assurances COFACE[1] (Compagnie Française d'Assurance du Commerce Extérieur)

La Coface propose des contrats moyennant le paiement d'une prime (fixée en pourcentage du montant de l'opération couverte) garantissant contre le risque de taux de change. Lorsque l'opérateur réalise des pertes de change, il est indemnisé par la Coface. À l'inverse, s'il enregistre un gain de change, il s'engage à le reverser à la Coface. Il y a ainsi transfert du risque de l'opérateur vers la Coface.

Le contrat CIME, aussi appelé « assurance change import/export », garantit un taux de change qui est le taux comptant le jour où débute la garantie. L'assiette garantie correspond à un montant prévisionnel d'achats ou de ventes. Le contrat permet de couvrir à 100 % les pertes de change. La durée de garantie s'étend de 3 à 18 mois. Chaque trimestre, les prévisions sont comparées aux montants réellement achetés ou vendus à l'importation et l'exportation. Si les montants réels sont inférieurs aux prévisions, la Coface assure la couverture du réel. Si, à l'inverse, les montants réels dépassent les prévisions, seuls les montants prévus sont assurés.

Ce type de couverture est peu utilisé car il n'est pas plus intéressant que les contrats à terme proposés par les banques. En cas d'évolution favorable des taux de change, l'opérateur reverse la totalité des gains de change à la Coface. Si l'opérateur veut pouvoir tirer profit d'une évolution favorable des taux de change, il doit payer une prime plus élevée. Il peut dans ce cas conserver 70 % des gains en cas d'exportation et 50 % en cas d'importation.

Le contrat Nego, ou « assurance de change négociation », permet de couvrir le risque de change existant entre la période de négociation du contrat et le paiement du contrat. Ce contrat permet aux entreprises ayant répondu à des appels d'offres, et ne sachant toujours pas si elles ont gagné le marché, de se couvrir. Les modalités sont proches du contrat CIME.

4. Les contrats à terme

Les contrats de change à terme ferme sont des contrats d'achat et de vente de devises à un prix fixé à l'avance. Ce sont les instruments de couverture du risque de change les plus utilisés. Il existe deux types de contrats à terme : les *forwards* et les *futures*. Les *forwards* sont négociables sur les marchés de gré à gré tandis que les *futures* sont échangés sur les marchés organisés.

---

[1] Site : www.coface.fr

Les contrats à terme *forward* se négocient entre l'entreprise et sa banque. Pour couvrir une position à terme longue (encaissement futur de devises), le trésorier va vendre les devises à terme. À l'inverse, pour couvrir une position courte à terme (décaissement futur de devises), il va acheter des devises à terme. Le coût de la couverture n'est pas implicite, mais se mesure par un coût d'opportunité : l'opérateur renonce à tirer profit d'une évolution favorable des taux de change.

exemple

En t = 0, un exportateur français réalise une vente pour 100 000 dollars avec un client américain. Il sera réglé dans quatre mois et redoute une chute du cours du dollar. Il a ainsi une position longue à terme. Il peut donc se couvrir par une vente de contrat à terme. Il va vendre un *forward* à sa banque. Il s'engage à vendre au banquier 100 000 dollars à un taux de conversion fixé aujourd'hui.

Le taux de change retenu pour l'opération va être fixé par le banquier en fonction du taux de change au comptant et des taux d'intérêt pratiqués sur les marchés européen et américain.

Le taux de change au comptant est de USD 1 = 0,83 EUR. Le taux à quatre mois exprimé en base annuelle est de 3,75 % sur le marché américain et de 5 % sur le marché français.

Le banquier va couvrir cette opération de son côté. Puisqu'il s'engage à acheter 100 000 dollars dans quatre mois, il emprunte aujourd'hui la valeur actuelle de 100 000 dollars, soit : 100 000/(1 + 3,75 % × 4/12) = 98 765,43 dollars. Il échange ces dollars contre des euros.

Il obtient 98 765,43 × 0,83 = 81 975,31 € qu'il réinvestit pour quatre mois au taux de 5 %. La valeur acquise de son placement à l'échéance est égale à : 81 975,31 × (1 + 5 % × 4/12) = 83 341,56 €.

À l'échéance, son client lui livre les 100 000 USD qui vont lui permettre de rembourser son emprunt en dollars. La somme procurée par le placement doit être supérieure ou égale à la somme à laquelle il est prêt à acheter les dollars.

Le taux de change à terme proposé par la banque doit donc être égal à : 83 341,56/100 000 = 0,8334. Quelle que soit l'évolution du taux de change durant les quatre mois suivant la vente, l'exportateur est assuré d'encaisser dans quatre mois 100 000 × 0,8334 = 83 340 euros.

Si les anticipations de l'exportateur ne se vérifient pas, c'est-à-dire si le dollar s'apprécie par rapport à l'euro, il ne pourra tirer profit de l'évolution favorable du taux de change.

Les contrats à terme *futures* : le mécanisme est le même que pour les *forwards*. Il s'agit d'un engagement pris par deux opérateurs, de livrer pour le vendeur et de recevoir pour l'acheteur, une certaine quantité de devises à un prix déterminé dès la signature du contrat. La livraison et le paiement sont repoussés à une date ultérieure. La seule différence ici est que ces contrats sont négociés sur des marchés organisés et sont donc plus sécurisés grâce à l'existence d'appels de marge quotidiens. Ils sont cotés à la criée avec un seul cours coté et non pas un cours acheteur et un cours vendeur comme pour les *forwards*. Les intermédiaires sont rémunérés par le versement d'une commission. Il existe une chambre de compensation qui assure la bonne fin des opérations en se portant contrepartie de toutes les transactions passées.

La chambre de compensation exige le versement d'un dépôt de garantie (aussi appelé marge initiale) qui est fonction du montant du contrat et de la volatilité du taux de change entre les deux devises concernées. Chaque jour, les gains et les pertes relatives au contrat sont estimés à partir du cours des devises. En cas de pertes, un appel de marge est réalisé. En cas de non-réponse de l'opérateur, le compte est immédiatement liquidé. À la différence du *forward*, où en cas d'achat le versement intervient à l'échéance, ici, les versements sont périodiques (les appels de marge). Cette stratégie présente donc un risque supplémentaire de trésorerie.

Pour couvrir le risque de change concernant le règlement d'une facture en devises à échéance trois mois (position courte), l'opérateur va procéder à un achat de *futures* dans cette devise de même échéance. À l'inverse, si l'entreprise attend le paiement d'une facture libellée en devises dans six mois (position longue), elle procédera à une vente de *futures* sur cette devise échéance six mois. Moins de 1 % des contrats donnent lieu à une livraison effective des devises, les opérateurs revendant ou rachetant leurs contrats avant l'échéance sur le marché secondaire. Ce sont des contrats standardisés fixant le montant des devises négociées, l'échéance de la transaction, la date de livraison et le taux de change.

Pour déterminer le nombre de contrats nécessaires à la couverture, il suffit de diviser le montant à couvrir par la valeur standard d'un contrat.

Les contrats proposés étant standardisés, leur échéance correspond rarement exactement à la durée de couverture souhaitée. Le résultat global de la couverture n'est donc pas connu avec exactitude.

Le principal marché proposant des *futures* est le CME (*Chicago Mercantile Exchange*).

Les contrats sont ensuite négociés sur un marché secondaire à la criée et sur le système électronique Globex, ce qui permet aux opérateurs de solder facilement leur position. Les montants sont en général plus faibles que ceux négociés sur le marché des *forwards*. Ce type de couverture est donc plus accessible pour les PME. Il permet, de plus, d'assurer l'anonymat des opérateurs.

exemple

Le 1er avril, un exportateur français doit recevoir dans trois mois le règlement d'une créance d'un montant de 100 000 dollars. Craignant une baisse du dollar par rapport à l'euro, il négocie un contrat de change à terme à un cours du dollar de 0,83 EUR. Il réalise une vente à terme à un cours fixé dès la signature du contrat. Quelle que soit l'évolution des taux de change, il recevra : 100 000 × 0,83 = 83 000 euros de la revente de ses 100 000 dollars.

• Si le 1er juillet le cours du dollar sur le marché au comptant (taux *spot*) est de 0,81 EUR, la chute anticipée par l'exportateur s'est vérifiée, le contrat à terme évite une perte de : (0,83-0,81) × 100 000 = 2 000 euros

• Si le 1er juillet, le cours du dollar sur le marché au comptant (taux spot) est de 0,85 EUR : les anticipations de l'exportateur ne se sont pas réalisées, le contrat à terme l'empêche de tirer profit de l'évolution favorable des taux de change et lui fait perdre : (0,85 – 0,83) × 100 000 = 2 000 euros.

Le contrat à terme permet une couverture du risque mais oblige à renoncer aux effets d'une évolution favorable des taux de change.

5. Les *swaps* de devises

Les *swaps* de devises sont des contrats de gré à gré qui permettent à chacune des parties d'échanger le service de deux dettes (intérêt et remboursement du capital), libellées dans deux monnaies différentes. Les deux parties sont mises en relation par une banque. L'échange porte sur le montant du capital et des intérêts. L'intérêt de cette opération est de tirer profit des avantages comparatifs dont bénéficient les parties. Les différentes étapes sont l'échange du nominal, l'échange des intérêts et enfin le remboursement du nominal. Les taux d'intérêt peuvent être fixes pour les deux dettes, ou l'une des dettes ou les deux peuvent avoir un taux d'intérêt variable.

L'objectif du *swap* peut être la gestion du risque de change mais aussi la recherche d'un mode de financement à un coût moindre. Il peut aussi être un moyen pour l'opérateur d'accéder aux emprunts sur le marché des devises souhaitées auquel il n'a pas forcement accès pour des raisons réglementaires.

exemple

Une entreprise française veut emprunter à long terme 100 000 dollars pour financer une machine outil qu'elle importe des Etats-Unis. Elle a difficilement accès au marché financier américain. Elle décide par conséquent de conclure un *swap* euros/dollars avec une société américaine souhaitant implanter une filiale en France et recherchant des euros. Le *swap* fixe le cours du change qui restera constant jusqu'à l'échéance, un taux d'intérêt pour l'euro et un taux d'intérêt pour le dollar. L'entreprise française émet un emprunt en euros et en verse le montant à l'entreprise américaine qui contracte un emprunt en dollars et le verse à l'entreprise française. Chaque année, l'entreprise française paiera ses intérêts en dollars à l'entreprise américaine qui parallèlement lui versera ses coupons en euros. A l'échéance, l'entreprise française remboursera le capital en dollars à l'entreprise américaine qui remboursera l'emprunt en euros.

Les banques mettent en contact les parties pouvant avoir des besoins symétriques, se chargent d'établir les conditions du contrat et de le rédiger. Elles surveillent le risque de crédit et peuvent aussi garantir la bonne fin des opérations en cherchant une nouvelle contrepartie en cas de défaillance, voire se substituer à la contrepartie si nécessaire. Le *swap* est rentable si son coût reste inférieur au différentiel de taux dont il permet de bénéficier sur l'emprunt en devises.

6. Les contrats optionnels

Les contrats optionnels sur devises permettent de se protéger contre une évolution défavorable du taux de change, tout en continuant à pouvoir tirer profit d'une évolution favorable. En cas d'anticipation d'une baisse du taux de change de la devise, l'investisseur achète une option de vente. En cas d'anticipation d'une hausse des taux de change, il achète une option d'achat. Les options sont disponibles à la fois sur les marchés de gré à gré et sur les marchés organisés.

L'achat d'une option d'achat (de vente) ou *call* (*put*) donne le droit mais pas l'obligation d'acheter (de vendre) une quantité déterminée de devises (sous-jacent) à un prix fixé à l'avance (prix d'exercice).

Les seuls marchés organisés d'options sur devises sont le *Philadelphia Stock Exchange* (PHLX) et le *Chicago Mercantile Exchange* (CME). Le marché français des produits dérivés, aujourd'hui intégré au *LIFFE* de Londres, a peu à peu abandonné ces options sur lesquelles peu de volumes étaient enregistrés, le marché de gré à gré étant beaucoup plus attractif du fait de sa souplesse et de son adéquation aux besoins de couverture.

exemple

En t = 0, un importateur français sait qu'il va devoir débourser 250 000 USD dans soixante jours. Le taux de change au comptant est 1 USD = 0,83 EUR. L'importateur anticipe une hausse du dollar dans les deux mois à venir. Pour se couvrir, il achète à son banquier un *call* USD/*put* EUR dont le nominal est de 250 000 USD. C'est une option européenne (uniquement exerçable à l'échéance) d'échéance 60 jours, dont le prix d'exercice est de 0,8350 EUR. La prime est de 2 %.

Sa couverture lui coûte la prime de : 2 % × 0,83 × 250 000 = 4 150 EUR

L'issue de l'opération dépend de l'évolution du taux de change.

- Si les anticipations de l'investisseur se vérifient et que le dollar s'apprécie, par exemple, 1 USD = 0,86 EUR à l'échéance, l'importateur exercera son option et obtiendra ses 250 000 dollars au taux fixé par l'option soit 1 USD = 0,8350 EUR, ce qui lui coûtera 250 000 × 0,8350 = 208 750 EUR. Le coût de revient d'un dollar est égal au cours d'exercice augmenté de la prime soit ici 0,8350 + (2 % × 0,83) = 0,8516. Le coût d'obtention des dollars est de 0,8516 × 250 000 = 212 900 EUR. Sans l'option, sa dépense se serait élevée à 250 000 × 0,86 = 215 000 EUR.

• Si, à l'inverse, les anticipations ne se vérifient pas et que le dollar se déprécie, l'investisseur abandonne l'option et achète les dollars au taux de change en vigueur dans soixante jours. Si le taux de change est 1 USD = 0,81 EUR, la dépense pour obtenir les 250 000 USD est de 250 000 ×0,81 = 202 500 EUR. Le coût de revient d'un dollar est égal au cours du dollar à l'échéance, augmenté de la prime soit ici 0,81+(2 % × 0,83) = 0,8266. Le coût d'obtention des dollars (prime comprise) est de 250 000 × 0,8266 = 206 650 EUR. L'investisseur réalise un gain de change (différence entre le cours en t = 0 et le cours à l'échéance) égal à : (0,83 – 0,81) × 250 000 = 5 000 EUR.

Le coût de la couverture est de 4 150 EUR. Le résultat global de 5 000 – 4 150 = 850 EUR.

À la différence d'une opération à terme ferme, l'option laisse à l'investisseur la possibilité de profiter d'une évolution favorable des taux de change.

À côté des options classiques, il existe un certain nombre d'options particulières :

• Les options *look back* ou options sur moyenne permettent d'acheter ou de vendre des devises sur la base d'une moyenne des cours sur la durée de vie de l'option. La prime est réduite par rapport à une option classique car le prix d'exercice n'est pas connu à l'avance.

• L'option sur option donne à son détenteur la possibilité d'acheter le droit d'acheter une option de change dont le prix d'exercice est voisin du taux de change de référence retenu. Elle est utile lorsque l'entreprise attend une réponse à un appel d'offres. Si elle n'est pas sélectionnée, elle abandonne l'option sur option. L'avantage est que la prime d'une option sur option est toujours plus faible que la prime d'une option classique, ce qui réduit le coût de la couverture.

• Les options à barrière sont des produits qui fixent un cours limite au-delà duquel l'option est activée ou désactivée. Elle réduit le risque supporté par le vendeur, et en conséquence diminue la prime payée par l'acheteur. Il existe deux formes d'options à barrière : les barrières activantes et les désactivantes. Dans le cas d'une option à barrière activante (*in*), l'option devient valable lorsqu'un seuil prédéfini est franchi. L'option à barrière désactivante (*down*) n'est plus exerçable à partir du moment où le seuil est atteint. L'intérêt de ces produits est de permettre une couverture à un moindre coût.

CONCLUSION

Récapitulatif des modes de couverture externe du risque de change

Type de couverture	Marché de gré à gré	Marché organisé
Couverture ferme	Marché monétaire Avances en devises *Forwards* *Swaps* de devises	*Futures*
Assurance	Coface contrat CIME Contrat NEGO	
Contrat optionnel	Options sur devises plus actif que les marchés organisés Majorité d'options européennes Options *look back*, options sur options, options à barrière	*Put* et *call* sur le Philadelphia Stock Exchange et le Chicago Mercantile Exchange
Comparatif		
Avantages	Souplesse et bonne adaptation aux besoins de couverture	Existence d'une chambre de compensation assurant la bonne fin des opérations ; mécanisme de dépôt de garantie et d'appel de marge.
Inconvénients	Pas de marché secondaire donc une faible liquidité Risque de contrepartie important	Standardisation des contrats en terme de montant d'échéance
Livraison	Livraison obligatoire du sous-jacent	Livraison du sous-jacent très rare

3 ▶ La gestion du risque de taux d'intérêt

L'évolution des taux d'intérêt n'est pas sans impact sur les bénéfices de l'entreprise. Le niveau des taux d'intérêt influence en effet la valeur de certains actifs et passifs du bilan et conditionne également l'importance de certains revenus et charges. La mesure de ce risque de taux d'intérêt est importante pour l'entreprise, qui va pouvoir mettre en place dans un premier temps des techniques de couverture interne, afin de réduire son exposition au risque. Le risque résiduel peut ensuite être couvert en externe grâce aux produits proposés sur les marchés de gré à gré ou sur les marchés organisés.

A. La définition du risque de taux et ses différentes mesures

1. La définition

Le risque de taux d'intérêt est le risque d'une baisse de la valeur patrimoniale ou d'une diminution des revenus consécutive à une évolution des taux d'intérêt. Les fluctuations des taux d'intérêt ont une influence sur les résultats des entreprises détenant ou prévoyant de détenir des placements (actifs) et des dettes (passifs).

Sur les dettes et les placements à taux fixe, une variation du taux d'intérêt entraîne une influence sur les revenus et le capital. Cet impact sur les produits à taux fixe, tels que les obligations, peut se traduire par le tableau suivant :

Impact de l'évolution des taux d'intérêt sur le résultat de l'entreprise : cas des actifs et passifs à taux fixe

Impact sur les produits existants	Actif	Passif
Diminution du taux d'intérêt	Gain en capital	Perte en capital
Augmentation du taux d'intérêt	Perte en capital	Gain en capital
Impact sur les produits futurs	**Placement**	**Dette**
Diminution du taux d'intérêt	Perte en revenu	Gain en revenu
Augmentation du taux d'intérêt	Gain en revenu	Perte en revenu

exemple

Considérons une obligation qui verse un coupon annuel de 40 € et dont le prix de remboursement dans 4 ans est de 1 000 €.

- Si le taux requis par le marché est de 3,5 %, la valeur de l'obligation sera de :

$$V_{obligation} = 40 \times \frac{1 - 1{,}035^{-4}}{0{,}035} + 1\ 000\ (1{,}035)^{-4} = 146{,}92 + 871{,}44 = 1018{,}36$$

- Si le taux requis est de 4,2 % :

$$V = 144{,}51 + 848{,}26 = 992{,}77.$$

Une hausse du taux se traduit bien par une chute de la valeur de l'actif, induisant une perte en capital.

Sur les dettes et les placements à venir, une variation du taux d'intérêt a une influence sur les produits à taux variable.

Cet impact sur les produits à taux variable peut se traduire par le tableau suivant :

Impact de l'évolution des taux d'intérêt sur le résultat de l'entreprise pour les emprunts et placements à taux variable

Impact sur les produits existants et futurs	Actif	Passif
Diminution du taux d'intérêt	Perte en revenu	Gain en revenu
Augmentation du taux d'intérêt	Gain en revenu	Perte en revenu

2. Les différentes mesures du risque de taux

L'outil essentiel de mesure du risque de taux pour les actifs à taux fixe est le concept de sensibilité, qui mesure la variation de valeur de l'actif pour une variation infinitésimale du taux d'intérêt. La duration, très proche de la sensibilité est aussi un facteur de mesure du risque de taux. Ces deux notions ont largement été étudiées dans le chapitre 3 (cf. les obligations). Les définitions de ces deux grandeurs sont rappelées ci-dessous.

$$\text{Duration} = \sum_{t=1}^{n} \frac{t \times \text{Flux}_t \times (1 + R_d)^{-t}}{V_{\text{obligation}}}$$

$$\text{Sensibilité} = -\frac{\text{Duration}}{1 + R_d}$$

Après avoir estimé son risque de taux, l'entreprise doit déterminer la stratégie à retenir en terme de couverture. Dans un premier temps, elle peut réduire ce risque via des techniques de couverture interne. Puis, seul le risque résiduel sera à couvrir par des méthodes de couverture externe.

B. Les techniques de couverture interne

Avant d'envisager la mise en place de couvertures sur les marchés de gré à gré ou sur les marchés organisés, l'entreprise peut réduire son exposition au risque de taux par couverture interne.

En adossant les actifs aux passifs, en introduisant des clauses dans ses contrats de dette, en immunisant son portefeuille d'actifs à taux fixe (obligations), en diminuant les échéances ou enfin en choisissant des produits à taux variable, l'entreprise diminue son exposition au risque de taux.

1. L'adossement des actifs aux passifs

L'intérêt de l'adossement des actifs aux passifs est que l'impact de l'évolution des taux sur les actifs financiers compense celui constaté sur les passifs financiers. En cas de hausse des taux, les actifs voient leur valeur chuter alors que les éléments du passif s'apprécient et inversement. En sélectionnant les emplois et les ressources de façon pertinente (symétrique), c'est-à-dire de même duration, il est possible d'atténuer les conséquences d'une évolution des taux d'intérêt sur la valeur patrimoniale de l'entreprise.

2. L'immunisation de portefeuille

Le risque de taux se traduit par le risque en capital et le risque de réinvestissement des flux qui évoluent en sens inverse. Le calcul du taux de rendement de l'obligation suppose implicitement que l'obligataire peut réinvestir ses coupons intermédiaires à ce même taux. En réalité, les taux ne sont pas fixes dans le temps et cette hypothèse est remise en cause. Le calcul du taux actuariel suppose aussi que l'obligataire conserve son titre jusqu'à l'échéance et ne s'expose pas à des moins-values résultant d'une hausse des taux. En cas de hausse des taux sur le marché, la valeur de l'obligation chute, l'obligataire peut à l'inverse réinvestir les flux intermédiaires versés par l'obligation à un taux supérieur. Il enregistre une perte en capital mais un gain sur le réinvestissement. Lorsque les taux baissent sur le marché de l'émission, l'obligataire voit le cours de son obligation monter (gain en capital) mais inversement, il réinvestit les flux intermédiaires à un taux plus faible (perte sur le réinvestissement). Il enregistre un gain en capital mais une perte sur le réinvestissement.

L'immunisation de portefeuille consiste à déterminer la composition de son portefeuille afin que la rentabilité obtenue à l'échéance corresponde au taux actuariel prévu initialement. Pour ce faire, les obligations choisies doivent avoir une duration équivalente à la durée de placement envisagée par l'obligataire. Lorsque l'horizon de placement correspond à la duration, les pertes engendrées sur le réinvestissement des coupons par une diminution des taux sont tout juste compensées par le gain en capital résultant de la hausse du cours des obligations. Cette méthode est efficace pour se protéger d'évolutions très faibles des taux. Cependant, la duration ne cesse d'évoluer dans le temps et le portefeuille doit être remanié périodiquement afin que la duration corresponde toujours au mieux à l'horizon de placement souhaité par l'investisseur. Il faut alors tenir compte des coûts de transaction entraînés par les réallocations de portefeuille.

Pour une durée de détention correspondant à la duration :

• En cas de hausse des taux : perte en capital = gain issu du réinvestissement des coupons intermédiaires.

• En cas de baisse des taux : gain en capital = perte issue du réinvestissement des coupons intermédiaires.

3. L'introduction de clauses optionnelles

Le contrat d'émission d'obligations peut prévoir la possibilité pour l'émetteur ou l'investisseur d'introduire des clauses optionnelles, c'est-à-dire de redéfinir l'échéance de l'opération ou de revoir le taux facial. Le recours à des obligations extensibles ou rétractables permet d'atténuer l'effet d'une modification des taux d'intérêt. Les obligations extensibles peuvent voir leur maturité s'allonger tandis que les obligations rétractables peuvent être remboursées avant l'échéance initialement prévue. En cas de hausse des taux, l'emprunteur à taux fixe aura intérêt à allonger la durée de son emprunt alors qu'inversement, en cas de chute des taux, il sera incité à rembourser avec anticipation pour se refinancer à moindre coût.

4. Le rapprochement des échéances

La réduction de la durée de vie des placements et des emprunts contribue à diminuer leur sensibilité. Plutôt que de placer ou d'emprunter sur un grand nombre d'années, il est moins risqué de réaliser plusieurs opérations d'emprunt ou de placement successives sur de plus courtes périodes.

5. Le recours aux produits à taux variable

Les intérêts à verser dans le cas d'un emprunt ou à recevoir dans le cas d'un placement évoluent alors avec la variation d'un taux de référence [2]. Le risque en

[2] Les obligations à taux variable sont étudiées dans le chapitre sur la politique de financement (chapitre 6).

capital sur ce type de produit est alors pratiquement nul car les flux et les taux d'actualisation évoluent dans le même sens.

Après avoir diminué son exposition au risque par la mise en place de procédures internes, le trésorier va devoir définir sa politique en matière de gestion du risque de taux et trouver les modes de couverture externe répondant à ses attentes.

Le mode de couverture choisi va dépendre du type de taux qu'il recherche : un taux fixe ou un taux variable, un taux minimum ou un taux maximum. Son choix va aussi être influencé par le montant qu'il doit couvrir. Certains outils ne sont disponibles que pour des montants minimums d'un million d'euros, en particulier sur les marchés organisés. La durée d'exposition au risque va aussi définir le type de couverture, alors que certains produits permettent la couverture des opérations à court terme tels que les options directes sur taux, les *caps* ou *floors* sont utilisés pour les opérations de long terme.

L'investisseur devra aussi décider s'il opte pour une couverture à terme ferme ou pour un contrat conditionnel lui laissant l'opportunité de tirer profit d'une évolution favorable des taux. Le trésorier devra enfin choisir entre la souplesse des marchés de gré à gré et la sécurité des marchés organisés. Le coût de la couverture sera aussi à considérer.

C. Les techniques de couverture sur les marchés de gré à gré

Les marchés de gré à gré proposent des moyens de couverture très souples, adaptés aux besoins de l'entreprise en termes de montants, d'échéances de taux, etc. Ils proposent à la fois des contrats à terme ferme tels que le *forward-forward* ou le FRA et des contrats optionnels que sont les options directes sur taux d'intérêt et les *caps*, les *floors* ou encore les *collars*.

1. Le *forward-forward* ou terme contre terme

Le *forward-forward*, terme contre terme en français, est un contrat passé auprès d'une banque ou d'une institution financière qui permet de placer ou d'emprunter à une date future un certain montant, sur une période donnée et à un taux fixé à l'avance.

Pour un investisseur prévoyant un placement futur, le terme contre terme placement permet de se protéger d'une baisse des taux. Pour un emprunteur futur, le terme contre terme emprunt protège d'une hausse des taux. Il permet aussi de couvrir le risque de contrepartie. La contrepartie s'engage à prêter les fonds dans un terme contre terme emprunteur.

Dans les deux opérations, la banque ou l'institution financière se protège contre le risque d'évolution des taux grâce à la réalisation de différentes opérations sur le marché. Ces différentes opérations conditionnent le taux garanti par le terme contre terme.

Pour le *forward-forward* emprunt, la contrepartie réalise elle-même un emprunt sur le marché, accompagné d'un placement d'échéance plus courte.

exemple

Un investisseur prévoyant d'emprunter 1 M€ dans six mois pour une période de trois mois anticipe une hausse des taux. Il contracte une opération de terme contre terme emprunt avec sa banque qui s'engage à lui prêter ce million d'euros dans six mois pour trois mois à un taux fixé dès la signature du contrat. La banque va, à la signature du contrat, emprunter une certaine somme E sur le marché pour une période de neuf mois et effectuer un placement de cette somme pendant six mois sur le marché.

Les taux observés sur les marchés sont les suivants :

Le taux prêteur (taux *offer*) à 9 mois est de 4 %, le taux emprunteur (taux *bid*) à 6 mois est à 3,5 %.

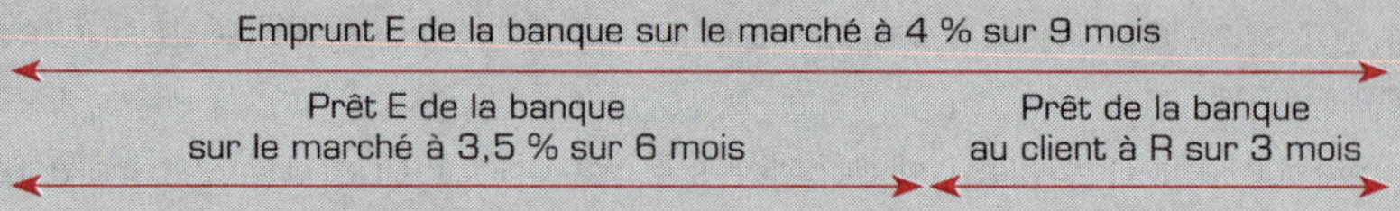

La somme E, que doit emprunter la banque, va être capitalisée pendant six mois à 3,5 % pour conduire à l'obtention d'un capital de 1 M€, somme qu'elle devra verser à son client dans six mois. E est la valeur actuelle de 1 M€, soit :

$$E[1 + (6/12) \times 3{,}5\ \%] = 1\,000\,000 \text{ soit } E = 982\,801$$

La somme que devra rembourser la banque au bout de neuf mois est égale à :

$$E[1 + (9/12) \times 4\ \%] = 982\,801 \times [1 + (9/12) \times 4\ \%] = 1\,012\,285$$

Le taux minimum, R, que la banque va proposer à son client est tel que la valeur acquise par ses deux placements successifs soit supérieure ou égale à la somme qu'elle doit rembourser, soit :

$$E \times [1 + (6/12) \times 3{,}5\ \%](1 + R \times (3/12)] \geqslant E \times [1 + (9/12) \times 4\ \%]$$

$$R \geqslant \left(\frac{1 + (9/12) \times 4\ \%}{1 + (6/12) \times 3{,}5\ \%} - 1\right) \times \frac{12}{3} = 4{,}914\ \%$$

La capitalisation de 1 M€ sur trois mois à 4,914 % redonne bien un montant égal à : 1 000 000 × [1 + (3/12) × 4,914 %] = 1 012 285, correspondant à la somme que le banquier doit verser à l'échéance du *forward-forward*.

Ce taux sera majoré pour tenir compte du service rendu par la banque à son client.

Formule générale :

La signature du contrat se fait en date 0, soit t, la date à laquelle le client réalise son emprunt sur une période $T - t$, et T l'échéance du *forward – forward* – $R_{e,T}$ est le taux d'emprunt (taux prêteur) pour une échéance T, et $R_{p,t}$, le taux de placement ou taux emprunteur pour une échéance t.

Le taux du *forward-forward* emprunteur $(R_{ffe,\,T-t})$ minimum proposé par la banque à son client sera égal à :

$$R_{ffe,\,T-t} = \left(\frac{1 + R_{e,\,T} \times (T/360)}{1 + R_{p,\,t} \times (t/360)} - 1\right) \times \frac{360}{(T-t)}$$

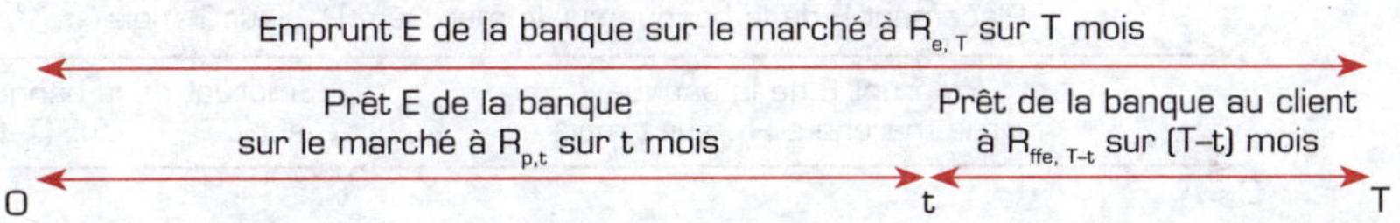

Pour le *forward-forward* placement, la banque ou l'institution financière réalise un placement sur le marché accompagné d'un emprunt d'échéance plus courte.

exemple

Un investisseur prévoit de placer 1 M€ dans six mois pour une période de trois mois et anticipe une baisse des taux. Il réalise une opération de terme contre terme placement avec sa banque qui s'engage à accepter ce placement de 1 M€ dans six mois pour trois mois à un taux fixé dès la signature du contrat. La banque va, à la signature du contrat, placer une certaine somme E sur le marché pour une période de neuf mois et effectuer un emprunt de cette somme pendant six mois sur le marché.

Les taux observés sont les suivants : le taux de placement (taux *bid*) à 9 mois est de 3,775 % ; le taux d'emprunt (taux *offer*) à six mois est à 3,525 %.

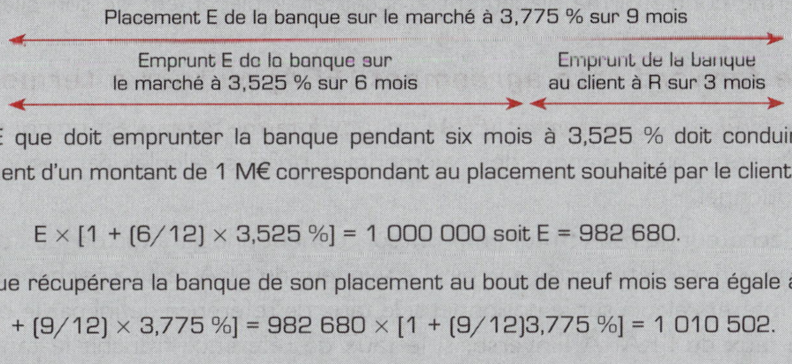

La somme E que doit emprunter la banque pendant six mois à 3,525 % doit conduire au remboursement d'un montant de 1 M€ correspondant au placement souhaité par le client dans six mois.

$$E \times [1 + (6/12) \times 3{,}525\,\%] = 1\,000\,000 \text{ soit } E = 982\,680.$$

La somme que récupérera la banque de son placement au bout de neuf mois sera égale à :

$$E \times [1 + (9/12) \times 3{,}775\,\%] = 982\,680 \times [1 + (9/12)3{,}775\,\%] = 1\,010\,502.$$

Le taux maximum, R, que la banque va proposer à son client est tel que la somme qu'il a placée, actualisée à ce taux R, soit supérieure ou égale à la valeur actuelle des deux emprunts réalisés. Soit :

$$E \times [1 + (6/12) \times 3{,}525\,\%][1 + R \times 3/12] \leqslant E \times [1 + (9/12) \times 3{,}775\,\%]$$

$$R \leqslant \left(\frac{1 + (9/12) \times 3{,}775\,\%}{1 + (6/12) \times 3{,}525\,\%} - 1\right) \times \frac{12}{3} = 4{,}2041\,\%$$

La capitalisation de 1 M€ à ce taux pendant trois mois est bien égale à 1 000 000 × [1 + (3/12) × 4,201 %)] = 1 010 502, somme que récupérera la banque à l'échéance de son placement de neuf mois.

Ce taux sera minoré pour tenir compte du service rendu par la banque à son client.

Formule générale :

Le contrat est signé à la date 0. Soit t, la date à laquelle le client réalise son placement sur une période T – t, et T l'échéance du *forward – forward*, $R_{p,T}$ est le taux de placement pour une échéance T, et $R_{e,t}$, le taux d'emprunt pour une échéance t :

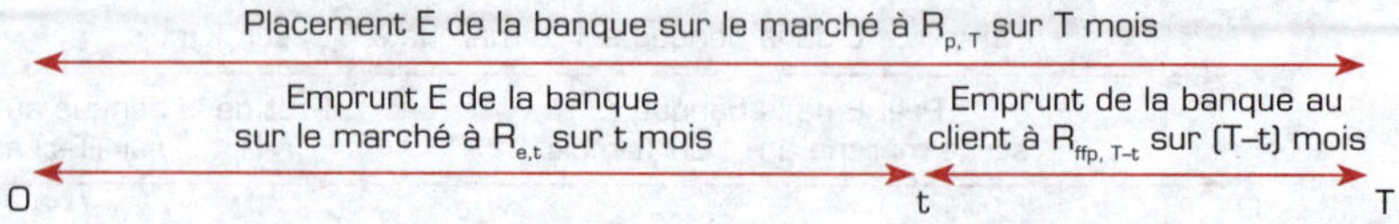

Placement E de la banque sur le marché à $R_{p,T}$ sur T mois

Le taux du *forward-forward* placement ($R_{ffp,\,T-t}$) maximum proposé par la banque à son client sera égal à :

$$R_{ffp,\ T-t} = \left(\frac{1 + R_{p,\ T} \times (T/360)}{1 + R_{e,\ t} \times (t/360)} - 1 \right) \times \frac{360}{(T - t)}$$

Ce type de contrat permet aux futurs emprunteurs et prêteurs de connaître à l'avance avec certitude le coût de leur emprunt ou le taux de rendement de leur placement, qui devient indépendant de l'évolution des taux d'intérêt sur le marché. Ils s'assurent aussi contre le risque de contrepartie car la banque s'engage dans le cas du terme contre terme emprunt à prêter la somme prévue, et dans le cas du terme contre terme placement à accepter le placement de son client.

2. Le *forward rate agreement* (*FRA*) ou taux à terme garanti

Le *forward rate agreement* (*FRA*) ou taux à terme garanti est un contrat qui permet d'acheter ou de vendre des paiements d'intérêts calculés par rapport à un capital notionnel.

L'acheteur du FRA (futur emprunteur) obtient une garantie de taux d'emprunt pour une période déterminée à venir. Le vendeur du FRA règle à l'acheteur le différentiel d'intérêt calculé sur le notionnel si le taux de référence défini par le contrat dépasse le taux du FRA. À l'inverse, si le taux de référence franchit le taux du FRA à la baisse, c'est l'acheteur du FRA qui verse le différentiel de taux au vendeur. La principale différence entre le *forward-forward* et le FRA est que le premier garantit à la fois le taux et les fonds (emprunt ou placement) alors que le second n'assure que la couverture du taux. Dans le cas du FRA, l'investisseur n'est pas tenu de réaliser son emprunt ou son placement auprès de l'organisme lui assurant le taux garanti. Le dénouement de l'opération se limite donc au versement d'un différentiel de taux d'intérêt qui est fonction de l'évolution du taux du marché par rapport au taux garanti.

Les futurs emprunteurs achètent des FRA pour se couvrir contre une hausse des taux tandis que les prêteurs vendent des FRA pour se couvrir contre une baisse des taux. Le vendeur du FRA (la banque) se couvre de la même façon que pour le *forward-forward* en réalisant un emprunt sur le marché à échéance T et en plaçant la somme empruntée de 0 à t sur le marché. Mais ici, le client n'empruntera pas la somme auprès de son banquier, qui va donc effectuer un second placement sur le marché pour une période T – t. Le taux garanti du FRA est déterminé de la même façon que celui du forward-forward.

$$R_{FRA,\ t,\ T-t} = \left(\frac{1 + R_{e,\ T} \times (T/360)}{1 + R_{p,\ t} \times (t/360)} - 1 \right) \times \frac{360}{T - t}$$

Le contrat doit clairement préciser :

- la date de départ (t) ;
- l'échéance (T) ;
- la durée (T–t) qui va de 3 à 12 mois ;
- le montant sur lequel porte le contrat (montant notionnel car il n'est pas versé par les parties mais sert uniquement au calcul des intérêts que devront se verser les contreparties) ;
- la date de règlement du différentiel de taux d'intérêt (soit les intérêts sont précomptés i.e. versés au début en t, soit les intérêts sont post-comptés i.e. versés à l'échéance, en T) ;
- le taux garanti (déterminé de la même façon que pour le *forward-forward*) ;
- le taux de référence (taux auquel sera comparé le taux garanti afin de déterminer les différents versements d'intérêt entre les deux parties).

Pour les intérêts **post-comptés** (versés à l'échéance en T), si à la date t, le taux de référence R_{ref} est supérieur au taux garanti $R_{FRA,\ t,\ T-t}$, le vendeur du FRA verse à l'acheteur le différentiel d'intérêt en T, soit :

$$(R_{ref} - R_{FRA,\ t,\ T-t}) \times \text{Montant du contrat} \times (T - t)/360.$$

Si à l'inverse le taux de référence est inférieur au taux garanti, l'acheteur du FRA verse au vendeur le différentiel d'intérêt, soit :

$$(R_{FRA,\ t,\ T-t} - R_{ref}) \times \text{Montant du contrat} \times (T - t)/360$$

Pour les intérêts **précomptés**, le versement du différentiel d'intérêt intervient à la date t. Si le taux de référence est supérieur au taux garanti, le vendeur du FRA verse à l'acheteur le montant suivant :

$$\frac{(R_{ref} - R_{FRA,\ t,\ T-t}) \times \text{Montant du contrat} \times (T - t)/360}{1 + R_{ref} \times (T - t)/360}$$

Si inversement, le taux de référence est inférieur au taux garanti, l'acheteur du FRA règle à sa banque l'équivalent de :

$$\frac{(R_{FRA,\ t,\ T-t} - R_{ref}) \times \text{Montant du contrat} \times (T - t)/360}{1 + R_{ref} \times (T - t)/360}$$

Comme pour les opérations de *forward-forward*, le taux assuré par la banque à son client incorpore une marge et il est déterminé de telle façon que la banque puisse se protéger contre le risque que lui fait courir cette opération.

exemple

Une entreprise prévoit en date 0 qu'elle aura besoin de 10 M€ dans six mois pour une période de trois mois. Elle veut se protéger contre une hausse des taux et se couvre en achetant un FRA à sa banque.

Les taux sur le marché sont les suivants : le taux prêteur (taux *offer*) à 9 mois est de 5,25 % ; le taux emprunteur (taux *bid*) à six mois est à 4,875 %.

Le taux minimum (taux garanti) que la banque va proposer à son client sur le FRA est tel que le produit de ses deux placements soit supérieur ou égal au coût de son emprunt sur 9 mois, soit :

$$(1 + 5{,}25\ \% \times 9/12) \leqslant (1 + 4{,}875\ \% \times 6/12) \times (1 + R_{FRA3,9\text{-}6} \times 3/12)$$

$$R_{FRA,\ 3,\ 9\text{-}6} \geqslant \left[\frac{(1 + 5{,}25\% \times 9/12)}{1 + 4{,}875\% \times 6/12)} - 1\right] \times \frac{12}{3} = 5{,}857\ \%$$

En cas de hausse des taux

Si le taux de référence est supérieur au taux garanti, R_{FRA}, 3, 9-6 = 5,857 %, la banque versera à son client le différentiel d'intérêt.

La banque versera à la date T à son client un montant de :

$$(R_{ref} - R_{FRA}) \times 10\,000\,000 \times (T - t)/360$$

- Si le taux de référence atteint 6 %, le montant versé sera égal à :

$$I = (6\ \% - 5{,}857\ \%) \times 10\,000\,000 \times 3/12 = 3\,575 \text{ euros.}$$

- Si les intérêts sont précomptés, la banque versera à la date t :

$$\frac{(R_{ref} - R_{FRA}) \times 10\,000\,000 \times 3/12}{1 + R_{ref} \times 3/12}$$

$$I = \frac{(6\%-5{,}857\%) \times 10\,000\,000 \times (3/12)}{1 + 6\% \times 3/12} = 3522{,}17$$

En cas de chute des taux

À l'inverse, si le taux de référence devient inférieur au taux garanti, le client verse le différentiel d'intérêt à la banque. De la même façon, le montant des intérêts versés dépend de la date du versement des intérêts (pré ou post comptés). En général le différentiel est post compté lorsque le taux de référence est post déterminé, c'est-à-dire constaté en T.

- Si le taux de référence constaté en t est égal à 5,5 %, le client versera en T à sa banque en cas d'intérêts postcomptés un montant égal à :

$$I = (R_{FRA} - R_{ref}) \times 10\,000\,000 \times (T - t)/360$$
$$I = (5{,}857\ \% - 5{,}5\ \%) \times 10\,000\,000 \times (3/12) = 8\,925 \text{ euros}$$

- Si les intérêts sont précomptés, le client versera à sa banque en t, un montant égal à :

$$\frac{(R_{FRA} - R_{ref}) \times 10\,000\,000 \times 3/12}{1 + R_{ref} \times 3/12}$$

$$I = \frac{(5{,}857\ \% - 5{,}5\ \%) \times 10\,000\,000 \times (3/12)}{1 + 5{,}5\ \% \times 3/12} = 8\,803{,}95$$

Quelle que soit l'évolution du taux de référence, le coût de l'emprunt pour l'investisseur sera égal à 5,857%, le taux garanti par l'achat du FRA.

L'entreprise voulant dans le cas d'un placement s'assurer un taux de rendement garanti vendra à sa banque un FRA, position correspondant à un FRA placement.

3. Les options sur taux d'intérêt

À la différence des produits précédents, les options sur taux d'intérêt sont des contrats conditionnels qui laissent l'opportunité à leur détenteur de tirer profit d'une évolution inverse à leurs anticipations. Les options permettent à la fois de se couvrir contre une évolution défavorable des taux mais présentent l'avantage par rapport au contrat à terme ferme de pouvoir tirer profit d'une évolution favorable des taux. Ce sont toujours des contrats de gré à gré, signés entre deux agents à anticipations opposées. Bien que certaines options de taux soient proposées sur certains marchés organisés, seuls les marchés d'option de gré à gré sont réellement développés.

Il existe deux catégories d'options de taux :

- les options directes de taux, qui intéressent les entreprises désirant se couvrir dans le cadre d'opérations futures de gestion de trésorerie (court terme) ;
- les options sur FRA, qui s'adressent aux entreprises voulant couvrir des opérations à long terme soumises à des taux variables.

a. Les options directes de taux (opérations futures à court terme à taux fixe)

Échangées sur le marché interbancaire, elles sont utilisées pour couvrir des opérations de trésorerie à court terme. Les options d'emprunt (de prêt) sont des contrats qui permettent à leur acheteur, d'emprunter (de prêter) un certain montant à un taux défini à l'avance pendant une période prédéterminée. Elles sont aussi appelées options directes de taux.

Le taux de référence est un taux monétaire majoré d'une marge corrélée au risque de crédit de l'entreprise. Les deux taux les plus utilisés sont le *Libor* et l'*Euribor*. Le contrat fixe un taux garanti dit taux d'exercice. La valeur nominale de l'option correspond au montant de l'emprunt ou du prêt couvert.

Ces options sont surtout des options européennes (exerçables à l'échéance) d'une durée inférieure à 6 mois. Le prix de ces options, p, est exprimé en pourcentage. Le montant de la prime en euros est égal à : p × (D/360) × valeur nominale, avec D, la durée en nombre exact de jours de l'emprunt ou du placement.

Les options d'emprunt ou option sur taux emprunteur

L'acheteur d'une option d'emprunt s'assure un coût de financement plafonné et égal au minimum entre :

- le taux de référence + marge + prime,
- le taux d'exercice + prime.

exemple

Le trésorier d'une entreprise prévoit un besoin de trésorerie de 2 M€ dans trois mois pour deux mois. Il craint une hausse des taux et achète une option d'emprunt de taux garanti 2,7 %, de valeur nominale 2 M€, de durée de vie de trois mois. La période d'emprunt est de deux mois, le sous-jacent est l'*Euribor* deux mois et la prime est de 0,3 %.

La prime payée par l'acheteur de l'option est égale à :

$$P \times D/360 \times \text{Valeur nominale} = 0{,}3\ \% \times (60/360) \times 2\,000\,000 = 1\,000 \text{ euros}$$

Le dénouement de l'opération va dépendre de l'évolution de l'*Euribor* deux mois :

- Si dans trois mois, moment auquel l'entreprise emprunte ses 2 M€, l'*Euribor* est supérieur à 2,7 % (taux garanti), le trésorier exercera son option, le vendeur de celle-ci devra lui verser le différentiel de taux multiplié par la valeur nominale soit :

$$(\textit{Euribor}\ 2 \text{ mois} - 2{,}7\ \%) \times (60/360) \times 2\,000\,000$$

Le taux réel de l'emprunt sera égal à :

$$2{,}7\ \% + 0{,}3\ \% = 3\ \%.$$

- À l'inverse, si les craintes du trésorier ne se vérifient pas et que l'*Euribor* reste inférieur à 2,7 %, celui-ci abandonnera son option, son taux réel sera égal à :

$$\textit{Euribor} \text{ deux mois} + 0{,}3\ \%.$$

Par cette opération, le trésorier s'assure un coût de financement égal à :

$$\text{MIN}\ [\textit{Euribor}\ 2 \text{ mois} ; 2{,}7\ \%] + 0{,}3\ \%$$

Les options de prêt ou options sur taux prêteur

L'acheteur d'une option de prêt se protège contre une chute des taux en s'assurant un taux de rendement minimum pour son placement à court terme, qui sera égal au maximum entre :

- le taux référence – *spread* – prime ;
- le taux d'exercice – prime.

exemple

Le trésorier d'une entreprise prévoit un flux de liquidité de 3 M€ dans deux mois, disponible pendant un mois. Il craint une baisse des taux et achète une option de prêt de taux garanti 3 % de valeur nominale 3 M€ et de durée de vie deux mois. La durée de placement est de un mois ; le sous-jacent est l'*Euribor* un mois ; la prime est de 0,25 %.

La prime payée par l'acheteur de l'option est égale à :

$$0{,}25\ \% \times (30/360) \times 3\,000\,000 = 625 \text{ euros}$$

Le dénouement de l'opération va dépendre de l'évolution de l'*Euribor* un mois.

- Si dans deux mois, moment auquel l'entreprise placera ses 3 M€, l'*Euribor* est inférieur à 3 %, le trésorier exercera son option, le vendeur de celle-ci devra lui verser le différentiel de taux multiplié par la valeur nominale soit :

$$I = [3\ \% - (\textit{Euribor}\ 1\ \text{mois})] \times (30/360) \times 3\,000\,000$$

Le taux de rentabilité réel du placement sera égal à :

$$3\ \% - 0{,}25\ \% = 2{,}75\ \%$$

- À l'inverse, si les craintes du trésorier ne se vérifient pas et que l'*Euribor* reste supérieur à 3 %, celui-ci abandonnera son option, son taux réel sera égal à :

$$(\textit{Euribor}\ 1\ \text{mois}) - 0{,}25\ \%$$

Par cette opération, le trésorier s'assure ainsi un coût de financement égal à :

$$\text{MAX}\ [\textit{Euribor}\ 1\ \text{mois}\ ;\ 3\ \%] - 0{,}25\ \%$$

b. Les options sur FRA : les *caps*, les *floors* et les *collars* (opérations à long terme soumises à taux variables)

Les options sur FRA sont des instruments optionnels permettant à la fois de se couvrir contre une évolution défavorable des taux et d'en tirer profit en cas d'évolution favorable. À la différence des options dites « sur taux d'intérêt », les *caps*, *floors* et *collars* assurent la couverture d'opérations à long terme.

L'acheteur de l'option peut emprunter ou prêter un certain montant à un taux fixé à l'avance, pendant une certaine période, en contrepartie du paiement d'une prime au vendeur de l'option. Le contrat précise la durée de la garantie, qui peut aller de un mois jusqu'à dix ans et les sous-périodes au bout desquelles se feront les versements (paiements périodiques de la prime et éventuellement du différentiel d'intérêt multiplié par le montant couvert). La prime est payable d'avance dans le cas des primes précomptées ou en fin de période pour les primes post-comptées. La prime peut aussi être payée en une seule fois au début du contrat. Les taux de référence les plus fréquents sont le TAM, le T4M, l'Euribor et le Libor.

Il existe différentes catégories d'options :

- le *cap* qui assure un taux plafond aux emprunteurs ;
- le *floor* qui assure un taux plancher pour les prêteurs ;
- le *collar* qui est une combinaison de *cap* et de *floor* permettant de diminuer le coût de la couverture.

Ces produits permettent de diminuer le risque en revenu pour les prêteurs ou emprunteurs à taux variable ayant réalisé des opérations plutôt à long terme.

Le *cap* assure une protection contre une hausse des taux pour les emprunteurs à taux variable en fixant un taux plafond pour une durée et un montant déterminés. Il correspond à une série d'options de taux emprunteur de même taux d'exercice et de même sous-jacent.

L'acheteur d'un *cap* paie une prime au vendeur et à la fin de chaque période (date de constatation), le taux de référence est comparé au taux plafond :

- Si le taux garanti (taux d'exercice) est supérieur au taux de référence, l'acheteur abandonne l'option, il n'y a pas d'autre versement que le paiement de la prime.
- Si le taux garanti est inférieur au taux de référence, le détenteur de l'option l'exerce et le vendeur de l'option verse le différentiel d'intérêt (taux de référence – taux garanti) multiplié par le montant couvert (le notionnel).

Le résultat de l'opération à chaque période est égal à :

MAX [taux référence – taux garanti ; 0] × notionnel – prime

exemple

Une entreprise s'endette pour un montant de 3 M€ au taux variable TAM pour une durée de trois ans. Elle veut se protéger d'une hausse des taux tout en voulant tirer profit de leur éventuelle chute. Elle choisit donc d'acheter un *cap* de 3 M€ sur trois ans, au taux plafond de 4,25 %, avec pour taux de référence le TAM. La prime s'élève à 0,5 % (prime périodique précomptée). La périodicité est annuelle.

À chaque début d'année, l'entreprise doit verser le montant de la prime soit :

0,5 % × 3 000 000 = 15 000 euros.

À la fin de chaque année, le TAM observé est comparé au taux garanti de 4,25 %.

- Si le TAM devient supérieur à 4,25 %, l'entreprise reçoit du vendeur de l'option un montant égal à (TAM – 4,25 %) × 3 000 000. En cas de hausse des taux au-delà de 4,25 %, l'entreprise se garantit un coût maximum de 4,25 % + 0,5 % = 4,75 %.
- À l'inverse, si à la fin d'une année, le TAM devient inférieur à 4,25 %, l'acheteur du *cap* abandonne son option et aucun versement en dehors du paiement de la prime n'intervient.

Le coût de l'emprunt se limite alors à 4,75 %, ce qui permet à l'entreprise de profiter de la chute des taux.

Le *floor* permet aux prêteurs de se protéger contre une baisse des taux avec fixation d'un taux plancher tout en continuant à profiter des hausses sur les marchés.

À chaque début de période, l'acheteur paie une prime au vendeur et à la fin de chaque période, le taux de référence est comparé au taux plancher.

- Si le taux garanti est inférieur au taux de référence, le détenteur de l'option l'abandonne, son seul versement est le paiement de la prime ;
- Si le taux garanti devient supérieur au taux de référence, il y a exercice de l'option. L'acheteur reçoit du vendeur le différentiel d'intérêt (taux garanti – taux de référence) multiplié par le notionnel.

Le résultat de l'opération à chaque période est égal à :

MAX [taux garanti – taux référence ; 0] × notionnel – prime

exemple

Une entreprise réalise un placement pour un montant de 2 M€ au taux variable TAM pour une durée de cinq ans. Elle veut se protéger d'une baisse des taux tout en pouvant tirer profit de leur augmentation. Elle choisit donc d'acheter un *floor* de 2 M€ sur cinq ans au taux plancher de 4 %, avec pour taux de référence le TAM. La prime s'élève à 0,3 % (prime périodique précomptée). La périodicité est annuelle.

À chaque début d'année, l'entreprise doit verser le montant de la prime soit 0,3 % × 2 000 000 = 6 000 euros. À la fin de chaque année, le TAM observé est comparé au taux garanti de 4 %.

- Si le TAM devient supérieur à 4 %, l'entreprise abandonne son option et aucun versement n'a lieu si ce n'est celui de la prime. Elle tire donc profit d'une hausse des taux ;
- Si à la fin d'une année, le TAM devient inférieur à 4 %, l'acheteur du *floor* exerce son option, et reçoit du vendeur du *floor* un montant égal à : (4 % – TAM) × 2 000 000.

L'entreprise se garantit un taux de rendement minimum égal à 4 % – 0,3 % = 3,7 %

Le rendement du placement ne peut descendre en dessous de 3,7 %, mais il peut augmenter en cas de hausse des taux.

Le *cap* et le *floor* permettent de s'assurer en échange du paiement d'une prime respectivement un taux plafond et un taux plancher. Pour diminuer le coût de la couverture, il est possible de combiner les deux types d'options pour obtenir un *collar*.

Le *collar* est un contrat combinant un *cap* et un *floor*, ce qui assure un taux compris dans une fourchette. La couverture est moins profitable qu'avec un *cap* ou un *floor* mais le coût est aussi moindre.

L'emprunteur à taux variable achètera un *collar* correspondant à l'achat d'un *cap* combiné à une vente de *floor*. Il s'assure une protection contre la hausse des taux tout en conservant la possibilité de tirer profit de leur baisse jusqu'au taux plancher du *floor*. Le coût de la couverture correspondra à la différence entre la prime payée sur le *cap* et celle reçue sur le *floor*.

Le prêteur à taux variable optera pour la vente d'un *collar*, constituée par la vente d'un *cap* et l'achat d'un *floor*. Cette couverture lui permet de se protéger contre une baisse des taux, tout en conservant l'opportunité de tirer profit d'une hausse jusqu'au taux plafond du *cap*. Le coût de la couverture sera égal à la différence entre le prix du *floor* et celui du *cap*.

exemple

Une entreprise va emprunter 1 M€ à taux variable TAM pour 4 ans et veut se couvrir contre une hausse des taux d'intérêt.

Elle achète un *collar* pour 1 M€ pour une durée de 4 ans.

Taux du *cap* = 10 %, prime = 0,6 %.

Taux du *floor* = 9 %, prime = 0,5 %.

Les primes sont payables à chaque début de période.

Evolution du TAM sur les quatre années suivantes :

Année	Fin N+1	Fin N+2	Fin N+3
TAM	7,5%	10,5%	9,5%

Fin N, l'acheteur du *collar* doit payer la prime du *cap* et reçoit celle du *floor* soit au final, une prime nette à payer de 0,1 % = (0,6 % – 0,5 %) pour un notionnel de 1 M d'euros. La prime est donc de 1 000 euros (contre 6 000 euros s'il s'était contenté d'acheter un *cap* seul).

Fin N+1, le taux de référence, le TAM, est inférieur au taux plancher. L'acheteur du *collar* (vendeur du *floor*) va devoir verser au vendeur du *collar* (acheteur du *floor*) :

$$(\text{Taux plancher} - \text{TAM}) \times 1\,000\,000 = (9\,\% - 7{,}5\,\%) \times 1\,000\,000 = 15\,000 \text{ euros.}$$

Il doit de plus verser la prime pour bénéficier de l'option au cours de l'année suivante, soit 1 000 euros supplémentaires.

Fin N + 2, le TAM est supérieur au taux plafond, il y a donc exercice du *cap*. L'acheteur du *collar* (acheteur du *cap*) va recevoir du vendeur du *cap* (aussi vendeur du collar), la somme de :

$$(\text{TAM} - \text{taux plafond}) \times 1\,000\,000 = (10{,}5\,\% - 10\,\%) \times 1\,000\,000 = 5\,000 \text{ euros.}$$

L'acheteur doit payer la prime, soit 1 000 euros.

Fin N + 3, le TAM est compris entre le taux plancher et le taux plafond, il n'y a ni exercice du *cap*, ni du *floor*.

Le *collar* garantit bien à l'entreprise de ne pas payer un taux d'intérêt supérieur à 10,5 % mais ne lui permet pas à la différence d'un *cap* de tirer profit d'une chute des taux au-dessous de 9 %. En contrepartie, il lui permet d'obtenir une couverture à un coût moindre que si elle s'était contentée d'acheter un *cap*.

4. Les swaps de taux d'intérêt

Les *swaps* de taux d'intérêt sont des contrats négociés sur les marchés de gré à gré prévoyant, entre les deux parties, l'échange des caractéristiques de leurs placements ou de leurs dettes respectifs. Ce sont des opérations de couverture ferme, c'est-à-dire n'ayant pas un caractère optionnel. Les contrats les plus fréquents prévoient l'échange d'un taux fixe contre un taux variable. On parle de *swap* de taux « vanille » ou *plain vanilla*. Les deux parties contractent simultanément un prêt et un emprunt dans la même devise, d'un même montant, de même échéance, mais de caractéristiques de taux différentes.

Les *swaps* peuvent être conclus directement entre deux parties ayant des anticipations différentes, mais la plupart du temps, l'opération se fait par un intermédiaire : une banque ou une institution financière. Il est en effet peu probable que deux entreprises aient des besoins symétriques, de même montant et de même échéance au même moment.

Par exemple, un emprunteur qui anticipe une baisse des taux souhaite échanger son taux fixe contre un taux variable. Il passe alors un contrat de *swaps*. La vente de *swaps* permet d'échanger un taux fixe contre un taux variable alors que l'achat d'un swap consiste en l'échange d'un taux variable contre un taux fixe.

Ce contrat va permettre aux entreprises de se couvrir contre une évolution des taux et de faire chuter le coût d'un emprunt ou, de façon symétrique, d'augmenter le taux de rendement d'un placement.

Les deux parties contractent un prêt ou un emprunt d'un même montant, de même échéance et s'engagent à échanger les intérêts à échéances régulières. Comme les montants de capitaux en début et fin de contrats sont identiques, il n'y a pas d'échange du capital, seuls les intérêts sont échangés. La durée des contrats va de quelques mois à 10 ans. Pour une entreprise ayant contracté un emprunt à taux fixe, la couverture consiste en la vente d'un *swap* afin de s'assurer un taux variable. Inversement, en cas d'emprunt à taux variable, la couverture se fait par un achat de *swap*.

Les éléments qui caractérisent un contrat de *swap* sont :

- le montant du notionnel ;
- la date de départ du contrat ;
- l'échéance ;
- la valeur du taux fixe ;
- le taux variable de référence ;
- la périodicité du versement des intérêts.

exemple

Une entreprise alpha émet un emprunt obligataire de 2 M€ à taux fixe de 5,5 %, remboursable in fine dans deux ans. Pour des raisons d'accès aux différents marchés, l'entreprise n'a pu émettre un emprunt à taux variable malgré son anticipation d'une chute des taux.

Elle désire échanger son emprunt à taux fixe contre un emprunt à taux variable. Elle vend donc un *swap* à sa banque de périodicité annuelle et d'une durée de deux ans. Le nominal est de 2 millions d'euros. Le contrat a une durée de deux ans. La banque s'engage à verser à l'entreprise un taux fixe de 5,5 %. En contrepartie, l'entreprise verse à sa banque le TAM majoré de 1,25 %.

En t = 1 et t = 2, les flux d'intérêt seront les suivants :

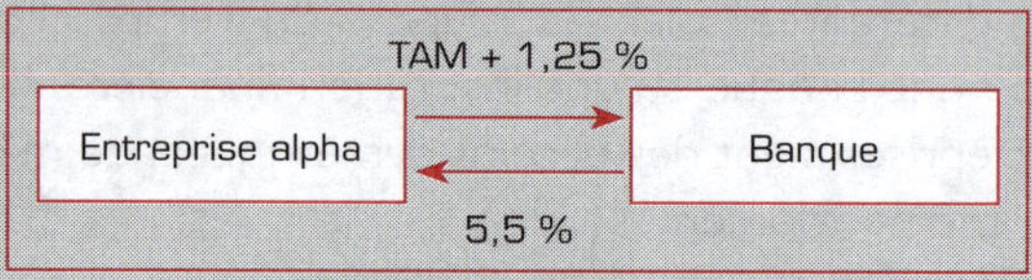

Chaque année, alpha doit verser le taux fixe sur son emprunt soit :

$$5{,}5\ \% \times 2\ 000\ 000 = 110\ 000 \text{ euros.}$$

Elle reçoit cette somme de sa banque et, en contrepartie, lui verse TAM + 1,25 %.

Le coût réel de l'emprunt pour l'entreprise est égal à :

$$(5{,}5\ \% - 5{,}5\ \% + \text{TAM} + 1{,}25\ \%) = \text{TAM} + 1{,}25\ \%$$

Le *swap* lui permet bien de transformer son taux fixe en taux variable.

L'existence du *swap* se justifie surtout par la présence d'imperfections sur les marchés ou par des problèmes d'accès à certains marchés pour certaines entreprises. L'**option sur *swap*** ou *swaption* est aussi possible. Elle offre les mêmes opportunités que le *swap* sans en conférer les obligations, et présente par conséquent plus de flexibilité. Contre le paiement d'une prime immédiate, le contrat confère à l'acheteur de l'option le droit de procéder pendant la durée de vie de l'option à un *swap* à des conditions arrêtées dans le contrat. L'option sur *swap* emprunteur ou *put swaption* permet de se garantir un taux fixe, tandis que les *call swaptions* ou options sur *swap* prêteur assurent un taux variable.

D. Les techniques de couverture sur les marchés organisés

Comme pour les opérations de gré à gré, il existe deux types de contrats : les contrats à terme et les contrats optionnels. Les contrats sont ici standardisés et s'adaptent beaucoup moins bien aux besoins de couverture des entreprises. En contrepartie, les opérations réalisées sur les marchés organisés sont beaucoup plus sécurisées grâce à l'existence d'une chambre de compensation qui s'assure du versement d'un dépôt de garantie initial et qui procède quotidiennement à des appels de marges. De plus, le marché de ces contrats est bien plus liquide que le marché de gré à gré du fait de l'existence d'un marché secondaire.

1. Les contrats à terme sur taux sur les marchés organisés ou *futures*

Un *future* est l'engagement pris par le vendeur du contrat de livrer à l'acheteur, soit des obligations à taux fixe, soit un dépôt rémunéré par un taux monétaire, à une échéance prédéterminée et à un prix fixé le jour de la signature du contrat. Ces contrats sont cotés sur le LIFFE, détenu par Euronext, qui réunit l'ensemble des marchés de produits dérivés de Londres, Paris, Bruxelles, Amsterdam et Lisbonne.

Il existe deux types de contrats à terme sur taux sur les marchés organisés : les *futures* sur taux long et les *futures* sur taux courts.

a. Le *future* sur taux longs

Le support retenu est constitué d'obligations d'État. Ce contrat permet de couvrir le risque d'une perte en capital consécutive à une hausse des taux qui entraînerait une chute de la valeur d'un portefeuille d'obligations. Les contrats sont cotés en pourcentage du nominal et le coupon couru est toujours nul.

La présence d'une chambre de compensation garantit la bonne fin des opérations en imposant un dépôt de garantie et des appels de marges. Á la fin de chaque séance, la chambre de compensation calcule la position des différents intervenants. Si la position est bénéficiaire, le compte est crédité du montant correspondant. Á l'inverse, si la position est déficitaire, l'agent doit répondre à l'appel de marge correspondant au montant de sa perte potentielle sans quoi sa position est liquidée.

Le résultat de l'opération sur *future* dépend du cours du contrat à l'échéance. Les échéances sont trimestrielles en mars, juin, septembre et décembre.

Le dénouement de la position sur *futures* peut se faire de deux façons :

- Soit l'agent liquide sa position avant l'échéance, en prenant une position inverse sur le marché secondaire. C'est le cas le plus fréquent et il n'y a alors pas de livraison du sous-jacent ;
- Soit le contrat arrive à échéance et le vendeur du contrat assure la livraison des titres et règle le cours de liquidation. Lorsque le sous-jacent est un titre fictif, le vendeur livre une obligation appartenant au gisement composé de titres synonymes équivalents au sous-jacent, (titres ayant les mêmes caractéristiques que le notionnel : même nominal, même taux facial et même maturité).

Si l'investisseur a une position longue en actifs (un portefeuille d'obligations par exemple) à couvrir, il prend une position courte sur le marché des contrats et vend donc des contrats pour se couvrir d'une hausse des taux. Inversement, pour se couvrir contre une baisse des taux, l'investisseur se portera acheteur de contrat à terme.

Le nombre de contrats à vendre pour couvrir un portefeuille obligataire est obtenu par :

$$\frac{\text{(valeur du portefeuille} \times \text{sensibilité de l'obligation du contrat)}}{\text{(valeur nominale du contrat} \times \text{sensibilité des obligations en portefeuille)}}$$

Le contrat *future* sur taux long coté sur le Liffe d'Euronext est le *long Gilt future*. Le sous-jacent est constitué d'un emprunt fictif émis par l'Etat anglais d'une maturité de 10 ans et d'un nominal de 100 000 GBP et de taux facial 6 %. La cotation se fait en pourcentage du nominal.

Le contrat le plus utilisé est le contrat sur Euro Bund coté en Allemagne sur Eurex. Son nominal est de 100 000 euros, le taux facial de 6 % et de maturité 10 ans.

exemple

Un investisseur détient un portefeuille d'obligations d'une valeur de 2 M€. Il anticipe une hausse des taux d'intérêt qui entraînerait une chute du cours des obligations. Le nominal du contrat E Bund est de 100 000 euros. La sensibilité de l'obligation est de 1,6 et celle de l'Euro Bund de 1,2.

Il vend le 10 février des contrats E Bunds cotés sur l'Eurex au cours de compensation de 106.

Le nombre de contrats nécessaires à sa couverture est égal à : (2 000 000 × 1,2)/(100 000 × 1,6) = 15 contrats

Les jours suivants les cours de l'Euro Bund sont les suivants :

- 11 février : 106,50
- 12 février : 107
- 13 février : 105
- 14 février : 103.

Le 30 septembre, il annule sa position en achetant des contrats au cours de compensation de 104.

Les appels de marges quotidiens sont égaux à :

(cours de compensation de la veille – cours de compensation du jour) × nombre de contrats × nominal du contrat.

- 11 février : (106 – 106,50) % × 15 × 100 000 = –7 500 (appel de marge)
- 12 février : (106,50 – 107) % × 15 × 100 000 = –7 500 (appel de marge)
- 13 février : (107 – 105) % × 15 × 100 000 = 30 000 (crédit)
- 14 février (105 – 103) % × 15 × 100 000 = 30 000 (crédit)

Le résultat global de l'opération est égal à :

(Cours de compensation du 10 février – cours de compensation du 30 septembre) × 15 × 100 000 = (106 – 104) % × 15 × 100 000 = 30 000

Il permet de compenser les pertes enregistrées sur le portefeuille obligataire.

b. Les *futures* sur taux courts

Ces *futures* permettent de couvrir les opérations de trésorerie à court terme. Les supports sont constitués par des Bons du Trésor ou des dépôts monétaires. La cotation est exprimée par la différence entre 100 et la valeur du taux à terme.

exemple

Si le contrat sur Bons du Trésor affiche une cotation de 97 %, les Bons du Trésor se négocient à un taux à terme annualisé de 3 %. Sur le marché secondaire des Bons du Trésor, les intérêts sont précomptés et la valeur d'un bon de valeur nominale de N euro est égale à :

$$\frac{N}{(1 + 90/360 \times 3\ \%)} = 0{,}9926\ N$$

exemple

Le 1er juin, une entreprise décide d'emprunter 2 M€, pour trois mois à compter du 1er juillet. Anticipant une hausse des taux, elle décide de se couvrir sur le marché des *futures*. Elle vend des contrats *Euribor* 3 mois échéance juillet coté à 97. Le nominal d'un contrat *Euribor* est de 1 M€. Le nombre de contrats sera donc de 2. Le dépôt de garantie est de 500 € par contrat.

• Si le taux *Euribor* 3 mois baisse entre le 1er juin et le 1er juillet en dessous de 3 %, par exemple s'il est de 2,98 %, le cours de liquidation du contrat sera alors de 100 – 2,98 = 97,02. L'entreprise va s'endetter aux conditions de marché soit à 2,98 %. Elle enregistre un gain en s'endettant à un taux inférieur (2,98 %) à celui en vigueur le 1er juin (3 %). L'entreprise doit déboucler sa position sur ses contrats à terme, elle doit racheter des contrats au cours de compensation, soit à 97,72 alors qu'elle va les vendre à 97. Elle enregistre alors une moins value sur sa position à terme.

Résultat sur l'opération de couverture :

$$(97 - 97{,}72)\ \% \times 2\ 000\ 000 \times 90/360 = -3\ 600.$$

Résultat sur l'emprunt :

$$(3\ \% - 2{,}98\ \%) \times 2\ 000\ 000 \times 90/360 = 3\ 600$$

La couverture est telle que le gain réalisé sur l'emprunt compense exactement la perte sur l'opération de couverture.

• Si le taux *Euribor* 3 mois augmente entre le 1er juin et le 1er juillet au-dessus de 3 %, par exemple s'il est de 3,25 %, le cours de liquidation du contrat est alors de 100 – 3,25 = 96,75. L'entreprise va s'endetter aux conditions du marché soit à 3,25 %. Elle enregistre une perte en s'endettant à un taux supérieur (3,25 %) à celui en vigueur le 1er juin (3 %). L'entreprise doit déboucler sa position sur ses contrats *futures*, elle doit racheter des contrats au cours de compensation soit à 96,75, alors qu'elle va les vendre à 97. Elle enregistre une plus-value sur sa position à terme.

Résultat sur l'opération de couverture :

$$(97 - 96{,}75)\ \% \times 2\ 000\ 000 \times 90/360 = 1\ 250$$

Résultat sur l'emprunt :

$$(3\,\% - 3{,}25\,\%) \times 2\,000\,000 \times 90/360 = -1\,250$$

La couverture est telle que le gain réalisé sur l'opération de couverture compense exactement la perte sur l'opération d'emprunt.

Quelle que soit l'évolution du taux à la hausse comme à la baisse, le coût de l'emprunt sera de 3 %.

2. Les contrats optionnels proposés sur les marchés organisés

Les contrats optionnels sont presque toujours des options américaines. Pour se protéger d'une baisse des taux, l'investisseur se porte acheteur d'une option d'achat (achat d'un *call*) ou vendeur d'une option de vente (vente d'un *put*). Pour se protéger d'une hausse des taux, l'investisseur achète un *put* (si anticipation d'une forte hausse) ou vend un *call* (hausse modérée). Ce type d'options est surtout proposé sur les marchés anglo-saxons.

L'achat de *put* permet ainsi à un détenteur de portefeuille d'obligations de se protéger d'une hausse des taux qui aurait pour conséquence la baisse du cours de ces obligations. Si la hausse se vérifie, il vendra au prix d'exercice, ce qui lui permettra de compenser la moins-value enregistrée sur son portefeuille obligataire.

Inversement, si ces anticipations sont erronées et que les taux baissent, il abandonnera son option et se contentera d'encaisser la plus-value réalisée sur la revente de ses obligations.

Un investisseur craignant une légère hausse des taux peut aussi vendre une option d'achat et encaisser la prime correspondante. L'acheteur de l'option ne l'exercera que si le cours des obligations augmente, c'est-à-dire si les taux baissent.

De façon symétrique pour se protéger d'une baisse des taux, il est possible d'acheter un *call* ou de vendre un *put*. La baisse des taux entraîne une hausse des cours des obligations pour les investisseurs envisageant de placer des fonds dans ce type de titres. En achetant un *call*, ils obtiennent le droit d'obtenir ces titres à un prix fixé à l'avance. Si la baisse des taux se confirme, ils exercent leur option et sont ainsi protégés de l'évolution à la baisse des taux. À l'inverse, si les taux montent et que le cours des obligations chute, ils abandonnent leur option et achètent les obligations à leur cours coté.

L'opérateur anticipant une légère hausse des taux peut aussi se porter vendeur d'un *put*. L'acheteur de celui-ci s'engage à vendre des obligations à un prix fixé à l'avance. En cas de faible baisse des taux, on observera une légère hausse des cours des obligations et la probabilité d'exercice de l'option par son acheteur sera donc quasi nulle. Le vendeur de l'option encaisse ainsi le montant de la prime.

Le marché des options sur titres à revenu fixe n'est pas très développé. Ces options sont proposées essentiellement sur les places américaines : le CBOT (*Chicago Board of Trade*) et le CME (*Chicago Mercantile Exchange*). En Europe, sur l'*Eurex* (marché allemand) trois options sont proposées : sur les obligations *Euro Bund* (à long terme), sur l'*Euro Bobl* (à moyen terme) et sur l'*Euro Shatz*.

Récapitulatif des modes de couvertures externes du risque de taux

Type de couverture	Marché de gré à gré	Marché organisé
Couverture ferme	*Forward-forward* FRA Swaps de taux	*Futures* sur taux longs (LT) sur taux courts (CT)
Contrat optionnel	Options directes sur taux d'intérêt (CT) Cap, floor, collar (LT)	*Put* et *call* sur obligations
Comparatif		
Avantages	Souplesse et bonne adaptation aux besoins de couverture	Existence d'une chambre de compensation assurant la bonne fin des opérations Mécanisme de dépôt de garantie et d'appel de marge
Inconvénients	Pas de marché secondaire d'où faible liquidité Risque de contrepartie important	Standardisation des contrats en terme de montant d'échéance
Livraison	Livraison obligatoire du sous-jacent	Livraison du sous-jacent très rare

Partie 3

Diagnostic et évaluation d'entreprise

▶ Le diagnostic financier a pour objet de porter un jugement sur la santé financière d'une entreprise. Il se fait par l'étude de ses états financiers et le calcul d'un certain nombre de ratios. Dès lors que l'entité à étudier n'est plus une société mais un groupe, le diagnostic devient beaucoup plus complexe. En effet, certains des postes des états financiers sont évalués différemment et certaines rubriques nouvelles vont apparaître. Le chapitre 9 est consacré à l'analyse financière des comptes consolidés et traite de l'étude du périmètre de consolidation, de l'interprétation des états financiers consolidés, des modalités d'estimation des rentabilités et de l'analyse par les ratios.

Le diagnostic financier est souvent le préalable à une évaluation d'entreprise. Pour valoriser une société, il existe trois principales approches (chapitre 10). Les approches actuarielles consistent à actualiser des flux futurs, qu'il s'agisse de dividendes ou de flux de trésorerie. Les approches comparatives vont valoriser l'entreprise par comparaison, soit à des sociétés cotées, soit à des sociétés qui ont fait l'objet d'une cession dans un passé relativement proche. Enfin, les approches patrimoniales reviennent à évaluer séparément les différents éléments qui composent le patrimoine de l'entreprise. Cette dernière approche peut être complétée par l'estimation d'un *goodwill*, représentatif de la valeur des actifs immatériels de l'entreprise (savoir-faire, etc.).

L'approche traditionnelle du diagnostic financier peut être complétée par des démarches complémentaires. La principale limite des mesures classiques de la rentabilité est liée au fait qu'elles n'intègrent pas le coût d'opportunité supporté par les actionnaires qui ont investi dans une entreprise. Les approches en terme de création de valeur (EVA, TSR...) permettent cette prise en compte. Afin de limiter le coût du diagnostic financier pour les investisseurs, les sociétés souhaitant émettre des emprunts obligataires ont la possibilité de faire appel à des agences de notation. Ces agences vont alors réaliser une analyse du risque de défaut de l'entreprise et lui attribuer une note, qui est ensuite rendue publique. Grâce à sa note, l'émetteur signale au marché sa qualité de signature. Enfin, lorsque l'entreprise ou le projet d'investissement étudié comportent une dimension optionnelle forte, il est possible de les valoriser dans le cadre de la théorie des options. On parle alors d'options réelles. Tous ces points sont traités au chapitre 11.

Lorsqu'une entreprise est incapable de rembourser son passif exigible à partir de son actif disponible, elle est en cessation de paiement (chapitre 12). Cette situation peut avoir de multiples causes : économiques, financières, managériales, frauduleuses, etc. Pour prévenir ces difficultés financières, le législateur a prévu un certain nombre de mesures. Mais lorsque ces dernières ne sont pas couronnées de succès, deux voies s'ouvrent à l'entreprise : le redressement judiciaire et la liquidation. Le chapitre 12 présente ces différentes mesures et montre en quoi elles peuvent avoir un impact sur la valeur de l'entreprise et les conséquences qu'elles induisent sur le choix de sa structure financière.

L'analyse financière des comptes consolidés

CHAPITRE 9

▶ L'étude des états financiers d'une entreprise a pour objet de porter un jugement sur sa santé financière et d'en extraire des informations utiles à la prise de décision (accorder un prêt, investir dans une société, l'évaluer, etc.). Pour cela, ses documents comptables (bilan, compte de résultat, tableau des flux de trésorerie et annexe) sont passés en revue et un certain nombre de ratios et soldes sont calculés.

Lorsque l'on souhaite étudier un groupe composé d'une société mère et de filiales, la seule lecture des comptes individuels ne permet pas de porter un jugement pertinent et ce, pour deux raisons. Tout d'abord, certains groupes peuvent comporter plusieurs dizaines voire centaines de filiales (170 dans le cas de Danone en 2006), rendant l'étude des comptes individuels particulièrement fastidieuse. Plus fondamentalement, l'existence d'opérations commerciales et financières entre les différentes sociétés du groupe (opérations intragroupe) va venir fausser l'image qui pourrait résulter de la juxtaposition des états individuels. Les comptes consolidés, en agrégeant les comptes individuels et en éliminant ces opérations, permettent ainsi d'avoir une vision complète et synthétique du groupe.

Les comptes consolidés permettent de présenter les états financiers d'une société mère et de ses filiales comme s'il ne s'agissait que d'une seule et même entité. Toutes les transactions internes au groupe vont ainsi être annulées. Ce sont donc ces états financiers consolidés qui vont servir au diagnostic financier dès lors que l'on est en présence d'un groupe de sociétés. Comme l'illustre le tableau 9.1., il peut exister une différence considérable entre la valeur comptable des capitaux propres d'une société mère, celle du groupe pris dans sa globalité et, enfin, sa capitalisation boursière.

Tableau 9.1. Valeur des capitaux propres au 31 décembre 2005 de BNP Paribas (millions d'euros)

	Capitaux propres (valeur comptable)	Capitaux propres consolidés (valeur comptable)	Capitaux propres consolidés (valeur de marché)
BNP Paribas	22 974	40 718	57 290

1 ► Les utilisateurs des états financiers

De façon générale, les utilisateurs de l'analyse financière peuvent être classés en deux catégories : les utilisateurs internes et ceux qui sont externes à l'entreprise. Les utilisateurs internes sont principalement les dirigeants de l'entreprise. Du fait de leur position, ils ont accès à des informations privées, qui ne sont pas disponibles pour les personnes extérieures à l'entreprise.

Les utilisateurs externes, quant à eux, doivent se contenter de l'information qui est publiée par l'entreprise, soit de façon obligatoire, soit de façon volontaire. Parmi ces utilisateurs, on trouve notamment :

- les créanciers financiers, qu'il s'agisse des établissements financiers ou des obligataires, qui ont ou sont susceptibles de prêter de l'argent à l'entreprise. Les points qui les intéressent le plus sont la capacité de l'entreprise à rembourser le capital emprunté et à payer les intérêts qui s'y rapportent ;
- les investisseurs, qu'ils soient actuels ou potentiels. Dans ce cas, la question qui se pose est de savoir s'ils doivent conserver leurs titres ou les céder et, pour les investisseurs potentiels qui peuvent avoir le choix entre plusieurs placements, quel est le meilleur. Dans ce cas, l'analyse financière est la première étape d'un processus plus long, qui va consister à valoriser la société ;
- les clients et fournisseurs, qui ont intérêt à ce que la relation commerciale soit pérenne et que l'entreprise soit en mesure de les régler ou de leur vendre.

De profils très différents, ces utilisateurs ont des besoins en matière d'analyse financière spécifiques. C'est pourquoi il n'existe pas une méthode d'analyse financière unique mais une multitude de démarches, chacune répondant à des attentes particulières.

Tableau 9.2. Adéquation Utilisateurs / Objectifs / Ratios en analyse financière

Utilisateurs	Objectif principal	Ratios privilégiés
Actionnaires	Création de valeur	Rentabilité
Clients	Stabilité du partenariat	Liquidité
Créanciers financiers	S'assurer du remboursement des sommes prêtées	Liquidité et solvabilité
Dirigeants	Positionnement par rapport à la concurrence	Activité et rentabilité
Fournisseurs	Paiement des créances	Liquidité et solvabilité
Investisseurs	Choisir entre plusieurs investissements	Rentabilité et solvabilité
Salariés (comité d'entreprise)	Maintien de l'emploi	Rentabilité et solvabilité

Bien que le diagnostic financier ne serve pas uniquement aux créanciers et aux investisseurs, l'essentiel de l'analyse s'organise autour des deux notions fondamentales que sont la rentabilité et le risque, ce qui nous ramène à notre Règle d'Or n° 1 : « *la rentabilité espérée d'un actif financier est proportionnelle au risque encouru* »[1]. Le diagnostic va ainsi consister à estimer la rentabilité du groupe et à la mettre en perspective du risque encouru.

[1] Voir le chapitre 2 pour une présentation détaillée que cette Règle.

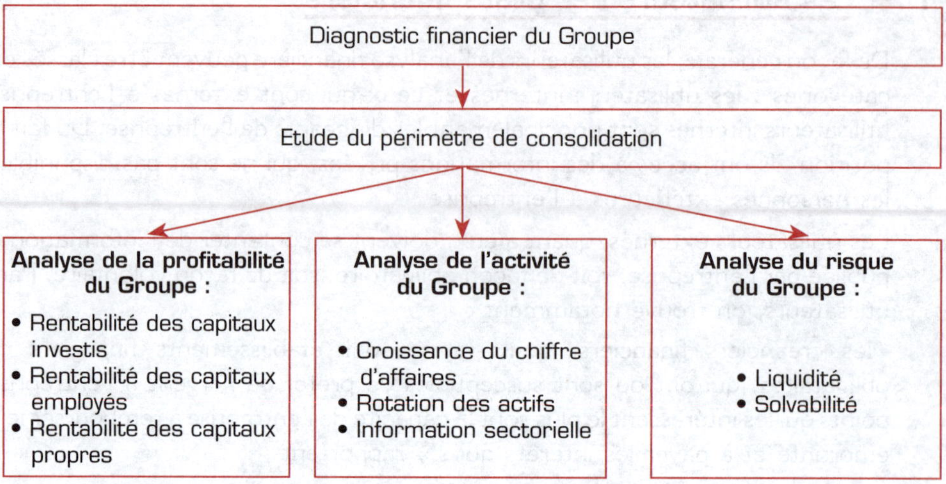

Mais parce que les chiffres ne peuvent tout dire, et que les états financiers ne sont qu'une représentation, par nature limitée, de la réalité économique de l'entreprise, il est important de replacer l'analyse financière dans le cadre plus large de l'étude de l'entreprise et de son environnement. Ceci se fait en recourant à des données sectorielles ainsi qu'à la presse économique, ce qui va permettre d'enrichir l'analyse en la replaçant dans un contexte plus global.

2 ▶ Les comptes consolidés

Les comptes consolidés représentent les états financiers du groupe, pris dans sa globalité. Les états financiers consolidés comprennent obligatoirement les documents suivants :

- le bilan consolidé ;
- le compte de résultat consolidé ;
- l'annexe, qui comprend notamment le tableau des flux de trésorerie et le tableau analysant la variation des capitaux propres.

A. Groupes et comptes consolidés

En France, les sociétés qui consolident leurs comptes annuels peuvent le faire selon deux référentiels. Le premier est celui défini par le Règlement du Comité de Réglementation Comptable (CRC) de 1999[1] et le second, qui est obligatoire pour les sociétés cotées, est celui de *l'International Accounting Standards Board* (IASB), qui élabore les normes IFRS (*International Financial Reporting Standards*), qui succèdent aux normes IAS (*International Accounting Standards*). Dans leur contenu, ces deux référentiels sont relativement proches et ne divergent que sur un nombre limité de points. En effet, afin de rendre les comparaisons entre sociétés de nationalités différentes plus faciles, les principaux normalisateurs (IASB au niveau international,

[1] Par la suite, nous parlerons de CRC 99-02.

FASB pour les États-unis, CRC pour la France) se sont engagés dans un processus de convergence de leurs normes respectives.

B. Le périmètre et les méthodes de consolidation

Le périmètre de consolidation définit les sociétés qui sont incluses dans les comptes consolidés. Il est fonction du pourcentage de contrôle du groupe sur ses filiales. Ce pourcentage de contrôle permet également de déterminer le mode de consolidation de la filiale.

Excepté quelques cas très particuliers d'exclusion, le périmètre de consolidation doit inclure la société consolidante (société mère) ainsi que toutes les entreprises sur lesquelles elle exerce, de façon directe ou indirecte :

- un contrôle exclusif → consolidation par intégration globale ;
- un contrôle conjoint → consolidation par intégration proportionnelle ;
- une influence notable → consolidation par mise en équivalence.

Ces différentes méthodes de consolidation sont présentées et illustrées en annexe de ce chapitre.

C. Les sociétés sous contrôle exclusif

Une filiale est considérée sous contrôle exclusif lorsque la société mère dispose pendant deux exercices consécutifs de plus de 40 % de ses droits de vote, sans qu'aucun autre associé n'en détienne plus, ou qu'elle ait désigné la majorité des organes de direction de la filiale (règle CRC 99-02). En normes IFRS, le contrôle exclusif ne débute qu'à partir de 50 % des droits de vote. Dans cette situation, les produits, charges, actifs et dettes de la filiale vont être ajoutés en totalité à ceux de la mère, quant bien même elle n'en serait pas actionnaire à 100 %, après éliminations des opérations intragroupes et retraitements. Ceci se justifie par le fait qu'elle dispose d'un contrôle exclusif sur sa filiale, et donc sur ses actifs. Seuls les capitaux propres de la filiale seront répartis entre la part qui revient au groupe et celle qui revient aux autres actionnaires (les intérêts minoritaires) [2].

D. Les sociétés sous contrôle conjoint

Il y a contrôle conjoint lorsque qu'il y a partage du contrôle d'une entreprise par un nombre limité d'associés (2 à 50 % ou 3 à 33 % par exemple) et qu'aucun actionnaire n'est en mesure d'imposer ses décisions aux autres. Cette situation se rencontre notamment dans le cas des co-entreprises (*joint-ventures*), qui sont des sociétés créées à l'initiative de deux sociétés ou plus, généralement dans le cadre d'une

[2] Pour une explication plus complète, voir annexe à ce chapitre.

alliance, dans le but d'atteindre un objectif auquel elles ne peuvent aboutir qu'ensemble.

E. Les sociétés sous influence notable

L'influence notable résulte du fait que la société mère qui consolide participe aux prises de décision, sans pour autant être en mesure de les imposer. Elle est présumée dès lors que la participation dans le capital de la filiale est d'au moins 20 %.

3 ▶ Le bilan consolidé

A. La structure du bilan consolidé

Le bilan consolidé regroupe à l'actif les différents éléments qui sont détenus (immobilisations, stocks, créances, disponibilités…) ou contrôlés (biens en crédit-bail) par l'entreprise et, au passif, les capitaux propres (capital, réserves, résultat de l'exercice, etc.), les provisions pour risques et charges (PRC) et les dettes, tant auprès des banques que des autres partenaires de l'entreprise (fournisseurs, salariés, organismes sociaux, etc.). Le bilan est un état de ces différents postes à une date donnée et respecte l'égalité suivante :

Actifs = Capitaux propres + PRC + Dettes

Il est publié au moins une fois par an, mais peut avoir une périodicité plus élevée (semestre, trimestre, etc.), notamment dans le cas des sociétés cotées. Si le classement des éléments du bilan au sein de ces quatre catégories peut paraître trivial, nous verrons plus loin qu'il n'en est rien. Certains actifs peuvent ne pas apparaître au bilan et certains passifs peuvent comporter des éléments leur permettant d'être classés en capitaux propres ou en dettes.

exemple

Bilan 2005 après affectation, DANONE.

ACTIF (millions d'euros)		PASSIF (millions d'euros)	
Immobilisations incorporelles nettes	1 161	Capital	132
Écarts d'acquisition nets	4 120	Primes et réserves	6 297
Immobilisations corporelles nettes	2 944	Actions propres	- 1 149
Titres mis en équivalence	1 256	Capitaux propres (part du Groupe)	5 280
Immobilisations financières nettes	876	Intérêts minoritaires	341
Impôts différés	250	**Capitaux propres**	**5 621**
Actifs non courants	**10 607**	Dettes financières non courantes	5 692
		Provisions pour retraites	324
		Impôts différés	293
Stocks	629	Autres dettes non courantes	235
Clients et comptes rattachés	2 204	**Passifs non courants**	**6 544**
Prêts à moins d'un an	53	Fournisseurs, comptes rattachés et autres	3 657
VMP et disponibilités	2 989	Dettes financières courantes	869
Actifs détenus en vue de leur cession	243	Passifs détenus en vue de leur cession	34
Actifs courants	**6 118**	**Passifs courants**	**456**
Total de l'actif	**16 725**	**Total du passif**	**16 725**

On peut remarquer que Danone, en 2005, ne suit pas la recommandation du CNC (R02 CNC 2004). En effet, les « actifs et passifs détenus en vue de leur cession » doivent normalement être inscrits à la dernière ligne du bilan, en dehors des actifs et passifs courants.

Par rapport au bilan individuel, le bilan consolidé comporte certains postes spécifiques :

• écarts d'acquisition : un écart d'acquisition correspond à la différence entre le prix payé lors de l'acquisition d'une filiale et la valeur réévaluée de ses actifs, déduction faite de ses dettes ;

• titres mis en équivalence : dans un bilan consolidé, la plupart des immobilisations financières ont disparu car il s'agit souvent de participations dans des filiales qui sont consolidées par intégration globale ou proportionnelle. Les participations en question disparaissent des immobilisations financières pour être remplacées par les actifs et dettes des filiales concernées. Lorsque l'influence du groupe n'est que notable, la filiale n'est plus intégrée mais mise en équivalence. La ligne « participation » à l'actif est réévaluée en fonction du pourcentage d'intérêts de la mère dans les capitaux propres de sa filiale. La valeur qui apparaît ainsi à l'actif est alors différente de la valeur historique qui figure dans les comptes individuels ;

• intérêts minoritaires : si une société consolide par intégration globale une filiale non détenue à 100 %, elle va ajouter à ses actifs et dettes 100 % de ceux de sa filiale. En revanche, les capitaux propres de la filiale ne seront ajoutés qu'à hauteur du pourcentage d'intérêts de la mère, le reste apparaissant en intérêts minoritaires. Ces intérêts représentent ainsi la part des capitaux propres de la filiale qui est détenue par des actionnaires extérieurs au groupe (les minoritaires).

En plus des rubriques prévues par le CRC 99-02, les normes IFRS prévoient de faire figurer de façon distincte au bilan :

• les immeubles de placement : il s'agit d'immeubles détenus par le groupe et loués à des sociétés non consolidées, généralement extérieures au groupe ;

• les actifs biologiques : ils sont constitués des plantes et animaux vivants détenus par le groupe ;

• les actifs et passifs destinés à être cédés ou abandonnés : il s'agit des actifs et passifs des filiales qui sont sur le point d'être cédées ou qui ont été abandonnées ;

• les actifs et passifs d'impôts différés : les impôts différés représentent des dettes ou créances d'impôt liées à des décalages dans le temps entre la constatation comptable de certains produits ou charges et leur prise en compte dans le résultat imposable.

B. L'analyse du bilan consolidé

Classiquement, le bilan consolidé est structuré selon une optique d'échéances, en termes de liquidité pour les actifs et d'exigibilité pour les passifs. En IFRS, cette logique d'échéance conduit à distinguer les éléments courants des éléments non courants. Par rapport aux comptes individuels, on remarque à la dernière ligne des actifs la rubrique « actifs détenus en vue de leur cession », qu'on retrouve également au passif. C'est ici le critère de destination qui prime (ces actifs vont être cédés dans moins d'un an) et non celui de la nature de l'actif (ce poste peut comprendre aussi bien des immobilisations que des stocks).

Le bilan consolidé, tel qu'il est présenté, comporte deux principales limites en matière de diagnostic financier :

• Les éléments qui le composent ne sont pas évalués de façon homogène (coût historique, juste valeur au moment de l'entrée dans le périmètre de consolidation, juste valeur à la date de clôture de l'exercice, etc.) ;

• Certains actifs et passifs n'y figurent pas.

Pour y remédier, tout du moins partiellement, il est nécessaire de procéder à certains retraitements. Ces retraitements sont cependant en nombre plus limité que dans le cas des comptes individuels car les comptes consolidés sont établis dans une optique plus économique que juridique. Les principaux retraitements concernent les points suivants [3] :

• Les locations-exploitation ;

• Les écarts d'acquisition ;

• Les impôts différés ;

• Les engagements envers les salariés.

Le bilan consolidé, une fois retraité, va être restructuré par grandes masses de différentes manières selon les objectifs poursuivis par l'analyste financier. Le bilan patrimonial permet principalement de calculer des ratios de liquidité et de solvabilité.

---

[3] Voir annexe 2 de ce chapitre pour une présentation des retraitements à effectuer.

Le bilan fonctionnel permet d'étudier le fonctionnement de l'entreprise au travers de ses trois cycles qui sont l'exploitation, l'investissement et le financement. Il permet d'apprécier le risque de faillite de l'entreprise en confrontant ses emplois et ses ressources, l'équilibre fonctionnel posant comme principe que le fonds de roulement doit couvrir le besoin en fonds de roulement (BFR). La principale différence du bilan fonctionnel par rapport au bilan patrimonial réside au niveau des actifs, qui sont retenus pour leur valeur brute, les amortissements et dépréciations qui viennent normalement en déduction de l'actif étant ajoutés aux fonds propres internes.

Quant au bilan économique, il a pour objet de faire ressortir les capitaux investis (au passif) et les capitaux employés (à l'actif) afin de permettre l'estimation des rentabilités.

Tableau 9.3. Les différentes approches de restructuration du bilan comptable

Approche	Structure	Objectifs [4]
Bilan patrimonial	Immobilisations nettes Actifs circulants Capitaux propres Intérêts minoritaires Dettes à moyen et long terme Dettes circulantes	Analyse de la liquidité et de la solvabilité (ratios de liquidité et d'endettement)
Bilan fonctionnel	Immobilisations brutes BFR brut Trésorerie Fonds propres externes Fonds propres internes Dettes financières	Analyse du fonctionnement de l'entreprise (ratios de rotation) et de l'équilibre fonctionnel
Bilan économique	Immobilisations nettes BFR net Trésorerie Capitaux propres Intérêts minoritaires Dettes financières	Analyse de la rentabilité

La recommandation du CNC (R02 CNC 2004) propose également le calcul d'un endettement financier net, par différence entre l'endettement financier (à court, moyen et long terme) et la trésorerie (disponibilités et OPCVM de trésorerie), afin de le confronter au coût de l'endettement financier net qui apparaît dans son modèle de compte de résultat.

Un dernier point mérite d'être mentionné, la distinction entre dettes et capitaux propres. Si le rattachement de certains instruments financiers (actions, dettes bancaires) à l'une de ces deux catégories ne pose pas de difficulté, il n'en va pas de même pour certains instruments hybrides (OCA, ORA, OCEANE, OBSA, etc.). Ces obligations ont toutes deux composantes : une composante dette (paiement d'intérêts) et une composante capitaux propres (conversion possible ou obligatoire en actions de la société). En CRC 99-02, ces titres doivent être rattachés à l'une des trois catégories suivantes : capitaux propres, dettes (OCA, OCEANE, OBSA) ou en autres fonds propres (ORA). Au contraire, en IFRS, ces instruments doivent voir leur valeur répartie entre les capitaux propres et les dettes.

4 Les modalités de calcul des différents ratios seront présentées plus loin.

exemple

Full *Fair Value* ou la juste valeur intégrale

Les normes IFRS permettent la réévaluation des immobilisations, tout comme le PCG. Mais à la différence de ce dernier, la réévaluation peut être limitée à certaines catégories d'actifs alors que le PCG impose, en cas de mise en œuvre, de l'appliquer à l'ensemble des immobilisations corporelles et financières. La *full fair value* correspond au fait de réévaluer chaque année l'ensemble des actifs de l'entreprise.

L'idée sous-jacente est de mieux mesurer la valeur des actifs qui garantissent les engagements de l'entreprise vis-à-vis de ses différents créanciers, ainsi que la richesse potentielle de ses actionnaires. Supposons qu'une société industrielle exploite depuis 70 ans son activité dans le centre de Paris, à une époque où les prix de l'immobilier n'étaient pas ce qu'ils sont aujourd'hui. Le fait de calculer sa rentabilité sur la base des valeurs de marché plutôt que des valeurs comptables va faire très fortement chuter sa rentabilité. Ceci doit conduire ses dirigeants à se poser la question de l'opportunité de maintenir une activité industrielle au cœur de Paris plutôt que dans sa région. De façon plus générale, l'utilisation de valeurs de marché permet de mieux apprécier la performance de l'entreprise dans la gestion de ses actifs.

Cette approche en juste valeur intégrale montre cependant ses limites dès lors qu'il s'agit de prendre en compte les actifs intangibles de l'entreprise et de les valoriser. La prise en compte ou non de ces intangibles dépend avant tout de l'objectif poursuivi par l'analyste. S'il s'agit d'apprécier le niveau de risque supporté tant par les créanciers que par les actionnaires, la non prise en compte de ces actifs est logique car ils ne sont généralement pas cessibles indépendamment du reste de l'entreprise.

C. Les clauses d'endettement

En contrepartie de l'acceptation d'un prêt, un créancier peut imposer à l'entreprise emprunteuse le respect de certaines clauses (*debt covenants*) afin de limiter le risque qu'il prend. Ces clauses d'endettement portent principalement sur :

- l'émission de nouvelles dettes ;
- la distribution de dividendes ;
- la vente d'actifs.

Sans les interdire, ces clauses vont limiter les actions possibles de l'entreprise dans ces trois domaines. Il est donc important pour l'analyste d'étudier les annexes afin de rechercher l'existence d'éventuelles clauses et la probabilité de leur mise en œuvre. Si cette probabilité est non négligeable, il faut alors en mesurer les conséquences.

En cas de non-respect de la clause, la dette peut devenir immédiatement exigible et conduire éventuellement à la mise en liquidation de la société. Outre le risque de défaut qu'elles peuvent induire, leurs conséquences peuvent également se faire sentir sur la gestion de l'entreprise en limitant, selon leur objet, les possibilités d'endettements nouveaux, de cessions d'actifs ou de distributions de dividendes. Les marges de manœuvre des dirigeants peuvent alors être très réduites.

exemple

En avril 2001, Sodexho (n°2 mondial de la restauration collective, coté à Paris) s'est endetté à hauteur de 718 M$ avec l'obligation de respecter deux ratios :

- Endettement net / EBE < 2,25
- Résultat opérationnel / frais financiers > 3,5

Or, pour l'exercice 2003, le second ratio était de 3,6, soit juste au-dessus de la limite contractuelle, limitant d'autant les marges de manœuvre du groupe. À résultat opérationnel constant, la société est dans l'impossibilité de souscrire de nouvelles dettes car cela aurait pour conséquence de faire augmenter ses frais financiers et faire passer son ratio sous la limite de 3,5. À frais financiers constant, une dégradation du résultat opérationnel fait courir le risque de violer la clause. Or si la clause est violée, les banques peuvent exiger le remboursement du solde de la dette en dollars. Mais, dans ce cas, une dette obligataire de un milliard d'euros deviendrait à son tour exigible. Pour toutes ces raisons, le niveau de risque de Sodexho en 2004 est considéré comme élevé.

4 ▶ Le compte de résultat consolidé

Le compte de résultat consolidé regroupe les produits et les charges de la période, indépendamment de leur éventuelle date d'encaissement ou de décaissement (principe de comptabilité d'engagement). La différence entre les produits et les charges aboutit au résultat de la période. Sa périodicité est au moins annuelle mais peut être plus fréquente (trimestrielle pour un nombre de plus en plus élevé de sociétés cotées). Alors que le bilan est une photographie à un instant donné (au 31 décembre, par exemple), le compte de résultat couvre une période donné (du 1er janvier au 31 décembre).

A. La structure du compte de résultat consolidé

Le compte de résultat (modèle CRC 99-02) peut être présenté selon deux formats, par nature ou par destination :

Par nature	Par destination
Chiffre d'affaires	**Chiffre d'affaires**
– Autres produits d'exploitation	– Coût des ventes
– Achats consommés	– Charges commerciales
– Charges de personnel	– Charges administratives
– Autres charges d'exploitation	– Autres charges et produits d'exploitation
– Impôts et taxes	
– Dotations aux amortissements et provisions	

= Résultat d'exploitation
± Charges et produits financiers
= Résultat courant des entreprises intégrées
± Charges et produits exceptionnels
– Impôts sur les résultats
= Résultat net des entreprises intégrées
± Quote-part dans le résultat des entreprises mises en équivalence
– Dotations aux amortissements des écarts d'acquisition
= Résultat net de l'ensemble consolidé
– Intérêts minoritaires
= Résultat net (part de groupe)

Résultat par action de base
Résultat par action dilué

Comme le montre ce tableau comparatif, les deux formats de compte de résultat partent du même solde, le chiffre d'affaires, puis se rebouclent au niveau du résultat d'exploitation. Entre les deux, les produits et charges sont agrégés de façon différente. Les charges de personnel sont ainsi, dans la présentation par destination, réparties entre le coût des ventes (salaires des personnels de production), les charges commerciales (salaires des personnels commerciaux) et les charges administratives (salaires des personnels administratifs).

Le compte de résultat consolidé comporte les lignes spécifiques suivantes :

• Résultat net des entreprises intégrées : ce résultat correspond au résultat de la société mère auquel s'ajoute 100 % du résultat des filiales consolidées par intégration globale et la part du groupe dans le résultat des filiales consolidées par intégration proportionnelle. Il inclut donc le résultat revenant aux minoritaires mais ne tient pas compte de celui des filiales consolidées par mise en équivalence ;

• Quote-part dans le résultat des entreprises mises en équivalence : fraction du résultat des sociétés consolidées par mise en équivalence qui revient au groupe ;

• Dotations aux amortissements des écarts d'acquisition : les écarts d'acquisition doivent faire l'objet soit d'un amortissement (CRC 99-02), soit d'un test annuel de dépréciation (IFRS) ;

• Intérêts minoritaires : part du résultat des filiales consolidées par intégration globale qui revient à leurs actionnaires minoritaires.

Certains points méritent des précisions :

• Les charges de personnel incluent la participation des salariés, contrairement aux comptes individuels où elle apparaît de façon distincte, après le résultat exceptionnel ;

• Les impôts sur les résultats comprennent les impôts exigibles (comme dans les comptes individuels) mais également les impôts différés ;

• En IFRS, les sociétés ne peuvent faire figurer de façon distincte les produits et charges exceptionnels ou extraordinaires, contrairement au CRC 99-02 où ils sont sur une ligne spécifique. L'exceptionnel n'existe pas en IFRS.

Suite au report par l'IASB de la publication de la norme relative à la présentation des performances, « *financial performance reporting* », qui devait remplacer son modèle de compte de résultat, le CNC (Conseil National de la Comptabilité) a publié en 2004 une recommandation (R02 CNC 2004) proposant un format de compte de résultat compatible avec les dernières normes IFRS et leurs impacts en termes de résultats. Ce modèle n'étant qu'une recommandation, il ne s'impose pas aux sociétés bien qu'il ait été adopté par la plupart des sociétés cotées françaises. Il se présente comme suit :

exemple

Modèle de compte de résultat proposé par le CNC, retenu par Danone en 2005 (présentation par destination) (millions d'euros)

Chiffre d'affaires net	**13 024**
Coût des produits vendus	(6 644)
Frais sur vente	(3 331)
Frais généraux	(1 017)
Frais de recherche et de développement	(123)
Autres produits et charges	(171)
Résultat opérationnel courant	**1 738**
Autres produits et charges opérationnels	(32)
Résultat opérationnel	**1 706**
Produits de trésorerie et d'équivalents de trésorerie	88
Coût de l'endettement financier brut	(189)
Coût de l'endettement financier net	**(101)**
Autres produits et charges financiers	(9)
Résultat avant impôts	**1 596**
Impôts sur les bénéfices	(473)
Résultat des sociétés intégrées	**1 123**
Résultats des sociétés mises en équivalence	44
Résultat net avant résultat des activités arrêtées, cédées ou encours de cession	**1 167**
Résultat net d'impôt des activités arrêtées, cédées ou encours de cession	504
Résultat net	**1 671**
— Part du Groupe	**1 464**
— Part des intérêts minoritaires	**207**

Le CNC propose également une version de son compte de résultat par nature. La différence ne porte que sur le haut du tableau :

Présentation du compte de résultat par nature (format CNC) :

Chiffre d'affaires
Autres produits de l'activité
Achats consommés
Charges de personnel
Charges externes
Impôts et taxes
Dotations aux amortissements
Dotations aux provisions
Variation des stocks
Autres charges et produits d'exploitation
Résultat opérationnel courant

Le CNC, suivant l'esprit de l'IASB, supprime la notion de résultat exceptionnel ou extraordinaire, estimant que cette classification est arbitraire, et peut conduire à une présentation erronée ou incomplète de la performance opérationnelle. Ceci étant, afin de pouvoir déterminer un niveau de performance récurrent, le modèle propose d'isoler les éléments non récurrents sur la ligne « autres produits et charges opérationnels ». Ceci aboutit à deux soldes :

- le résultat opérationnel courant [5], qui mesure la performance récurrente et est calculé avant prise en compte de ces autres produits et charges ;
- le résultat opérationnel, qui intègre ces éléments non récurrents. Il regroupe ainsi l'ensemble des produits et charges à l'exclusion de ceux provenant des activités financières, de l'impôt sur les résultats, du résultat des sociétés mises en équivalence et du résultat des activités cédées ou en cours de cession.

B. L'analyse du compte de résultat consolidé

L'analyse du compte de résultat consolidé a pour principal objet l'étude du résultat opérationnel récurrent, qui a vocation à perdurer dans le futur. Il s'agit donc d'isoler les produits et les charges non récurrents tels que ceux liés à des changements de méthodes comptables, à la réévaluation des actifs, à des activités cédées ou en voie de l'être, à des tests de dépréciation d'actifs ou à toute autre opération qui n'a pas vocation à se répéter dans le futur. Une partie de ces éléments peut apparaître sur une ligne distincte du compte de résultat, soit au niveau des « autres produits et charges opérationnels », soit, à l'avant-dernière ligne, « résultat net d'impôt des activités arrêtées ou en cours de cession ». Pour le reste, une lecture attentive des annexes doit permettre de les identifier. Ceci ne signifie pas qu'il faille ignorer ces éléments non récurrents, ce qui reviendrait à ne pas tenir compte des éventuelles erreurs passées, mais de faire la part entre ce qui va se reproduire et ce qui n'a pas vocation à le faire.

[5] Le terme « courant », contrairement aux comptes individuels, ne signifie pas que le résultat financier a été pris en compte.

Selon la définition du CNC, les « autres produits et charges opérationnels » correspondent à des produits et charges en nombre limité, inhabituels, anormaux et peu fréquents. Dans le cas de Danone, ce résultat récurrent est de 1 738 M€ et le résultat opérationnel non récurent de –32 M€.

Le « résultat net d'impôt des activités arrêtées, cédées ou encours de cession » permet d'affiner les prévisions en isolant du résultat opérationnel des produits et charges qui ne se reproduiront pas à l'avenir. Il permet également de calculer de façon cohérente la rentabilité puisque les actifs et passifs auxquels ils se rattachent, soit ne figurent plus au bilan, soit y figurent sous une rubrique spécifique (actifs et passifs détenus en vue de leur cession).

Le modèle de compte de résultat du CNC permet également de mieux isoler, au sein du résultat financier, ce qui se rapporte à la politique financière de l'entreprise (endettement et gestion de trésorerie) du reste des charges et produits financiers. Ainsi, le compte de résultat fait ressortir les deux soldes suivants :

• Coût de l'endettement financier net [6] : il correspond à la différence entre les produits financiers issus du placement de la trésorerie et les charges d'intérêt (coût de l'endettement financier brut) ;

• Autres produits et charges financiers : ils correspondent aux charges et produits financiers non retenus précédemment (dividendes reçus, dépréciations des immobilisations financières, profits et pertes sur cession de titres, variation de juste valeur des instruments financiers...).

Pour que les comparaisons entre sociétés aient un sens, il faut s'assurer que le référentiel comptable retenu (IFRS ou CRC 99-02) soit identique. Dans le cas contraire, les comptes de résultat doivent être retraités afin de les rendre homogènes. Ces retraitements concernent notamment :

• les frais de recherche et développement (charge ou immobilisation) ;

• les écarts d'acquisition (amortissement ou dépréciation) ;

• les éléments exceptionnels (en opérationnel ou non).

5 ▶ Le tableau des flux de trésorerie consolidé

Le tableau des flux de trésorerie consolidé récapitule par catégorie (exploitation, investissement, financement) les flux de trésorerie qui sont entrés et sortis de l'entreprise au cours de l'exercice. Ce tableau est central en matière de diagnostic financier car une entreprise n'a de valeur pour ses actionnaires ou ses créanciers financiers que dans la mesure où elle est capable de dégager des excédents de trésorerie qui lui permettent de verser des dividendes et de rembourser ses emprunts.

Le tableau des flux de trésorerie se structure en trois composants :

• flux liés aux activités d'exploitation [7] (FTE) ;

• flux liés aux activités d'investissement (FTI) ;

• flux liés aux activités de financement (FTF).

---

[6] La terminologie n'est pas très heureuse et peut être source de confusion. Le terme « net » s'applique à l'endettement, et est donc sans lien avec l'impôt.

[7] Le CRC 99-02 utilise le terme « activité » en lieu et place d'« exploitation ».

A. Flux liés aux activités d'exploitation (FTE) (*operating cash-flow*)

Le terme « exploitation » doit ici être retenu pour son acception anglo-saxonne, c'est-à-dire qui se rapporte à l'activité courante de l'entreprise. L'« exploitation » du CRC 99-02 est ainsi beaucoup plus large dans son contenu que la notion d'« exploitation » du PCG. Les flux liés aux activités d'exploitation comprennent :

• les flux de trésorerie correspondant aux charges et produits d'exploitation (ventes encaissées, achats décaissés, salaires versés...) ;

• les autres encaissements et décaissements qui sont rattachables à l'exploitation (charges et produits financiers et exceptionnels, participation des salariés, impôt sur les sociétés...).

Ce premier solde peut se présenter de deux façons, au choix de l'entreprise :

• Méthode directe : les entrées et sorties de trésorerie sont présentées par grandes catégories (par exemple, encaissements des clients, versements aux fournisseurs...) pour aboutir au FTE ;

• Méthode indirecte : le résultat net des entreprises intégrées est retraité (i) des charges et produits calculés (DADP [8], RADP), (ii) des variations de juste valeur, (iii) de la variation du besoin en fonds de roulement (BFR) et (iv) des produits et charges associés aux flux de trésorerie d'investissement et de financement.

Dans la pratique, les sociétés préfèrent cette seconde méthode car elle reprend un solde du compte de résultat. Elle conduit à faire ressortir un solde intermédiaire, la marge brute d'autofinancement.

B. Flux liés aux activités d'investissement (FTI)

Les flux de trésorerie d'investissement correspondent aux flux qui sont liés à l'activité d'acquisition (investissement) et de cession (désinvestissement) d'actifs à long terme. Sont donc concernées les acquisitions et cessions :

• d'immobilisations corporelles et incorporelles ;

• de parts dans le capital d'autres sociétés ;

• des autres immobilisations financières (dépôts, cautionnements, etc.).

Ces flux comprennent enfin l'impact des variations du périmètre de consolidation sur les flux de trésorerie. Cet impact est égal à la différence entre le prix d'achat décaissé (prix de vente encaissé) de la société acquise (vendue) et le montant de la trésorerie dont dispose cette dernière.

[8] Dotation aux amortissements, dépréciations et provisions. Le terme provision est désormais réservé aux provisions pour risques et charges (passifs) et le terme dépréciation aux seuls actifs.

C. Flux liés aux activités de financement (FTF)

Les flux de trésorerie de financement récapitulent les flux qui sont liés à la structure financière de l'entreprise (capitaux propres et dettes financières). Ils comprennent notamment :

- les nouveaux financements : emprunts, subventions d'investissement, augmentations de capital ;
- les décaissements qui s'y rapportent : remboursements d'emprunts, dividendes versés, rachats d'actions.

exemple

Tableau des Flux de Trésorerie Danone 2005 (modèle CNC 2004)

Résultat net	**1 464**
Part des intérêts minoritaires dans les bénéfices des sociétés intégrées	207
Résultat net des activités arrêtées, cédées ou en cours de cession	(504)
Résultats des sociétés mises en équivalence	(44)
Dotations aux amortissements	478
Dividendes reçus des sociétés mises en équivalence	45
Autres ressources (emplois) sans impact sur la trésorerie	70
Marge brute d'autofinancement	**1 716**
Variation des stocks	(17)
Variation des créances clients	(87)
Variation des dettes fournisseurs	123
Variation des autres comptes débiteurs et créditeurs	112
Variation des éléments du besoin en fonds de roulement	131
Trésorerie provenant de l'exploitation	**1 847**
Investissements industriels	(607)
Investissements financiers nets de la trésorerie acquise	(636)
Cessions et réalisations d'actifs (dont endettement des sociétés cédées à la date de cession)	1659
Variation nette des prêts et autres valeurs immobilisées	(134)
Variation de trésorerie des activités arrêtées, cédées ou en cours de cession	30
Trésorerie provenant des opérations d'investissement/désinvestissement	**312**
Augmentation du capital et des primes	61
Acquisition d'actions propres (nette de cessions)	(558)
Dividendes versés aux actionnaires de GROUPE DANONE et aux minoritaires	(489)
Variation nette des dettes financières non courantes	(715)
Variation nette des dettes financières courantes	(191)
Variation des valeurs mobilières de placement	(210)
Trésorerie affectée aux opérations de financement	**(2 102)**
Incidence des variations de taux de change	53
Variation globale de la trésorerie	**110**
Disponibilités au 1er janvier	**466**
Disponibilités au 31 décembre	**576**

D. L'analyse du tableau des flux de trésorerie

La trésorerie est un élément central du diagnostic financier car elle n'est pas affectée par le choix du référentiel comptable (PCG, IFRS, US GAAP...) ou les choix comptables (mode d'amortissement, valorisation des stocks, comptabilisation et amortissement des incorporels...) comme peut l'être le résultat de l'exercice. C'est la raison pour laquelle le tableau des flux de trésorerie est désormais l'état financier dont l'étude est privilégiée par les analystes.

Le tableau des flux de trésorerie permet de compléter l'analyse du compte de résultat et du bilan. En effet, il peut exister un décalage dans le temps entre la comptabilisation d'une opération et sa traduction en termes monétaires et certains produits ou charges peuvent n'avoir aucune incidence en terme de trésorerie (DADP par exemple). Il permet également de relier les bilans de deux exercices en expliquant l'origine de la variation de la trésorerie nette (TN) d'une année sur l'autre :

$$FTE + FTI + FTF = \Delta TN$$

À court terme, le tableau permet de s'assurer que la société est en mesure de faire face à ses obligations, tout particulièrement vis-à-vis de ses créanciers. À moyen et long terme, il lui permet de définir ses besoins en termes de financements.

Le solde des flux de trésorerie d'exploitation (FTE) permet de juger de la capacité de l'entreprise à générer de la trésorerie sur la base de son exploitation, et indique la marge de manœuvre dont elle dispose en matière de politique financière, qu'il s'agisse de sa politique d'investissement, de financement ou de dividende. Ce solde doit être positif afin de permettre à l'entreprise de verser des dividendes à ses actionnaires, de rembourser ses emprunts et de financer, au moins partiellement, ses investissements. Dans certaines situations, il peut cependant être négatif. C'est notamment le cas lorsque l'entreprise est en phase de croissance, ce qui la conduit à avoir des charges d'exploitation plus importantes que ses recettes. Ceci étant, il ne peut l'être de façon durable.

Enfin, la trésorerie est l'élément central de certaines méthodes d'évaluation des entreprises. Selon ces dernières, l'entreprise n'a de valeur que dans la mesure où elle est capable de dégager de la trésorerie, après financement de ses investissements de maintien[9]. Sa valeur est alors égale à la valeur actualisée de ses flux de trésorerie disponibles (*free cash flows*).

6 ▶ Le tableau de variation des capitaux propres

Ce tableau, qui n'existe pas pour les comptes individuels, est structuré de façon matricielle et permet de compléter l'analyse du bilan.

A. La structure du tableau de variation des capitaux propres

Le tableau de variation des capitaux propres reprend :

- en colonne : les différentes rubriques des capitaux propres ;
- en ligne : les origines possibles des variations des postes de capitaux propres.

[9] Investissements qui permettent à l'entreprise de maintenir constante sa capacité de production, compte tenu de la dépréciation de ses actifs productifs.

exemple

Tableau de variation des capitaux propres Danone 2005

(en millions d'euros)	Capital	Primes	Bénéfices accumulés	Différences de conversion	Actions propres	Résultats enregistrés en capitaux propres	Capitaux propres part du Groupe	Intérêts mino.	Capitaux propres totaux
Situation au 1er janv. 2005	**134**	**259**	**4 850**	**(97)**	**(918)**	**28**	**4 256**	**250**	**4 506**
+ Différences de conversion			(5)	355			350	51	401
+ Réévaluation des titres non conso.						45	45		45
+ Couvertures de flux de trésorerie						(6)	(6)		(6)
= Résultats enregistrés directement en capitaux propres			**(5)**	**355**		**39**	**389**	**51**	**440**
Résultat de l'exercice 2005			1 464				1 464	207	1 671
Total des produits et charges de l'exercice 2005			1 459	355		39	1 853	258	2 111
Augmentation de capital	0	40					40	21	61
Réduction de capital	(2)	(55)	(270)				(327)		(327)
Variation des actions propres					(231)		(231)		(231)
Dividendes distribués			(334)				(334)	(155)	(489)
Variation de périmètre							0	(24)	(24)
Options d'achat d'actions			23				23		23
Options de vente accordées aux intérêts minoritaires							0	(9)	(9)
Situation au 31 déc. 2005	**132**	**244**	**5 728**	**258**	**(1 149)**	**67**	**5 280**	**341**	**5 621**

B. L'analyse du tableau de variation des capitaux propres

Le tableau de variation des capitaux propres résume les différentes opérations qui ont affecté les capitaux propres et permet de faire le lien entre les postes de capitaux propres de deux exercices successifs. Il met également en évidence les gains et pertes qui ont été comptabilisés directement en capitaux propres, sans passer par le compte de résultat. Il s'agit principalement :

- des gains et pertes de juste valeur des immobilisations ;
- des gains et pertes de juste valeur sur instruments financiers ;
- des écarts de conversion (liés à la conversion en euros d'actifs et passifs libellés en devises).

Dans le cas de Danone, ces produits et charges comptabilisés directement en capitaux propres se sont élevés à 440 M€ en 2005.

7 ▶ L'analyse des états financiers consolidés

Les utilisateurs de l'information financière étant nombreux et variés, leurs besoins le sont tout autant. Les objectifs poursuivis par le diagnostic financier dépendent donc de la perspective dans laquelle l'analyste se place. Pour autant, quelques principes sont de portée générale.

Par rapport à l'étude des comptes individuels[10], les comptes consolidés vont présenter plusieurs spécificités au niveau de l'analyse financière :

- certaines opérations seront comptabilisées différemment dans les comptes sociaux et dans les comptes consolidés ;
- les modes d'évaluation de certains postes seront différents ;
- de nouvelles rubriques vont apparaître.

Il convient enfin de noter qu'en France, les états financiers consolidés peuvent être présentés selon trois formats différents :

- le règlement 99-02 du Conseil de la Réglementation Comptable (CRC 99-02) ;
- la recommandation du Conseil National de la Comptabilité du 27 octobre 2004 pour les sociétés soumises aux normes IFRS (R02 CNC 2004) ;
- les normes IFRS[11].

A. Démarche sectorielle et temporelle

L'analyse n'a de sens que si elle est replacée dans un contexte sectoriel et temporel. Constater que la rentabilité économique d'une entreprise est de 12 % ne permet pas de porter un jugement. Le chiffre en lui-même est dénué de tout intérêt. Que la rentabilité économique de l'entreprise passe de 10 à 12 % ne s'interprète pas de la

[10] Sur le sujet, voir Langlois, Mollet, Finance d'entreprise, Foucher.

[11] Il n'existe pas à proprement parlé de format IFRS, mais uniquement une liste d'éléments à faire figurer de façon obligatoire.

même façon selon que celle du secteur chute de 14 à 12 % ou augmente de 12 à 14 %. C'est pour cela qu'il est indispensable d'intégrer dans l'analyse :

- une dimension sectorielle : comment se situe l'entreprise par rapport à ses principaux concurrents ?
- une dimension temporelle : comment évoluent les principaux ratios de l'entreprise et de ses concurrents dans le temps ?

B. L'étude du périmètre de consolidation

La première étape dans l'analyse des comptes consolidés consiste à étudier le périmètre de consolidation du groupe. L'annexe aux comptes consolidés présente la liste de toutes les sociétés incluses dans le périmètre et la méthode de consolidation retenue pour chacune d'elles. En principe, cette liste fait également mention du pays de localisation de la filiale. Cette dernière information est importante dans l'appréciation des risques auxquels fait face la filiale (risque pays, risque de change, etc.).

L'étude du périmètre de consolidation porte sur les points suivants :

- Quelles sont les filiales qui sont consolidées ?
- Quelles sont les filiales exclues du périmètre ?
- Quelles sont les filiales entrées ou sorties au cours de l'exercice ?
- Quelles sont les filiales dont le pourcentage de contrôle par le groupe a varié ?

Ces deux derniers points permettent, en outre, d'apprécier la stratégie de croissance ou de repositionnement de l'entreprise et sa dynamique au cours du temps (entrée ou sortie de sociétés du périmètre, renforcement ou désengagement dans le capital de certaines). L'étude du périmètre permet également de mieux analyser l'évolution de certains postes, dont les variations peuvent trouver leur origine dans des changements de périmètre ou de méthode de consolidation.

Le fait que certaines sociétés du groupe soient exclues doit également amener l'analyste à s'interroger sur l'impact qu'elles auraient eu sur les comptes consolidés. Si l'exclusion concerne des filiales bancaires ou financières, cela peut conduire à réduire très fortement l'endettement apparent du groupe, s'il est localisé au sein de ces filiales. C'est notamment ce qui s'est passé dans le cas d'Enron, où les dettes du groupe étaient portées par des sociétés non consolidées, masquant ainsi son niveau d'endettement réel.

Afin de lutter contre les montages déconsolidants[12], l'IASB et le CRC 99-02 ont prévu l'obligation de consolidation des entités *ad hoc* (entités créées spécialement pour gérer une opération). Désormais, la consolidation de ces entités *ad hoc* est obligatoire, même si la société dominante ne détient aucune action, dès lors qu'il y a contrôle en substance sur l'entité (contrat, accord, clause statutaire).

12 Montages qui consistent à transférer à une société non consolidée certains actifs ou dettes du groupe.

C. Les variations du périmètre de consolidation

Le périmètre de consolidation n'est pas figé d'un exercice à l'autre. Des sociétés peuvent y entrer ou en sortir et d'autres voir leur pourcentage d'intérêts évoluer au cours de l'année. Ces évolutions peuvent être volontaires (achat ou vente de titres de la filiale) ou subies par le groupe en cas d'opérations sur le capital de la filiale (augmentation ou réduction de capital). Dans certains cas, ces évolutions pourront conduire à un changement de méthode de consolidation.

Pour que le diagnostic financier et les comparaisons aient un sens, il faut que le périmètre de consolidation soit identique d'un exercice à l'autre. Pour cela, les états financiers de l'exercice doivent être comparés à ceux du précédent à périmètre constant, appelés comptes *pro forma*. Cela signifie qu'en cas de cession d'une participation, les états financiers *pro forma* n – 1 sont retraités afin de ne tenir compte que des sociétés incluses dans le périmètre de l'année n ou, en cas d'acquisition, en consolidant de façon rétroactive en n – 1, la société nouvellement acquise.

D. L'entrée dans le périmètre de consolidation

En cas d'entrée dans le périmètre de consolidation, deux méthodes de comptabilisation sont possibles, la méthode de la juste valeur et la méthode de la mise en commun d'intérêts.

Selon la méthode de la juste valeur (*purchase method*), les actifs, dettes et provisions pour risques et charges de la société acquise sont à consolider pour leur juste valeur (et non pour leur valeur au bilan de la société acquise). La différence qui peut apparaître entre le prix payé et la juste valeur de l'actif net (actifs – dettes – provisions) est un écart d'acquisition (*goodwill* ou *badwill*), à comptabiliser à l'actif ou au passif du bilan consolidé. Cet écart doit, selon le CRC 99-02 [13], être amorti sur sa durée d'utilité (20 ans au maximum). Au contraire, en IFRS et en normes américaines, cet écart ne peut être amorti mais doit faire l'objet de tests de dépréciation (*impairment tests*) chaque année. Or cette divergence de traitement comptable peut avoir un impact considérable sur le résultat publié par les sociétés. Dans le cas de la fusion entre AOL et Time Warner en janvier 2001, le montant du *goodwill* était de 158 milliards de dollars, soit un amortissement annuel de 7,9 milliards de dollars pendant 20 ans.

Avec la méthode de la mise en commun d'intérêts (*pooling of interests*), qui est désormais interdite dans le référentiel international et américain, les actifs et passifs de la société acquise sont consolidés pour leur valeur nette comptable (et non leur juste valeur). De ce fait, aucun écart d'acquisition n'est à comptabiliser, ce qui permet de ne pas dégrader les bénéfices futurs par des amortissements ou dépréciations. Les possibilités d'utilisation de cette méthode en France se sont cependant réduites depuis 2005 (CRC 2005-10).

[13] Ce point pourrait être supprimé à l'avenir et remplacé par un test de dépréciation annuel.

E. La sortie du périmètre de consolidation

La sortie d'une société du périmètre peut résulter de la cession par le groupe de la totalité ou d'une partie de ses actions ou d'une augmentation de capital qui n'a pas été souscrite par ce dernier. Dans ce dernier cas, les titres de la filiale ne sont pas cédés mais la fraction du capital détenue baisse, ce qui peut aboutir aboutit à la déconsolider. Au bilan consolidé, les actifs et passifs de la filiale sont supprimés, alors que le compte de résultat consolidé reprend les produits et les charges de la filiale jusqu'à la date de transfert du contrôle. Ainsi, les actifs et passifs d'une filiale cédée le 20 juin 2007 ne figurent pas au bilan consolidé au 31 décembre 2007 alors que le compte de résultat 2007 comprend les produits et charges engagés par la filiale entre le 1er janvier et le 20 juin. La confrontation directe du bilan consolidé (qui ne comprend pas les éléments de la filiale cédée) avec le compte de résultat consolidé (qui comprend une partie des produits et charges de la filiale) n'est donc pas pertinente. Comptablement, il est cependant possible de faire ressortir ces éléments du compte de résultat sous une seule ligne « quote-part du groupe dans le résultat net des entreprises cédées ». Cette présentation permet d'isoler un résultat qui n'a plus vocation à se reproduire. Ainsi, elle permet un calcul cohérent des rentabilités en excluant du résultat consolidé celui de la filiale cédée, les actifs et passifs de la filiale ayant été supprimés du bilan consolidé.

8 ▶ Les mesures de la rentabilité

L'analyse de la rentabilité consiste à apprécier la façon dont l'entreprise rémunère ses apporteurs de fonds que sont ses actionnaires et ses créanciers financiers (établissements financiers et obligataires), à partir des ressources dont elle dispose (capitaux propres et dettes financières). Elle conduit au calcul de la rentabilité économique et de la rentabilité des capitaux propres, et à leur décomposition en inducteurs de performance.

Schématiquement, un bilan repose sur l'égalité suivante :

Actifs immobilisés + actifs circulants
=
capitaux propres + provisions pour risques et charges (PRC) + dettes

Du point de vue économique, ce découpage n'est pas pertinent car il agrège sous un même libellé des éléments dont l'origine ou la finalité peut être très différente. Ainsi, les dettes regroupent les emprunts, dont l'objet est de financer l'activité de l'entreprise, mais également des dettes d'exploitation (fournisseurs, salariés...) qui sont la conséquence de cette activité. Ceci nous conduit à une reformulation qui met en évidence les actifs et passifs nécessaires à l'activité de l'entreprise (capitaux investis) et les fonds dont elle a disposé pour les financer (capitaux employés) :

$$\underbrace{\text{Actifs immobilisés + actifs circulants - dettes circulantes - PRC}}_{\text{Capitaux investis}} = \underbrace{\text{capitaux propres + dettes financières}}_{\text{Capitaux employés}}$$

Les ratios de rentabilité se calculent ainsi en rapportant la rémunération versée à ces apporteurs de fonds au montant des fonds investis par ces derniers.

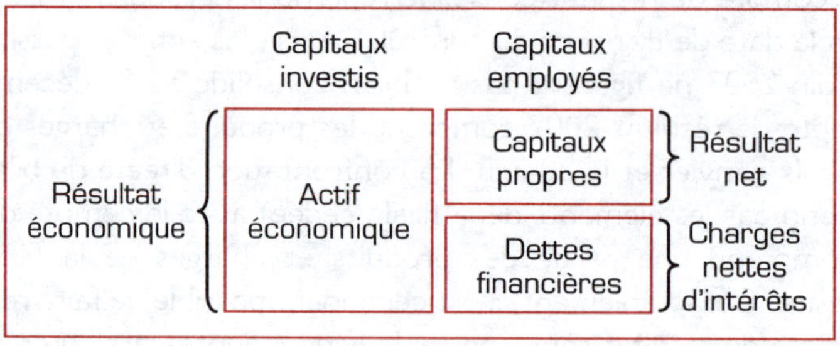

Schéma 9.1 • Bilan reformulé

A. Les mesures de la rentabilité à partir des comptes individuels

Selon que l'on s'intéresse aux apporteurs de fonds dans leur ensemble (actionnaires et créanciers financiers) ou aux seuls actionnaires ou créanciers financiers, trois ratios vont pouvoir être calculés. Dans tous les cas, pour que le calcul soit pertinent, il est impératif qu'il y ait cohérence entre le résultat (au numérateur) et les capitaux investis (au dénominateur).

Tableau 9.4 : Les différentes mesures de la rentabilité

Apporteurs de fonds	Rémunération versée après impôt (1)	Fonds investis (2)	Rentabilité (1)/(2)
Créanciers financiers	Charges nettes d'intérêt : i×(1–T)	Dettes financières : DF	Coût apparent de la dette (Kd)
Actionnaires	Résultat net : RN	Capitaux propres : CP	Rentabilité des capitaux propres (Kc)
Actionnaires et créanciers financiers	Résultat économique : RE = RN + i × (1–T)	Actif économique : AE = CP + DF	Rentabilité économique (Ka)

i : charges d'intérêt de la période et T, le taux de l'impôt sur les bénéfices.

Une approche alternative consiste à ne pas tenir compte des produits et charges exceptionnels, afin d'appréhender la rentabilité récurrente de l'entreprise. Dans ce cas, les résultats se calculent comme suit :

Résultat économique = [Résultat d'exploitation + Produits financiers – Charges financières (hors charges d'intérêt)] × [1 – T]

Résultat net = Résultat économique après impôt – Charges nettes d'intérêt

B. Les mesures de la rentabilité à partir des comptes consolidés

La structure des comptes consolidés rend l'estimation de ces différents niveaux de rentabilité plus complexe. Plusieurs points méritent d'être précisés :

• Les intérêts minoritaires : si la société consolide une filiale par intégration globale, les différents postes du compte de résultat de la filiale en question sont ajoutés en totalité à ceux de la société consolidante, quand bien même elle n'en serait pas actionnaire à 100 %. Une partie du résultat consolidé (les intérêts minoritaires) revient ainsi à ces actionnaires ;

• La trésorerie positive : faut-il la faire figurer dans les capitaux investis ou la déduire des dettes financières comme le font de nombreux analystes pour faire ressortir un endettement net ? Le niveau de la trésorerie tel qu'il apparaît au bilan peut résulter de son activité, d'opérations de désinvestissements ou de la préparation d'opérations de croissance externe. Or la vision économique du bilan revient à ne considérer dans les capitaux investis que la trésorerie nécessaire à l'exploitation. De ce fait, seule la trésorerie en excès est à déduire des dettes financières. Pour ce qui est de l'estimation du niveau normatif de la trésorerie d'exploitation, il se calcule généralement en pourcentage du chiffre d'affaires, en combinant l'étude des données passées de l'entreprise et de ses principaux concurrents ;

• Les actifs à long terme hors exploitation : sont notamment concernés les immobilisations financières, les titres mis en équivalence ainsi que les actifs détenus en vue de leur cession. À ces éléments, il convient de déduire les passifs de même nature, et notamment les passifs détenus en vue de leur cession ;

• Les écarts d'acquisition : ils doivent être retenus dans les actifs d'exploitation, mais pour leur valeur brute et non nette, ce qui revient à majorer d'autant les capitaux propres[14] ;

• Les impôts différés : les impôts différés actifs sont à ajouter aux actifs hors exploitation et les impôts différés passifs aux dettes hors exploitation ;

• Les provisions pour retraites : elles sont assimilables à des dettes financières, ce qui revient à considérer la dotation de l'année comme une charge financière.

Pour ces différentes raisons, l'égalité précédente entre capitaux investis et capitaux employés est rompue, ce qui aboutit au calcul de deux rentabilités économiques. Le bilan économique de l'entreprise devient :

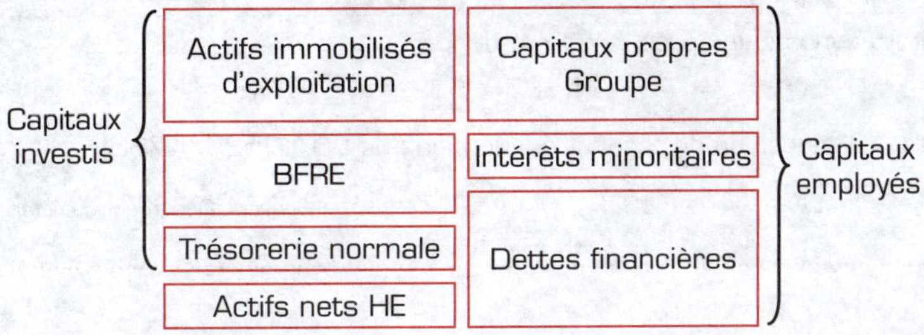

Schéma 9.2 • Bilan économique consolidé

---

14 Pour une explication détaillée, voir Thauvron (2007).

De la même façon que nous avons dû reformuler le bilan, il nous faut reformuler le compte de résultat.

Le résultat économique permet de rémunérer les actionnaires (du groupe et les minoritaires des filiales) et les créanciers financiers. Il est donc estimé avant déduction des intérêts associés aux dettes financières. Ce résultat économique doit tenir compte des autres charges et produits financiers car ils se rapportent soit à l'exploitation de l'entreprise (gains et pertes de change par exemple), soit à des éléments composant l'actif économique (produits et charges sur cession de VMP par exemple). Puisque les capitaux investis ne comprennent pas les actifs (nets des passifs) hors exploitation, le résultat économique ne doit pas être affecté par les charges et produits qu'ils ont engendrés (« quote-part dans le résultat des entreprises mises en équivalence » et « résultat net d'impôt des activités arrêtées ou en cours de cession »). S'il s'agit d'estimer la performance récurrente de l'entreprise, il faut également exclure les « autres produits et charges opérationnels », qui correspondent à des éléments exceptionnels. Par contre, s'il s'agit d'apprécier la performance des dirigeants, ces « autres produits et charges opérationnels » doivent être inclus.

Un dernier problème se pose, celui de l'impôt à déduire du résultat économique. Parce que la société peut disposer de filiales à l'étranger imposées à des taux différents ou bénéficier de déficits fiscaux, le niveau d'imposition du résultat économique peut être différent du taux d'impôt de droit commun. Afin d'estimer l'impôt sur le résultat économique, il convient de partir de l'impôt total supporté et de supprimer l'impôt relatif aux produits et charges exclus de ce résultat économique (RE), en tenant compte soit du taux normal d'imposition de la société, soit des éventuelles informations disponibles en annexe.

exemple

Estimation de l'impôt sur le résultat économique de Danone en 2005

À partir du compte de résultat de Danone, il est possible d'estimer le taux d'imposition de son résultat économique.

	Montant	Taux	Impôt
Résultat avant impôt	1 596,00		473
Coût de l'endettement financier brut	189,00	34,93 %	64
Résultat économique	1 785,00		539

Le résultat économique après impôt est donc :

1 785 – 539 = 1 246 M€

Soit un taux d'imposition du résultat économique de 30 % (539/1785).

Source : Document de référence Danone 2005

Ces différents éléments nous permettent de calculer 3 niveaux de rentabilité :

Rentabilité économique des capitaux investis (ROIC : *return on invested capital*)

Elle mesure la performance opérationnelle de l'entreprise :

ROIC = Résultat économique après impôt / Capitaux investis

Rentabilité économique des capitaux employés (ROCE : *return on capital employed*)

Elle mesure la rentabilité obtenue par les différents apporteurs de fonds de l'entreprise (actionnaires du groupe, minoritaires et créanciers financiers), qu'ils vont avoir à se partager :

ROCE = Résultat économique après impôt / Capitaux employés

Rentabilité des capitaux propres (ROE : *return on equity*)

La rentabilité des capitaux propres mesure la rémunération obtenue par les seuls actionnaires majoritaires. Elle s'obtient en rapportant le résultat qui leur revient, après déduction de l'impôt, aux fonds qu'ils ont investis, soit :

ROE = Résultat Net Part de Groupe / Capitaux Propres Groupe

exemple

Danone 2005 :

Le bilan consolidé de Danone en 2005 se présente comme suit :

ACTIF (millions d'euros)		PASSIF (millions d'euros)	
Immobilisations incorporelles nettes (hors écarts d'acq.)	1 161	Capital	132
Écarts d'acquisition nets	4 120	Primes et réserves	6 297
Immobilisations corporelles nettes	2 944	Actions propres	- 1 149
Titres mis en équivalence	1 256	**Capitaux propres (part du Groupe)**	**280**
Immobilisations financières nettes	876	Intérêts minoritaires	341
Impôts différés	250	**Capitaux propres**	**5 621**
Actifs non courants	**10 607**	Dettes financières non courantes	5 692
		Provisions pour retraites	324
		Impôts différés	293
Stocks	629	Autres dettes non courantes	235
Clients et comptes rattachés	2 204	**Passifs non courants**	**6 544**
Prêts à moins d'un an	53	Fournisseurs, comptes rattachés et autres	3 657
VMP et disponibilités	2 989	Dettes financières courantes	869
Actifs détenus en vue de leur cession	243	Passifs détenus en vue de leur cession	34
Actifs courants	**6 118**	**Passifs courants**	**4 560**
Total de l'actif	16 725	**Total du passif**	**16 725**

En moyenne, en 2003 et 2004, la trésorerie représentait 6,5 % du chiffre d'affaires. La note 4 de l'annexe aux comptes consolidées indique une valeur brute de 4 120 M€ pour les écarts d'acquisition.

La trésorerie en excès est donc de :

- Trésorerie au bilan : 2 989
- Trésorerie normative : 6,5 % × 13 024 = 846
- Trésorerie en excès : 2 989 – 846 = 2 143

Après restructuration, le bilan fait ressortir les capitaux employés et les capitaux investis suivants :

Capitaux investis		Capitaux employés	
Immobilisations incorporelles nettes (hors écarts d'acq.)	1 161	Capital	132
+ Écarts d'acquisition nets	4 120	+ Primes et réserves	6 297
+ Amortissements cumulés des écarts d'acq.	–	+ Actions propres	– 1 149
Immobilisations corporelles nettes	2 944	**= Capitaux propres groupe :**	**5 280**
= Actifs immobilisés d'exploitation :	**8 225**		
Stocks	629	**Intérêts minoritaires**	**341**
+ Clients et comptes rattachés	2 204		
– Fournisseurs, comptes rattachés et autres	– 3 657	Dettes financières non courantes	5 692
= Besoin en fonds de roulement d'exploitation :	**– 824**	+ Provisions pour retraites	324
		+ Dettes financières courantes	869
VMP et disponibilités	2 989	– Trésorerie en excès	– 2 143
– Trésorerie en excès	– 2 143	**= Dettes financières**	**4 742**
= Trésorerie normative :	**846**		
		Capitaux employés :	**10 363**
Capitaux investis :	**8 247**		
Titres mis en équivalence	1 256		
+ Immobilisations financières nettes	876		
+ Impôts différés actifs	250		
+ Prêts à moins d'un an	53		
+ Actifs détenus en vue de leur cession	243		
– Autres dettes non courantes	– 235		
– Impôts différés passifs	– 293		
– Passifs détenus en vue de leur cession	– 34		
= Actifs nets hors exploitation	**2 116**		
Total :	**10 363**		

Le résultat économique après impôt est de : 1 246 M€ (voir exemple 9.7.)

D'où :

- **Rentabilité des capitaux investis : 1 246/8.247 = 15,11 %**
- **Rentabilité des capitaux employés : 1 246/10 363 = 12,02 %**
- **Rentabilité des capitaux propres : 1 464/5 280 = 27,73 %**

C. Les inducteurs de la rentabilité

Afin de compléter l'analyse, il est possible de décomposer les ratios de rentabilité. L'objet de cette décomposition est d'identifier quels sont les inducteurs de rentabilité, c'est-à-dire les facteurs qui déterminent le niveau de la rentabilité et comment ils ont évolué dans le temps.

1. Décomposition de la rentabilité des capitaux propres (K_c)

La rentabilité des capitaux propres (K_c) peut se décomposer dans le cadre de la relation de l'effet de levier. Cette décomposition permet de mettre en évidence quel a été l'impact du financement par dettes financières sur la rentabilité des capitaux propres. Elle se formalise comme suit :

$$K_c = K_a + [K_a - K_d] \frac{DF}{CP}$$

où K_d représente le coût moyen après impôt des dettes financières (DF) de l'entreprise et K_a sa rentabilité économique. Elle permet de distinguer, au sein de la rentabilité des capitaux propres, la part qui trouve son origine dans les activités opérationnelles de l'entreprise, de celle qui relève de ses activités financières.

exemple

Soit une entreprise dont la rentabilité économique est de 13 %, et qui peut s'endetter au taux de 8 % jusqu'à ce que son niveau d'endettement (DF/CP) soit de 50 %. Au-delà, le taux moyen augmente de 1 point par tranche d'endettement supplémentaire de 10 %.

DF/CP	Ka	Kd	Kc
0 %	13,0 %	8,0 %	13,0 %
10 %	13,0 %	8,0 %	13,5 %
30 %	13,0 %	8,0 %	14,5 %
50 %	13,0 %	8,0 %	15,5 %
70 %	13,0 %	10,0 %	15,1 %
90 %	13,0 %	12,0 %	13,9 %
110 %	13,0 %	14,0 %	11,9 %
130 %	13,0 %	16,0 %	9,1 %

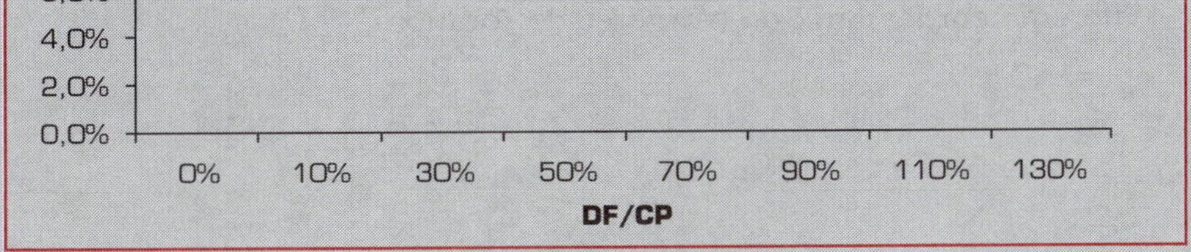

Quel que soit le niveau d'endettement, la rentabilité économique reste stable car le résultat économique n'est pas affecté par le versement des intérêts aux créanciers financiers. Au contraire, la rentabilité des capitaux propres (K_c), qui mesure la rentabilité obtenue par les seuls actionnaires, est amplifiée par le recours à un financement par dettes financières, dès lors que le coût de la dette (K_d) reste inférieur à la rentabilité économique de l'entreprise (K_a). Mais si le recours à l'endettement peut avoir un effet positif pour les actionnaires, il accroît également le risque supporté, tant par les actionnaires que par les créanciers financiers, d'où l'augmentation de K_d à partir d'un certain niveau d'endettement. À intervalles réguliers (mois, trimestres, etc.), l'entreprise doit payer des intérêts et rembourser une fraction des sommes empruntées (sauf en cas de dettes *in fine*, où le remboursement se fait en totalité à l'échéance), quel que soit son niveau d'activité. Le coût de la dette augmente, ce qui fait chuter la rentabilité des capitaux propres.

Il faut prendre garde au fait que cette relation n'est valable qu'*a posteriori*. Si K_a est supérieure à K_d, cela ne signifie pas que l'entreprise ait intérêt à s'endetter plus à l'avenir pour accentuer l'effet de levier. Car si elle s'endette plus, le risque pris par les créanciers s'accroît, ce qui a pour effet d'augmenter le taux auquel elle peut s'endetter. Ce faisant, l'effet de levier se réduit, voire devient négatif, comme l'illustre le graphique ci-dessus. Par ailleurs, plus le niveau d'endettement augmente, plus le risque supporté par les actionnaires est grand, et plus la rentabilité qu'ils exigent s'accroît (R_c). L'effet en terme de création de valeur peut alors être négatif.

2. Décomposition de la rentabilité économique (K_a)

La rentabilité économique peut, à son tour, faire l'objet d'une décomposition en deux éléments, le taux de marge opérationnelle (TMO), après impôt (T), et le taux de rotation de l'actif économique (TRAE) :

$$K_a = TMO(1 - T) \times TRAE$$

$$Ka = \frac{\text{Résultat économique}}{\text{Chiffre d'affaires}} \times \frac{\text{Chiffre d'affaires}}{\text{Actif économique}}$$

Le taux de rotation représente le chiffre d'affaires qui est généré par un euro d'actif économique. Il mesure l'efficience de l'entreprise dans l'utilisation de ses actifs. Quant au taux de marge, il indique le niveau de profitabilité de chaque euro de chiffre d'affaires. La logique de cette décomposition est de mieux apprécier les raisons de l'évolution passée de la rentabilité économique de l'entreprise et, par-là même, d'affiner les prévisions à réaliser en ouvrant la possibilité de faire évoluer différemment les taux de marge et de rotation.

9 ▶ L'analyse par les ratios

L'intérêt de l'analyse sur la base de ratios plutôt que des données brutes de l'entreprise est qu'ils permettent de synthétiser l'information et de comparer des entreprises de taille différente. Savoir qu'une entreprise est endettée à hauteur de 100 M€ alors que son principal concurrent n'a que 60 M€ de dettes ne présente pas d'intérêt. Par contre, si le taux d'endettement (dettes financières / capitaux propres) de la première est de 1/4 et de 1/3 pour la seconde, alors la comparaison peut avoir un sens. La première société, qui est la plus endettée en valeur absolue (en euros) apparaît, finalement, comme la moins endettée en valeur relative (ratio).

Le choix des ratios à étudier dépend avant tout de celui pour qui le diagnostic financier est réalisé. Un créancier s'attache principalement aux mesures du risque alors qu'un investisseur est tout autant intéressé par les ratios de rentabilité. Dès lors, un ratio peut s'interpréter de façon opposée selon le point de vue retenu. Un ratio de liquidité élevé est considéré positivement par un créancier, qui y voit un gage de sécurité alors qu'un investisseur le perçoit négativement, comme étant la traduction d'une absence de projets d'investissements rentables.

Les ratios peuvent se regrouper en trois grandes familles :

Activité	Profitabilité	Risque
Croissance du chiffre d'affaires	Taux de marge	Liquidité
Rotation des actifs	Rentabilité économique	Solvabilité
Répartition de l'activité	Rentabilité des capitaux propres	Endettement

A. L'analyse de l'activité

Les ratios qui permettent l'analyse de l'activité de l'entreprise se concentrent sur les moyens dont elle dispose (ses actifs) et sur leur aptitude à générer du chiffre d'affaires. Ils permettent également de prévoir quel sera le niveau des actifs qui seront nécessaires dans le futur, compte tenu du chiffre d'affaires qui est anticipé. Cette analyse peut être complétée par l'étude de l'information sectorielle éventuellement publiée par la société.

1. Les ratios de rotation des actifs à court terme

Les ratios de rotation des actifs, s'estiment en rapportant un poste du besoin en fonds de roulement d'exploitation (BFRE = stocks + créances clients – dettes fournisseurs), donc du bilan, à un solde du compte de résultat.

Tableau 9.5 : Les Ratios d'exploitation

Ratio	Calcul
Taux de BFRE	$\frac{\text{BFRE}}{\text{CA HT}}$
Délai rotation stocks marchandises et MP (en jours)	$\frac{\text{Stock moyen}}{\text{Coût achats Mses et MP}} \times 360$
Délai rotation stocks produits (en jours)	$\frac{\text{Stock moyen}}{\text{Coût de production}} \times 360$
Délai de règlement des clients (en jours)	$\frac{\text{Créances clients}}{\text{CA TTC}} \times 360$
Délai de règlement des fournisseurs (en jours)	$\frac{\text{Dettes fournisseurs}}{\text{Achats et services extérieurs TTC}} \times 360$

2. L'information sectorielle

À partir du moment où une société est présente dans plusieurs domaines d'activité et sur différentes zones géographiques, l'agrégation des données en consolidation ne permet pas d'apprécier de façon pertinente sa performance (activité et profitabilité) et son risque.

Afin d'améliorer le pouvoir informationnel des états financiers, les entreprises peuvent être conduites à publier des informations sectorielles. Selon le CRC 99-02 sont concernées toutes les sociétés qui établissent des comptes consolidées, qu'elles soient cotées ou non, alors que seules les sociétés cotées sont soumises à cette obligation dans le référentiel IFRS (IAS 14 [15]). L'information sectorielle consiste à ventiler le chiffre d'affaires, le résultat d'exploitation et les immobilisations (ou actifs employés) selon deux niveaux :

- par secteur d'activité ;
- par zone géographique.

En IFRS, l'information est cependant plus riche. Le découpage primaire (généralement par secteur d'activité) comprend en plus les investissements engagés au cours de la période ainsi que la valeur globale des actifs et passifs mais également (IAS 36) les dépréciations d'actifs et les actifs intangibles à durée de vie indéfinie.

Imaginons une entreprise présente à la fois dans le secteur de l'armement et de la communication. Son bilan et son compte de résultat agrègent les données de ces deux activités. Il n'est donc pas pertinent de calculer des ratios sur la base des comptes consolidés car ils ne permettraient aucune comparaison, ni même analyse, sauf à ce qu'il existe un autre groupe identique en terme de structure d'activités. L'information sectorielle par activité permet de positionner l'entreprise par rapport à ses principaux concurrents et d'établir des prévisions, chaque activité pouvant avoir des perspectives de croissance différentes. L'information sectorielle géographique

[15] Qui sera remplacée par la norme IFRS 8 à compter du 1er janvier 2009.

permet par ailleurs d'apprécier l'exposition du groupe au risque de change et au risque pays. Elle permet également d'affiner les prévisions car les taux de croissance par zone géographique peuvent être variables.

exemple

Information sectorielle 2005 Danone

Le Groupe a mis en place une structure constituée principalement de trois Pôles Métiers (Produits Laitiers Frais, Boissons, Biscuits et Produits Céréaliers).

(En millions d'euros)	Produits Laitiers Frais	Boissons	Biscuits	Total Pôles	Éléments centraux non répartis	Total Groupe
Chiffre d'affaires des pôles	7 202	3 473	2 369	13 044	–	13 044
Cessions inter pôles	(18)	–	(2)	(20)	–	(20)
Chiffre d'affaires hors Groupe	7 184	3 473	2 367	13 024	–	13 024
Résultat opérationnel courant	1 019	474	343	1 836	(98)	1 738
Résultat opérationnel	1 019	438	347	1 804	(98)	1 706
Résultat des sociétés M équiv.	12	(1)	33	44	–	44
Perte de valeur	(51)	(53)	–	(104)	–	(104)
Titres mis en équivalence	662	352	242	1 256	–	1 256
Investissements industriels	306	223	65	594	13	607
Investissements financiers	83	426	49	558	78	636
Dotation aux amortissements	207	172	81	460	18	478
Marge brute d'autofinancement	925	485	305	1 715	1	1 716
Total actif du bilan	4 101	3 696	2 859	10 656	6 069	16 725
Total passif du bilan (a)	1 253	1 387	530	3 170	7 934	11 104

(a) : hors capitaux propres.

Les activités du Groupe sont réparties dans trois zones géographiques : l'Europe (qui comprend l'Europe de l'Ouest, l'Europe Centrale et de l'Est), l'Asie (qui inclut la région Pacifique à savoir Nouvelle-Zélande et Australie) et le Reste du Monde (composé du continent américain, de l'Afrique et du Moyen-Orient).

(En millions d'euros)	Europe	Asie	Reste du Monde	Total (a)
Chiffre d'affaires hors Groupe	81 792	235	2 610	13 024
Résultat opérationnel courant	1 266	256	314	1 836
Résultat opérationnel	1 284	256	264	1 804
Résultat des sociétés mises en équiv.	282	40	–278	44
Investissements industriels	311	122	161	594
Marge brute d'autofinancement	1 201	247	267	1 715
Total actif du bilan	6 402	2 343	1 911	10 656

(a) : hors éléments centraux non répartis.

La principale limite de ce type d'information réside dans le fait que les sociétés peuvent être tentées de masquer certaines difficultés en regroupant plusieurs activités en une seule. Pour autant, ce type d'informations est incontestablement un élément important d'amélioration de l'analyse des états financiers et de prévision.

B. L'analyse de la profitabilité

Dans l'analyse de la profitabilité, les ratios de marge mesurent la capacité de l'entreprise à dégager des profits à partir de son chiffre d'affaires, et mettent en évidence l'impact des coûts sur ses marges. Le calcul de ces ratios pose quelques problèmes dans le cas des comptes consolidés car il doit y avoir cohérence entre le numérateur et le dénominateur (taux de marge = « résultat » /CA). Le chiffre d'affaires du groupe est constitué du chiffre d'affaires de la société mère et de ses filiales intégrées de façon globale (IG) et proportionnelle (IP) ainsi que la part qui revient aux intérêts minoritaires. En revanche, ce chiffre d'affaires ne tient pas compte de celui des filiales consolidées par mise en équivalence (MEE). Le « résultat » à faire figurer au numérateur du taux de marge doit donc être choisi de façon à n'inclure que des produits et des charges dont l'origine est identique à celle du chiffre d'affaires.

L'EBE et le résultat d'exploitation (ou opérationnel) peuvent être rapportés au chiffre d'affaires (CA) sans retraitement car ils ont, tous trois, pour seule origine les sociétés intégrées (IG et IP). En revanche, le résultat net doit être retraité afin de supprimer le résultat en provenance des sociétés mises en équivalence. Enfin, le résultat net part de groupe (RNPG) ne peut être utilisé car il exclut le résultat revenant aux intérêts minoritaires alors que le CA du groupe l'intègre.

Tableau 9.6 : Filiales consolidées et soldes de gestion

	IG	IP	MEE	Minoritaires
Chiffre d'affaires (CA)	✓	✓		✓
Excédent brut d'exploitation (EBE)	✓	✓		✓
Résultat d'exploitation (REX) ou opérationnel (ROP)	✓	✓		✓
Résultat net (RN)	✓	✓	✓	✓
Résultat net Part du groupe (RN-PG)	✓	✓	✓	

Trois principaux taux peuvent ainsi être calculés :

Tableau 9.7 : Les Ratios de marge

Taux de marge brute (TMB)	$\frac{\text{EBE ou EBITDA}^{1}}{\text{Chiffre d'affaires}}$
Taux de marge opérationnelle (TMO)	$\frac{\text{REX ou ROP}}{\text{Chiffre d'affaires}}$
Taux de marge nette (TMN)	$\frac{\text{Résultat net des entreprises intégrées}^{2}}{\text{Chiffre d'affaires}}$

1 : EBITDA : *earnings before interests, taxes, depreciation and amortization.*
2 : résultat net des entreprises intégrées = résultat net – résultat des entreprises mises en équivalence.

Le taux de marge brute (TMB) ne tient pas compte de l'intensité capitalistique de l'entreprise, c'est-à-dire de l'importance de ses immobilisations corporelles, puisque les dotations aux amortissements ne sont pas déduites pour le calcul de l'EBE. De ce fait, deux sociétés du même secteur vont avoir des taux de marges brutes différents si l'une a un processus de production fortement automatisé (et donc des dotations élevées) alors que la seconde l'est beaucoup moins (et a donc des charges de personnel plus importantes). Par contre, dans cette situation, ces sociétés peuvent avoir le même taux de marge opérationnelle (puisque les dotations et les charges de personnel sont déduites pour le calcul du résultat d'exploitation). Le taux de marge nette, quant à lui, est estimé sur la base du résultat net, après prise en compte des intérêts d'emprunts. Il est ainsi dépendant de la structure financière de la société. Toutes choses égales par ailleurs, une société qui se finance par fonds propres aura un TMN plus élevé que la même société qui se finance par dettes. Pour ces deux raisons (non-déduction des dotations pour le TMB et déduction des intérêts pour le TMN), il est préférable de réaliser les comparaisons entre sociétés sur la base du TMO. Par contre, s'il s'agit juste de mesurer l'évolution dans le temps de l'entreprise, les trois ratios peuvent être retenus.

C. L'analyse du risque

L'analyse du risque s'intéresse à la possibilité de défaut de l'entreprise. Par défaut, on entend le fait, pour une entreprise, de ne pas être en mesure de régler une dette à la date et pour le montant initialement prévu, ce qui ne signifie pas nécessairement que la société soit en faillite[16].

1. L'analyse de la solvabilité

La solvabilité d'une entreprise représente son aptitude à faire face à ses engagements à court, moyen et long terme. Son étude se fait principalement par l'analyse de sa structure financière, c'est-à-dire la proportion des dettes (exigibles à diverses échéances) par rapport aux capitaux propres (non exigibles) ou au montant de ses actifs.

2. Les ratios d'endettement

Les ratios d'endettement permettent de mesurer et comparer le niveau d'endettement, dans le temps et entre sociétés. Ils s'interprètent de la même manière : plus une société est endettée, plus le risque qu'elle fasse défaut est grand.

16 Voir chapitre 12 sur les défaillances d'entreprises.

Tableau 9.8 : Les ratios d'endettement

R1	$\frac{\text{Dettes totales}}{\text{Total actif}}$
R2	$\frac{\text{Dettes totales}}{\text{Capitaux propres}}$
R3	$\frac{\text{Dettes totales}}{\text{Capitalisation boursière}}$
R4	$\frac{\text{Dettes financières}}{\text{Capitaux propres}}$
R5	$\frac{\text{Dettes financières}}{\text{Capacité d'autofinancement}}$

Pour l'estimation des dettes totales, il est important d'inclure les éventuels engagements de l'entreprise qui ne figurent pas au bilan (certaines locations-exploitation, les engagements envers les salariés, etc.).

3. Les ratios de couverture

Les ratios de couverture mesurent la capacité de l'entreprise à couvrir certaines de ses dépenses à partir des bénéfices ou de la trésorerie qu'elle dégage.

Tableau 9.9 : Les ratios de couverture

Couverture des intérêts	$\frac{\text{Résultat d'exploitation}}{\text{Charges d'intérêt}}$
Couverture des charges fixes	$\frac{\text{Marge sur coûts variables}}{\text{Charges fixes}}$
Couverture des investissements	$\frac{\text{Flux de trésorerie d'exploitation}}{\text{Investissements}}$
Couverture des dettes	$\frac{\text{Flux de trésorerie d'exploitation}}{\text{Dettes totales}}$

4. L'analyse de la liquidité

La liquidité représente la capacité d'un actif à être transformé en disponibilités. Les ratios de liquidité mesurent la capacité de l'entreprise à faire face à ses engagements à court terme à partir de ses actifs les plus liquides. Elle intéresse principalement les fournisseurs (actuels ou potentiels) de l'entreprise ainsi que les banques qui lui ont accordé des découverts. Tout comme les ratios d'activité, le secteur dans lequel opère l'entreprise détermine grandement le niveau de ces ratios.

Pour pouvoir faire face à ses dettes à court terme, l'entreprise dispose d'actifs, eux aussi à court terme. C'est la confrontation des deux qui donne le ratio de liquidité générale. La liquidité réduite part du même principe mais, par prudence, exclut les stocks dont la vente peut être plus longue que prévue, à un prix qui peut être inférieur à leur valeur comptable. Enfin, la liquidité immédiate ne prend en compte que les actifs les plus liquides (valeurs mobilières de placement et disponibilités).

Tableau 9.10 : Les différents ratios de liquidité

Liquidité générale	$\frac{\text{stocks + créances + trésorerie}^1}{\text{Passifs à court terme}}$
Liquidité réduite	$\frac{\text{créances + trésorerie}}{\text{Passifs à court terme}}$
Liquidité immédiate	$\frac{\text{trésorerie}}{\text{Passifs à court terme}}$

1 : trésorerie = VMP + disponibilités

*
* *

Annexe 1 – Les méthodes de consolidation

Les opérations de consolidation consistent à traduire en un seul jeu de compte (bilan, compte de résultat, tableau des flux de trésorerie, annexes) les états financiers des différentes sociétés incluses dans le périmètre de consolidation d'une société mère (M). Selon le mode de contrôle du groupe sur ses filiales (F), la méthode de consolidation sera, selon le CRC 99-02 :

- contrôle exclusif → consolidation par intégration globale (IG) ;
- contrôle conjoint → consolidation par intégration proportionnelle (IP) ;
- influence notable → consolidation par mise en équivalence (MEE).

Nous allons illustrer notre propos à partir d'un cas unique, celui d'une société (F) détenue à hauteur de 40 % par une société M. Dans cette situation, les trois méthodes de consolidation peuvent s'appliquer, selon que le reste des actionnaires est atomisé (contrôle exclusif par M d'où intégration globale), qu'un autre actionnaire détient également 40 % (contrôle conjoint, d'où intégration proportionnelle) ou qu'un autre actionnaire détient 60 % (d'où une influence notable et une mise en équivalence).

Le bilan de chaque société se présente ainsi :

Bilan M			
Immobilisations	1100	Capital	1000
Titres F	40	Réserves	350
		Résultat	300
Actifs circulants	760	Dettes	250
	1900		1900

Bilan F			
Immobilisations	300	Capital	100
		Réserves	200
		Résultat	50
Actifs circulants	200	Dettes	150
	500		500

La société M a acquis les titres de F au moment de la création de cette dernière et il n'existe pas d'opérations internes au groupe.

Au niveau des IFRS, la définition des modes de contrôle est identique à celle qui est retenue en France. Il existe cependant une différence importante quant au choix de la méthode de consolidation. Les sociétés qui sont sous contrôle conjoint peuvent, selon les normes IFRS, être consolidées par intégration proportionnelle (méthode préférentielle) ou mise en équivalence, seule la première méthode étant autorisée par le CRC 99-02.

Tableau 9.11 : Les modes de consolidation selon les référentiels

Type de contrôle	CRC 99-02	IFRS	US GAAP
Contrôle exclusif	IG	IG	IG
Contrôle conjoint	IP	IP ou MEE	MEE
Influence notable	MEE	MEE	MEE

1. L'intégration globale

Cette méthode concerne les filiales qui sont sous le contrôle exclusif de la société mère. Avec cette méthode, les actifs et les dettes de la filiale sont ajoutés à ceux de la mère, à hauteur de 100 %. Quant aux capitaux propres de la filiale, ils sont ajoutés à hauteur du pourcentage d'intérêts du groupe dans F, le solde apparaissant dans les capitaux propres du bilan consolidé sous l'intitulé « intérêts minoritaires ». Ces intérêts minoritaires représentent ainsi la quote-part des capitaux propres de la filiale qui appartient à des actionnaires extérieurs au groupe. Puisque le bilan consolidé représente le bilan du groupe dans son ensemble, il n'y a plus lieu de faire apparaître à l'actif, en immobilisations financières, les titres de la filiale. Leur valeur nette comptable (VNC) est alors déduite des immobilisations financières ainsi que des réserves consolidées. Quant aux postes du compte de résultat de la filiale, ils sont ajoutés à 100 % à ceux de la mère, exception faite du résultat pour lequel il faut distinguer ce qui revient aux actionnaires minoritaires.

- **Partage du capital et des réserves**

Les capitaux propres de M deviennent à 100% des capitaux propres consolidés. Quant à ceux de F, ils font l'objet d'un partage :

Capital et réserves de F :		100 + 200 = 300
Part de M :		300 × 40 % = 120
– VNC des titres de F chez M :		– 40
Réserves Groupe		80
Intérêts minoritaires :		300 × 60% = 180

- **Partage du résultat de F**

Résultat Groupe :	50 × 40 % = 20
Intérêts minoritaires :	50 × 60 % = 30

Bilan Consolidé

Immobilisations (1 100+300)	1 400	Capital	1 000
		Réserves consolidées (350+80)	430
Titres F	0	Résultat consolidé (300+20)	320
		Capitaux propres Groupe	1 750
Actifs circulants (760+200)	960	Intérêts minoritaires (180+30)	210
		Dettes (250+150)	400
	2 360		2 360

2. L'intégration proportionnelle

Ici, le contrôle de la société mère sur la filiale est conjoint avec une autre entreprise. Les actifs et passifs de la filiale sont ajoutés à ceux de la mère à hauteur du pourcentage d'intérêts. Il n'y a donc aucun « intérêt minoritaire ». La VNC des titres est déduite des réserves consolidées. Le principe est le même au niveau du compte de résultat :

Bilan Consolidé

Immobilisations	1 220	Capital	1 000
(1 100 + 40 % × 300)		Réserves consolidées	430
		(350 + 40 % × [200 + 100]) – 40	
Titres F	0	Résultat consolidé	320
		(300 + 40 % × 50)	
Actifs circulants	840	Dettes	310
(760 + 40 % × 200)		(250 + 40 % × 150)	
	2 060		2 060

3. La mise en équivalence

Dans ce cas, la société mère exerce une influence notable sur sa filiale. Les postes du bilan et du compte de résultat de la filiale ne sont pas ajoutés à ceux de la mère, seul le poste « titre de participation » qui figure à son actif fait l'objet d'une nouvelle évaluation et change de dénomination (titres mis en équivalence). Cette opération consiste à remplacer la VNC des titres par la quote-part (en fonction du pourcentage d'intérêts) des capitaux propres et du résultat de la filiale. La différence entre ces deux montants vient majorer ou minorer les réserves et le résultat consolidés.

Bilan Consolidé

Immobilisations	1 100	Capital	1 000
		Réserves consolidées	430
		(350+80)	
Titres F	140	Résultat consolidé	320
		(300 + 20)	
Actifs circulants	760	Dettes	250
	2 000		2 000

Quote-part de capitaux propres : 40 %×(100+200+50) = 140, soit une différence de : 140 – 40 = 100, qui va venir majorer le poste « Titres F » ainsi que les capitaux propres du groupe.

Synthèse

	IG	IP	MEE
Capitaux propres (Part du groupe)	1 750	1 750	1 750
Dettes	400	310	250
Résultat consolidé	320	320	320

Annexe 2 – Quelques points particuliers :

1. La capitalisation des frais de recherche et développement

Le traitement comptable des frais de recherche et développement est différent en IFRS et en CRC 99-02 En IFRS (IAS 38), les frais de développement sont obligatoirement immobilisés s'ils répondent à certaines conditions alors que les frais de recherche doivent être inscrits en charges. Au contraire, selon le CRC 99-02, les frais de recherche sont obligatoirement comptabilisés en charges alors que les frais de développement peuvent être immobilisés s'ils répondent à certaines conditions. L'activation est ainsi facultative en CRC 99-02 et obligatoire en IFRS. Pour ce qui est des brevets créés en interne, les charges engagées doivent obligatoirement être immobilisées selon les normes IFRS si certaines conditions sont remplies alors que l'immobilisation n'est qu'une option en norme CRC 99-02 Enfin, concernant les marques créées en interne, leur activation est interdite dans les deux référentiels.

Au niveau américain, les règles sont quelque peu différentes. Selon la norme SFAS 2, l'ensemble des frais de recherche et développement est à enregistrer en charges. Il en va de même des dépenses de développement des marques et brevets. Enfin, pour ce qui est des coûts de développement de logiciels, ces derniers doivent être enregistrés en charges jusqu'à ce que la faisabilité économique du projet soit avérée. À partir de ce moment là, les sociétés ont la possibilité d'activer les dépenses passées et de les amortir (SFAS 86).

Quel que soit le point de vue retenu (actif ou charge), pour pouvoir comparer des sociétés, il est nécessaire d'homogénéiser leurs états financiers. S'il ne fait aucun doute que ces dépenses peuvent être génératrices de valeur pour l'entreprise, et sont donc assimilables à un actif, les coûts qu'elles ont nécessités peuvent être sans lien avec cette valeur.

2. Les impôts différés

Dans leurs comptes individuels, les entreprises comptabilisent l'impôt sur les sociétés selon la méthode de l'impôt exigible. Cela signifie que l'impôt est enregistré dès lors qu'il est dû (exigible), quand bien même son paiement serait étalé ou différé dans le temps. Pour cela, les entreprises calculent, à partir de leur résultat comptable et après un certain nombre de retraitements, un résultat fiscal qui sert de base au calcul de l'impôt. Dans la majorité des cas, les produits et les charges comptables se retrouvent dans le résultat fiscal de l'exercice de leur comptabilisation. Le résultat fiscal est alors égal au résultat comptable avant impôt. Dans certains cas, cependant, il peut exister une distorsion, des produits ou des charges retenus pour la détermination du résultat fiscal d'un exercice ayant été comptabilisé au cours d'un exercice antérieur. Si ce décalage est sans incidence sur les comptes individuels, ce n'est pas le cas pour les comptes consolidés, pour lesquels l'impôt comptabilisé correspond aux impôts exigibles et aux impôts différés. L'idée sous-jacente est que l'impôt qui doit être comptabilisé dans les comptes consolidés doit trouver son origine dans les produits et les charges de l'exercice.

La principale question qui se pose dans l'analyse des impôts différés (ID) est de savoir s'il s'agit de vrais actifs et passifs ou s'il faut les considérer comme étant des non-valeurs. Au niveau des ID passif, si ces derniers ne seront probablement jamais payés, il faut les ajouter aux capitaux propres. Mais, dans la plupart des cas, ils seront payés dans le futur et sont ainsi à reclasser parmi les dettes hors exploitation. Pour se faire une idée sur la probabilité de paiement ou de récupération de l'impôt, il peut être utile de se reporter aux annexes qui doivent en préciser la composition, et voir ainsi si la tendance est à l'accroissement de ces ID ou si on assiste à un phénomène de balancier (une différence temporaire active une année étant suivie d'une différence passive l'année suivante), auquel cas les ID sont bien des dettes ou des créances.

exemple

Au titre de l'exercice 1999, Bouygues a comptabilisé un ID actif de 175 millions d'euros. Cet ID trouvait son origine dans les pertes accumulées à l'époque par sa filiale, Bouygues Telecom (259 M€ pour 1999, 116 M€ pour 1998). Dans son rapport annuel, la société se déclarait certaine de voir sa filiale afficher des bénéfices dès 2001, compte tenu de « son excellente performance ». Or, compte tenu des déficits accumulés, ses bénéfices ne supporteront pas l'impôt, d'où une économie de 175 M€. Si cette comptabilisation n'est en rien critiquable, l'analyste financier doit en tirer les conséquences suivantes :

- le bénéfice récurrent de Bouygues en 1999, qui va servir de base aux prévisions de bénéfices futurs, doit être minoré de ce gain de 175 M€ ;
- les flux de trésorerie futurs doivent tenir compte d'une non imposition des bénéfices à hauteur de 175/36 % = 486 M€.

3. Les locations : exploitation ou financement ?

Pour pouvoir utiliser un actif, une entreprise a le choix entre l'acquérir ou le louer. L'acquisition peut être financée par fonds propres ou par dettes et la location peut être simple ou comporter certaines clauses. La question qui se pose au niveau du diagnostic financier est de savoir si les locations doivent être analysées différemment ou non des acquisitions. Pour y répondre, il faut distinguer deux types de locations :

- les locations-exploitation (*operating lease*), pour lesquelles le locataire ne dispose d'aucun droit particulier sur l'actif loué (location simple) ;
- les locations-financement (*capital lease*), pour lesquelles le locataire dispose d'une option d'achat sur le bien. Cette catégorie regroupe notamment le crédit-bail.

Toute la difficulté de l'analyse vient du fait que les entreprises peuvent être incitées à structurer leurs contrats de location de telle sorte qu'ils ne soient pas comptablement enregistrés en location-financement, afin d'éviter une détérioration de leurs ratios d'endettement alors même qu'ils en auraient les caractéristiques économiques. Le travail d'analyse va ainsi consister à s'assurer que les locations exploitation relèvent bien de cette catégorie et, dans le cas contraire, à retraiter les états financiers.

Au niveau des comptes consolidés, il y a lieu de distinguer le référentiel français (CRC 99-02) des normes IFRS (IAS 17) car si la définition de la location-financement est identique, les conséquences comptables ne sont pas les mêmes. De façon générale, en consolidation, et au contraire des comptes individuels, c'est la substance économique de l'opération qui prime sur sa forme juridique (substance *over form*) pour sa classification. Est une location-financement tout contrat qui transfère au locataire l'essentiel des avantages et des risques liés à la propriété du bien, quant bien même sa propriété ne serait pas transférée à la fin du contrat.

Dans les deux référentiels, les locations-exploitation sont comptabilisées comme étant des charges de l'exercice, le bien loué n'apparaissant pas à l'actif du bilan du locataire. En cas de location-financement, les normes IFRS imposent l'inscription du bien à l'actif du bilan du locataire alors que le CRC 99-02 laisse le choix entre une comptabilisation de type location simple ou une activation (méthode préférentielle du CRC 99-02).

Lorsque l'annexe aux comptes consolidés fait apparaître des loyers pour des montants élevés et/ou des durées importantes, il est possible de présumer que les locations-exploitation qui ont été comptabilisées comme telles sont, en réalité, des locations-financement. Dans ce cas, il convient de retraiter les états financiers à partir des informations disponibles en annexes afin de faire apparaître les biens nécessaires à l'actif et en dettes. La démarche de retraitement consiste à :

• estimer le taux d'intérêt implicite des locations-financement de l'entreprise ;

• estimer la durée des contrats de locations-exploitation ;

• actualiser les loyers futurs sur la base du taux d'intérêt implicite ;

• ajouter cette valeur actualisée aux immobilisations et aux dettes ;

• retraiter le compte de résultat, ce qui peut aboutir à une modification du résultat de l'exercice.

4. Les engagements envers les salariés

Les entreprises peuvent accorder à leurs salariés certaines prestations qui leurs seront versées dans le futur. Ces prestations comprennent notamment les primes de départ à la retraite ainsi que les éventuelles pensions de retraite qu'elles leurs verseront tout au long de cette dernière [17]. En matière de diagnostic financier, il y a lieu de distinguer selon que ces prestations relèvent d'un régime à :

• cotisations définies, où l'entreprise s'engage sur le montant qu'elle verse chaque année à un fonds pour faire face à la dépense future. Son engagement porte sur la cotisation qu'elle verse au fonds gestionnaire et non sur la prestation en elle-même ;

• prestations définies, où l'entreprise s'engage sur la prestation qui sera assurée au salarié dans le futur.

En vertu du principe de rattachement des charges aux produits, les coûts liés à ces engagements doivent être enregistrés en charges au cours des années de travail du salarié, c'est-à-dire au fur et à mesure que le salarié acquiert ces droits, et non à

[17] N'oublions pas que la consolidation peut englober des sociétés étrangères, dont certaines nord-américaines, avec des systèmes de retraite très différents du cas français.

leur date de versement. Il y a ainsi étalement de ces charges au cours du temps. Comptablement, les régimes à cotisations définies ne posent pas de problème car soit l'entreprise a versé sa cotisation au titre de l'exercice, et n'a donc aucune dette, soit elle n'a pas versé la totalité de sa cotisation, et une dette est inscrite au passif de son bilan.

Les difficultés proviennent des régimes à prestations définies pour lesquels il faut estimer le montant de la charge à rattacher à l'exercice et l'éventuelle provision à inscrire au passif du bilan. Imaginons le cas d'un salarié qui percevra le jour de son départ à la retraite une prime égale à 10 mois de salaire. L'engagement de la société correspond à la valeur actualisée de cette prime, compte tenu notamment de son salaire au moment de sa retraite, de la probabilité qu'il soit toujours salarié de la société et qu'il soit toujours en vie car l'engagement disparaît si le salarié change d'entreprise ou décède avant l'âge de la retraite. Pour faire face à cet engagement, la société peut verser des sommes à un fonds gestionnaire, qui va les placer et les utilisera le moment venu.

En IFRS (IAS 19), tous les engagements envers les salariés doivent être provisionnés alors qu'il ne s'agit que de option préférentielle du CRC 99-02. La provision à faire figurer au passif correspond au montant de l'engagement, sous déduction de la valeur des actifs gérés par le fonds qui doit assurer ces prestations. Lorsque ces engagements ne sont pas provisionnés en totalité (option du CRC 99-02), les entreprises françaises doivent indiquer en annexe l'impact qu'aurait eu sur le bilan et le compte de résultat cette comptabilisation.

Trois situations sont donc à distinguer dans le cadre des régimes à prestations définies :

- les actifs détenus par le fonds gestionnaire couvrent les engagements de l'entreprise. Dans ce cas, aucune provision n'est à faire figurer au passif du bilan et aucun retraitement n'est nécessaire ;
- les actifs détenus par le fonds gestionnaire ne couvrent pas la totalité des engagements de l'entreprise, qui applique la norme IFRS. Dans ce cas, une provision figure au passif. Le retraitement consiste à rattacher cette provision aux dettes financières et non aux capitaux propres ;
- les actifs détenus par le fonds gestionnaire ne couvrent pas la totalité des engagements de l'entreprise, qui n'applique pas la norme IFRS. Dans ce cas, il faut ajouter aux dettes de l'entreprise le montant de l'engagement non couvert par les actifs du fonds en fonction de ce qui est indiqué en annexe, en réduisant d'autant les capitaux propres.

5. Les écarts d'acquisition

À l'occasion de la prise de contrôle d'une entreprise, un écart apparaît souvent entre le prix payé et la valeur réévaluée des différents actifs et dettes qui composent son patrimoine. Cet écart d'acquisition correspond à ce que l'on appelle le *goodwill*. La prise en compte du *goodwill*, et des amortissements ou dépréciations qu'il induit, peut modifier fortement l'estimation de la rentabilité d'une société. Comme nous l'avons vu, il existe deux méthodes de comptabilisation des acquisitions d'entreprises : la méthode de l'acquisition (*purchase method*) et la méthode de la mise en commun d'intérêts (*pooling of interest*). Cette dernière méthode n'est désormais autorisée dans le référentiel français que sous certaines conditions.

Actuellement, selon les règles françaises, l'écart d'acquisition doit être amorti sur une durée maximale de 20 ans (40 ans précédemment). Au contraire, selon les normes américaines et internationales (IFRS), cet écart ne doit jamais être amorti mais doit faire l'objet de tests de dépréciation (*impairment test*), au moins une fois par an, afin de constater une éventuelle perte de valeur qui viendrait s'imputer sur le résultat de l'exercice.

Dans le cadre d'un diagnostic financier, il faut retenir dans l'actif économique le montant brut du *goodwill*, avant amortissements, et exclure du calcul du résultat économique les dotations aux amortissements de ce dernier. Afin que le bilan reste équilibré, et puisqu'il figure désormais à l'actif pour son montant brut (et non plus net), il faut ajouter dans les capitaux propres le montant des amortissements qui s'y rapportent. Ainsi, contrairement aux autres actifs qui sont retenus pour leur valeur nette, le *goodwill* l'est pour son montant brut. Ceci s'explique par le fait que les amortissements constatent la perte de valeur des actifs et la mise en réserve de fonds qui serviront à les remplacer. Avec le *goodwill*, toute idée de remplacement est exclue. Par contre, si ce *goodwill* fait l'objet de dépréciations (et non d'un amortissement), c'est sa valeur nette qui est à retenir dans l'actif économique.

Le résultat économique ne doit donc pas être minoré par l'amortissement des écarts d'acquisition, que le *goodwill* soit retenu ou non dans l'actif économique. Par contre, en tant qu'actif, il peut perdre de la valeur, mais cette perte est réversible. De ce fait, les dépréciations ne sont pas, elles, à réintégrer.

CHAPITRE 10

L'Évaluation d'entreprise

► L'évaluation se pratique à de multiples occasions : cession de l'entreprise, émission d'actions nouvelles, fusion, introduction en bourse... Elle peut également se faire en dehors de toute idée de transaction, dans un objectif de pilotage de l'entreprise par la valeur[1]. Évaluer une entreprise consiste à déterminer une fourchette de valeur, et en aucune façon à déterminer un prix. Cette distinction est importante car la valeur et le prix sont deux notions très différentes. C'est à partir de la fourchette de valeur qui sera déterminée que s'engagera la négociation qui, éventuellement, aboutira à l'obtention d'un prix. En matière d'évaluation d'entreprise, il n'existe pas une méthode mais une multitude de démarches car chaque entreprise a ses spécificités, dont l'évaluateur doit tenir compte. De même, le contexte de l'évaluation n'est pas neutre sur le choix des méthodes d'évaluation et leurs modalités de mise en œuvre.

[1] Voir chapitre 11, les modèles de création de valeur.

1 ► Démarches

Points clés	Critères d'évaluation
1. Entreprise = Capacité de production	
Évaluation technique et financière du matériel Évaluation qualitative de l'organisation de la production et de son efficacité Évaluation de la souplesse de l'outil	Quelle serait la valeur de remplacement du matériel ? Quelle serait la valeur de reconstitution de l'organisation ? En cas de sous-utilisation de la capacité de production, pourrait-on produire d'autres produits ?
2. Entreprise = Parts de marché	
Évaluation de l'intérêt des produits : qualité, image, fidélité de la clientèle, complémentarité avec les produits de l'acquéreur, marges, investissements à réaliser	Quel serait le montant des investissements nécessaires pour acquérir de telles parts de marché ? Quels bénéfices retirer de l'acquisition ?
3. Entreprise = Réseau de distribution ou d'achat	
Évaluation de la qualité du réseau (clients, CA, marges, fidélité) Réseau d'achat : évaluation de l'efficacité et de l'intérêt du réseau	Quel serait le coût de reconstitution du réseau ? Peut-on utiliser le réseau pour d'autres produits ?
4. Entreprise = Actifs corporels	
Évaluation technique des actifs Existence d'un éventuel marché secondaire Destination des actifs (conservation ou liquidation)	Quelle est la valeur de marché des actifs en cas de cession, en tenant compte de la fiscalité ? Si conservation, la rentabilité de l'exploitation est-elle cohérente avec la valeur des actifs ?
5. Entreprise = Actifs incorporels	
Évaluation scientifique et technique de la qualité des actifs incorporels Nombre de brevets déposés, frais de R&D	Quel serait le coût de reconstitution des brevets ? Quelle est la synergie possible avec l'activité de l'investisseur ?
6. Entreprise = Actifs financiers	
Comment utiliser la trésorerie, la capacité d'endettement ou les déficits reportables ?	Quelle est la valeur, nette de l'impact fiscal, des actifs financiers ?

D'après Kienast (1990), Encyclopédie du management, Vuibert.

Les méthodes d'évaluation [2] peuvent se regrouper en trois principales familles :

- les approches actuarielles, qui consistent à évaluer l'entreprise par l'actualisation de flux futurs, qu'il s'agisse de dividendes ou de flux de trésorerie ;
- les approches comparatives, qui valorisent l'entreprise par comparaison à des sociétés cotées ou qui ont fait l'objet d'une cession dans un passé relativement proche ;
- les approches patrimoniales, qui reviennent à estimer la valeur de chacun des actifs qui composent le patrimoine de la société, qu'ils soient tangibles ou intangibles (notamment le *goodwill*).

Que cherche-t-on à évaluer ?

Celui qui achète une entreprise devient propriétaire des actifs de cette dernière, mais également redevable de ses dettes. Le prix qu'il va donc devoir payer correspond à la valeur de marché des capitaux propres (V_{cp}).

[2] Pour une présentation détaillée, voir Thauvron (2007).

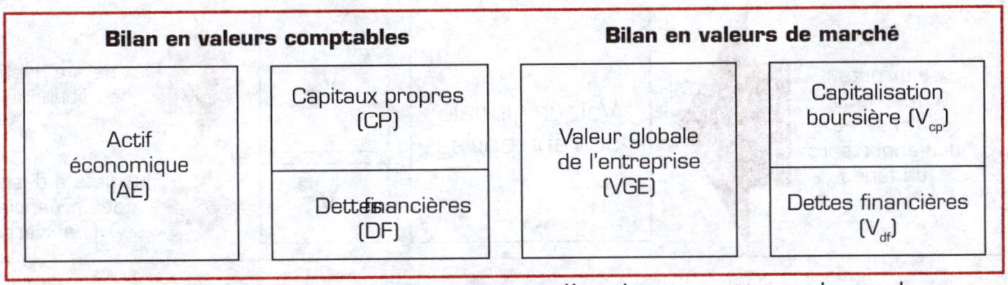

Deux démarches peuvent permettre d'estimer cette valeur de marché :

- Démarche directe : V_{cp} est estimée directement ;
- Démarche indirecte : V_{cp} est estimée par différence entre VGE et V_{df}

Méthode d'évaluation	Démarche directe	Démarche indirecte
Flux de trésorerie	x	x
Actualisation des dividendes	x	
Comparaisons	x	x
Approches patrimoniales		x

2 ▶ Les approches actuarielles

Nous avons vu, à l'occasion du chapitre 3, la Règle d'Or n° 2 selon laquelle : « *la valeur d'un actif est égale à la valeur actualisée des flux de trésorerie qu'il peut procurer dans le futur* ». En matière d'évaluation d'entreprise, il en va de même. Au chapitre 2, nous avons présenté notre Règle d'Or nº 1, « *la rentabilité espérée d'un actif est proportionnelle au risque encouru* ». Enfin, nous avons relié ces deux règles, le taux d'actualisation à retenir pour la mise en œuvre de la Règle d'Or n° 2 étant déterminé sur la base de la Règle d'Or n° 1. Ainsi, un flux qui revient aux seuls actionnaires est à actualiser au taux de rentabilité exigé par ces derniers, c'est-à-dire le coût des fonds propres, et lorsque le flux revient à l'ensemble des apporteurs de fonds (flux de trésorerie disponible, par exemple), c'est le coût du capital qui est à retenir car il représente la rentabilité que les actionnaires et créanciers financiers exigent.

En matière d'évaluation d'entreprise, la même logique prévaut. Il convient donc de distinguer :

- les flux qui reviennent aux seuls actionnaires, qui sont à actualiser au coût des fonds propres, ce qui permet d'estimer la valeur de marché des capitaux propres (V_{cp}) ;
- les flux qui reviennent aux seuls créanciers financiers, qui sont à actualiser au coût de la dette, ce qui permet d'estimer la valeur de marché des dettes financières (V_{df}) ;
- les flux qui reviennent à l'ensemble des apporteurs de fonds, qui sont à actualiser au coût du capital, ce qui permet d'estimer la valeur globale de l'entreprise (VGE).

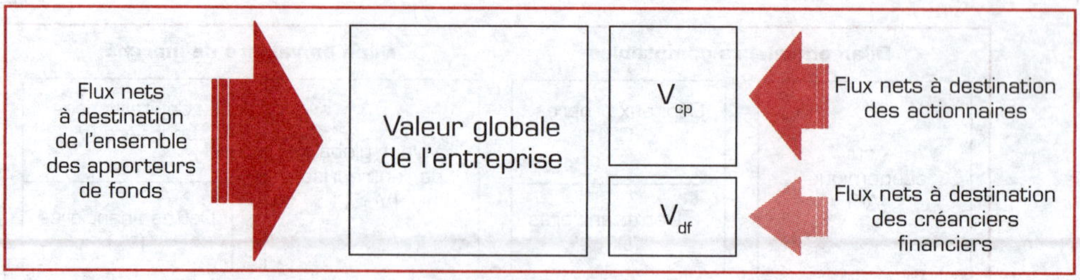

Tableau 10.1 • Synthèse

Valeur	Flux à actualiser	Taux d'actualisation
Valeur globale de l'entreprise (VGE)	Flux revenant aux apporteurs de fonds (FTD)	Coût du capital (CMPC)
Dettes financières (V_{df})	Flux revenant aux créanciers financiers (FTC)	Coût de la dette (R_d)
Capitaux propres (V_{cp})	Flux revenant aux actionnaires (FTA)	Coût des fonds propres (R_c)

Ce tableau peut se résumer dans le graphique ci-dessous :

$$VGE = \sum_{t=1}^{\infty} \frac{FTD_t}{(1+CMPC)^t}$$

$$V_{cp} = \sum_{t=1}^{\infty} \frac{FTA_t}{(1+R_c)^t}$$

$$V_{df} = \sum_{t=1}^{\infty} \frac{FTC_t}{(1+R_d)^t}$$

Figure 10.1 • Flux de trésorerie et bilan en valeurs de marché

exemple

Équivalence des démarches

Imaginons une société créée afin de réaliser un projet et dont la durée de vie est limitée à 5 ans. Les différents flux de trésorerie qu'elle va dégager sont résumés dans le tableau ci-dessous :

	1	2	3	4	5
Flux pour les apporteurs de fonds (FTD)	200	240	300	350	400
Flux pour les créanciers financiers (FTC)	80	75	70	65	60
Flux pour les actionnaires (FTA)	120	165	230	285	340

Le coût du capital est de 10 %, le coût de la dette après impôt est de 6% et le coût des fonds propres de 11,2 %.

Démarche directe :

$$V_{cp} = 120 \times (1{,}112)^{-1} + 165 \times (1{,}112)^{-2} + 230 \times (1{,}112)^{-3} + 285 \times (1{,}112)^{-4} + 340 \times (1{,}112)^{-5} = 795$$

Démarche indirecte :

$$VGE = 200 \times (1{,}10)^{-1} + 240 \times (1{,}10)^{-2} + 300 \times (1{,}10)^{-3} + 350 \times (1{,}10)^{-4} + 400 \times (1{,}10)^{-5} = 1\ 093$$

$$V_{df} = 80 \times (1{,}06)^{-1} + 75 \times (1{,}06)^{-2} + 70 \times (1{,}06)^{-3} + 65 \times (1{,}06)^{-4} + 60 \times (1{,}06)^{-5} = 297$$

$$V_{cp} = VGE - V_{df} = 1\ 093 - 297 = 796\ (\approx 795)$$

A. Principes généraux

Nous venons de voir que la valeur de marché pouvait s'estimer par l'actualisation de flux de trésorerie (FT) sur un horizon infini :

$$V_o = \sum_{t=1}^{\infty} \frac{FT_t}{(1+R)^t}$$

Le fait de retenir un horizon infini trouve sa justification dans le fait que la durée de vie d'une entreprise est, sauf exception, indéfinie. La durée légale de 99 ans ne signifie pas que la société cesse d'exister à l'issue de ce lapse de temps, mais qu'il est nécessaire de modifier les statuts lorsque cette échéance approche. Mais si la durée est indéfinie, pourquoi retenir un horizon infini ? Tout d'abord parce que retenir un horizon fini serait purement arbitraire et reviendrait à considérer que la société n'a plus aucune valeur au-delà de cet horizon. Par ailleurs, en matière de valeur, il n'y a pas de grande différence entre une actualisation sur 50 ans ou sur un million d'années car plus un flux est éloigné dans le temps, plus sa valeur actualisée tend vers zéro.

D'un point de vue opérationnel, il n'est évidemment pas possible de faire des prévisions sur un tel horizon. C'est pourquoi l'horizon de l'entreprise va être décomposé en deux phases, la première sur laquelle vont être réalisées des prévisions, et une seconde sur laquelle l'évolution des flux de trésorerie va être modélisée :

Valeur
=
Valeur actualisée des FT **pendant** la période explicite de prévision
+
Valeur actualisée des FT **après** la période explicite de prévision

La modélisation de l'évolution des flux de trésorerie aboutit au calcul d'une valeur terminale (VT_n), qui représente la valeur actualisée des flux de trésorerie sur cette seconde phase. Généralement, il est fait l'hypothèse que les flux de trésorerie sur cette seconde phase vont évoluer, chaque année, à un taux constant (*g*). Nous nous retrouvons alors dans le cadre d'une rente perpétuelle en croissance géométrique dont la valeur actuelle s'obtient simplement :

$$VT_n = \frac{FT_{n+1}}{R - g}$$

Cette valeur terminale en *n* correspond à la valeur actualisée au taux R des flux de trésorerie (FT) qui vont apparaître à partir de l'année *n* + 1 jusqu'à l'infini, compte tenu d'une croissance (ou décroissance) annuelle de *g* pourcents. Cette valeur terminale étant obtenue à l'année *n*, il convient de l'actualiser à son tour pour obtenir une valeur à l'année 0. La formule devient alors :

$$V_0 = \sum_{t=1}^{\infty} \frac{FT_t}{(1+R)^t} + \frac{VT_n}{(1+R)^n}$$

B. L'actualisation des flux de trésorerie disponibles (FTD)

L'approche la plus fréquemment utilisée consiste à évaluer la valeur de marché des capitaux propres de façon indirecte :

$$V_{cp} = VGE - V_{df}$$

La valeur globale de l'entreprise (VGE) s'obtient en actualisant au coût du capital (CMPC) les flux nets qui reviennent à l'ensemble des apporteurs de fonds (actionnaires et créanciers financiers). Ces flux de trésorerie disponibles (FTD) vont être estimés pendant *n* années, sur la base du *business plan* de l'entreprise, puis seront modélisés au-delà, soit :

$$VGE = \sum_{t=1}^{n} \frac{FTD_t}{(1+CMPC)^t} + \frac{VT_n}{(1+CMPC)^n}$$

Dès lors, la valeur de marché des capitaux propres est égale à :

$$V_{cp} = \sum_{t=1}^{n} \frac{FTD_t}{(1+CMPC)^t} + \frac{VT_n}{(1+CMPC)^n} - V_{df}$$

avec :

$$VT_n = \frac{FTD_{n+1}}{CMPC - g}$$

Les flux de trésorerie disponibles (FTD) correspondent aux flux dégagés par l'activité de l'entreprise, après déduction d'un impôt normatif et de la trésorerie nécessaire à la réalisation des investissements futurs :

Flux de trésorerie disponible (FTD) =
Résultat d'exploitation ou opérationnel
– Impôt normatif
+ Dotations aux amortissements et provisions d'exploitation (DAP)
– Reprises sur amortissements et provisions d'exploitation (RAP)
– Variation du BFRE
– Investissements bruts de l'exercice.

Le point de départ de l'estimation des FTD est le résultat avant déduction des intérêts d'emprunts (résultat d'exploitation ou résultat opérationnel). En effet, ces FTD doivent notamment servir à rémunérer les créanciers financiers sous la forme d'intérêts. À ce résultat, il faut déduire un impôt normatif au taux de droit commun (15 % ou 33 1/3 %), calculé sur le résultat d'exploitation ou opérationnel. Mais un résultat comptable n'est pas un flux de trésorerie pour deux raisons. Tout d'abord, il est calculé après déduction des dotations aux amortissements et provisions d'exploitation (DAP) et ajout des reprises sur amortissements et provisions d'exploitation (RAP), qui n'ont aucune incidence directe en matière de trésorerie. Pour les neutraliser dans le calcul des FTD, il faut donc ajouter les DAP et déduire les RAP. En second lieu, du fait du principe de comptabilité d'engagement, il peut exister un décalage entre l'enregistrement comptable d'un produit ou d'une charge et sa traduction en terme de flux de trésorerie. C'est pour cette raison que la variation du besoin en fonds de roulement d'exploitation (BFRE) est déduite, ce qui permet de passer d'un solde comptable à un solde de trésorerie. Enfin, les investissements qui seront à réaliser dans le futur sont déduits l'année de leur réalisation car il s'agit d'autant d'argent qui ne pourra être reversé aux apporteurs de fonds.

exemple

Évaluation de TF1

Le business plan de TF1 établi mi-2007 est présenté ci-dessous :

(en millions d'euros)	2008	2009	2010	2011	2012	2013	2014	2015
Chiffre d'affaires	1 951	2 058	2 161	2 258	2 349	2 431	2 504	2 579
taux de croissance		5,5 %	5,0 %	4,5 %	4,0 %	3,5 %	3,0 %	3,0 %
taux de marge opérationnelle	19,0 %	22 %	21 %	20 %	19 %	19 %	19 %	19 %
Résultat opérationnel	370,7	452,8	453,9	451,7	446,3	461,9	475,8	490,0
Impôts (33 %)	–123,6	–150,9	–151,3	–150,6	–148,8	–154,0	–158,6	–163,3
DAP (2,8 % du CA)	54,6	57,6	60,5	63,2	65,8	68,1	70,1	72,2
Δ BFRE	–13,0	–16,0	–12,0	–10,0	–10,0	–10,0	–11,0	–11,0
Investissements (2,8 % du CA)	–54,6	–57,6	–60,5	–63,2	–65,8	–68,1	–70,1	–72,2
Flux de trésorerie disponible	**234,1**	**285,9**	**290,6**	**291,1**	**287,5**	**297,9**	**306,2**	**315,7**

Pour l'estimation de son coût du capital, il est retenu un taux des OAT 10 ans de 4 %, un bêta de l'action de 1, une prime de risque du marché de 5 %, un coût de la dette de 6,6 % et une structure financière composée de 80 % de capitaux propres pour 20 % de dettes financières.

Coût des fonds propres de TF1 : 4 % + 1×5 % = 9 %

Coût du capital de TF1 : 9 %×80 % + 6,6 %×(1 – 33 %)×20 % = 8,8 %

	2008	2009	2010	2011	2012	2013	2014	2015
FTD actualisé	215,2	241,5	225,6	207,8	188,6	179,6	169,7	160,8
Valeur Terminale	5 606	(a)						
FTD actualisés (2008-2015)	1 589							
VT actualisée	2 855							
VGE	4 444							
Dettes financières	–380							
Vcp	4 064							

(a) : Nous faisons ici l'hypothèse d'une croissance infinie de 3 % : VT = (315,7 × 1,03) / (0,088 – 0,03)

Une fois la V_{cp} estimée, il reste encore deux opérations à réaliser. La première consiste à déduire de cette V_{cp} la valeur de marché des intérêts minoritaires. En effet, les FTD qui servent à calculer la VGE sont estimés à partir du résultat d'exploitation ou opérationnel du groupe, qui comprend 100% du résultat des filiales consolidées par intégration globale, quant bien même elles ne seraient pas détenues à 100 %. De la sorte, la VGE et V_{df} tiennent compte de ces filiales comme si elles appartenaient en totalité au groupe. Si ce n'est pas le cas, il faut donc déduire la valeur de marché des capitaux propres de la filiale concernée, à hauteur des intérêts minoritaires. Si la société à évaluer détient des actifs hors exploitation (participations non consolidées par exemple) et que les produits et charges attachés à ces actifs ne figurent pas dans le résultat d'exploitation du groupe, leur valeur ne sera pas incluse dans la VGE. Il faut donc l'ajouter.

C. L'actualisation des flux de trésorerie revenant aux actionnaires (FTA)

Avec l'actualisation des flux de trésorerie revenant aux actionnaires (FTA), la valeur de marché des capitaux propres est estimée directement. Il n'est donc pas nécessaire de déduire le montant des dettes, et l'actualisation se fait au taux de rentabilité exigé par les actionnaires, c'est-à-dire le coût des fonds propres, soit :

$$V_{cp} = \sum_{t=1}^{n} \frac{FTA_t}{(1+R_c)^t} + \frac{VT_n}{(1+R_c)^n} \text{ avec } VT_n = \frac{FTA_{n+1}}{R_c - g}$$

$$V_{cp} = \sum_{t=1}^{n} \frac{FTA_t}{(1+R_c)^t} + \frac{FTA_{n+1}}{R_c - g} \times (1+R_c)^{-n}$$

Pour l'estimation du flux revenant aux actionnaires, la logique est la même que précédemment, à ceci près que le flux est ici après rémunération des créanciers financiers. Ce FTA représente le dividende potentiel qu'il serait possible de distribuer aux actionnaires de la société, compte tenu des remboursements et souscriptions de dettes :

Flux de trésorerie revenant aux actionnaires (FTA) =
Résultat net
+ Dotations aux amortissements et provisions d'exploitation, financières et exceptionnelles
– Reprises aux amortissements et provisions d'exploitation, financières et exceptionnelles
– Variation du BFR
– Investissements de l'exercice
– Remboursement de dettes
+ Émissions de dettes.

D. L'actualisation des dividendes

Relativement proche de la méthode précédente, mais beaucoup plus simple à mettre en œuvre, l'actualisation des dividendes futurs permet une estimation directe de la valeur de marché des capitaux propres (V_{cp}). Elle se fonde sur l'idée que la valeur d'une action est égale à la valeur actualisée des dividendes qu'elle va procurer dans le futur :

$$V_{action} = \sum_{t=1}^{\infty} \frac{D_t}{(1 + R_c)^t}$$

Elle est plus simple à mettre en œuvre que l'actualisation des FTA car les dividendes futurs sont plus prévisibles que les résultats nets et les variations de l'endettement (remboursements de dettes et souscriptions de nouvelles dettes). Ceci est renforcé par le fait que les entreprises ont tendance à lisser leurs distributions de dividendes [3].

D'un point de vue opérationnel, les différents modèles d'actualisation vont différer sur la façon dont les dividendes vont évoluer dans le futur.

1. Le modèle à taux de croissance unique (modèle de Gordon et Shapiro)

Le modèle de Gordon et Shapiro pose l'hypothèse que les dividendes vont évoluer dans le futur à un taux de croissance unique (g) :

$$V_{action} = \frac{D_1}{R_c - g}$$

où D_1 représente le dividende anticipé pour le prochain exercice. Le taux de croissance est ici le taux de croissance moyen des dividendes sur le long terme. Il

[3] Voir chapitre 7.

ne peut donc être supérieur au taux de croissance à long terme de l'économie (3-4 %) et encore moins au coût des fonds propres (R_c).

2. Le modèle à deux phases

Le modèle de Gordon-Shapiro est extrêmement réducteur du fait de son hypothèse centrale, la croissance constante et unique du dividende. Son utilisation conduit notamment à sous-valoriser les actions des entreprises qui sont en phase de croissance. Le modèle à deux phases va décomposer l'avenir de l'entreprise en une phase de croissance de *n* années sur laquelle vont être établies des prévisions de dividendes et une phase de maturité, à partir de laquelle la croissance des dividendes sera stable. Le modèle de valorisation de l'action devient alors :

$$V_{action} = \sum_{t=1}^{n} \frac{D_t}{(1+R_c)^t} + \frac{D_{n+1}}{R_c - g} \times (1+R_c)^{-n}$$

Afin de coller au plus près à la réalité de l'entreprise, plutôt que de réaliser des prévisions de dividendes, il est possible de faire des prévisions de bénéfices et de taux de distribution, le produit de ces deux éléments donnant le dividende :

	2008	2009	2010	2011	2012
Bénéfice par action	5,00	6,00	7,00	8,00	9,00
Taux de distribution	30 %	40 %	50 %	60 %	60 %
Dividende	**1,50**	**2,40**	**3,50**	**4,80**	**5,40**

En effet, la politique de dividende de l'entreprise n'est pas la même lorsqu'elle est en phase de croissance et lorsque son activité est arrivée à maturité. En phase de croissance, elle doit réaliser des investissements, ce qui lui impose de distribuer peu de dividendes afin d'accroître son autofinancement. Au contraire, en phase de maturité, les investissements sont peu élevés et la société est en mesure de distribuer une part importante de ses bénéfices.

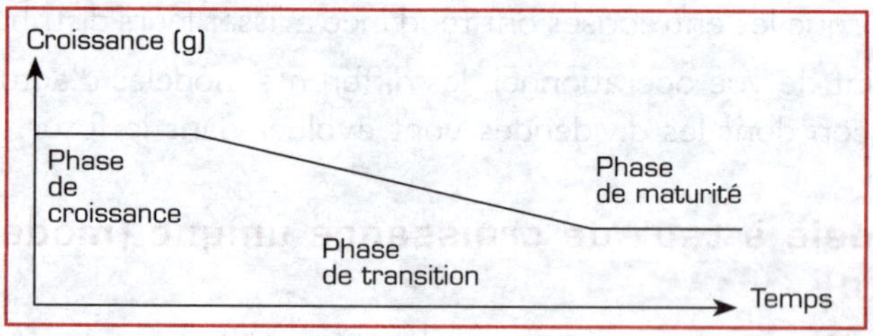

Graphique 10.1. • **Évolution du taux de croissance des bénéfices**

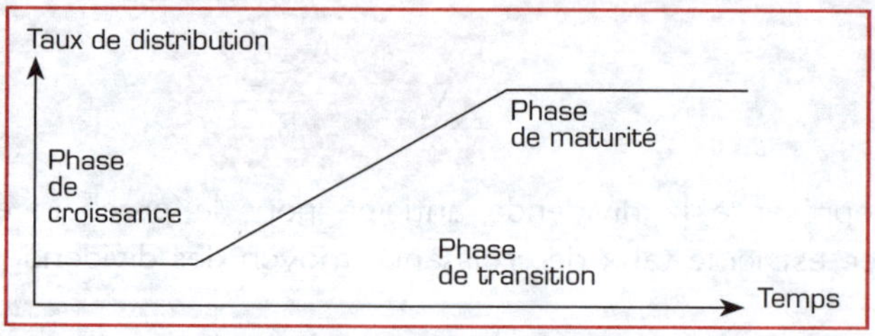

Graphique 10.2. • **Évolution du taux de distribution des bénéfices**

Afin d'estimer quel sera le taux de distribution des bénéfices dans le futur, il est possible de mettre en lien :

- le modèle d'estimation du taux de croissance soutenable ;
- la relation de l'effet de levier.

Le modèle d'estimation du taux de croissance soutenable nous dit que la croissance future du résultat net (g) ne peut être autofinancée par l'entreprise qu'à hauteur du produit du taux de rétention des bénéfices [4] (b) et du taux de rentabilité des capitaux propres (K_c) :

$$g = b \times K_c$$

La relation de l'effet de levier permet de décomposer la rentabilité des capitaux propres (K_c) sur la base de ses différents inducteurs que sont la rentabilité économique (K_a), le coût apparent de la dette (K_d) et le levier d'endettement comptable (dettes financières / capitaux propres) :

$$K_c = K_a + [K_a - K_d] \times \frac{DF}{CP}$$

Le taux de distribution des bénéfices futurs (d) représente la part des bénéfices qui n'est pas mise en réserves, soit :

$$d = 1 - b$$

En combinant ces trois équations, nous obtenons :

$$d = 1 - \frac{g}{K_c}$$

$$d = 1 - \frac{g}{K_a + [K_a - K_d] \times \frac{DF}{CP}}$$

3 ▶ Les approches comparatives

Les approches comparatives, que l'on nomme également méthode des multiples, consistent à évaluer une entreprise par analogie, soit à des sociétés cotées, soit à

[4] b = proportion des bénéfices qui est mise en réserves.

des sociétés ayant fait l'objet d'une cession dans un passé relativement proche. Bien évidemment, dans un cas comme dans l'autre, il faut que les sociétés soient du même secteur d'activité.

A. Les principes des approches comparatives

Imaginons une société cotée du secteur de la pharmacie dont la capitalisation boursière est de 20 milliards d'euros et qui réalise un bénéfice net de 250 millions d'euros. Si l'on souhaite évaluer une entreprise du même secteur qui dégage un bénéfice net de 60 M€, il va être nécessaire de calculer un ratio (capitalisation/bénéfice) car leur différence de taille ne permet pas une comparaison directe. Ce ratio est ce que l'on appelle un multiple.

En matière d'évaluation par comparaison, un multiple est le rapport entre la valeur d'une entreprise et un inducteur de valeur. La valeur peut être la valeur globale de l'entreprise (VGE) ou la valeur de marché de ses capitaux propres (V_{cp}) et l'inducteur de valeur peut être une donnée comptable ou réelle de l'entreprise :

$$\text{Multiple} = \frac{\text{VGE ou } V_{cp}}{\text{inducteur de valeur}}$$

La démarche d'évaluation se fait en trois temps :

- Constitution de l'échantillon d'entreprises comparables ;
- Calcul des multiples des sociétés comparables ;
- Application des multiples moyens aux données de la société afin de l'évaluer.

La nature du numérateur (VGE ou V_{cp}) dépend du type d'inducteur de valeur (dénominateur). Dans le cas d'un inducteur comptable, il faut distinguer selon qu'il est estimé avant ou après déduction des intérêts d'emprunts :

- inducteur estimé **avant** déduction des intérêts d'emprunts (résultat d'exploitation par exemple) : l'inducteur va donc servir à rémunérer l'ensemble des apporteurs de fonds (actionnaires et créanciers financiers). Le numérateur est alors égal à la somme de leur richesse respective (V_{cp} et V_{df}), c'est-à-dire la VGE ;
- inducteur estimé **après** déduction des intérêts d'emprunts (résultat net par exemple) : l'inducteur va donc servir à rémunérer les seuls actionnaires. Le numérateur est alors égal à leur richesse (V_{cp}).

Lorsque l'inducteur est une donnée réelle (nombre d'abonnés, quantités produites...), il est généralement représentatif d'un chiffre d'affaires potentiel. Le numérateur est donc la VGE.

L'application des multiples moyens de l'échantillon aux données de la société aboutit, selon la nature du multiple, à l'estimation de la VGE ou de la V_{cp} de la société à évaluer. S'il s'agit d'un multiple de la VGE, il ne faut alors pas oublier de déduire la valeur des dettes financières pour estimer la V_{cp}.

$$\text{Valeur de la société} =$$
$$\text{Multiple de la VGE}_{\text{échantillon}} \times \text{Inducteur}_{\text{société}} - \text{Dettes financières}_{\text{société}}$$
ou
$$\text{Multiple de } V_{cp\ \text{échantillon}} \times \text{Inducteur}_{\text{société}}$$

exemple

Évaluation de L'Oréal

Afin de valoriser L'Oréal, un échantillon de sociétés cotées du secteur des cosmétiques est constitué. Trois inducteurs sont retenus : le résultat net (RN), l'excédent brut d'exploitation (EBE) et le résultat d'exploitation (REX).

Multiples prévisionnels 2007

	Vcp/RN	VGE/EBE	VGE/REX
Avon	18,0	10,5	12,0
Estée Lauder	17,0	9,0	12,0
Beiersdorf	21,0	10,0	12,0
Clarins	19,0	11,0	14,0
Moyenne	**18,8**	**10,1**	**12,5**

Les analystes qui suivent la valeur L'Oréal anticipent pour 2007 un résultat net de 2,05 M€, un EBE de 3,25 M€ et un résultat d'exploitation de 2,84 M€. Les dettes financières du groupe sont d'environ 4,5 M€.

Évaluation sur la base du résultat net :

$$V_{cp} \text{ L'Oréal} = 18{,}8 \times 2{,}05 = 38{,}54 \text{ M€}$$

Évaluation sur la base de l'EBE :

$$\text{VGE L'Oréal} = 10{,}1 \times 3{,}25 = 32{,}82 \text{ M€}$$
$$V_{cp} \text{ L'Oréal} = 32{,}82 - 4{,}5 = 28{,}32 \text{ M€}$$

Évaluation sur la base du résultat d'exploitation :

$$\text{VGE L'Oréal} = 12{,}5 \times 2{,}84 = 35{,}5 \text{ M€}$$
$$V_{cp} \text{ L'Oréal} = 35{,}5 - 4{,}5 = 31 \text{ M€}$$

B. Les différents inducteurs de valeur

Le choix d'un inducteur se fait en fonction de ce qui fait la valeur de l'entreprise et des objectifs poursuivis par son éventuel acquéreur. Selon les cas, il peut s'agir, par exemple, du résultat net, de sa capacité à dégager de la trésorerie (FTD) ou de ses parts de marché (chiffre d'affaires).

Les principaux inducteurs de valeur

VGE	Vcp
Chiffre d'affaires Données réelles (nombre d'abonnés, etc.) Excédent brut d'exploitation (Ebitda) Flux de trésorerie disponible (FTD) Résultat d'exploitation (Ebit)	Résultat courant Résultat net

Ebitda : earnings before interest, tax, depreciation and amortization
Ebit : earnings before interest and tax

Il faut cependant prendre garde au fait que les inducteurs qui permettent une estimation directe de V_{cp} reviennent à ne pas tenir compte des dettes de l'entreprise pour leur montant réel, mais pour un montant forfaitaire égal au produit des intérêts d'emprunts par le multiple de V_{cp}.

exemple

Incidence de l'inducteur sur la valorisation de la dette

	Société Alpha	Société Bêta
Vcp	100 000	?
Vdf	30 000	30 000
VGE	130 000	?
Résultat d'exploitation	10 000	20 000
Intérêts d'emprunts	3 000	3 000
Résultat courant	7 000	17 000
VGE/REX	13,0	
Vcp/RC	14,3	

Évaluation sur la base du résultat d'exploitation (REX) :

$$\text{VGE Bêta} = 13 \times 20\,000 = 260\,000$$
$$V_{cp}\ \text{Bêta} = 260\,000 - 30\,000 = 230\,000$$

Évaluation sur la base du résultat courant (RC) :

$$V_{cp}\ \text{Bêta} = 14{,}3 \times 17\,000 = 243\,100$$

Implicitement, cette seconde valeur valorise les dettes de Bêta à :

$$V_{df} = 260\,000 - 243\,100 = 16\,900$$

Il existe une multitude de multiples et il n'est pas question ici de tous les passer en revue. Voyons ceux qui sont les plus fréquemment utilisés par les analystes financiers.

1. Le PER (*Price Earnings Ratio*) :

Le PER (*Price Earnings Ratio*) est le rapport entre le cours et le bénéfice par action (BPA) :

$$PER = \frac{Cours}{BPA}$$

Le cours à retenir est généralement le dernier cours ou le cours moyen sur les 30 derniers jours. Le BPA est rarement calculé sur la base du dernier exercice publié car l'information comptable passée a déjà été incorporée dans le cours du titre [5]. Le BPA se calcule en rapportant le bénéfice anticipé pour l'exercice en cours ou un exercice ultérieur au nombre d'actions en circulation.

La valeur de l'action s'obtient alors comme suit :

$$V_{action} = BPA_{société} \times PER_{moyen\ de\ l'échantillon}$$

2. Le PER relatif

Lorsque l'échantillon comprend des titres cotés sur des Bourses différentes, le PER de chacune des sociétés est affecté par sa place de cotation. La méthode du PER relatif va consister à supprimer l'effet que peut avoir le marché de cotation en divisant le PER de chacune des sociétés par le PER moyen de son marché de cotation :

$$PER\ relatif = \frac{PER_{société}}{PER_{marché}}$$

La valeur de l'action est alors :

$$V_{action} = PER\ relatif_{échantillon} \times PER_{marché} \times BPA_{société}$$

3. Le PEG (Price Earnings to Growth)

Nous verrons plus loin que les anticipations de croissance jouent un rôle de premier ordre sur le niveau du PER d'un titre. Dans ces conditions, évaluer une action sur la base du PER d'un échantillon d'entreprises comparables, c'est faire l'hypothèse que la croissance anticipée est identique ou proche pour toutes les sociétés de l'échantillon. Si, par contre, au sein de l'échantillon, les sociétés ont des perspectives de croissance différentes, l'utilisation du PER va fausser l'estimation de la valeur de l'action. Pour pallier ce problème, le PEG (*Price Earning to Growth*) consiste à

5 Voir chapitre 1 sur l'efficience.

supprimer pour chaque société de l'échantillon l'impact de sa croissance anticipée au niveau de son PER :

$$PEG = \frac{PER}{g}$$

La valeur de l'action est alors :

$$V_{action} = PEG_{échantillon} \times BPA_{société} \times g_{société}$$

4. Le multiple de l'EBITDA

L'EBITDA (*earnings before interest, tax, depreciation and amortization*) correspond à l'excédent brut d'exploitation (EBE) du plan comptable français. Estimé avant déduction des dotations aux amortissements et provisions, il évite que des comparaisons entre sociétés soient biaisées par des pratiques comptables différentes. Il présente donc un intérêt particulier lorsque l'échantillon comprend des sociétés européennes et non européennes. Il se calcule comme suit :

$$Multiple = \frac{\text{Valeur globale de l'entreprise (VGE)}}{EBITDA}$$

La valeur de l'action est alors :

$$V_{cp} = Multiple_{EBITDA} \times EBITDA_{société} - Dette_{société}$$

C. La constitution de l'échantillon et les facteurs sous-jacents aux multiples

Plus l'échantillon d'entreprises comparables est homogène, meilleure est l'évaluation. Par comparable, on entend généralement « du même secteur d'activité ». Dans les faits, l'identité de secteur est une condition nécessaire mais non suffisante car d'autres facteurs vont affecter la valeur des actions. Prenons le cas des deux sociétés ci-dessous (Croissance + et Maturité +) qui sont du même secteur d'activité. Elles ont toutes les deux le même bénéfice par action prévisionnel (10 euros) alors que leur cours boursier est très différent (111,11 € et 250 €).

	Croissance +	Maturité +
BPA prévisionnel	10	10
Croissance anticipée	6 %	0 %
Bêta du titre	1,2	1
Coût des fonds propres	10,0 %	9,0 %
Cours de l'action	250,00	111,11
PER (Cours/BPA)	25,00	11,11

À première vue, il serait tentant de penser que Maturité + est un placement plus intéressant car meilleur marché (à BPA identique, le cours est plus faible). Ce serait cependant une erreur. Supposons que les deux sociétés distribuent la totalité de leurs bénéfices et que la croissance anticipée se maintienne sur un horizon infini. Quelle serait alors la valeur de chaque action ?

- Valeur de Croissance + : 10/[10 % – 6 %] = 250 euros
- Valeur de Maturité + : 10/9 % = 111,11 euros

La valeur des actions est identique à leur cours boursier, elles sont donc correctement évaluées et Maturité + ne représente pas une meilleure opportunité d'investissement que Croissance +.

Que peut-on en déduire ?

Que deux sociétés du même secteur d'activité et ayant le même bénéfice anticipé peuvent avoir des cours (et donc des multiples) très différents car les anticipations du marché les concernant, notamment en termes de croissance et de risque, peuvent être différentes. La constitution de l'échantillon d'entreprises comparables ne doit donc pas se borner au seul critère de l'activité, mais être affinée afin de le rendre le plus homogène possible. Second enseignement de cet exemple : utiliser un multiple moyen pour évaluer une entreprise, c'est implicitement faire l'hypothèse que les paramètres fondamentaux de l'entreprise à évaluer (croissance, risque, etc.) correspondent à la moyenne de ceux de l'échantillon.

Dernier point important à prendre en compte lors de la constitution de l'échantillon, l'homogénéité des pratiques comptables. Lorsque le marché national de la société est trop étroit pour constituer un échantillon de plusieurs entreprises comparables, il est nécessaire d'y inclure des sociétés étrangères. Dans ce cas, il est impératif de s'assurer que les inducteurs de valeur sont calculés de la même façon pour toutes les sociétés de l'échantillon. Dans le cas contraire, il est nécessaire de procéder à des retraitements comptables. Avec le recours obligatoire aux normes IFRS pour les sociétés cotées européennes, ce problème se rencontre moins fréquemment que par le passé, mais il reste bien réel lorsque l'échantillon inclut des sociétés européennes, américaines et asiatiques.

D. La déconstruction du PER

Le PER est probablement le multiple qui est le plus systématiquement utilisé. Nous avons vu que les multiples qui permettent d'estimer directement la valeur de marché des capitaux propres ne prennent pas en compte le montant des dettes financières pour leur montant réel, ce qui peut fortement biaiser la valeur à laquelle ils conduisent. Nous allons maintenant déconstruire le PER afin de mettre en évidence les facteurs fondamentaux qui le sous-tendent.

Le PER est le rapport entre le cours et le bénéfice par action (PER = Cours/BPA) ou, de façon équivalente, entre la capitalisation boursière de la société et son bénéfice net (PER = Capitalisation/bénéfice). Si nous valorisons l'action dans le cadre du modèle d'actualisation des dividendes à taux de croissance unique, nous avons :

$$V_0 = \frac{D_1}{R_c - g}$$

Or le dividende anticipé (D_1) est égal au bénéfice par action de l'exercice multiplié par le taux de distribution (d), soit :

$$D_1 = d \times BPA_0 = (1 - b) \times BPA_0$$

Enfin, le modèle d'estimation de la croissance soutenable nous apprend que :

$$g = b \times K_c$$

En combinant ces trois équations, nous obtenons :

$$V_0 = \frac{(1 - b) \times BPA_0}{R_c - b \times K_c}$$

Ce qui revient à :

$$\frac{V_0}{BPA_0} = \frac{1 - b}{R_c - b \times K_c}$$

Or V_0/BPA_0 n'est rien d'autre que le PER, d'où :

$$PER_0 = \frac{1 - b}{R_c - b \times K_c}$$

Si le modèle d'évaluation par actualisation des dividendes à taux de croissance unique est adapté pour évaluer une société donnée, il est possible d'estimer un PER théorique en fonction des fondamentaux de l'entreprise que sont son taux de rétention des bénéfices (b), son coût des fonds propres (R_c) et sa rentabilité des capitaux propres (K_c).

4 ▶ L'approche patrimoniale

Contrairement aux deux approches précédentes (actuarielles et comparatives), l'approche patrimoniale va s'intéresser à la valeur des différents éléments qui composent le patrimoine de l'entreprise. Pour cela, il va falloir réévaluer chacun des actifs qu'elle possède et identifier tous ses engagements, qu'ils figurent au bilan ou non. La valeur de marché des capitaux propres correspond à ce que l'on nomme l'actif net réévalué (ANR) :

ANR = valeur réévaluée des actifs – montant des engagements

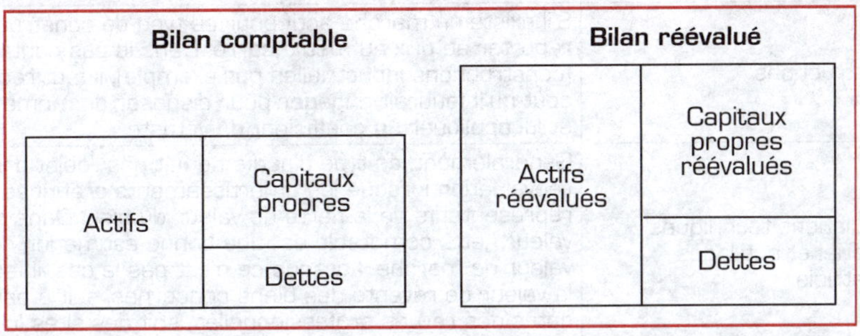

Préalablement à l'estimation de l'ANR, il est nécessaire de calculer l'actif net comptable (ANC). Pour ce faire, il faut :

- supprimer les actifs fictifs : il s'agit des frais d'établissement, des primes de remboursement des obligations et des frais d'émission des emprunts ;
- affecter le résultat de l'exercice : la part du résultat de l'exercice qui doit être distribuée sous forme de dividendes doit être incluse dans les dettes ;
- reclasser les provisions pour risques et charges : ces provisions sont à inclure dans les dettes, sauf si elles ne sont pas ou plus justifiées auquel cas elles doivent être rattachées aux capitaux propres ;
- traiter les écarts de conversion : ces écarts sont la contrepartie de la réévaluation de dettes ou créances libellées en devises étrangères. Afin de ne pas supprimer les effets de ces réévaluations, l'écart de conversion-actif doit être maintenu dans les actifs et l'écart de conversion-passif est à rattacher aux dettes.

A. L'évaluation des différents postes de l'actif

L'évaluation des postes de l'actif va se faire selon la méthode la plus appropriée compte tenu de leur nature :

- sur la base de valeurs de marché ;
- sur la base de cotes ou d'argus ;
- par actualisation de flux futurs ;
- par comparaisons.

L'évaluation de l'entreprise par l'approche patrimoniale est généralement précédée d'un arrêté des comptes et un audit d'acquisition. De ce fait, les actifs dont la valeur à la date d'arrêté est inférieure à leur valeur nette comptable (VNC) ont fait l'objet d'une provision pour dépréciation. En conséquence, si un arrêté des comptes a eu lieu, les postes du bilan ne recèlent pas de moins-values mais peuvent engendrer des plus-values.

Modalités d'évaluation des principaux actifs

Actifs	Évaluation
Fonds commercial	Généralement en fonction du barème de l'administration fiscale ou par la méthode du *Goodwill*.
Autres actifs incorporels	VNC pour les logiciels, souvent 0 pour les autres.
Terrains	En fonction du prix au mètre carré des terrains de mêmes caractéristiques et localisation.
Constructions	S'il existe un marché actif pour ce type de construction, se reporter au prix au mètre carré. Dans le cas contraire (constructions industrielles par exemple), il faut rechercher le coût qu'il faudrait engager pour disposer du même bien, neuf, et lui appliquer un coefficient de vétusté.
Installations techniques, matériel et outillages industriels	Généralement, ce type d'actifs ne fait pas l'objet d'une réévaluation lorsque les amortissements pratiqués sont représentatifs de la perte de valeur du bien. Dans ce cas, la valeur nette comptable est une bonne estimation de leur valeur de marché. Lorsque ce n'est pas le cas, il faut estimer la valeur de revente des biens concernés, soit à partir des cotes des revues professionnelles, soit des sites Internet spécialisés dans le matériel professionnel d'occasion.
Autres actifs corporels	VNC si marginaux, à réévaluer si significatif.
Immobilisations financières	VNC s'il s'agit d'un prêt ou d'une créance. S'il s'agit d'une participation, il faut la réévaluer en utilisant une approche comparative ou actuarielle.
Stocks	Pas de réévaluation si un audit d'acquisition a eu lieu. Dans certains cas, les stocks sont cependant susceptibles de prendre de la valeur avec le temps (alcools par exemple). Il faut alors les réévaluer.
Créances	Pas de réévaluation si un audit d'acquisition a eu lieu.
VMP et disponibilités	Pas de réévaluation pour les disponibilités. Réévaluation des VMP en fonction du dernier cours connu.
Charges constatées d'avance	Assimilable à des créances.

Source : *Thauvron (2007)*.

B. Quelques points particuliers

1. L'évaluation du fonds commercial

Si la société à évaluer a une activité commerciale, se pose la question de l'évaluation du fonds commercial. Ce fonds commercial est constitué de tous les éléments incorporels du fonds de commerce, les éléments corporels du fonds étant comptabilisés et évalués séparément. Comptablement, un fonds commercial apparaît au bilan à la condition qu'il ait été acquis. S'il a été créé par l'entreprise, il ne peut faire l'objet d'une comptabilisation. Pour sa prise en compte dans l'approche patrimoniale, deux solutions alternatives sont possibles :

- soit sa valeur est estimée directement, sur la base de transactions comparables ou du barème de l'Administration fiscale ;
- soit sa valeur est estimée de façon indirecte, par le calcul d'un *goodwill*.

Extrait du barème de l'Administration fiscale

Nature du commerce	Barème utilisé
Accessoires automobiles	20% à 40 % des honoraires annuels TTC
Administrateur de biens et syndics	65 % à 195 % des honoraires annuels TTC
Agence immobilière	1 à 1,50 fois le bénéfice net annuel
Agence matrimoniale	35 % à 50 % du CA annuel TTC
Agence de publicité	25 % à 50 % du CA annuel TTC
Agence de voyages	30 % à 70 % du CA annuel TTC
Alimentation générale	80 à 130 fois la recette journalière TTC
Ambulances	55 % à 85 % du CA annuel TTC
Ameublement	30 % à 65 % du CA annuel TTC
Animalerie - aquariophilie - oisellerie	50 % à 90 % du CA annuel TTC

2. Le traitement des biens en crédit-bail

Bien que l'entreprise n'en soit pas propriétaire, les biens qui font l'objet d'un contrat de crédit-bail doivent être considérés comme étant la propriété de l'entreprise. En effet, d'un point de vue économique, le crédit-bail est assimilable à un mode de financement, au même titre que l'emprunt, car l'entreprise à vocation à devenir propriétaire du bien concerné. À partir de là, il faut en tirer toutes les conséquences :

- à l'actif : le bien est à retenir pour sa valeur réévaluée. Dans la plupart des cas, elle est assimilable à sa VNC théorique estimée sur la base de sa durée d'utilisation (et non sur la durée du contrat) ;
- au passif : une dette doit être ajoutée, comme si le bien avait été financé par emprunt. Elle est donc égale à la part en capital des loyers restant dus. Ce montant peut être estimé en actualisant les loyers futurs au taux actuariel du contrat.

3. La prise en compte de la fiscalité latente

Pour le calcul de l'actif net réévalué, il peut être nécessaire de tenir compte d'une fiscalité latente. Cette dernière trouve son origine dans :

- la réévaluation des actifs et passifs de l'entreprise ;
- l'existence de déficits fiscaux ;
- certains postes de capitaux propres ;
- les actifs fictifs.

Cette fiscalité latente entraîne la prise en compte, pour le calcul de l'ANR, de dettes ou de créances fiscales latentes.

La réévaluation des actifs et passifs peut faire apparaître des plus ou moins-values. S'il s'agit d'une plus-value, la question qui se pose est de savoir si elle va entraîner ou non une imposition. Il y aura imposition si la plus-value est fiscalement réalisée, c'est-à-dire si le bien est effectivement cédé. Or la cession de la société n'entraîne pas nécessairement la cession par cette dernière des biens concernés. Si le bien est nécessaire à l'exploitation, il restera dans le patrimoine de l'entreprise et la plus-value ne sera pas fiscalement réalisée. Par contre, si le bien n'est pas nécessaire à l'exploitation, il est probable qu'il sera cédé suite à l'acquisition de l'entreprise et la plus-value sera alors réalisée.

Le cas des moins-values est différent car soit elles seront fiscalement réalisées (d'où une créance latente), soit elles ne seront pas réalisées mais entraîneront la comptabilisation d'une provision pour dépréciation, ce qui réduira la base d'imposition (d'où une créance latente).

Si la société a accumulé des déficits fiscaux, ces deniers pourront lui permettre de payer moins d'impôt dans le futur. Elle dispose donc d'une créance latente sur le Trésor Public, à la condition qu'elle soit en mesure de faire des bénéfices dans l'avenir et que l'opération à l'origine de l'évaluation (une fusion par exemple) n'entraîne pas la disparition des déficits. Enfin, la suppression des actifs fictifs est assimilable à leur amortissement total sur un exercice, ce qui permet de générer une économie d'impôt.

Poste	Traitement
Plus-value sur actif à céder (non nécessaire à l'activité)	Dette fiscale latente = PV×T %
Moins-value sur actif à céder (non nécessaire à l'activité)	Créance fiscale latente = MV×T %
Plus-value sur actif d'exploitation	Pas de fiscalité
Moins-value sur actif d'exploitation	Créance fiscale latente = MV×T %
Déficit fiscal	Créance fiscale latente = Déficit fiscal×T %
Actifs fictifs	Créance fiscale latente = VNC×T %

T : taux d'imposition de la société
PV : plus-value = valeur réévaluée du bien – VNC du bien
MV : moins-value = valeur réévaluée du bien – VNC du bien

5 ▶ La prise en compte du *goodwill*

Deux reproches sont généralement faits à la méthode de l'actif net réévalué :

• elle ne tient pas compte de certains éléments intangibles qui sont source de valeur pour l'entreprise car l'ANR se fonde avant tout sur les postes du bilan. Ces éléments sont notamment la qualité du personnel de l'entreprise, son savoir-faire, sa réputation, etc. ;

• il s'agit d'une vision statique de l'entreprise, à une date donnée, sans prise en compte de ses perspectives futures.

L'estimation d'un *goodwill* (GW) va permettre de répondre à ces deux critiques en donnant une valeur à ces actifs intangibles, à partir du *business plan* de la société. La valeur de marché des capitaux propres de l'entreprise est alors égale à :

$$V_{cp} = ANR + GW$$

A. Démarche générale d'estimation du *goodwill*

Une entreprise dispose d'un *goodwill* dès lors que sa rentabilité est supérieure à ce que l'on serait en droit d'attendre, compte tenu des actifs tangibles dont elle dispose.

La valeur de ce *goodwill* est alors égale à la valeur actualisée du supplément de résultat (on parle alors de rente) qu'il lui procure :

$$GW = \sum_{t=1}^{\infty} \frac{Rente_t}{(1 + R_{gw})^t}$$

Pour estimer le niveau annuel de la rente, il faut confronter :

- le résultat prévisionnel associé (RPA), qui correspond au résultat attendu des actifs **tangibles** et **intangibles** de l'entreprise ;
- le résultat prévisionnel théorique (RPT), qui correspond au résultat attendu des actifs **tangibles** de l'entreprise.

La différence entre ces deux niveaux de résultat représente donc le résultat attendu des actifs **intangibles** de l'entreprise :

$$\text{Rente annuelle} = \text{Résultat Prévisionnel Associé} - \text{Résultat Prévisionnel Théorique}$$

B. Estimation des capitaux permanents nécessaires à l'exploitation (CPNE) et du résultat prévisionnel associé (RPA)

Le résultat prévisionnel théorique (RPT) s'estime sur la base de la valeur des actifs tangibles et du taux de rémunération qui en est attendu (R_{cpne}). Ces actifs tangibles correspondent à ce que l'on nomme les capitaux permanents nécessaires à l'exploitation (CPNE) :

$$RPT = CPNE \times \text{Taux de rémunération des CPNE}$$

Le résultat prévisionnel associé (RPA) est estimé sur la base du *business plan* de l'entreprise, en cohérence avec les éléments constituant les CPNE. Cela signifie que ce RPA ne doit comporter que les produits et charges qui se rattachent à l'exploitation et trouvent leur origine dans les CPNE.

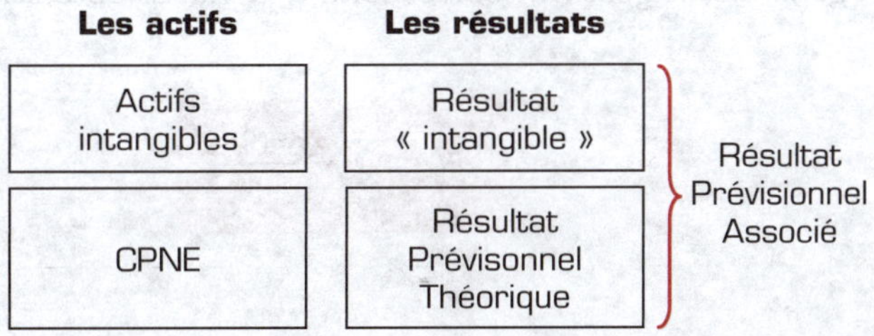

CPNE	RPA
Actifs immobilisés nécessaires à l'exploitation	Résultat d'exploitation + charges d'exploitation non liées à l'activité – produits d'exploitation non liés à l'activité – participation des salariés + produits financiers (hors produits des VMP) – charges financières (hors intérêts)
+ BFRE	– intérêt sur découverts
+ trésorerie d'exploitation	+ produits des cessions de VMP
+ crédit-bail	+ loyer crédit-bail – amortissement théorique de crédit-bail
+ grosses réparations	– amortissement grosses réparations
	= résultat brut associé à la CPNE
	– impôt théorique sur les sociétés
= CPNE	**= résultat associé aux CPNE**

C. Taux de rémunération des CPNE et taux d'actualisation des rentes

Pour estimer le *goodwill*, il est nécessaire de calculer deux taux :

- le taux de rémunération des CPNE (R_{cpne}), qui correspond au taux de rentabilité attendu des actifs tangibles ;
- le taux d'actualisation des rentes (R_{gw}), qui correspond au taux de rentabilité attendu des actifs intangibles.

Ces deux taux, comme indiqué au chapitre 2, sont fonction de l'aléa relatif aux flux auxquels ils se rattachent :

- les résultats prévisionnels associés aux CPNE pour R_{cpne} ;
- les rentes pour R_{gw}.

Le RPA étant estimé avant déduction des intérêts d'emprunts, il va servir à rémunérer l'ensemble des apporteurs de fonds (actionnaires et créanciers financiers). C'est donc le coût du capital qui est à retenir pour R_{cpne}.

Les rentes étant plus aléatoires que les RPA, le taux d'actualisation de ces dernières sera donc le coût du capital majoré de quelques points.

D. L'estimation du *goodwill*

De façon générale, le *goodwill* correspond à la valeur actualisée des rentes futures, soit :

$$GW = \sum_{t=1}^{\infty} \frac{Rente_t}{(1 + R_{gw})^t}$$

La méthode dite *des anglo-saxons*, part de la formule précédente et y ajoute une hypothèse : la constance de la rente sur un horizon infini :

$$GW = \frac{Rente}{R_{gw}}$$

Soit une valeur pour l'entreprise de :

$$V_{cp} = ANR + \frac{(RPA - CPNE \times R_{cpne})}{R_{gw}}$$

Dans les faits, il n'est pas raisonnable de considérer des rentes sur un horizon infini car, comme nous l'avons vu plus haut, elles correspondent aux résultats futurs qui trouveront leur origine dans les actifs intangibles de l'entreprise. Il est donc souvent plus prudent de borner l'horizon à *n* années (souvent 5 ans), ce qui donne :

$$GW = \sum_{t=1}^{n} \frac{Rente_t}{(1 + R_{gw})^t}$$

Si ces rentes sont constantes sur un horizon fini de *n* années, le *goodwill* devient :

$$GW = Rente \times \frac{1 - (1 + R_{gw})^{-n}}{R_{gw}}$$

Excel en pratique

Fichier utilisé : Chapitre_10.xls

Fonctions utilisées :

- Valeur Actuelle Nette : VAN (taux ; B10:B20) avec taux le taux d'intérêt et B10:B20 la plage des valeurs à actualiser.

Exemple

Estimation de la valeur de marché des capitaux propres

	A	B	C
13	Flux de trésorerie disponible	234,1	285,9
14			
15	Coût du capital	8,8 %	
16	Année de référence	2007	
17	Taux de croissance infini	3 %	
18			
19	Valeur Terminale	5 606	= I13*(1+B17) / (B15-I6)
20			
21	FTD actualisés (2008-2015)	1 588,7	= VAN (B15 ; B13:I13)
22	VT actualisée	2 855	= B19*(1+B15) ^ (B16-I4)
23	VGE	4 444	= SOMME (B21:B22)
24	Dettes financières	–380	
25	Vcp	4 064	= SOMME (B23:B24)

CHAPITRE 11

Les approches récentes d'analyse

▶ Outre les approches classiques d'analyse financière qui ont été traitées au chapitre 9, il existe d'autres outils pour porter un jugement sur la santé financière et la valeur d'une entreprise. Les premiers sont constitués des modèles de mesure de la création de valeur. Ils renouvellent les mesures de performance en y intégrant le coût d'opportunité supporté par les actionnaires qui ont investi dans l'entreprise. Le second outil est fondé sur les notes attribuées par les agences de notation (agences de *rating*). L'activité de ces dernières consiste à évaluer le risque de défaut des émetteurs de dettes obligataires, qu'il s'agisse d'entreprises, d'États ou d'institutions publiques. Enfin, plus récemment, la théorie des options a été adaptée à l'évaluation des actifs réels afin de valoriser la flexibilité dont disposent les managers lorsqu'ils réalisent des projets d'investissement.

1 ▶ Les mesures de la création de valeur

Les modèles de mesure de la création de valeur sont des outils de pilotage de l'activité des entreprises, dans un objectif de maximisation de la richesse des actionnaires. De façon générale, il y a création de valeur lorsque la rentabilité des capitaux employés par l'entreprise est supérieure à leur coût. On distingue deux types de modèles :

• ceux qui mesurent la performance boursière : le modèle TSR (*Total Shareholder Return*) du Boston Consulting Group, le modèle MVA (*Market Value Added*) de Stern Stewart & Co, etc. ;

• ceux qui mesurent la performance économique : le modèle des flux de trésorerie disponibles de McKinsey & Co., le modèle EVA (*Economic Value Added*) de Stern Stewart & Co, etc.

A. L'émergence des modèles de création de valeur

Ces quatre modèles, mais aussi de façon plus générale les autres modèles de création de valeur, reposent sur les mêmes fondements théoriques : l'actualisation de flux de trésorerie afin de déterminer l'opportunité de réaliser ou non un investissement, qui n'est rien d'autre que le principe de la VAN. Cette mise en avant de l'intérêt des actionnaires s'explique notamment par le fait que la part des investisseurs institutionnels (fonds de pension, SICAV, etc.) dans le capital des grandes sociétés cotées n'a fait que s'accroître au cours des dernières années. Or ces derniers ont beaucoup plus de poids que les petits actionnaires individuels pour faire évoluer les pratiques managériales dans le sens de leurs intérêts d'actionnaires. La libéralisation des marchés a entraîné une plus grande mobilité des capitaux, conduisant les sociétés à se concurrencer non seulement d'un point de vue commercial, mais également sur les marchés de capitaux afin de disposer des sources de financement les moins coûteuses.

Le recours aux modèles de création de valeur s'inscrit également dans le cadre de la théorie de l'agence, selon laquelle il existe des conflits d'intérêts entre les différentes parties prenantes de l'entreprise (actionnaires, dirigeants, salariés...). Du fait de la séparation des fonctions de management (dirigeants) et de détention (actionnaires) de l'entreprise, les dirigeants peuvent prendre des décisions qui leur sont profitables, au détriment des actionnaires[1]. La mise en place d'indicateurs de création de valeur permet de faire converger les intérêts des dirigeants avec ceux des actionnaires. Ces modèles sont également des outils pour faire converger les intérêts des salariés avec ceux des actionnaires, grâce à la mise en place de primes indexées sur cette création de valeur, comme nous le verrons plus loin.

[1] Voir chapitre 15.

Le tableau ci-dessous présente les 15 sociétés européennes dont la croissance de la valeur a été la plus importante (données 2003) :

Tableau 11.1 • La création de valeur en Europe en 2003

Rang	Société	CA (Md$)	Croissance du CA (%)	MVA (Md$)	MVA/CA
1	Nestlé	71,2	59,2	65,6	0,92
2	Total	132	92,4	83,5	0,63
3	GlaxoSmithKline	38,3	36,9	122,2	3,19
4	ENI	64,9	50,7	46,2	0,71
5	BP	232,6	185,5	102,3	0,43
6	Royal Dutch/Schell	201,9	124,8	89,5	0,44
7	Nokia	37,1	34,5	61,6	1,66
8	France Telecom	58,1	57,4	26,5	0,46
9	Deutsche telekom	70,3	42,2	38	0,54
9	Telefonica	35,8	30,8	46,6	1,30
9	Tesco	41,6	38,3	23	0,55
12	Carrefour	88,9	79	29,1	0,33
13	Olivetti	29,6	27,4	27,9	0,95
14	BT	31,9	22,1	22,6	0,95
15	Suez	49,9	49,1	9,9	0,20

Le classement effectué ci-dessus par Stern Stewart & Co. se fonde sur le niveau de la MVA ainsi que sur le taux de croissance du chiffre d'affaires. La MVA (*market value added*) correspond à la différence, à un instant donné, entre la valeur de marché de l'entreprise (dettes et capitaux propres) et sa valeur comptable.

L'importance de la création de valeur actionnariale s'inscrit également dans un mouvement relativement récent d'activisme des actionnaires institutionnels, qui n'hésitent plus à s'opposer aux dirigeants des grands groupes mondiaux, allant parfois jusqu'à demander et obtenir leur révocation. Dans les années 80, la discipline des dirigeants s'opérait par le marché du contrôle. Il s'agissait alors pour des fonds d'investissement de prendre le contrôle de sociétés mal gérées, notamment sous la forme de LBO, afin d'en changer l'équipe de direction, d'améliorer la gestion de la cible puis de la revendre en réalisant une plus-value. Cette menace d'une prise de contrôle hostile était de nature à inciter les dirigeants à bien gérer leur société afin que son cours boursier soit élevé, et à rendre ainsi la probabilité d'une OPA plus faible. Ce mode de discipline des dirigeants est cependant contesté car son coût social est souvent très élevé. C'est pourquoi, à partir de la fin des années 80, certains investisseurs institutionnels ont décidé de ne plus être des investisseurs passifs, qui se contentent d'acheter ou de vendre des participations dans des sociétés cotées mais de faire preuve d'activisme afin d'améliorer la performance de leur portefeuille de titres en imposant leurs vues aux dirigeants. Le premier à s'engager dans cette direction fut CalPERS (*California Public Employees Retirement System*), le fonds de pension des fonctionnaires de l'État de Californie.

B. Les modèles de création de valeur

Le recours aux modèles de création de valeur trouve son origine dans les limites inhérentes aux mesures comptables de la performance. Ces dernières, fondées sur des soldes comptables, prennent en compte l'exigence de rentabilité des créanciers financiers au travers des charges d'intérêt qui figurent dans le compte de résultat. Par contre, elles laissent de coté la rémunération attendue par les actionnaires, qui n'y apparaissent pas. Ainsi, une société qui dégage un bénéfice est rentable d'un point de vue comptable, alors même qu'elle peut détruire de la valeur. L'originalité des modèles de mesure de la création de valeur tient au fait qu'ils intègrent cette exigence de rentabilité de la part des actionnaires en tant que coût, ce qui aboutit au calcul d'un résultat résiduel. Il y a création de valeur lorsque le résultat résiduel est positif et destruction de valeur lorsqu'il est négatif.

1. Le modèle EVA : *Economic Value Added*

L'EVA (*Economic Value Added*) est une mesure de la performance à la fois simple et de bon sens. Une entreprise emploie des capitaux pour dégager des profits, et les apporteurs de ces capitaux (actionnaires et créanciers financiers) en attendent une certaine rentabilité. L'idée n'est pas nouvelle et nous renvoie au critère de la VAN lors du choix d'un projet d'investissement. Il y a d'ailleurs équivalence entre la VAN d'un projet et la valeur actualisée des EVA qu'il dégage.

Afin de tenir compte du coût d'opportunité supporté par les actionnaires, l'EVA [2] déduit du résultat opérationnel de l'exercice la rémunération attendue par l'ensemble des apporteurs de fonds (actionnaires et créanciers financiers). Le résultat opérationnel étant estimé avant déduction des intérêts, il est donc destiné à rémunérer l'ensemble des apporteurs de fonds. Quant à ces derniers, la rentabilité qu'ils exigent de l'entreprise correspond au coût du capital [3], qui est la moyenne pondérée du coût des fonds propres (rentabilité exigée par les actionnaires) et du coût de la dette (rentabilité exigée par les créanciers financiers). L'EVA s'estime ainsi par différence entre le résultat opérationnel (ROP) après impôt et la rémunération des capitaux employés :

$$EVA_t = ROP_t \times (1-T) - CMPC_t \times \text{Actif Économique}_{t-1}$$

La rentabilité économique de l'entreprise (K_a) peut s'estimer en faisant le rapport entre le revenu que vont se partager les apporteurs de fonds (ROP) et les fonds qu'ils ont mis à disposition de l'entreprise (capitaux propres et dettes financières, soit l'actif économique), d'où :

$$K_{a,t} = ROP_t \times (1-T) \;/\; \text{Actif Économique}_{t-1}$$

L'équation de l'EVA peut alors s'écrire :

$$EVA_t = [K_{a,t} - CMPC_t] \times AE_{t-1}$$

[2] Le terme EVA est une marque déposée, qui peut se traduire par profit économique.

[3] Voir le chapitre 4 sur ce sujet.

Il y a donc création de valeur (EVA > 0) dès lors que la rentabilité économique est supérieure au coût du capital, c'est-à-dire lorsque la rentabilité obtenue par les apporteurs de fonds est supérieure à la rentabilité qu'ils espèrent, compte tenu du risque qu'ils prennent.

L'intérêt de cette approche est qu'elle peut être mise en œuvre au niveau de l'entreprise mais également au niveau de ses divisions, en distinguant alors le niveau de risque de chacune, et donc en leur attribuant un coût du capital distinct.

Tableau 11.2 • La création de valeur au sein d'un groupe diversifié

	Presse	Armement	Total
Actif immobilisé	12 000	25 000	**37 000**
BFR	6 000	4 000	**10 000**
Actif économique	18 000	29 000	**47 000**
Rentabilité économique	18 %	16 %	
Coût du capital	11 %	14 %	
Création de valeur	1 260	580	**1 840**

En raisonnant non plus au niveau global de l'entreprise mais de chaque activité ou division, l'EVA fait prendre conscience aux managers du coût des capitaux qu'ils emploient ($CMPC_t \times AE_{t-1}$), et ainsi permet une meilleure allocation du capital au sein de l'entreprise.

Cette approche, qui a été développée par le cabinet Stern, Stewart & Co., nécessite pour sa mise en œuvre de pratiquer un certain nombre de retraitements afin d'estimer la valeur de l'actif économique et le montant du résultat opérationnel. En effet, dans une économie où les actifs immatériels prennent une place de plus en plus importante dans ce qui fait la valeur des entreprises, il n'est pas possible de ne pas en tenir compte au prétexte qu'ils ne figurent pas dans le bilan. Sont principalement concernés les frais de recherche et développement, de formation, de marketing, etc. Ces charges sont à activer, c'est-à-dire à inscrire à l'actif comme une immobilisation, et à amortir. Ces retraitements doivent être réalisés de façon cohérente entre le résultat opérationnel et l'actif économique. Par exemple, si le crédit-bail est ajouté aux actifs, le loyer afférent doit être rajouté au résultat opérationnel alors que les intérêts et la dotation qui s'y rapportent doivent être déduits. Enfin, les intérêts minoritaires doivent être inclus dans les capitaux engagés car le résultat opérationnel comprend la part qui leur revient.

2. Le modèle TSR : *Total Shareholder Return*

Le TSR (*Total Shareholder Return*) représente le taux de rendement d'une action, tenant compte à la fois de la plus-value réalisée et du dividende perçu. Il s'estime à partir de la variation de valeur du titre et du montant du dividende versé soit, si l'on raisonne globalement :

$$TSR = \frac{\text{Capitalisation boursière}_t - \text{Capitalisation boursière}_{t-1} + \text{Dividende}}{\text{Capitalisation boursière}_{t-1}}$$

Généralement, il se calcule sur une base annuelle. Pour son estimation, il faut inclure sous le terme dividende tous les versements réalisés à destination des actionnaires, y compris les dividendes exceptionnels et rachats d'actions. Le TSR peut se calculer *ex-post*, à partir de données passées, ou *ex-ante*, en fonction de données prévisionnelles. *Ex-post*, il mesure la rentabilité obtenue par l'actionnaire alors qu'*ex-ante*, il correspond à la rentabilité exigée par ce dernier. Selon le BCG (*Boston Consulting Group*), qui en est à l'origine, si le TSR réalisé est supérieur au TSR anticipé, il y a création de valeur.

3. La création de valeur totale : la MVA

Jusqu'à présent, nous avons mesuré la création de valeur au titre d'un exercice. La MVA (*Market Value Added*) estime la création de valeur de façon globale, en tenant compte de la performance passée de l'entreprise, mais également de sa performance future, telle qu'anticipée par le marché. La MVA est ainsi égale à la différence entre la valeur de marché des capitaux engagés (capitaux propres et dettes financières) et leur valeur comptable :

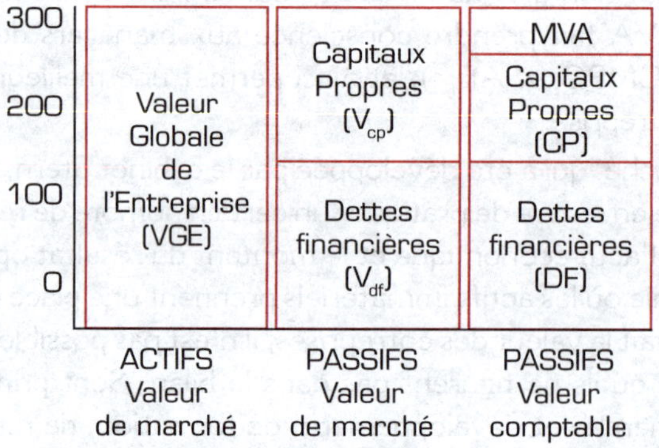

Si la société est cotée, la valeur de marché de ses capitaux propres s'obtient directement à partir de son cours de bourse. Dans le cas contraire, il faut l'estimer en actualisant ses flux de trésorerie disponibles. Il est possible de la relier à l'EVA car la MVA n'est autre que la valeur actualisée des EVA futures, soit :

$$MVA = \sum_{t=1}^{n} \frac{EVA_t}{(1 + CMPC)^t}$$

Une MVA positive s'interprète comme le fait que l'entreprise va dégager dans le futur une rentabilité économique supérieure à son coût du capital, et donc que les EVA futures seront positives. Là encore, ceci suppose que le marché soit efficient car l'hypothèse implicite du modèle est que la capitalisation boursière de la société reflète bien sa vraie valeur.

4. L'approche de McKinsey

L'approche proposée par le cabinet de conseils McKinsey (dite approche de Mc Kinsey) consiste à comparer la valeur de marché des capitaux propres (la capitalisation boursière dans le cas d'une société cotée) à la valeur de ces mêmes capitaux propres, après améliorations :

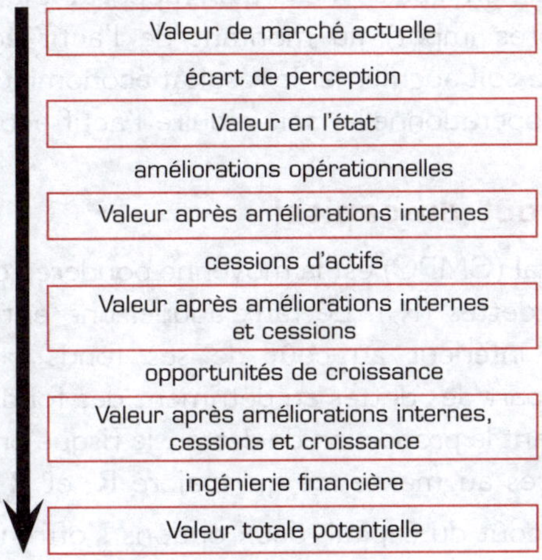

La différence entre la valeur totale potentielle et la valeur de marché actuelle permet d'estimer le niveau de la valeur qu'il est possible de créer. Pour estimer ces différents niveaux de valeur, McKinsey propose de retenir l'approche par actualisation des flux de trésorerie disponibles :

$$VGE = \sum_{t=1}^{n} \frac{FTD_t}{(1 + CMPC)^t} + \frac{FTD_{n+1}}{CMPC - g} \times (1 + CMPC)^{-n}$$

où FTD_t représente le flux de trésorerie disponible de l'année t, CMPC le coût du capital de la société et g le taux de croissance à long terme des FTD.

C. La maximisation de la création de valeur

La mesure de la création de valeur n'est qu'une des deux dimensions des modèles. La mise en place de ces modèles au sein des entreprises a pour principal objet non pas la simple mesure, mais la maximisation de la création de valeur. Ils remettent ainsi l'actionnaire au cœur de la prise de décision des managers.

Pour identifier les leviers de cette création de valeur, il suffit de se reporter aux différents paramètres du modèle de l'EVA (CMPC, K_a, AE) ou de celui de McKinsey (FTD, CMPC, g). La création de valeur peut être améliorée en jouant sur les paramètres suivants :

- la rentabilité économique (K_a) ;
- le coût du capital (CMPC) ;
- les flux de trésorerie (FTD) ;
- le taux de croissance (g) ;
- l'actif économique (AE).

1. Augmenter la rentabilité économique

La rentabilité économique se mesure en rapportant le résultat économique (résultat opérationnel après impôt) au montant de l'actif économique. Pour l'accroître, l'entreprise peut, soit augmenter le résultat économique par une amélioration de son taux de marge opérationnelle, soit réduire l'actif économique.

2. Réduire le coût du capital

Le coût du capital (CMPC) est la moyenne pondérée du coût des fonds propres (R_c) et du coût des dettes (R_d). Le taux auquel une entreprise peut s'endetter étant nécessairement inférieur au coût de ses fonds propres, il peut être tentant d'augmenter la part des dettes au détriment des fonds propres. Ce serait un leurre car en augmentant la proportion de dettes, le risque pris par les créanciers financiers et les actionnaires augmente, ce qui majore R_c et R_d.

Pour réduire le coût du capital, deux options s'offrent aux managers. La première consiste à réduire le risque associé à l'activité de l'entreprise. Ceci peut notamment se faire en abandonnant certaines activités. La seconde a pour objet de réduire le risque d'exploitation en abaissant le seuil de rentabilité de la société. Ceci se fait en substituant aux charges fixes des charges variables, notamment par l'externalisation et la sous-traitance. L'exemple emblématique fut Alcatel dont la stratégie au milieu des années 90 était guidée par l'objectif d'être une entreprise sans usine.

3. Augmenter les flux de trésorerie

Augmenter la capacité de l'entreprise à dégager de la trésorerie peut se faire en améliorant le résultat économique ou en réduisant le besoin en fonds de roulement. À court terme, il est également possible de réduire les dépenses d'investissement pour accroître la trésorerie. Mais, à moyen et long terme, ce type de politique peut faire perdre de la compétitivité à l'entreprise et s'avérer néfaste.

4. Maintenir le taux de croissance

Afin de maintenir un taux de croissance élevé, la société doit disposer d'un avantage compétitif. Cet avantage peut consister à faire mieux que ses concurrents, que ce soit en termes de prix, de qualité, de délai, etc., ou à proposer des produits novateurs (le ipod d'Apple, par exemple).

5. Restructurer l'actif économique

L'actif économique se compose de l'actif immobilisé, du besoin en fonds de roulement et de la trésorerie nécessaire à l'exploitation. S'il est souvent difficile de réduire le montant de l'actif immobilisé, le BFR offre des marges de manœuvre plus grandes. Le niveau des stocks peut être réduit par une meilleure gestion de la chaîne de production. Quant aux créances clients, il peut être possible de les réduire par une réorganisation du circuit de facturation et de relance ou par le recours à l'escompte.

Une autre modalité de restructuration de l'actif économique consiste à céder les activités qui détruisent ou créent insuffisamment de la valeur.

D. Les systèmes de primes indexées sur la création de valeur

Pour que les managers agissent dans l'intérêt des actionnaires, il est possible de mettre en place des mécanismes de primes dont le montant dépend de la valeur créée. De nombreux systèmes ont été implantés dans les entreprises, la plupart se fondant sur l'EVA. Les premiers consistaient à calculer le montant des primes directement à partir de l'EVA de l'exercice passé, soit :

$$Prime_{t+1} = EVA_t \times \delta \ \%$$

L'inconvénient de ce système est que le mécanisme incitatif est limité par le fait que la prime est toujours positive ou nulle quand l'EVA est négative. Par conséquent, il n'incite pas à atteindre un objectif donné. Pour y remédier, la prime peut être calculée sur la base de l'EVA et de son accroissement au cours de l'exercice passé, soit :

$$Prime_{t+1} = EVA_t \times \delta \ \% + [EVA_t - EVA_{t-1}] \times \lambda \ \%$$

Dans ce système, si la première part de la prime est nécessairement positive ou nulle, la seconde part peut être négative si la création de valeur de l'exercice est inférieure à celle de l'exercice précédent, venant ainsi amputer la prime. Enfin, les plans plus récents prévoient le versement d'une prime sur objectif et d'une prime sur dépassement :

$$Prime_{t+1} = \text{Prime sur objectif} + [EVA - EVA_{t-1} - \Delta_t] \times \lambda \ \%$$

La prime sur objectif est versée si le montant de l'EVA de l'exercice est au moins égal à l'objectif qui avait été fixé. Quant à la prime sur dépassement, qui peut être négative, elle suppose que l'accroissement de valeur soit supérieur au niveau d'accroissement qui avait été fixé (Δ_t).

2 ► La notation par les agences de *rating*

Les agences de *rating* [3] (agences de notation) attribuent des notes, soit aux émissions obligataires, soit aux émetteurs eux-mêmes. On parle dans ce dernier cas de notes « émetteurs ». Les émetteurs qui peuvent être notés sont principalement :

- les entreprises industrielles et commerciales (*corporates*) ;
- les institutions financières ;

[3] Pour une présentation approfondie du sujet, voir Paget-Blanc et Painvin (2007).

- les États (dettes souveraines) ;
- les institutions publiques et les collectivités locales ;
- les opérations de titrisation.

La note peut être différente pour les différents emprunts d'une même entité dès lors qu'ils prévoient des clauses de protection des créanciers différentes. Cette note permet aux investisseurs de mesurer la probabilité que l'entité notée parvienne à assurer le service de sa dette ainsi que son remboursement. Les trois principales agences de notation sont *Standard and Poor's*, *Moody's Investors Services* et *Fitch Ratings*.

La notation est tout d'abord apparue aux États-Unis, encouragée par le développement du marché obligataire et l'apparition de la réglementation sur la protection des investisseurs. Dans les années 80, la chute des taux d'intérêt eu pour conséquence une forte augmentation des émissions d'emprunts obligataires, avec pour corollaire une importante exposition au risque de crédit des obligataires, qui avaient alors besoin de connaître les risques qu'ils prenaient.

La notation est soit demandée par l'émetteur, soit réalisée à l'initiative de l'agence (de plus en plus rare). Lorsque la notation est demandée par l'émetteur, elle est à sa charge. Lorsqu'elle n'est pas à l'initiative de l'émetteur, on parle de notes « non sollicitées ». Bien que ces notes permettent d'élargir la couverture des agences sur certains secteurs d'activité, leur contenu informationnel est moindre que celui des notes sollicitées car l'agence n'a, dans ce cas, pas accès à l'information privilégiée de l'émetteur. Bien que la notation ne soit pas un préalable obligatoire pour une émission obligataire sur le marché, un émetteur arrivant sans notation se verra attribuer une forte prime de risque car le marché est en situation d'asymétrie d'information par rapport à son risque de crédit.

Les notes sont rendues publiques sous la forme d'un communiqué de presse. Lorsqu'il y a une augmentation de la probabilité de défaillance de l'émetteur, sa note est revue à la baisse, ce qui induit une augmentation du taux d'intérêt exigé par le marché. Si l'obligation est à taux fixe, son coupon ne change pas mais la prise en compte du risque supplémentaire entraîne une augmentation du *spread* et, par voie de conséquence, une chute du cours de l'obligation [4].

A. La méthodologie de notation

La note est déterminée à l'issue d'une analyse financière, économique et juridique. Elle s'appuie sur des critères quantitatifs mais aussi qualitatifs. Les analystes des agences disposent du privilège de l'accès à des informations non encore rendues publiques, ce qui donne à la note publiée un fort pouvoir informationnel. Selon le type d'émetteur, la méthodologie d'analyse sera différente, et nous nous limiterons ici aux seules émissions *corporates*. Si chaque agence de notation dispose de sa propre méthodologie, la démarche est globalement identique.

[4] Voir chapitre 3.

La notation se veut une démarche prospective, basée sur la capacité de l'entreprise à honorer le service de sa dette (intérêts et remboursements en capital) à partir de la trésorerie que dégage son activité. Cette analyse se décompose en deux volets :

- l'analyse du risque industriel ;
- l'analyse du risque financier.

L'analyse du risque industriel porte sur les risques et perspectives propres au secteur d'activité de l'entreprise, et sur la capacité de l'entreprise à y faire face, voire à en tirer profit. Cette analyse se fait par l'étude :

- du secteur : croissance, intensité capitalistique, technologie, risques réglementaires ;
- de la position concurrentielle de l'entreprise ;
- de la stratégie et du management : évolution de la stratégie, qualité du management, soutien de l'actionnariat.

L'analyse du risque financier est plus classique [5]. Il s'agit de mesurer l'aptitude de l'entreprise à dégager de la trésorerie de façon récurrente afin de faire face au service de sa dette. Elle passe notamment par l'étude de sa solvabilité et de sa liquidité.

B. Les notes attribuées

Les agences de notation utilisent deux échelles de notes : une pour le court terme, permettant d'apprécier la solvabilité, et une pour le long terme afin de mesurer le risque de crédit à plus d'un an. La note correspond à des lettres pouvant être accompagnées de + ou de – : de triple AAA pour les entreprises très sûres jusqu'D pour les entreprises dont le risque de défaillance est très élevé. En dessous de BBB-, les obligations sont répertoriées dans la catégorie des obligations spéculatives. Cette notation permet aux émetteurs de définir le taux d'intérêt minimum à verser aux prêteurs. Les obligations notées Aaa (AAA) jusqu'à Baa (BBB) sont qualifiées de *Investment Grade* ou *High Grade* et leur risque est considéré comme faible. A l'inverse, les obligations classées de Ba (BB) à C (D) sont dénommées obligations à haut rendement ou *non investment Grade* ou *Speculative Grade* (anciennement *Junk bonds* ou obligations pourries).

[5] Voir chapitre 9.

Échelle de notes de Moody's, Standard and Poor's et Fitch pour le long terme

	Moody's	Standard & Poor's et Fitch	Niveau de risque
Investment Grade	Aaa	AAA	Risque quasi nul
	Aa1	AA+	
	Aa2	AA	Bonne capacité à faire face à ses engagements
	Aa3	AA-	
	A1	A+	
	A2	A	Catégorie supérieure des obligations de qualité moyenne
	A3	A-	
	Baa1	BBB+	
	Baa2	BBB	Solvabilité moyenne
	Baa3	BBB-	
Speculative Grade	Ba1	BB+	Catégorie supérieure des obligations spéculatives
	Ba2	BB	Incertitude quant à la capacité de l'emprunteur à honorer ses engagements
	Ba3	BB-	
	B1	B+	
	B2	B	Faible capacité de l'emprunteur à faire face à ses engagements
	B3	B-	
	Caa1	CCC+	
	Caa2	CCC	Qualité médiocre. Risque très important de non paiement des intérêts et de remboursement du capital
	Caa3	CCC-	
	Ca	CC	Emprunt très spéculatif. Défaillance quasi certaine
	C	DDD	Faillite

Échelle de notes pour le court terme

	Moody's	Standard & Poor's	Fitch	Niveau de risque
Investment Grade	P-1	A-1+	F1+	Qualité de crédit la plus élevée
		A-1	F1	
	P-2	A-2	F2	Bonne qualité de crédit
	P-3	A-3	F3	Qualité de crédit correcte
Speculative Grade	Not Prime	B	B	Titres spéculatifs
		C	C	Risque important de défaut
		D	D	Défaut de paiement

C. Les évolutions

À l'origine, l'essentiel des revenus de ces agences provenait de la vente de leurs études aux utilisateurs (les créanciers et les investisseurs). Les frais payés par les émetteurs ne représentaient alors qu'une faible part de leurs bénéfices. Désormais, toutes les notations sollicitées sont à la charge des émetteurs et constituent l'essentiel des ressources des agences, ce qui conduit parfois à s'interroger sur leur indépendance. De nombreux scandales financiers ont par ailleurs remis en cause leur crédibilité vis-à-vis des investisseurs. Devant les nombreuses attaques dont elles ont été les cibles, les agences de notation ont réagi en complétant les services proposés. Il existe désormais une procédure de mise sous surveillance (*credit watch*), qui est déclenchée lorsqu'intervient un événement non anticipé et susceptible de modifier la notation. En plus des notes, les agences rendent publiques des perspectives (stable, positive ou négative), qui indiquent l'évolution probable de la note de l'émetteur dans les deux ou trois ans à venir.

Enfin, à côté de la notation financière, se développent des notations dans le domaine du développement durable et du respect des critères sociaux et environnementaux.

3 Les options réelles

En matière de choix d'investissements, nous avons vu que la meilleure méthode de sélection était le critère de la VAN. Bien que cette approche soit supérieure aux autres méthodes présentées jusqu'à présent, elle recèle une limite. En effet, elle conduit à figer le projet car, à la date d'estimation de la VAN, les flux de trésorerie futurs sont définis de façon certaine ou probabilisée. Le critère de la VAN ne tient pas compte du fait que le projet peut évoluer dans le temps. Un projet sur 10 ans qui s'avère être un échec dès la deuxième année peut être stoppé. Or cette possibilité n'est pas intégrée dans le calcul de la VAN, qui considère que le projet est nécessairement mené à son terme. Et, à l'évidence, un projet sur 10 ans qui peut être stoppé au bout de 2 ans a plus de valeur que le même projet, mais pour lequel tout arrêt serait impossible. Cette possibilité d'arrêter le projet, qui est assimilable à une option, accroît la valeur du projet initial car elle lui procure une plus grande flexibilité. Il s'agit de ce que l'on appelle une option réelle [6].

A. Les différents paramètres des options réelles

En matière de projet d'investissement ou d'évaluation d'entreprise, une option réelle représente, pour un manager, la possibilité de prendre une décision qui va avoir une incidence significative sur le projet ou l'entreprise. Cette option a un coût connu dès le départ, et peut être exercée sur une période de temps prédéfinie. Sa prise en compte dans l'étude d'un projet d'investissement sert tout autant à valoriser plus correctement ce dernier qu'à l'analyser de façon plus complète que ne le permet l'approche par la VAN.

De même que pour les options financières [7], la valeur d'une option réelle dépend de six paramètres :

- la valeur de l'actif sous-jacent (projet d'investissement, entreprise, etc.) ;
- le prix d'exercice de l'option : montant à dépenser si la mise en œuvre de l'option est décidée (ou à encaisser si l'option est vendue) ;
- la durée d'existence de l'option réelle ;
- la volatilité de la valeur de l'actif sous-jacent ;
- le taux sans risque, de même maturité que l'option réelle ;

[6] Voir également chapitre 5.
[7] Voir chapitre 3.

• le niveau des sorties de trésorerie qui sont associées à l'actif sous-jacent et qui peuvent affecter significativement sa valeur (de même que les dividendes pour les options sur actions).

Une des difficultés dans la mise en œuvre de l'approche par les options réelles va être de quantifier ces six paramètres afin de pouvoir valoriser l'option réelle.

Il existe une multitude d'options réelles. Celles qui se rencontrent le plus fréquemment sont :

Call	Put
Option d'Expansion	Option de Réduction
Option de Report	Option d'Abandon

Il s'agit d'un *call* lorsque l'exercice de l'option entraîne un flux de sortie de trésorerie et d'un *put* lorsque son exercice induit un flux d'entrée.

B. Les différentes étapes de l'analyse par les options réelles

Copeland et Antikarov (2003) définissent quatre étapes pour valoriser une option réelle :

Étape 1 : la VAN du projet est estimée classiquement, par actualisation de ses flux de trésorerie disponibles. Le taux d'actualisation à retenir est le coût du capital du projet et les flux doivent être estimés sans prendre en compte les options de flexibilité qui peuvent exister ;

Étape 2 : un arbre d'événements (≠ arbre de décisions) est construit. Il va mettre en évidence les différents événements qui peuvent affecter de façon significative le projet, et la valeur de ce dernier à chaque période. À ce stade, aucune décision n'est à prendre. Dans la réalité, les événements qui peuvent avoir un impact sur la valeur du projet sont trop nombreux pour être représentés de façon exhaustive sous la forme d'un arbre d'événements. C'est à ce niveau que le recours à la simulation de Monte-Carlo va permettre d'agréger ces différentes sources d'incertitude en un seul facteur, la variabilité de la valeur du projet au cours du temps, et permettre ainsi de construire un arbre binomial.

Pour construire l'arbre de valeur du projet sous-jacent, il faut au préalable déterminer si le mouvement d'une période à l'autre est géométrique ou arithmétique. Il est arithmétique si la valeur à un nœud est obtenue en ajoutant ou soustrayant un montant déterminé à la valeur du nœud précédent. Il est géométrique si cette valeur s'obtient en multipliant la valeur du nœud précédent par un facteur déterminé. Dans le cas d'un mouvement géométrique, il n'existe pas limite à la hausse mais une limite à la baisse (zéro), la valeur du sous-jacent ne pouvant être négative. Avec un mouvement arithmétique, il n'y a de limites, ni à la hausse, ni à la baisse.

Étape 3 : un arbre de décision est construit. C'est ici qu'intervient la notion de flexibilité, aux différents nœuds de l'arbre d'événements où les managers peuvent avoir la possibilité de prendre des décisions. Cet arbre de décisions va faire ressortir le gain optimal à chaque nœud, partant du principe que les managers vont retenir la décision qui crée le plus de valeur.

Étape 4 : l'option ou les options réelles vont être valorisées, de même que le projet flexible.

C. Choix du modèle de valorisation

Il peut être tentant d'avoir recours au modèle de valorisation d'options de Black & Scholes car, malgré sa formule de calcul qui peut sembler complexe, il est très simple de mise en œuvre à partir d'un tableur de type Excel. Ce serait cependant une erreur car il s'agit d'un modèle fermé, qui est fondé sur des d'hypothèses qui ne sont pas adaptées aux options réelles. Rappelons que Black & Scholes est un modèle de valorisation d'options européennes, dont la variance du sous-jacent est constante dans le temps. Or les options réelles sont :

- dans la plupart des cas des options américaines car elles peuvent être exercées à tout moment ;
- peuvent être composées, c'est-à-dire être des options sur options ;
- engendrer des sorties de trésorerie, assimilables à des dividendes ;
- avoir des prix d'exercice variables dans le temps.

La force de l'approche binomiale est de pouvoir prendre en compte la plupart des situations, en s'adaptant à chaque cas. C'est donc la méthode qui sera à privilégier en matière d'options réelles.

D. Exemples de mise en œuvre des options réelles

Prenons un projet d'investissement d'un montant de 1 000, dont on espère qu'il va permettre de dégager des flux nets de trésorerie sur les 8 prochaines années. Le coût du capital du projet est de 12 %, ce qui aboutit à une valeur actualisée de ces flux de trésorerie de 900. La VAN du projet est donc négative (– 1 000 + 900 = – 100). Il n'est donc pas rentable de le réaliser.

La volatilité de la valeur du projet est de 20 % et le taux sans risque annuel discret est de 5 %. Les managers disposent de deux options, qui ne sont pas mutuellement exclusives. La première consiste à augmenter la capacité de production du projet, ce qui augmenterait sa valeur de 25 %, pour un coût de 130. La seconde est la possibilité d'abandonner le projet en le cédant à un autre industriel du secteur pour un montant de 800. Dans les deux cas, ces options peuvent être exercées à tout moment au cours des 5 prochaines années.

Pour étudier ce projet, nous allons construire des treillis binomiaux sur la base de l'arbre de valeur du projet. Le temps va être découpé en 5 périodes d'un an.

Données du modèle :

Volatilité annuelle (écart-type) :	20,00 %
Taux sans risque annuel discret :	5,0 %
Valeur du sous-jacent (t=0) :	900
Durée de vie de l'option (années) :	5

Pour construire ce treillis, nous devons au préalable estimer le niveau du mouvement à la hausse et à la baisse à chaque période de l'arbre d'événement. Ici, aucune décision n'est à prendre.

Paramètres binomiaux

Mouvement binominal à la hausse (up) :	1,221 : $u = e^{\sigma\sqrt{1/n}}$
Mouvement binominal à la baisse (down) :	0,819 : $d = 1 / u$
Probabilité risque-neutre de hausse (p_u) :	0,574 : $p_u = (1 + r - d) / (u - d)$
Probabilité risque-neutre de baisse (p_d) :	0,426 : $p_d = 1 - p_u$

où *n* représente le nombre de périodes par an.

Ces deux premiers paramètres binomiaux vont nous permettre de construire l'arbre de valeur du projet sur les 5 prochaines années (durée d'exercice des deux options).

	0	1	2	3	4	5
0	900	1 099	1 343	1 640	2 003	2 446
1		737	900	1 099	1 343	1 640
2			603	737	900	1 099
3				494	603	737
4					404	494
5						331

Schéma 11.1 • Arbre de valeur du projet d'investissement (sous-jacent)

Option n° 1 : étendre le projet de 25 % pour un coût de 130

À ce stade, l'arbre d'événements va devenir un arbre de décisions car aux différents nœuds, les managers vont avoir la faculté de prendre une décision qui peut avoir un impact sur la valeur du projet. Pour construire cet arbre, nous allons partir de la dernière colonne (année 5) et remonter jusqu'à l'année 0 (évaluation par induction arrière).

La dernière colonne s'obtient en comparant la valeur du projet sans expansion et sa valeur en cas d'expansion (augmentation de valeur de 25 % pour un coût de 130). Par exemple, en prenant la branche la plus haute de la 5e année, ceci donne :

$$C = \text{Max}\ (2\,446\ ;\ 2\,446 \times 1{,}25 - 130) = \text{Max}\ (2\,446\ ;\ 2\,928) = 2\,928$$

Aux nœuds précédents, l'évaluation de la valeur du projet se fait par l'approche risque-neutre. Cette valeur risque-neutre est à comparer à la valeur (V) qu'aurait le projet s'il était étendu, afin de choisir la solution optimale :

$$C_n = \text{Max}\ ([p_u \times C_u + p_d \times C_d] \times [1 + r]^{-1}\ ;\ V_n \times 1{,}25 - 130)$$

Si on se place au niveau du nœud supérieur de l'année 4, ceci donne :

$$C_4 = \text{Max}\ ([0{,}574 \times 2\,928 + 0{,}426 \times 1\,920] \times [1{,}05]^{-1}\ ;\ 2\,003 \times 1{,}25 - 130)$$
$$C_4 = \text{Max}\ (2\,380\ ;\ 2\,374) = 2\,380$$

S'agissant d'un *call* américain qui ne verse pas de dividendes, sa valeur est identique à celle qui serait obtenue s'il s'agissait d'une option exerçable uniquement à l'échéance. Dès lors, l'option n'a intérêt à être exercée qu'à l'échéance, c'est-à-dire à l'année 5. Les années qui précèdent, l'option n'est pas utilisée. Les montants aux nœuds 0 à 4 sont alors égaux aux valeurs risque-neutre.

	0	1	2	3	4	5
0	1 024	1 267	1 566	1 932	2 380	2 928
1		816	1 013	1 256	1 554	1 920
2			647	804	1 001	1 244
3				510	633	791
4					404	494
5						331

Montant de l'investissement initial : **1 000**
VAN du projet flexible : **24**
Valeur de l'option réelle : **124**
▇ : décision d'expansion

Schéma 11.2 • Arbre de valeur du projet flexible, avec option d'expansion de 25 % pour un coût de 130

La valeur de l'option réelle s'obtient par différence entre la valeur du projet flexible et celle du projet non flexible, soit 24 – (– 100) = 124.

Option n° 2 : Abandonner le projet

Cette option permet aux managers de céder le projet à chaque nœud de décision, pour un montant de 800. Ce montant doit alors être comparé à la valeur du projet si ce dernier n'est pas cédé. Comme précédemment, il faut procéder par induction arrière, en débutant les calculs par la dernière année. Dans les 3 situations hautes de l'année 5, la valeur du projet (2 446, 1 640 et 1 099) est supérieure au prix qu'il est possible d'en tirer en le cédant (800), donc l'option n'est pas exercée. Par contre, pour les 3 situations basses, la décision optimale consiste à céder le projet. Aux nœuds précédents, il faut comparer la valeur risque-neutre avec le prix de cession (800).

Contrairement à l'option précédente qui était assimilable à un *call*, l'option d'abandon est assimilable à un *put* puisque l'on va céder le projet. Il peut alors être optimal d'exercer l'option avant son échéance. Pour cela, il faut repartir de la période 0 et remonter jusqu'à l'année 5. La première décision d'abandon apparaît à l'année 2. L'année suivante (t=3), le nœud le plus bas est vide puisque le projet a été cédé en t=2.

	0	1	2	3	4	5
0	953	1 119	1 347	1 640	2 003	2 446
1		840	944	1 110	1 343	1 640
2			800	831	926	1 099
3				–	800	800
4					–	–
5						–

Montant de l'investissement initial : 1 000
VAN du projet flexible : 47
Valeur de l'option réelle : 53
(case grisée) : décision d'abandon

Schéma 11.3 • **Arbre de décision avec option d'abandon (vente de l'usine pour 800)**

Combinaison des deux options :

Si nous combinons ces deux options (expansion et abandon), nous obtenons l'arbre de décision ci-dessous.

	0	1	2	3	4	5
0	1 063	1 279	1 567	1 932	2 380	2 928
1		895	1 042	1 258	1 554	1 920
2			802	874	1 005	1 244
3				800	800	800
4					–	–
5						–

Montant de l'investissement initial : 1 000
VAN du projet flexible : 63
Valeur de l'option réelle : 163
(case grisée) : décision d'abandon (si 800) ou d'expansion

Schéma 11.4 • **Arbre de décision avec option d'abandon (vente de l'usine pour 800) et option d'expansion**

Comme lors des deux situations antérieures, il faut procéder par induction arrière, à ceci près qu'à chaque nœud, il peut y avoir trois décisions : continuer, étendre ou abandonner, soit, à l'année 5 :

$$V = \text{Max}\ (2\ 446\ ;\ 2\ 446 \times 1{,}25 - 130\ ;\ 800) = \text{Max}\ (2\ 446\ ;\ 2\ 928\ ;\ 800) = 2\ 928$$

Aux nœuds précédents, l'estimation de la valeur du projet se fait par l'approche risque-neutre. Cette valeur risque-neutre est à comparer à la valeur (V) qu'aurait le projet s'il était étendu à cette période et à son prix de cession :

$$C_n = \text{Max}\ ([p_u \times C_u + p_d \times C_d] \times [1 + r]^{-1}\ ;\ V_n \times 1{,}25 - 130\ ;\ 800)$$

Si on se place au niveau du nœud supérieur de l'année 4, ceci donne :

$$C_4 = \text{Max}\ ([0{,}574 \times 2\ 928 + 0{,}426 \times 1\ 920] \times [1{,}05]^{-1}\ ;\ 2\ 003 \times 1{,}25 - 130\ ;\ 800)$$

$$C_4 = \text{Max}\ (2\ 380\ ;\ 2\ 874\ ;\ 800) = 2\ 380$$

E. Estimation de l'incertitude

Pour la mise en œuvre de l'approche par les options réelles, une des difficultés majeures vient du fait que les sources d'incertitude sont multiples. Il peut s'agir de la conjoncture, du niveau de la concurrence, de l'obtention ou non d'une autorisation de mise sur le marché... Cette incertitude intervient dans le processus de valorisation de l'option par la prise en compte de la volatilité du sous-jacent. Or, contrairement aux options financières pour lesquelles la mesure de la volatilité ne pose pas de problème, le fait que l'option porte ici sur un actif réel non coté rend cette estimation délicate.

1. La valeur du sous-jacent et la volatilité

Pour résoudre ce problème de quantification de la volatilité, les hypothèses suivantes sont généralement faites :

- la valeur de marché du sous-jacent est assimilée à la valeur actualisée des flux de trésorerie du projet non flexible (≠ VAN du projet car le coût initial du projet n'est ici pas déduit) ;
- les flux de trésorerie du projet évoluent de façon aléatoire, et donc la valeur future du projet évolue aussi de façon aléatoire.

Au préalable, il est important de noter que la volatilité du projet n'est pas assimilable à la volatilité de l'action de l'entreprise ou d'un des paramètres du projet. Prenons le cas d'une mine d'or. La valeur de la mine est largement affectée par celle du cours de l'once d'or, mais la valeur de la mine dépend également des coûts d'extraction du minerai. Or ces derniers sont indépendants du cours de l'or, ce qui fait que la volatilité de la valeur de la mine peut être très différente de celle de l'or.

Enfin, le fait que les flux de trésorerie évoluent de façon aléatoire ne signifie pas que cette évolution ne puisse être représentée par une loi statistique, bien au contraire.

2. Les simulations de Monte-Carlo

Une des techniques les plus utilisées afin d'estimer la volatilité de la valeur d'un actif non coté consiste à faire appel aux simulations de Monte-Carlo. Cette technique consiste de simuler le comportement d'un modèle comportant une ou plusieurs variables, en attribuant à ces variables des valeurs aléatoires. Il s'agit d'un processus stochastique car la simulation utilise des nombres aléatoires ou pseudo-aléatoires lorsque ces derniers relèvent d'une loi statistique prédéterminée. Ces simulations peuvent notamment s'effectuer à partir de logiciels dédiés, du type Crystal Ball.

Pour illustrer cette approche, prenons un exemple. Une société a prévu de lancer un nouveau téléphone portable et souhaite estimer quel sera le chiffre d'affaires (CA) qu'il peut dégager, sachant que la concurrence dans le secteur est relativement forte. Les quantités espérées sont de 150 000 unités et le prix de vente prévu est de 120 euros pièce. Le chiffre d'affaires espéré est donc de $150\ 000 \times 120 = 18$ M€. Cette estimation ne permet pas en elle-même de définir une zone à l'intérieur de laquelle se situera le CA, car il n'est pas tenu compte de l'incertitude relative aux quantités et au prix de vente.

Supposons que les quantités vendues suivent une distribution normale (au sens de la loi normale), avec un écart-type de 10 %. La simulation de Monte-Carlo va consister à simuler 1 000 fois le CA en tirant 1 000 fois au hasard les quantités vendues, mais de sorte que ces dernières suivent une loi normale d'espérance 150 000 et d'écart-type 15 000 (10 %). Graphiquement, cette simulation se présente comme ci-dessous. En abscisse, les différentes valeurs que peut prendre le CA sont indiquées, et en ordonnée, le nombre de fois où elles apparaissent ainsi que la probabilité associée.

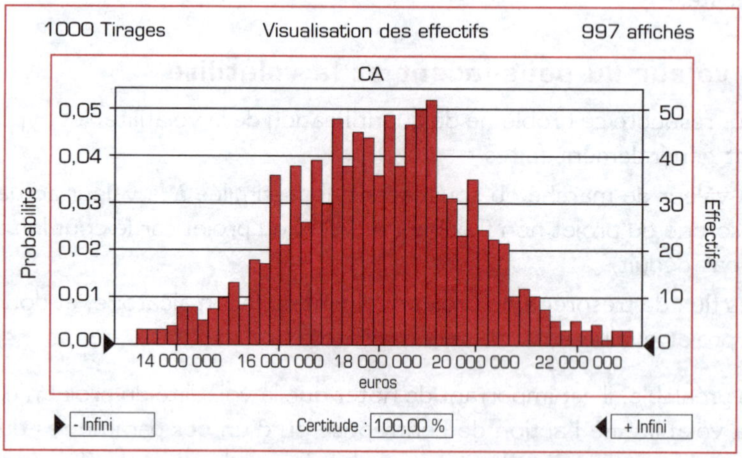

Ces 1 000 simulations du CA aboutissement à l'estimation d'un CA moyen de 18 033 605 €, proche de notre moyenne initiale (18 M€), avec un écart-type de 1 821 761.

Il est possible de rendre la simulation plus réaliste en définissant le prix de vente comme étant également une variable aléatoire suivant une loi normale (d'espérance 120 et d'écart-type 12), et en considérant que cette dernière est corrélée négativement aux quantités (coefficient de -0,9), plus le prix de vente est faible, plus les ventes sont élevées. La simulation aboutit alors à un chiffre d'affaires moyen de 17,84 M€, pour un écart-type de 804 K€.

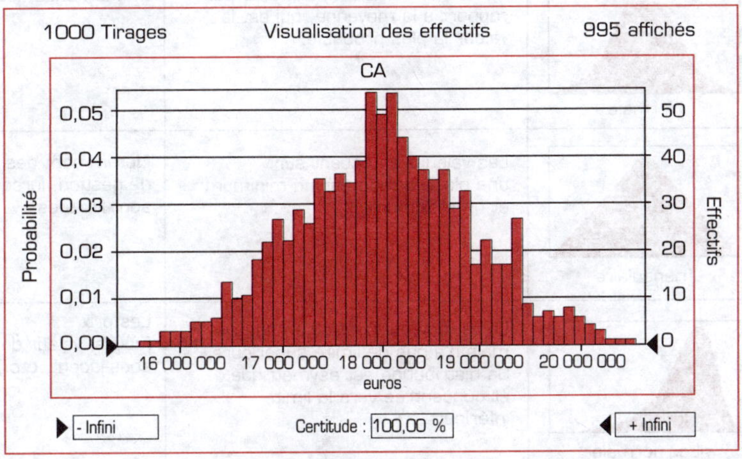

En matière d'options réelles, la démarche à suivre pour estimer la volatilité du projet ou de l'entreprise est la suivante :

- sous Excel, une feuille de calcul est créée, avec les différentes variables et le modèle de valorisation à simuler ;
- certaines cellules vont être définies en tant que cellules d'hypothèses (cellules vertes). Ce sont les cellules pour lesquelles Crystal Ball va générer des nombres aléatoires, en fonction des contraintes définies telles qu'une loi statistique ou une corrélation avec une autre variable ;
- la cellule correspondant au résultat du modèle (dans notre exemple, le CA) est définie en tant que cellule de prévision (cellule bleue) ;
- la simulation peut être lancée. Crystal Ball recalcule la valeur de la cellule de prévision un certain nombre de fois (1 000 fois dans l'exemple), en faisant varier à chaque fois la valeur des cellules d'hypothèse, ce qui permet de déterminer un certain nombre de statistiques relatives à la variable simulée (moyenne, écart-type, etc.).

Le résultat final de la simulation peut ainsi varier d'une fois sur l'autre puisque les nombres sont pris de façon aléatoire, mais il reste généralement dans une même fenêtre dès lors que les cellules d'hypothèse ont été suffisamment bien définies. Au préalable, des tests de sensibilité du modèle peuvent permettre d'identifier les variables à retenir dans la simulation. Il est également important de bien tenir compte de l'éventuelle corrélation ou auto-corrélation des variables.

Le choix de la loi de probabilité est très important car elle permet de décrire la forme de l'incertitude (sa distribution de probabilité) de la variable d'hypothèse [8].

[8] Pour une présentation détaillée des différentes distributions, voir Giard (2003)

Loi	**Conditions d'utilisation**	**Cas d'application**
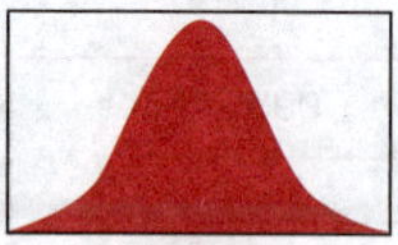 Normale	La distribution est symétrique par rapport à la moyenne, qui est la valeur la plus probable.	Phénomènes naturels
 Triangulaire	Les valeurs se situent sur une plage définie par un minimum et un maximum.	Notamment des données de gestion, lorsque les données sont limitées
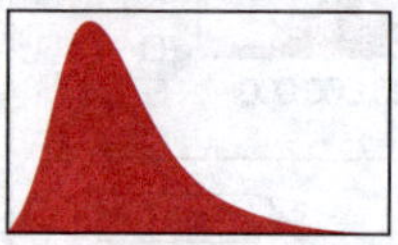 Log-normale	La variable ne peut être négative mais n'a pas de limite supérieure. Sa distribution est asymétrique et concentrée vers la limite inférieure.	Les prix (cours, valeur de l'actif, sous-jacent, etc.)
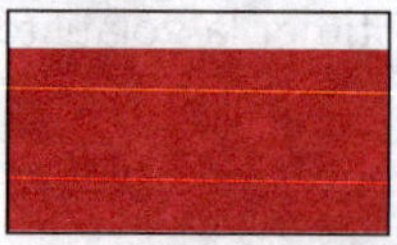 Uniforme  Uniforme discrète	Les valeurs minimale et maximale de la variable sont déterminées et toutes les valeurs ont la même probabilité d'apparaître.	Valeur d'un bien immobilier
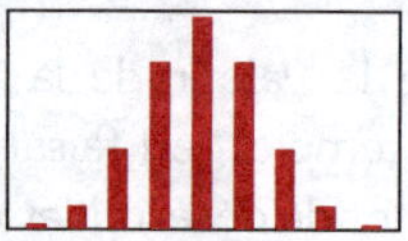 Binomiale	Seuls deux résultats sont possibles, les tirages sont indépendants et la probabilité de tirage est identique pour chaque résultat.	

Source : Crystal Ball

Excel en pratique

Fichier utilisé : Chapitre _11.xls

Fonction utilisée :

- Valeur maximale : max (valeur1 ; valeur2 ; ...) : retient la valeur maximale entre plusieurs valeurs.

Exemple

Valeur d'une option selon le modèle binomial

	B	C	D
30	0	1	2
31	1024	1267	= MAX (C18*$D$14-$D$12 ; (I*D31+$I$10*D32) / (1+$I$11))
21		816	= MAX (C19*$D$14-$D$12 ; (I*D32+$I$10*D33) / (1+$I$11))

Remarque : l'évaluation à un nœud se fait par induction arrière. La cellule D31 correspond ainsi au maximum entre :

- C18*$D$14-$D$12 : valeur du sous-jacent si le projet d'expansion est mené – prix d'exercice de l'option ;
- ($I$9*D31+$I$10*D32) / (1+$I$11) : (probabilité risque-neutre de hausse×valeur de l'option au nœud suivant supérieur + probabilité risque-neutre de baisse×valeur de l'option au nœud suivant inférieur) / (1 + taux sans risque).

CHAPITRE 12

Les défaillances d'entreprises

▶ Une entreprise est dite en difficultés financières ou en **cessation de paiement** lorsqu'elle est dans l'impossibilité de faire face à son passif exigible avec son actif disponible. Dans cette situation de **défaillance**, elle ne peut plus honorer à ses engagements financiers. Les difficultés financières n'apparaissent, en général, pas brutalement mais résultent le plus souvent d'une dégradation progressive dont les causes peuvent être très diverses. Pour prévenir ces difficultés, il existe deux principales solutions : l'alerte et le règlement amiable. Si cette phase de prévention est un échec, la société entre alors en procédure de redressement judiciaire, qui éventuellement peut aboutir à la liquidation de l'entreprise. Nous verrons alors comment apprécier les conséquences de cette situation ultime.

1 ▶ Les causes des défaillances d'entreprises

Les causes de difficultés financières sont multiples et peuvent se regrouper en trois grandes familles :

Facteurs économiques	Facteurs financiers	Autres facteurs
Faiblesse du secteur Profits insuffisants Ventes trop faibles Manque de compétitivité	Endettement trop élevé Capitaux propres insuffisants Coûts trop élevés	Mauvais management Erreurs stratégiques Fraude Catastrophe naturelle
37%	**47%**	**16%**

Source : *Dun & Bradstreet*

Certaines de ces causes sont indépendantes de l'entreprise. C'est, par exemple, le cas lorsque le secteur montre des signes de faiblesses ou lors d'un événement accidentel comme un incendie, une inondation ou encore une tempête.

Lorsque la rentabilité dégagée par l'exploitation est inférieure au rendement exigé par les apporteurs de fonds (créanciers financiers et actionnaires), l'activité ne crée pas de valeur mais en détruit. Même si l'entreprise dégage des bénéfices, ils sont alors insuffisants pour répondre aux exigences de ces apporteurs de fonds. La faible rentabilité de l'activité peut s'expliquer par un problème de débouchés résultant d'une mauvaise analyse du marché, de la commercialisation d'un produit ne correspondant pas aux attentes de la clientèle ou d'une concurrence trop importante. Ces difficultés financières peuvent aussi s'expliquer par une mauvaise maîtrise des coûts qui rongent les taux de marge.

Elles peuvent aussi être le résultat d'une croissance mal maîtrisée. L'entreprise voit ses parts de marchés et son chiffre d'affaires augmenter, mais n'a pas anticipé le phénomène, ni mis en place les moyens de financement nécessaires. L'évolution du fonds de roulement est alors inférieure à celle du besoin en fonds de roulement, ce qui se traduit par des problèmes de trésorerie. Une mauvaise gestion de l'évolution du BFRE peut aussi conduire à des difficultés financières. Les commerciaux accordent des délais trop longs aux clients pour obtenir de nouveaux marchés, les stocks sont trop importants ou les délais de paiement obtenus auprès des fournisseurs trop courts.

exemple

Bilan et (dés)équilibres fonctionnels

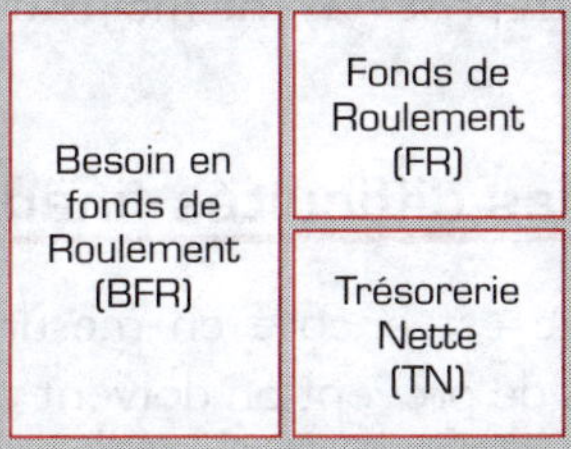

Dans cette situation, le fonds de roulement (capitaux propres + dettes à moyens et longs termes – immobilisations brutes) ne permet pas de couvrir le BFR, ce qui se traduit par une trésorerie nette négative. Cette situation est dangereuse pour l'entreprise car ses banques peuvent à tout moment exiger qu'elle rembourse ses découverts. Et si elle n'en est pas capable, elle se retrouvera en situation de défaillance. C'est là la grande différence entre un emprunt et un découvert. La banque ne peut exiger le remboursement immédiat de l'emprunt. Elle ne peut le faire que dans le cadre de l'échéancier initialement prévu, sauf clause particulière. Le découvert est, par ailleurs, très coûteux et génère des agios venant augmenter le niveau des intérêts à payer.

Pour équilibrer la situation, cette entreprise dispose de six solutions :

Augmenter son fonds de roulement :

- faire une augmentation de capital ;
- emprunter à moyen et long terme ;
- céder des immobilisations non nécessaires à l'exploitation.

Réduire son besoin en fonds de roulement :

- réduire ses stocks ;
- réduire le niveau de ses créances clients ;
- allonger ses délais de paiement aux fournisseurs.

Un endettement trop lourd peut aussi conduire l'entreprise à des difficultés de paiement si elle ne parvient pas à honorer le service de sa dette avec la trésorerie dégagée par son exploitation.

Enfin, les difficultés peuvent s'expliquer par des prises de décisions inappropriées de la part des managers, que cela relève de fraudes, de négligences ou d'une mauvaise gestion. Le dirigeant peut, par exemple, prendre des risques démesurés pour satisfaire son ego ou se lancer dans des projets d'investissements gigantesques qui ne sont pas adaptés à l'entreprise. Son incompétence peut aussi amener l'entreprise à la faillite.

La cessation de paiement est le plus souvent le résultat de la combinaison de ces différents facteurs, plus rarement le fait d'un seul. Statistiquement, on constate que les entreprises de taille modeste sont plus susceptibles de connaître une situation de faillite. De même, les plus jeunes sont aussi plus exposées. La faillite touche essentiellement des entreprises ayant moins de deux ans d'existence.

2 ▶ La prévention des difficultés financières

À ce stade, l'entreprise est encore en mesure de faire face à ses engagements financiers. Les mesures de prévention doivent permettre de détecter bien en amont le risque que court l'entreprise de se trouver en difficultés. Ces mesures sont notamment l'alerte, le mandat *ad hoc*, la conciliation et la procédure de sauvegarde.

A. L'alerte

La première étape dans la prévention des difficultés d'une entreprise est la procédure d'alerte. Cette procédure peut être enclenchée par différentes parties prenantes de l'entreprise : son commissaire aux comptes, ses salariés au travers du comité d'entreprise et le président du Tribunal de Commerce.

Si le commissaire aux comptes (CAC) relève des faits de nature à compromettre la continuité de l'exploitation de l'entreprise à l'occasion de sa mission, il doit demander des explications aux dirigeants de cette dernière. À ce stade, la procédure d'alerte reste confidentielle. Si les dirigeants ne répondent pas ou que leur réponse est insatisfaisante, le CAC doit les inviter à faire délibérer le conseil d'administration ou de surveillance sur les faits en question, dans les 15 jours. Simultanément, il doit en informer le Président du Tribunal de Commerce. Lorsque la société dispose d'un comité d'entreprise, ce dernier peut demander aux dirigeants des explications sur des faits de nature à affecter de manière préoccupante la situation économique de l'entreprise. Si le comité d'entreprise n'obtient pas de réponse ou que cette dernière confirme le caractère préoccupant des faits, il établit un rapport qui est adressé aux dirigeants ainsi qu'au commissaire aux comptes de la société. Enfin, le président du Tribunal de Commerce peut, s'il a connaissance de faits de nature à compromettre la continuité de l'exploitation, convoquer les dirigeants pour envisager des mesures de nature à redresser la situation.

B. Le mandat *ad hoc*

Dans un premier temps, lorsque le dirigeant anticipe des difficultés financières et avant que la société ne se trouve en situation de cessation de paiement, il peut tenter une restructuration informelle au travers d'une négociation privée avec ses partenaires. Le tribunal de commerce peut alors désigner un mandataire *ad hoc* qui va l'aider à résoudre ses difficultés. Un des intérêts de la procédure du mandat *ad hoc* est qu'elle ne fait l'objet d'aucune publicité, ce qui permet de maintenir confidentielle la situation délicate de l'entreprise.

Cette procédure de restructuration informelle permet une renégociation de la dette (montant de la dette, du taux d'intérêt, des échéances, etc.) avec les créanciers. Afin d'inciter ces derniers à accepter de nouvelles conditions, la valeur de l'entreprise peut être calculée dans différentes situations : valeur en cas de liquidation, valeur avec réorganisation de la dette et valeur avec améliorations organisationnelles. L'objectif est ici de leur montrer que la procédure de liquidation judiciaire n'est pas forcément celle qui leur rapportera le plus de fonds, car elle est coûteuse en termes de temps (une procédure judiciaire de liquidation peut durer plusieurs années) et d'image (perte de confiance des clients et des fournisseurs), mais aussi par rapport aux coûts directs de procédures (honoraires payés aux avocats, liquidateurs, etc.).

C. La procédure de conciliation

La conciliation est possible pour les entreprises anticipant des difficultés financières ou se trouvant en cessation de paiement depuis moins de 45 jours. Le Président du Tribunal de Commerce désigne un conciliateur dont la mission est de favoriser la conclusion, entre la société et ses principaux créanciers, d'un accord amiable dont l'objet est de mettre fin aux difficultés de l'entreprise. Cette procédure de conciliation, qui correspond à l'ancienne procédure de règlement amiable, a une durée limitée dans le temps à quatre mois, avec possibilité de prorogation d'un mois.

D. La procédure de sauvegarde

La procédure de sauvegarde, largement inspirée du *Chapter 11* du droit américain, a été mise en place en France, en 2005. Son objectif est de protéger les entreprises afin de sauvegarder l'activité et de sauver les emplois, même si la préoccupation de la protection du créancier demeure. Elle est destinée aux entreprises qui ne sont pas encore en situation de cessation de paiement, et se traduit par la suspension du paiement des dettes durant la phase de négociation avec les créanciers.

Elle est déclenchée à la demande de l'entreprise justifiant « *de difficultés financières qu'elle n'est pas en mesure de surmonter et susceptibles de conduire à la cessation de paiement* ». La procédure est ouverte par le Tribunal de Commerce. L'entreprise continue à être gérée par son dirigeant qui peut se faire assister par un administrateur judiciaire dont les missions se limitent à l'assistance et à la surveillance. Si les conditions sont réunies pour une poursuite de l'activité, un plan de sauvegarde qui définit l'objectif de la réorganisation est mis en place. Deux comités de créanciers peuvent être constitués, l'un réunissant les établissements de crédits, l'autre composé des fournisseurs de la société. Ce plan de sauvegarde peut prévoir l'arrêt, l'adjonction ou la cession d'une ou plusieurs activités. La durée de ce plan ne peut excéder 10 ans.

exemple

Eurotunnel

Début 2005, bien que n'étant pas en cessation de paiement, le groupe Eurotunnel anticipe que le remboursement prévu de la dette remettrait en cause sa pérennité. Il envisage alors de mettre en place une réorganisation opérationnelle et commerciale, accompagnée d'une restructuration financière.

Le 2 février 2006, les commissaires aux comptes déclenchent une procédure d'alerte. Le dirigeant commence alors des négociations avec ses créanciers en leur proposant notamment des titres hybrides qui leur permettraient de prendre part au capital après le redressement du résultat. Le 31 mai, Eurotunnel conclut un accord *ad hoc* pour restructurer sa dette. Les créanciers associés à cet accord représentent 50,4 % du montant de la dette totale, dont sont exclus les créanciers obligataires. Début juin 2006, ces derniers rejettent le plan de restructuration et se réunissent au sein de l'ARCO qui mandate la Deutsche Bank pour proposer un plan alternatif. L'assemblée générale initialement prévue le 12 juillet est reportée au 27 juillet pour laisser le temps aux obligataires de soumettre un plan alternatif. Le 26 juin, Eurotunnel rejette le plan proposé par la Deutsche Bank en arguant que la valeur de l'entreprise y a été surévaluée et que ce plan favorise les créanciers obligataires.

Le 9 juillet, une réunion réunissant la direction et les créanciers obligataires est organisée. Le dirigeant accorde certaines concessions comme une augmentation de la dilution des actionnaires et une augmentation de la dette remboursable. Ces concessions ne satisfont pas les obligataires et le 12 juillet le dirigeant menace de recourir à la procédure de sauvegarde qui pourrait lui permettre le gel des dettes sur une période de six mois renouvelable. L'assemblée déjà repoussée au 27 juillet est annulée. Le 26 juillet 2006, le tribunal de commerce repousse au 2 août sa décision de placement d'Eurotunnel sous la procédure de sauvegarde afin d'accorder encore un délai aux actionnaires pour aboutir à un accord.

Le 2 août, aucun accord n'ayant encore été obtenu, le tribunal place Eurotunnel sous la procédure de sauvegarde et désigne deux administrateurs pour assister la société dans sa gestion.

3 ► Le traitement des difficultés financières

Si les procédures précédentes ont été des échecs et que l'entreprise se trouve en situation de cessation de paiement, deux procédures sont alors possibles : la procédure de redressement judiciaire et la procédure de liquidation judiciaire. Il y a cessation de paiement lorsque l'entreprise n'a plus suffisamment de liquidités pour honorer ses engagements à court terme, son actif disponible étant devenu inférieur à son passif exigible.

Ces procédures sont ouvertes par un jugement du Tribunal de Commerce ou du Tribunal de Grande Instance suite à la constatation de la cessation de paiement. Bien que le redressement judiciaire soit mis en place pour tenter d'éviter le pire, 90 % des redressements se soldent par une liquidation.

A. Le redressement judiciaire

Le redressement judiciaire peut être lancé à partir du moment où l'entreprise est en cessation de paiement. L'objectif de la procédure est de permettre à la société de poursuivre son activité et d'apurer son passif par la mise en œuvre d'un plan, arrêté par une décision de justice. Ce plan passe, comme pour la procédure de sauvegarde, par la renégociation des dettes de l'entreprise (montants, taux d'intérêt, échéances, etc.).

Le redressement peut être déclenché soit à la demande du dirigeant, soit sur assignation d'un des créanciers, soit enfin à l'initiative du Tribunal de Commerce. Selon la situation constatée, le tribunal prononce soit la liquidation immédiate (80 % des cas), soit une phase d'observation (20 % des cas) conduisant à l'établissement d'un bilan économique et social et de propositions de continuation de l'activité. À l'issue de cette phase d'observation qui peut durer jusqu'à 20 mois, le tribunal prononce un jugement définitif. En cas d'échec (50 % des cas), la liquidation est prononcée. Si la phase d'observation laisse entrevoir une possibilité de redressement, une phase de restructuration est alors enclenchée, qui passe par la définition d'un plan de continuation où les créanciers se voient contraints à renégocier la dette. Si les règles énoncées par ce plan ne sont pas respectées, la liquidation est prononcée.

B. La liquidation judiciaire

Lorsqu'il est estimé qu'il n'y a pas de redressement envisageable, ni de poursuite d'activité possible, le tribunal prononce l'ouverture d'une procédure de liquidation judiciaire. La faillite se traduit alors par l'arrêt de l'activité, le licenciement économique des salariés, la résiliation des contrats en cours et l'abandon des créances. Il y a désignation d'un juge-commissaire supervisant les opérations et d'un mandataire liquidateur.

Depuis 2005, la procédure est plus simple qu'auparavant, notamment pour les petites structures dont les actifs sont rapidement cessibles dans un délai inférieur à un an. La liquidation conduit à la dissolution de la société et à la cession de ses différents actifs, souvent par une mise aux enchères. Les créanciers sont ensuite remboursés en fonction de leur rang de priorité. Les créanciers ayant apporté des fonds au cours d'un plan de sauvegarde sont prioritaires sur les créanciers antérieurs.

Sur la totalité des ouvertures de procédure judiciaires, en moyenne 80 % se soldent par une liquidation immédiate, 10 % passe par un redressement conduisant à une liquidation et les 10 % restants permettent la continuité de l'activité de l'entreprise.

4 ▶ L'impact de la faillite sur la valeur de l'entreprise

Dans un monde parfait, au sens de la théorie financière, la faillite est considérée comme un simple transfert de propriété des actifs de l'entreprise, de ses actionnaires vers ses créanciers. La faillite est alors sans impact sur la valeur globale de l'entreprise (VGE).

Mais la faillite est une procédure longue et coûteuse et la prise en compte des coûts qu'elle engendre remet en cause sa neutralité vis-à-vis de la valeur de l'entreprise. Deux types de coûts peuvent être identifiés :

• Les coûts directs : il s'agit notamment des honoraires versés à tous les conseils (experts-comptables, banquiers, avocats, liquidateurs...) qui interviennent dans la procédure, ce qui représentent en moyenne 3 à 4 % de la valeur de l'entreprise ;

• Les coûts indirects : lorsque le risque de faillite augmente, l'entreprise perd certains clients qui envisagent la disparition du service après vente ou qui craignent de ne pas voir les garanties proposées maintenues. L'entreprise risque aussi de voir ses relations avec ses fournisseurs se dégrader, ceux-ci redoutant de ne pas être réglés en cas de difficultés de paiement. L'entreprise en difficultés aura aussi plus de mal à revendre ses actifs à leur juste valeur, les acheteurs potentiels la sachant dans une situation précaire, insisteront pour faire baisser les prix. De même, la situation de précarité de ses salariés incitera un certain nombre d'entre eux à la quitter, souvent ceux au plus fort potentiel.

Nous avons vu à l'occasion du chapitre 6 la théorie du compromis (*tradeoff theory*) : le fait que la société soit endettée a un impact positif sur sa valeur grâce à l'économie d'impôt que lui procurent les intérêts d'emprunt mais, dans le même temps, le recours à la dette induit des coûts de faillite, qui viennent minorer sa valeur. La valeur globale d'une entreprise endettée (VGE_e) est ainsi égale à la valeur de la même entreprise qui ne serait pas endettée (VGE_{ne}), plus la valeur des économies d'impôt (VEI), moins la valeur des coûts de faillite (VCF) :

$$VGE_e = VGE_{ne} + VEI - VCF$$

L'estimation de VCF est particulièrement délicate. On peut considérer qu'elle est égale au produit de la probabilité que l'entreprise se trouve en faillite par le montant de la perte de valeur de l'entreprise en cas de faillite :

$$VCF = \text{probabilité de faillite} \times \text{perte de valeur en cas de faillite}$$

Ainsi, l'existence de ces coûts de faillite, estimés de 3 à 15 % de la valeur de l'entreprise, influence la structure financière de l'entreprise et l'arbitrage entre financement par dettes et capitaux propres. Au-delà d'un certain seuil d'endettement, le risque de faillite augmente fortement, la valeur des coûts de faillite devient alors supérieure à la valeur actuelle des économies d'impôts permise par le recours à l'endettement. La probabilité de faillite est d'autant plus élevée que la société est endettée. Quant à la perte de valeur, elle dépend notamment du secteur d'activité de l'entreprise et du caractère plus ou moins spécifique de ses actifs et de leur nature matérielle ou immatérielle. Un actif très spécifique (une installation industrielle par exemple) perd plus de valeur en cas de faillite qu'un actif peu spécifique (un immeuble de bureaux). De même, un actif immatériel perd plus de valeur qu'un actif matériel en cas de liquidation de l'entreprise car sa cession est plus délicate.

Cet arbitrage entre la valeur des économies d'impôt et la valeur des coûts de faillite est illustré par le graphique ci-dessous.

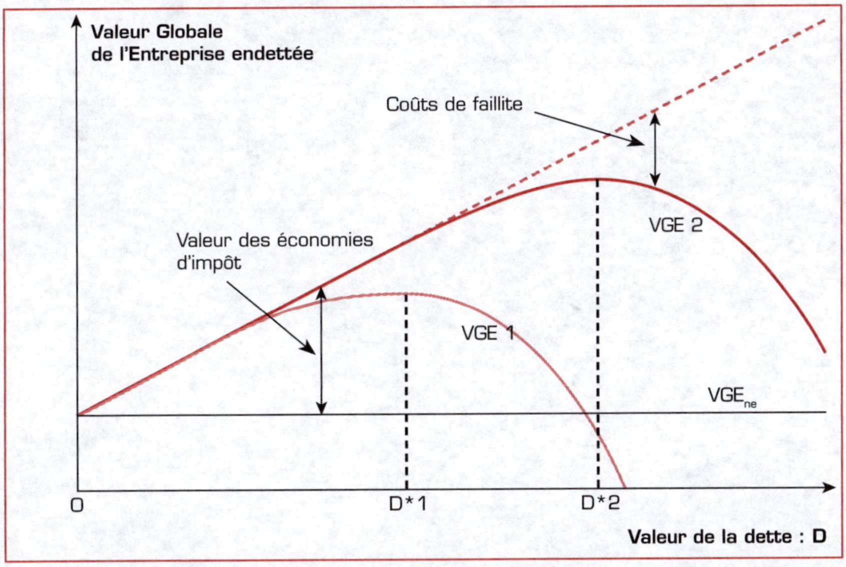

Prenons le cas de trois sociétés : la société 1 dont les actifs sont spécifiques, la société 2 dont les actifs sont assez communs et la société 3 n'est pas endettée. Lorsque la société n'est pas endettée, sa valeur globale est égale à VGE$_{ne}$. Au fur et à mesure que la société s'endette, sa valeur augmente du fait des économies d'impôt. À partir d'un certain niveau, des coûts de faillite apparaissent et la VGE se détache de la droite. Au delà de l'optimum (D*), les coûts de faillite deviennent supérieurs à l'économie d'impôt. La structure financière optimale de ces trois sociétés est différente car la perte de valeur en cas de faillite est également différente. Cette perte de valeur est forte pour la société 1 et plus faible pour la société 2. On voit bien sur ce graphique que plus les actifs d'une entreprise sont spécifiques et / ou immatériels, plus son niveau d'endettement optimal sera faible. Ce constat se retrouve dans la réalité. Les sociétés de services, qui ont peu d'actifs matériels, se financent principalement par fonds propres alors que les sociétés du secteur industriel pourront plus facilement s'endetter, les banques disposant de leurs actifs comme garanties.

Partie 4

Ingénierie financière

► Une entreprise peut assurer son développement, soit par croissance interne, soit par croissance externe. La croissance externe se fait par fusion-acquisition et peut notamment être motivée par la réalisation d'effets de synergies ou la sous-valorisation de la cible, avec pour objectif ultime de créer de la valeur pour les actionnaires. La prise de contrôle de la société cible peut être payée en titres ou en *cash*. Dans certains cas, le financement se compose en grande partie de dettes, afin de faire jouer l'effet de levier. On parle alors d'opération de LBO (*leveraged buyout*). Lorsque la cible est cotée, il est possible de procéder par offre publique. Le chapitre 13 traite de ces différentes formes de prises de contrôle.

Les entreprises peuvent aussi avoir besoin d'être restructurées (chapitre 14). Plusieurs raisons peuvent expliquer ces opérations. La première est liée à la difficulté que peut avoir le marché à correctement valoriser une entreprise diversifiée. Pour y remédier, les managers peuvent avoir intérêt à scinder le groupe en plusieurs entités, que ce soit au travers d'une opération de scission, d'apport partiel d'actif, de *spin-off* ou de *split-off*. Afin de trouver de nouvelles sources de financement et/ou de permettre la sortie de certains actionnaires, les sociétés peuvent s'introduire en bourse. Quelques années plus tard, elles peuvent faire le chemin inverse et se retirer de la cote. Elles peuvent également augmenter le nombre d'actions en circulation, soit pour en réduire la valeur unitaire, soit pour consolider leur structure financière.

Enfin, les opérations de restructuration peuvent consister à sortir du bilan des actifs (titrisation) ou des dettes (*defeasance*).

Face aux scandales qu'ont connus les marchés financiers au cours des dernières décennies (Crédit Lyonnais, Enron, Worldcom, etc.), les législateurs des différents pays sont intervenus afin de mieux organiser les pouvoirs et modalités de contrôle au sein des entreprises cotées. Le chapitre 15 est ainsi consacré à l'éthique et à la gouvernance des entreprises.

CHAPITRE 13

Les fusions-acquisitions

► Les fusions-acquisitions sont incontestablement un des sujets en finance qui défraie le plus la chronique, parfois avec quelques arrières-pensées politiques. L'objet de ce chapitre est de présenter un cadre d'analyse de ces opérations, loin de toute polémique. Pour croître, une entreprise a le choix entre deux principales alternatives : la croissance interne et la croissance externe. La croissance interne consiste à créer de toutes pièces de nouvelles capacités productives ou commerciales. Au contraire, la croissance externe revient à acquérir des capacités déjà existantes en prenant le contrôle d'une autre entreprise, en totalité ou partiellement. Ces opérations de croissance externe se font ainsi par le biais de fusions-acquisitions.

Commençons par quelques définitions. Une fusion est une opération par laquelle deux sociétés ou plus se regroupent pour n'en former plus qu'une. Une acquisition, quant à elle, consiste pour une société à prendre le contrôle d'une autre. Ces deux opérations sont de nature différente. Une acquisition ne débouche pas nécessairement sur une fusion. Quant à la fusion, elle n'est pas nécessairement la conséquence d'une acquisition. Lorsque la cible est cotée, l'acquisition peut se faire au travers d'une offre publique. Dans ce cas, il n'y a pas négociation du prix d'achat des actions entre l'acquéreur et les actionnaires de la cible. L'acquéreur informe le marché de son intention d'en acquérir les titres, à un prix donné, libre aux actionnaires de la cible d'accepter l'offre et d'apporter leurs titres ou de la refuser.

CHAPITRE 13

Ces opérations peuvent s'analyser de différentes façons, selon leur caractère amical ou hostile, leurs motivations ou leurs modalités de mise en œuvre. Elles sont amicales lorsque les directions des deux sociétés sont favorables à l'opération. Elles sont hostiles lorsque les dirigeants de la cible y sont opposés. Les actionnaires de la cible peuvent être payés en numéraire, en titres ou par une combinaison des deux. Les actifs de la cible peuvent rester en l'état ou être répartis entre plusieurs sociétés. Lorsque la prise de contrôle est payée en numéraire, l'acquéreur peut la financer par l'émission d'actions nouvelles (augmentation de capital) ou par dettes (bancaires ou obligataires). Le remboursement de la dette peut être à la charge de l'initiateur de l'opération ou de la cible (LBO [1]). Enfin, la prise de contrôle peut résulter d'une bataille de mandats (*proxy fight*) au cours de laquelle des groupes d'actionnaires se constituent pour renverser la direction. Ce fut le cas en 2004 où une coalition de petits actionnaires mit en minorité la direction d'Eurotunnel lors de l'assemblée générale annuelle, conduisant à son renversement.

Enfin, d'un point de vue purement financier, ces opérations s'analysent comme des projets d'investissement, dont il convient d'apprécier la création de valeur et de rechercher le mode de financement optimal.

[1] *Leveraged Buy-Out.*

1 ▶ Les aspects stratégiques des fusions-acquisitions

A. Les différentes formes de croissance externe

Les opérations de croissance externe par voie de fusion-acquisition peuvent être classées en trois grandes catégories.

Les opérations d'intégration horizontale consistent à rapprocher deux sociétés qui opèrent dans le même secteur d'activité, et sont donc concurrentes. Ces opérations sont principalement motivées par la réalisation d'économies d'échelle ou la volonté d'accroître le pouvoir de marché du groupe. Elles sont encadrées par les autorités de régulation des concentrations car elles limitent la concurrence au sein du secteur, ce qui peut être préjudiciable pour les consommateurs. Les fusions entre Air France et KLM (mai 2004) ou entre Total Fina et Elf Aquitaine (février 2000) sont des exemples d'opérations horizontales.

Les opérations d'intégration verticale impliquent la prise de contrôle d'une activité en amont (fournisseur) ou en aval (client) de l'activité de l'acquéreur. Les avantages de ces opérations varient selon les contextes : rationalisation des activités, amélioration de la coordination entre activités, contrôle des approvisionnements et de leur qualité, appropriation des marges réalisées précédemment par l'activité absorbée, réalisation d'économies d'échelle, accroissement du pouvoir de marché, etc. Cette stratégie s'illustre notamment dans le secteur pétrolier, où les grands groupes contrôlent toutes les activités, de l'exploration jusqu'à l'exploitation de la station service. Plus récemment, la même stratégie a été retenue par Apple qui produit des iPod, qui sont vendus dans des Apple Store et dont la musique s'achète sur iTunes. Les grands groupes ont plutôt tendance, depuis plusieurs années, à abandonner ce type de stratégie pour se recentrer sur leur cœur de métier, en cédant ou en externalisant les activités qui n'en font pas partie.

Les opérations conglomérales concernent des sociétés dont les activités sont sans lien. Elles se sont principalement rencontrées dans les années 60 et 70. On parle alors de diversification. Plusieurs types d'acquisitions conglomérales peuvent être distinguées. Les opérations conglomérales concentriques consistent à prendre le contrôle d'une société dans le but d'étendre l'activité de l'acquéreur, leurs métiers étant proches. Les autres sont qualifiées de conglomérales pures. Un cas emblématique est le groupe Vivendi. La société fut créée en 1853 sous le nom de Compagnie Générale des Eaux (CGE) et avait pour activité la distribution d'eau à Lyon. À partir des années 1980, elle débute un processus de diversification conglomérale (transport, énergie, immobilier, Canal + en 1983, SFR en 1987). Elle change de nom en 1998 pour devenir Vivendi, avant d'être scindée en deux groupes en 2000 (Vivendi Universal et Vivendi Environnement, aujourd'hui Veolia). En 2006, Vivendi Universal change à nouveau de nom et redevient Vivendi, à l'activité recentrée autour des télécoms et des médias. Le conglomérat a vécu.

Au niveau mondial, General Electric est le plus grand conglomérat et une des premières capitalisations boursières. Elle est notamment présente dans six secteurs :
– GE Commercial Finance : financements à destination des entreprises ;
– GE Healthcare : technologies et services à destination du secteur médical ;
– GE Industrial : regroupe les différentes activités industrielles du groupe ;
– GE Infrastructure : services et technologies à destination des États et collectivités locales (énergie, eau, etc.) et du secteur des transports ferroviaire et aérien ;
– GE Money : financement des particuliers ;
– NBC Universal : médias et divertissements.

B. Les motivations des opérations de fusion-acquisition

Les opérations de fusion-acquisition peuvent avoir des motivations très diverses. Il est possible de les regrouper en trois grandes familles, les opérations fondées sur la réalisation de synergies, celles fondées sur la sous-valorisation de la cible et, enfin, celles dont la création de valeur espérée trouve son origine dans d'autres justifications.

Réalisation de synergies	Sous-valorisation de la cible	Autres justifications
Synergies opérationnelles	Inefficience managériale	Pouvoir de marché
Synergies financières	Sous-évaluation des titres	Transfert de richesse
Synergies fiscales	Sous-évaluation des actifs	Diversification pure

Dans la pratique, les fusions sont assez souvent des échecs car il est particulièrement complexe de faire se rapprocher des sociétés dont la culture peut être très différente. Les gains qui en résultent sont alors inférieurs aux coûts de l'opération, induisant une destruction nette de valeur.

1. Les opérations fondées sur la réalisation de synergies

Il y a effet de synergie dès lors que le rapprochement de deux sociétés permet de réduire les coûts ou d'augmenter le chiffre d'affaires du nouvel ensemble. Ainsi, lorsque deux sociétés, A et B, se rapprochent, $V_{A+B} > V_A + V_B$. Il y a création de valeur dès lors que le gain associé à l'opération (gain = $V_{A+B} - V_A - V_B$) est supérieur aux coûts engendrés par l'opération (avocats, conseils, etc.) et à la prime qui doit être offerte aux actionnaires de la cible. Ces synergies peuvent avoir plusieurs sources.

a. La réalisation de synergies opérationnelles et d'économies d'échelle

Ici, les fusions acquisitions se justifient par les effets de synergie ou des économie d'échelle qui se produisent entre les sociétés à l'issue de la prise de contrôle. Ces synergies d'exploitation peuvent résulter du regroupement de certaines des activités des sociétés (marketing, recherche et développement, etc.), d'une amélioration des techniques de production, de la combinaison de ressources complémentaires, de la mise en commun d'actifs (réseau commercial, outil de production...) ou d'effets d'expériences liés à un savoir-faire propre à l'une des entités. Ces effets de synergie peuvent se produire tout autant lors d'une opération d'intégration verticale qu'horizontale, plus rarement lors d'opérations conglomérales.

b. La réalisation de synergies financières

L'intérêt d'une prise de contrôle réside ici dans la complémentarité en terme de financement qui peut exister entre deux entreprises qui se trouvent à des cycles de vie (croissance, maturité ou déclin) différents. Une entreprise avec un portefeuille de produits en phase de déclin peut dégager des flux de trésorerie importants. À l'opposé, une entreprise en phase de croissance aura des opportunités d'investissement sans nécessairement disposer de la trésorerie pour les financer. En se rapprochant, les excédents de trésorerie de l'une permettent de financer les projets de l'autre. Il y a alors création d'un marché interne de capitaux au sein du groupe. Cette situation s'est notamment illustrée dans l'industrie du tabac qui connaît un déclin depuis les années 80. Bien que générant d'importants excédents de trésorerie, les entreprises ne disposent pas d'opportunités d'investissements dans leur secteur, ce qui les a conduit à prendre le contrôle d'entreprises évoluant dans des métiers différents. Ceci s'est illustré lors du rachat en 1987 de General Food par Philip Morris pour 5,6 Milliards de dollars.

Une diversification peut également permettre de réduire les coûts de faillite [2] et ainsi accroître la valeur globale de l'entreprise. En fusionnant, les sociétés impliquées réduisent leur probabilité de se trouver en situation de défaut de paiement, réduisant leur risque de faillite.

c. La réalisation de synergies fiscales

S'il est peu probable que la fiscalité soit à l'origine de la prise de contrôle, elle peut, au moins partiellement, expliquer la création de valeur qui en résulte. Si l'opération permet d'obtenir 95 % du capital de la cible, il est possible de pratiquer une intégration fiscale. Les résultats de la cible acquise remontent au niveau de la société mère. Les bénéfices et les pertes des sociétés du groupe se compensent, ce qui permet de payer moins d'impôt sur les bénéfices. Ceci a notamment trouvé à s'illustrer lors de la fusion entre Matra (défense, bénéficiaire) et Hachette (médias, déficitaire) en 1992. La fiscalité joue également un rôle de premier ordre dans les opérations à fort effet de levier, de type LBO car les intérêts d'emprunts sont des charges fiscalement déductibles.

2. Les opérations fondées sur la sous-valorisation de la cible

Contrairement aux opérations fondées sur la réalisation de synergies, qui impliquent nécessairement au moins deux sociétés, dans les opérations fondées sur la sous-valorisation de la cible, seule la société cible est concernée.

a. L'inefficience managériale

Lorsqu'une entreprise est considérée comme mal gérée, sa valeur est décotée par le marché. Une équipe externe de managers peut alors décider d'en prendre le contrôle afin d'en améliorer la gestion et de réaliser une plus-value. La prise de

[2] Voir chapitre 12.

contrôle a alors un objectif disciplinaire. Le but recherché est d'y redéployer et d'y réorganiser les actifs et de remplacer les dirigeants en place. La prime offerte aux actionnaires de la cible lors de la prise de contrôle représente dans ce cas une part des gains liés à cette réallocation.

b. Sous-évaluation des titres de la cible

Ici, l'opération a pour origine une sous-évaluation de la société cible qui peut s'expliquer par le fait que l'initiateur détient une meilleure information que le marché ou que ce dernier perçoive de façon négative la société ou le secteur dans lequel elle évolue. Ceci suppose donc une inefficience temporaire du marché. L'hypothèse d'une sous-évaluation de la cible est cependant contestable. Du fait de l'efficience du marché dans sa forme semi-forte, le signal créé par l'annonce de l'offre conduira à une réévaluation quasi-immédiate des cours de la cible. Dès lors, une prise de contrôle fondée sur l'inefficience temporaire du marché du titre ne peut engendrer qu'un gain nul pour l'initiateur, et même négatif si l'on tient compte des dépenses qu'il aura à supporter du fait de l'opération.

c. Sous-évaluation des actifs de la cible

Dans certains cas, il est moins coûteux d'acheter une entreprise que d'acquérir sur le marché les différents actifs qui composent son patrimoine. Ceci peut s'expliquer par une mauvaise valorisation de ses actifs ou le fait que des actifs identiques ne se trouvent sur le marché qu'à l'état neuf, donc plus chers. La prise de contrôle de la cible permet d'acquérir un patrimoine ou un appareil de production complet et opérationnel à un coût nettement plus faible que s'il avait fallu le constituer.

exemple

Ce motif a trouvé à s'illustrer en 1996 sur le marché hors-cote parisien dans le cadre de l'OPA de EEM sur les titres Immobilière Parisienne de la Perle et des Pierres Précieuses (SAI4P). Le patrimoine de SAI4P était composé d'un immeuble (14, rue Cadet à Paris) et d'actifs de trésorerie (5,7 MF). La capitalisation boursière de SAI4P était de 12,6 MF sur la base de son cours boursier moyen. L'actif net réévalué estimé en fonction des loyers perçus se situait entre 14,8 MF (sur la base d'un rendement locatif de 11 %) et 20 MF (rendement de 7 %). L'OPA fut lancée à 675 F (soit une valorisation de 16,2 MF). Un an plus tard, un bloc représentant 30,6 % du capital fut acquis au prix de 800 F. La garantie de cours qui y fit suite en juin 1997 permit de porter la participation totale de EEM à 88,09 % du capital, valorisant SAI4P à 19,2 MF (2,8 M€). Le rapport annuel 2005 d'EEM valorise le bâtiment en question à 8,75 M€.

3. Les autres motivations des fusions-acquisitions

Les autres sources de création de valeur lors des prises de contrôle peuvent être liées à des phénomènes de transferts de richesse lié à un accroissement du pouvoir de marché, que ce soit au détriment des clients ou des fournisseurs du nouvel ensemble ou de ses salariés, ou à une interprétation erronée de la théorie financière (diversification pure).

a. L'augmentation du pouvoir de marché

Un des buts souvent mis en avant lors d'une prise de contrôle est le souhait pour l'acquéreur d'augmenter ses parts de marché. Derrière cet objectif, il y a la volonté de réduire la pression concurrentielle en augmentant le pouvoir de marché du nouveau groupe, voire d'acquérir une rente de monopole. Cette nouvelle position permet de maintenir des prix de vente élevés, sans avoir à craindre de perdre des clients. Ceci est particulièrement vrai dans les secteurs arrivés à maturité où les objectifs stratégiques s'expriment avant tout en parts de marché. Ce phénomène s'est notamment illustré en France en 1996 où la nouvelle législation sur la grande distribution a rendu les ouvertures d'hypermarchés quasi impossibles. Le premier effet de la loi fut une augmentation immédiate des cours boursiers des sociétés du secteur, suivie la même année de l'O.P.A. d'Auchan sur Docks de France.

Cette augmentation du pouvoir de marché peut également se produire lors d'acquisitions verticales. Une intégration en aval permet de s'assurer des débouchés, et éventuellement d'évincer des concurrents de l'entreprise acquéreuse. Une intégration en amont permet de garantir des sources d'approvisionnement et de créer ainsi des barrières à l'entrée pour d'éventuels concurrents de l'acquéreur. Ainsi, en rachetant Point P en 1996, Saint Gobain s'est assuré un réseau de distribution privilégié pour un certain nombre de ses produits.

b. Transfert de richesse

L'accroissement de richesse des actionnaires peut également s'expliquer par un effet redistributif au détriment des autres participants à l'organisation (État, prêteurs, salariés, etc.).

Cet effet s'illustre notamment lors des restructurations qui peuvent accompagner certaines prises de contrôle. Les réductions de salaires ou de certains avantages pour les salariés conduisent ainsi à un transfert de richesse au profit des nouveaux actionnaires. Ce fut, par exemple, le cas lors du rachat de la compagnie aérienne TWA par Icahn en 1985. Après la prise de contrôle, l'ensemble des salariés, au premier rang desquels figuraient les pilotes, subirent une baisse de leur salaire (-22 % pour les pilotes).

c. Diversification pure

Cette justification est à l'origine de la constitution, dans le passé, d'un certain nombre de conglomérats. L'idée est ici qu'en se diversifiant, un groupe diminue sa sensibilité à la conjoncture et ainsi réduit la variabilité de ses résultats et, par-là même, son risque. Bien que cela soit vrai, cette motivation est cependant erronée en ce sens qu'elle est en contradiction avec la théorie du portefeuille. Un investisseur peut réduire le risque qu'il prend en diversifiant son propre portefeuille, c'est-à-dire en investissant dans un certain nombre de titres différents. C'est la même démarche qui est appliquée par les entreprises conglomérales, à deux différences près :

– Cette diversification conglomérale engendre des coûts significativement plus élevés que ceux supportés par un investisseur qui diversifie lui-même son portefeuille (coût de passation de l'ordre de bourse) car elle suppose une équipe de direction pour le groupe, en plus de celle de chaque filiale.

– Cette diversification par le conglomérat n'est pas aussi optimale que celle que peut réaliser un investisseur. Autant un investisseur peut aisément constituer un portefeuille comprenant 4,7 % de titres du secteur des télécoms, autant il est beaucoup plus délicat pour un conglomérat d'en faire de même.

Au final, il est préférable pour un investisseur de diversifier lui-même son portefeuille en investissant dans des sociétés non diversifiées (*pure players*), plutôt que d'investir dans une société diversifiée.

2 ▶ Les aspects financiers des fusions-acquisitions

Afin d'apprécier la pertinence de l'opération et définir ses modalités de mise en œuvre, il convient au préalable de quantifier et de confronter les gains et coûts associés à la prise de contrôle.

A. Création de valeur et prix du contrôle

Rappelons-nous qu'une prise de contrôle n'est rien d'autre qu'un projet d'investissement, dont l'intérêt s'apprécie en estimant la création de valeur qu'il est susceptible de dégager. Les règles présentées au chapitre 5 restent donc valables, avec quelques ajustements liés aux spécificités de ce type d'opérations.

Dans un premier temps, il est nécessaire d'apprécier les gains associés à l'opération. Puis, dans un second temps, l'acquéreur doit définir la prime qu'il est prêt à payer afin de prendre le contrôle de la cible (prime de contrôle). Sur la base de ces deux éléments, il devient possible d'estimer la création de valeur liée à la prise de contrôle.

Comme nous l'avons vu précédemment, l'origine des gains peut être diverse (économie d'échelle, effets de synergie, meilleur management, etc.). Si une société A prend le contrôle d'une société B, il y a un gain dès lors que la valeur combinée des deux sociétés (V_{a+b}) est supérieure à la valeur des deux sociétés prises indépendamment (V_a et V_b) :

Gain = valeur du groupe après prise de contrôle (V_{a+b})
– valeur des sociétés avant prise de contrôle (V_a+V_b)

La même démarche vaut dans le cas d'une simple acquisition, non suivie d'un rapprochement. Il y a gain dès lors que la valeur de la société sous le contrôle de la nouvelle équipe est supérieure à sa valeur sous l'équipe de direction actuelle.

Mais il ne suffit pas que l'acquisition dégage un gain pour qu'il y ait création de valeur. Il faut que ce gain soit supérieur à la prime de contrôle (PC_b) et aux coûts engagés à l'occasion de l'opération. Ces coûts comprennent notamment le coût des différents intermédiaires (avocats, conseils, banques, agence de communication, etc.). Ces coûts se seraient élevés à 360 millions d'euros dans le cas de l'OPA de Mittal Steel sur Arcelor en 2006, couvrant les frais des 15 banques d'affaires parties prenantes, 14 cabinets d'avocats ainsi que les conseillers en communication et agences de publicité. Cette somme se serait répartie en 80 millions pour Mittal, 140 millions pour Arcelor (qui était initialement opposé au projet) et 140 millions d'indemnités dues par Arcelor au russe Severstal avec qui il avait projeté de fusionner pour contrer l'OPA de Mittal.

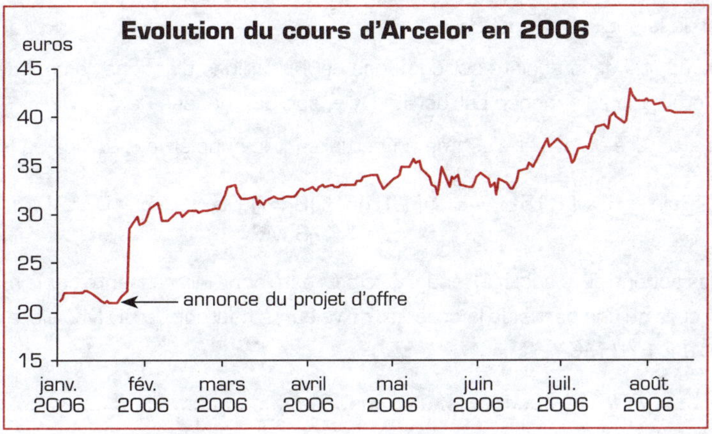

Evolution du cours d'Acelor en 2006

Pour que les actionnaires de la cible acceptent de céder leurs actions, l'offreur doit leur proposer un prix supérieur au cours de bourse (on parle de prime de contrôle), ce qui implique que la prise de contrôle crée plus de valeur que le montant de cette prime qui est, en moyenne, comprise entre 15 % et 25 % (et de 82 % dans le cas de l'offre publique de Mittal Steel sur Arcelor). La prime de contrôle correspond au supplément de prix qu'est prêt à payer l'acquéreur pour prendre le contrôle de la cible soit :

$$\text{Prime de contrôle } (PC_b) = \text{Prix payé} - V_b$$

Cette prime de contrôle est ainsi un gain pour les actionnaires de la cible et un coût pour ceux de l'acquéreur. La création de valeur attendue de la prise de contrôle pour les actionnaires de l'acquéreur est égale à la différence entre le gain espéré et l'ensemble des coûts engagés :

$$\text{Création de valeur} = \text{Gain} - \text{Prime de contrôle} - \text{Coûts}$$
$$\text{Création de valeur} = V_{a+b} - V_a - V_b - PC_b - \text{Coûts}$$

exemple

La société Pénégry, dont l'activité est la production de vêtements de sport est cotée à la Bourse de Paris, sur Alternext. Le cours moyen du titre est de 50 € et sa capitalisation boursière de 500 M€. Des dissensions entre les actionnaires majoritaires laissent à penser que certains vont vendre leurs actions, ce qui permettrait à un groupe étranger d'en prendre le contrôle. Le marché anticipant cette prise de contrôle, le cours de l'action bondit à 55 € à l'annonce du souhait de certains actionnaires de céder leur participation. Les analystes estiment que l'intégration dans un grand groupe permettrait d'accroître les flux de trésorerie disponibles de la société de 6 M€ pour la prochaine année, de 8 M€ la suivante, puis de 5 % chaque année (sur un horizon infini). Le coût du capital de la société est de 15 %.

Puisque le capital de la société est composé de 10 millions d'actions, la capitalisation boursière de la société suite à l'annonce est de 550 M€, soit une hausse de 50 M€.

Le gain à attendre du projet s'estime en actualisant le supplément de flux de trésorerie, soit :

$$\text{Gain} = 6 \times (1{,}15)^{-1} + 8 \times (1{,}15)^{-2} + [8 \times 1{,}05/(0{,}15 - 0{,}05)] \times (1{,}15)^{-2}$$
$$= 74{,}78 \text{ M€}$$

L'achat des actions de la société Pénégry à 55 € reste donc intéressante car le marché n'a intégré dans les cours qu'une partie de la création de valeur, à hauteur de 50 M€, alors que les analystes l'estiment à 74,78 M€.

B. Les modalités de paiement des actions de la cible

En échange de leurs titres, les actionnaires de la cible peuvent recevoir de l'argent, des actions de l'acquéreur ou une combinaison des deux.

exemple

En 2004, Sanofi-Synthélabo a lancé une offre publique sur Aventis en proposant trois options possibles :

– Option 1 : une offre principale mixte : cinq actions Sanofi-Synthélabo et 120 euros en numéraire dividende inclus contre six titres Aventis.

– Option 2 : une offre subsidiaire en espèces, à savoir une offre publique d'achat de 68,93 euros dividende inclus par action Aventis apportée.

– Option 3 : une offre subsidiaire d'échange, à savoir une offre publique d'échange d'une action Aventis pour 1,1739 actions Sanofi.

Le paiement des actions en numéraire présente l'avantage pour les actionnaires de l'acquéreur de maintenir inchangé leur niveau de participation dans la société, en évitant toute dilution du capital. Son second avantage est qu'il réduit l'incertitude quant à la rémunération qui est offerte aux actionnaires de la cible. Le montant qui leur est proposé est certain dans son montant, ce qui n'est pas le cas lorsque le paiement se fait en actions de l'acquéreur.

Le paiement par échange d'actions évite à l'acquéreur de réduire sa trésorerie et/ou de s'endetter. Mais, en contrepartie, il entraîne une dilution de son capital, les actionnaires de la cible devenant actionnaires de l'acquéreur. Pour les actionnaires de la cible, ce mode de paiement peut leur permettre de profiter des effets bénéfiques de l'opération dans le futur, au travers de l'éventuel accroissement de valeur des actions de l'acquéreur. Enfin, le paiement en actions présente un avantage fiscal car la plus-value éventuelle (valeur des actions cédées – prix d'acquisition de ces actions) bénéficie d'un sursis d'imposition.

Régime de droit commun

Les plus-values réalisées sur la vente d'actions sont soumises à l'impôt sur le revenu au taux global de 27 %, comprenant :

- l'impôt sur le revenu au taux forfaitaire de 16 % ;
- la contribution sociale généralisée (CSG) à 8,2 % ;
- la contribution au remboursement de la dette sociale (CRDS) à 0,5 % ;
- le prélèvement social de 2 % ;
- la contribution additionnelle au prélèvement social de 2 % à 0,3 %.

Les plus-values sont imposées dès le premier euro si le montant annuel des cessions de valeurs mobilières réalisées par les membres du foyer fiscal excède au cours de l'année un seuil donné (fixé à 15 000 euros en 2006).

Les moins-values sont imputables exclusivement sur les plus-values de même nature réalisées au cours de la même année ou des dix années suivantes (pour les moins-values subies à compter du 1er janvier 2002) à condition que le seuil annuel de cession visé ci-dessus (15 000 euros) soit dépassé l'année de la réalisation des moins-values.

Plan d'épargne en actions

Les actions émises par les sociétés françaises sont éligibles au titre des actifs pouvant être détenus dans le cadre d'un Plan d'Épargne en Actions (PEA). Sous certaines conditions, les plus-values réalisées sur des actions détenues dans le cadre d'un PEA, sont exonérées d'impôt sur le revenu, mais restent néanmoins soumises à la CSG, à la CRDS, au prélèvement social de 2 % et à sa contribution additionnelle.

Lorsque le paiement des actionnaires de la cible se fait en actions de l'acquéreur, l'estimation de la prime de contrôle devient plus complexe car la valeur des actions qui seront créées à cette occasion dépend de la prise de contrôle elle-même. Or, dès l'annonce de l'opération, les analystes financiers et les investisseurs révisent leurs anticipations de bénéfices et de flux de trésorerie futurs afin de tenir compte des conséquences de la prise de contrôle. Ceci conduit à modifier la valeur qu'ils attribuent à l'action, faisant ainsi varier son cours boursier.

exemple

Le 24 février 2006, la société Ponthieu annonce son souhait de prendre le contrôle de Régine, en échange de l'émission de 5,5 millions d'actions. Avant l'annonce, le cours de chaque action est de 41 € pour Ponthieu (capital de 10 millions d'actions) et de 72 € pour Régine (capital de 3 millions d'actions).

La valeur de marché des deux sociétés avant l'annonce est donc de :

- $V_{ponthieu} = 41 \times 10 = 410$ M€
- $V_{régine} = 72 \times 3 = 216$ M€

En tenant compte des effets de synergie et réduction de coûts à venir, les analystes estiment l'accroissement de valeur du nouveau groupe à 56 M€.

La question qui se pose pour les actionnaires de Régine est de savoir s'ils ont intérêt ou non à échanger leurs actions contre celles de Ponthieu. Une erreur serait d'estimer la prime qui leur est offerte sur la base d'un cours de 41 euros pour Ponthieu.

Cette prime doit se calculer en tenant compte des effets de la prise de contrôle, soit :

- $V_{Ponthieu\text{-}Régine} = 410 + 216 + 56 = 682$ M€
- Nombre d'actions Ponthieu (après augmentation de capital) = 10 + 5,5 = 15,5 millions
- Cours anticipé de Ponthieu, après rachat de Régine = 682/15,5 = 44 euros

D'où une prime de contrôle de $44 \times 5{,}5 - 216 = 26$ M€, soit 12 % (26/216).

C. Les modalités de financement de la prise de contrôle

Le financement de la prise de contrôle peut se faire par autofinancement, endettement ou augmentation de capital. En cas de paiement en numéraire de la prise de contrôle, les sommes versées aux actionnaires de la cible proviennent soit de la trésorerie de l'acquéreur, soit de nouvelles dettes (bancaires ou obligataires). Dans la pratique, la majorité des opérations se font en numéraire, le paiement par titres étant généralement utilisé pour les opérations les plus importantes.

De nombreux facteurs vont influer ce choix :

– La situation financière de l'initiateur : le niveau d'endettement de l'offreur peut contraindre ses possibilités de financement en numéraire. Un paiement par titres lui préserve une plus grande flexibilité quant à ses possibilités de financements ultérieures, et évite de détériorer sa notation par les agences de *rating*.

– Le risque de surenchère : si l'offre de prise de contrôle risque de faire l'objet d'une surenchère de la part d'une autre entreprise, l'initiateur a intérêt à faire une offre en numéraire plutôt qu'en titres afin de réduire l'incertitude quant à la valeur de la transaction.

– La fiscalité : la taxation éventuelle des actionnaires de la cible sera différente selon qu'ils reçoivent des actions ou des liquidités.

– L'actionnariat de l'offreur : alors qu'une offre en numéraire est sans impact sur la structure de l'actionnariat de l'offreur, il en va autrement lorsqu'elle est payée par titres, les actionnaires de la cible devenant actionnaires de l'offreur.

– La taille de la cible : plus la taille de la cible est grande comparativement à celle de l'offreur, plus il est délicat pour ce dernier de la payer en numéraire.

D. Le partage de la création de valeur

Une fois les gains à attendre de la prise de contrôle évalués, se pose la question de leur partage entre l'acquéreur et les actionnaires de la cible. L'objectif de l'acquéreur est d'en conserver l'essentiel en proposant le prix le plus faible possible alors que les actionnaires de la cible souhaitent lui céder les actions au prix fort. Cette répartition va dépendre du rapport de force entre les différentes parties et du caractère amical ou non de l'opération. Si l'acquéreur a le choix entre plusieurs cibles pour faire jouer les effets de synergie, la répartition de la création de valeur se fera plutôt en sa faveur. À l'inverse, s'il existe peu de sociétés à même de permettre la réalisation de synergies, ce sont les actionnaires de la cible qui sont en position de force pour obtenir un prix élevé. L'acquisition est créatrice de valeur pour l'acquéreur tant que la prime offerte aux actionnaires de la cible reste inférieure aux gains à attendre de la prise de contrôle, nets des coûts qu'elle engendre. Supposons une société A (V_A = 100 M€) qui souhaite prendre le contrôle d'une société B (V_B = 50 M€). Une fois regroupées, les deux sociétés formeront un groupe dont la valeur est estimée à 170 M€, après prise en compte des coûts liés à l'opération (4 M€). Le gain net est donc de 170-100-50 = 20 M€. La prime qui peut être offerte doit donc être comprise entre 0 et 20 M€ pour ne pas être destructrice de valeur pour A.

exemple

C'est ce qui s'est passé en 2006 dans le secteur sidérurgique lors de l'OPA de Mittal Steel (1er rang mondial) sur Arcelor (2e rang mondial). Au début de l'opération, Mittal Steel proposait 28 euros par action Arcelor, soit une prime de 27 % par rapport au cours moyen du titre. Après 5 mois de bataille boursière, Mittal Steel finissait par en prendre le contrôle, en relevant son offre à 40 euros par actions, faisant des actionnaires d'Arcelor les grands gagnants de l'opération.

Le risque, lors des prises de contrôle hostiles, est que l'orgueil (*hubris hypothesis*) des dirigeants des sociétés initiatrices les conduise à surestimer la valeur des sociétés cibles, sûrs de pouvoir réaliser d'importants effets de synergie ou réductions de coûts. Ils offrent alors aux actionnaires de la cible une prime trop élevée car ils sont persuadés que leur évaluation est meilleure que celle du marché. L'offre crée un transfert de richesse des actionnaires de la société initiatrice au profit de ceux de la cible, avec une perte nette de richesse due aux coûts de l'offre. Enfin, en cas de compétition entre plusieurs acquéreurs potentiels, le risque lié à cet orgueil est de se trouver dans la situation de la malédiction du vainqueur (*winner curse*). Le vainqueur est celui qui a le plus offert. Mais pour emporter l'enchère, le vainqueur a dû proposer un prix trop élevé, ce qui le conduit à réaliser une perte.

E. Les traitements comptables des acquisitions

Le traitement comptable des acquisitions est l'objet d'intenses débats depuis plusieurs années. Ce thème déborde largement le cadre de ce manuel et ne sera traité ici que de façon superficielle [3]. Deux modes de comptabilisation des prises de contrôle coexistent. La méthode de la juste valeur (*purchase method*) consiste à consolider les actifs, dettes et provisions pour risques et charges de la société acquise à leur juste valeur à la date de prise de contrôle. Généralement, un écart apparaît entre le prix payé pour l'acquisition et la valeur nette réévaluée de ces éléments. Cet écart est alors comptabilisé et fait l'objet, selon les référentiels comptables (français, IFRS, US GAAP, etc.), d'amortissements ou de tests de dépréciation. Au contraire, avec la méthode de la mise en commun d'intérêts (*pooling of interests*), ces éléments sont consolidés pour leur valeur comptable et aucun écart n'apparaît.

En IFRS et US GAAP, seule la méthode de la juste valeur est autorisée. L'écart ne peut être amorti mais doit faire l'objet de tests annuels de dépréciation. En PCG Conso., la méthode de la mise en commun d'intérêts est autorisée sous certaines conditions. Lorsqu'une entreprise française recourt à la méthode de la juste valeur, l'écart doit faire l'objet d'un amortissement annuel.

F. Les spécificités des fusions

La fusion est une opération par laquelle deux sociétés ou plus se réunissent pour n'en former plus qu'une. On distingue deux types de fusion, les fusions-réunion lorsque l'opération aboutit à la création d'une société nouvelle (rare), et les fusions-absorption lorsque la réunion se fait au sein de l'une d'elles (cas le plus fréquent). En cas de fusion-absorption, les actionnaires de l'absorbée deviennent actionnaires de l'absorbante. Pour cela, leurs actions dans l'absorbée sont échangées contre des actions de l'absorbante qui sont créées à l'occasion d'une augmentation de capital.

1. Les modalités de la fusion

Une fois les sociétés en présence valorisées, reste à déterminer la parité d'échange. Cette parité correspond au nombre d'actions de l'absorbante qu'il faut créer pour les échanger contre celles de l'absorbée.

exemple

La société A, au capital de 10 M€, divisé en 1 million d'actions, est valorisée 25 M€. Elle doit absorber la société B (capital de 100 000 actions) qui est évaluée à 5 M€.

$$V_{action}\ A = 25\ M€/1\ 000\ 000 = 25 \text{ euros par action}$$
$$V_{action}\ B = 5\ M€/100\ 000 = 50 \text{ euros par action}$$

[3] Pour les grands principes, voir Chapitre 9 et pour une présentation détaillée, voir Friédérich, Langlois, Burlaud, Bonnault (2007).

La parité d'échange sera donc de 2 actions A pour 1 action B. La société A devra pour cela procéder à une augmentation de capital à hauteur de :

$$\text{Nombre d'actions à créer} = \text{Valeur}_{\text{société}}\text{B} / \text{valeur}_{\text{action}}\text{A} = 5\text{ M€}/25\text{€} = 200\,000$$

Comptablement, la valeur nominale des actions A reste inchangée à 10 euros (capital de 10 M€ pour 1 million d'actions). La différence entre le prix d'émission des actions nouvelles (25 €) et leur valeur nominale (10 €) apparaît dans les capitaux propres sous la rubrique « prime d'émission ». Les capitaux propres de A deviennent :

Capital : 10 M€ + 200 000 × 10 € = 12 M€

Prime d'émission : 200 000 × 15 € = 3 M€

2. Traitement comptable des fusions

Du point de vue comptable, il convient de distinguer deux cas :

– Les sociétés qui fusionnent font partie du même groupe : les actifs et passifs de l'absorbée sont repris au bilan de l'absorbante pour leur valeur comptable.

– Les sociétés ne font pas partie du même groupe ou sont détenues par une personne physique : les actifs et passifs de l'absorbée doivent être comptabilisés chez l'absorbante pour leur valeur réelle.

3. Traitement fiscal

Du point de vue fiscal, il faut également distinguer deux régimes :

– Le régime de droit commun : la société absorbée est considérée comme liquidée (d'où taxation de ses plus-values latentes sur actifs), l'augmentation de capital chez l'absorbante est soumise aux droits d'enregistrement et les actionnaires de l'absorbée voient leur plus-value éventuelle sur leurs titres également taxée. Compte tenu de ce qui précède, sauf cas particulier, les fusions sont placées sous le régime de faveur.

– Le régime de faveur : les plus-values latentes sur les actifs circulants (stocks) et sur les immobilisations non amortissables ne sont pas taxées. Pour ce qui est des immobilisations amortissables, les plus-values sont imposées mais leur paiement peut être étalé sur 5 ans (15 ans pour les constructions). En contrepartie, la base de calcul des amortissements se fait sur la valeur réévaluée des immobilisations, et non sur leur valeur comptable chez l'absorbée, ce qui permet de réduire les impôts futurs et compense ainsi l'imposition de la plus-value.

3 ▶ Les opérations à effet de levier

Les opérations à effet de levier permettent à l'acquéreur potentiel d'une société cible de limiter les apports financiers qu'il doit mobiliser. Ces effets de levier peuvent être juridiques, financiers et fiscaux. On les retrouve notamment dans les montages de LBO (*Leveraged BuyOut*).

A. Le recours aux holdings

Les holdings sont des sociétés dont l'activité est principalement financière et dont l'objet est de détenir et de contrôler des sociétés dans lesquelles elles possèdent des participations. Elles sont un des moyens d'organisation des groupes mais également un outil pour prendre le contrôle d'une société. Les groupes sont généralement structurés autour d'une société mère qui a le rôle de holding et qui détient des participations dans des filiales.

Le recours à une holding permet de faire jouer différents effets de levier, amplifiant ainsi le contrôle qui peut être exercé sur une société à partir d'une mise de fonds donnée. Les trois effets de levier que permettent les holdings sont :

– l'effet de levier juridique ;

– l'effet de levier financier ;

– l'effet de levier fiscal.

1. L'effet de levier juridique

L'effet de levier juridique consiste à intercaler, entre la cible d'une prise de contrôle et les repreneurs, une holding afin de limiter les apports nécessaires pour en prendre le contrôle. Supposons une cible dont la valeur est 100 et dont les repreneurs souhaitent détenir le contrôle (majorité simple, soit 50 % du capital plus une action). Sans l'utilisation d'une holding, leurs apports sont de 50. Avec une holding, les fonds nécessaires tombent à 25, soit un effet de levier de 1 à 4 puisque avec un apport de 25, ils obtiennent le contrôle d'une société qui en vaut 100.

Acquisition en direct, sans recours à une holding de reprise :

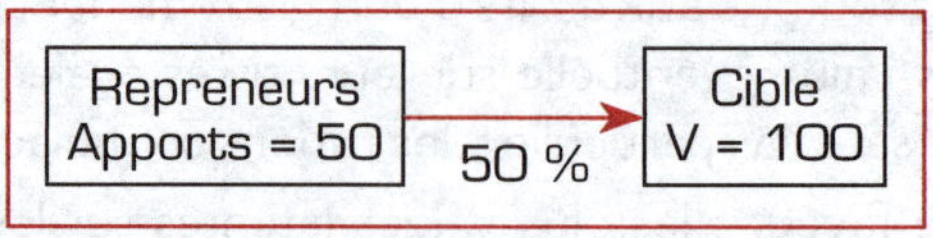

Acquisition par le biais d'une holding :

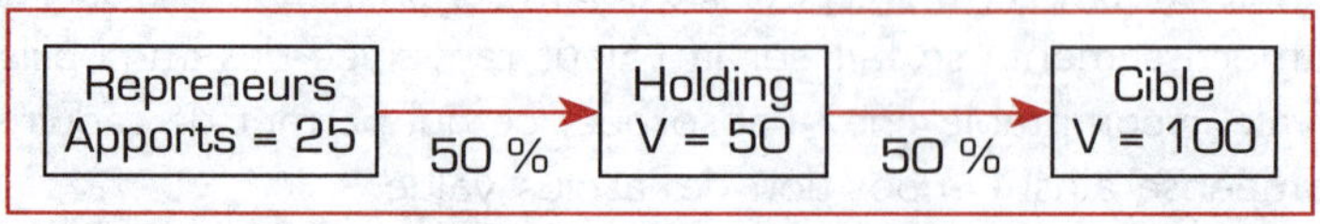

La limite de ce type de montage vient de la difficulté à trouver des partenaires financiers qui acceptent de participer au capital de la holding, sans en détenir le contrôle (ici, à 50 % moins une action). L'effet de levier aurait pu être encore plus important si une seconde holding avait été intercalée, faisant ainsi passer l'effet de levier de 1 à 8. Mais, là plus encore, la difficulté va venir de la recherche de partenaires financiers.

2. L'effet de levier financier

Le levier financier consiste à financer tout ou partie de l'acquisition par des dettes plutôt que par des apports en capital. La dette peut être souscrite directement par les repreneurs, ou par la holding, ce qui permet d'amplifier le levier juridique. Si nous reprenons notre exemple, et que la holding finance 50 % de son acquisition par des dettes, le montage devient :

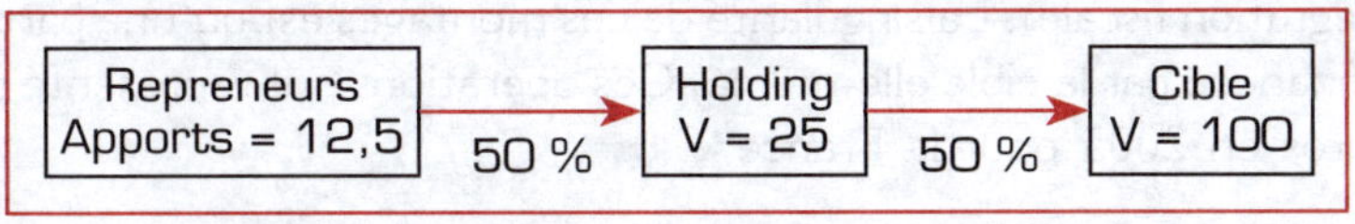

Le bilan de la holding se présente comme suit :

Bilan de la Holding			
Actions	50	Capital	25
		Dettes	25

Le capital de 25 de la holding est financé à hauteur de 12,5 par les repreneurs et de 12,5 par les partenaires financiers. L'effet de levier juridico-financier est alors de 1 à 8. Tout comme précédemment, ceci suppose de trouver des partenaires financiers. Un second problème apparaît. Pour pouvoir rembourser ses dettes, la holding doit disposer de ressources, qu'elle obtient de la cible au travers des dividendes que cette dernière lui verse chaque année. Le montage ne fonctionne donc qu'à partir du moment où le montant de la dette de la holding a été calibré en fonction de la capacité distributive de la cible. Il s'agit là du principe central des montages LBO.

3. Le levier fiscal

Il y a un effet de levier fiscal dès lors que les intérêts qui se rapportent aux dettes de la holding permettent au groupe de payer moins d'impôt. Sauf cas particulier, une personne physique qui s'endette ne peut déduire de ses revenus les intérêts payés. Par contre, si la dette est souscrite par une société, les intérêts constituent des charges déductibles fiscalement. Encore faut-il qu'ils puissent s'imputer sur des produits imposables. Supposons qu'une société imposable au taux de droit commun de 33 1/3 % paie 300 K€ d'intérêts. Ceci peut lui permettre d'économiser 100 K€ euros d'impôt si sa base imposable est réduite de 300 K€. Deux cas sont à distinguer :

– La participation de la holding dans la cible est comprise entre 5 % et 95 % (non compris) : dans ce cas, les dividendes perçus par la holding bénéficient du régime des sociétés mère-filiale, et ne constituent pas des produits imposables. Si la holding est pure (elle n'a pas d'autres revenus), les intérêts ne trouvent pas à s'imputer sur des produits imposables. Il n'y a alors aucun gain fiscal immédiat car la holding dégage chaque année un déficit fiscal. Si la holding est impure et dispose d'autres revenus, les intérêts vont lui permettre de payer moins d'impôt, et l'effet de levier fiscal joue.

– La participation de la holding dans la cible est au moins égale à 95 % : la holding peut opter pour le mécanisme de l'intégration fiscale. Le résultat de la cible vient s'ajouter au déficit de la holding pour le calcul de la base imposable, ce qui permet de payer moins d'impôt.

B. Les opérations de LBO

Les LBO sont des montages qui permettent de racheter une entreprise en ayant recours à l'effet de levier juridique (utilisation d'une holding), à l'effet de levier financier (endettement de la holding) ainsi qu'à l'effet de levier fiscal (grâce à l'intégration fiscale). La singularité de ces montages est qu'une partie de l'acquisition est financée par la cible elle-même. Ces opérations ont représenté plus de 6 milliards d'euros en 2005 pour la France.

1. Utilisations et principes des LBO

Le LBO (*Leveraged Buyout*) est une technique dont l'objet est de financer l'acquisition d'une entreprise. Le financement se fait en partie par fonds propres, dans le cadre d'un partenariat entre les repreneurs et des investisseurs financiers spécialisés dans ce type d'opérations, et pour partie par endettement. Les LBO se distinguent des prises de contrôle classiques sur deux points :

– L'acquisition est financée en grande partie par un ou plusieurs emprunts, qui sont remboursés dans un délai relativement bref (3-7 ans) grâce à la trésorerie dégagée par l'activité de la cible et remontée à la holding de reprise au travers de distributions de dividendes.

– Les acquéreurs sont souvent des fonds spécialisés dans ce type d'opérations, parfois en partenariat avec les dirigeants de la cible (*MBO – Management BuyOut*).

Le montage doit permettre de réaliser à moyen terme, au moment de la vente ultérieure de la participation dans la société, une plus-value, les partenaires financiers n'ayant pas vocation à rester plus de 5-7 ans dans le capital. On distingue donc trois types de financement :

– par les repreneurs (apports en capital) ;
– par les partenaires financiers (apports en capital) ;
– par les banquiers (dettes).

L'opération de rachat de la cible est réalisée au travers d'une holding. C'est la holding qui détient les titres et s'endette. Dans la grande majorité des cas, la holding détient au moins 95 % des actions de la cible afin de bénéficier du régime de l'intégration fiscale, ce qui lui permet d'imputer fiscalement les intérêts de ses emprunts sur les bénéfices de la cible. Dans le cas contraire, la holding est structurellement en déficit fiscal puisque les intérêts sont des charges déductibles alors que les dividendes perçus ne sont pas des produits imposables du fait du régime mère-filiale.

Le capital de la holding va être réparti entre les dirigeants repreneurs et les partenaires financiers, ces derniers ayant généralement la majorité du capital. Les dirigeants qui reprennent la cible vont en assurer la gestion opérationnelle alors que les investisseurs financiers seront des actionnaires actifs, qui participeront à la définition de la stratégie de la société.

exemple

Monsieur Greenhill, qui approche 65 ans, souhaite céder sa société à son directeur commercial, Monsieur Poulain. La société est évaluée à 15 M€, somme dont ne dispose pas M. Poulain. Il se rapproche de la Financière Dublé afin de structurer un montage LBO. La société Greenhill est en capacité de distribuer de façon récurrente 2 M€ par an. La holding de reprise qui détiendrait 100 % de la cible pourrait s'endetter au taux de 12 %, sur 6 ans. Compte tenu d'un taux d'impôt sur les sociétés de 33 1/3 %, le coût net de l'emprunt est de 12 %×(1 – 33 1/3 %) = 8 %, soit une capacité d'endettement de :

$$\text{Emprunt} = 2\,000\,000 \times \frac{1 - 1{,}08^{-6}}{0{,}08} \approx 9 \text{ M€}$$

Les apports en fonds propres sont donc de 15–9 = 6 M€, qui se répartiront en 2 M€ (33 %) pour Monsieur Poulain et 4 M€ (67 %) pour la Financière Dublé.

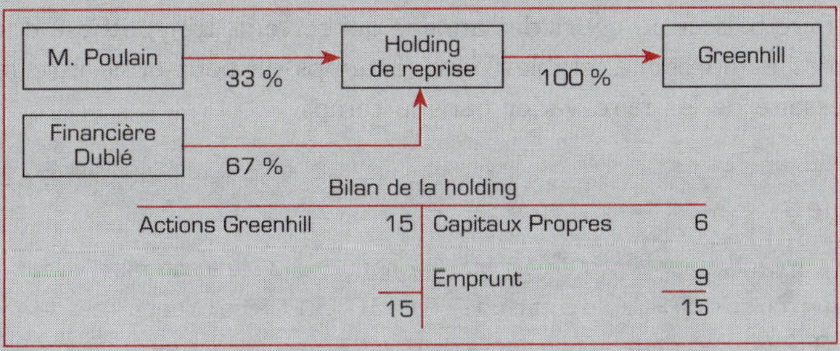

On distingue plusieurs types de LBO :

– le MBO (*Management Buy Out*) : rachat effectué par des cadres ou dirigeants de l'entreprise cible ;

– le MBI (*Management Buy In*) : rachat effectué par des cadres ou dirigeants extérieurs à l'entreprise cible ;

– le BIMBO (*Buy In Management Buy Out*) : rachat par un extérieur, en partenariat avec le vendeur et/ou des cadres de l'entreprise ;

– l'OBO (*Owner Buy Out*) : la holding d'acquisition est détenue conjointement par le propriétaire actuel et des investisseurs financiers.

Les différentes étapes d'un LBO sont :

– l'évaluation de la cible ;

– la fixation du prix de vente et de ses modalités de versement ;

– l'estimation de la capacité de la cible à distribuer des dividendes ;
– l'estimation de l'endettement possible de la holding ;
– l'estimation des apports en capitaux propres nécessaires.

2. L'évaluation de la cible

L'estimation de la valeur de la cible se fait généralement selon deux approches, l'actualisation de ses flux de trésorerie disponibles (FTD) et l'utilisation de multiples [4]. Pour ce qui est des multiples, les professionnels retiennent généralement comme inducteur de valeur le résultat opérationnel (ROP) avec un multiple compris entre 4 pour les montages les plus risqués et 8 pour les moins risqués, soit :

$$\text{Valeur}_{\text{cible}} = \text{Multiple} \times \text{ROP}_{\text{cible}} - \text{Dettes}_{\text{cible}}$$

En matière d'actualisation des FTD, le recours massif à la dette pour le financement de l'acquisition n'est pas neutre sur l'évaluation. Le paiement des intérêts et le remboursement de la dette accroît fortement le risque supporté par les actionnaires, ce qui majore d'autant le coût des fonds propres. La réduction relativement rapide du niveau d'endettement aboutit, après la forte hausse du coût des fonds propres, à le faire baisser au cours des années qui suivent. L'hypothèse d'un coût des fonds propres et du capital stables dans le temps ne peut donc être faite, et il devient nécessaire de les faire varier dans le temps.

exemple

Avant de s'entendre sur le prix de 15 M€, la Financière Leblé a estimé la valeur de la société sur la base d'un multiple du ROP de 5 et d'un PER de 10. Le ROP de Greenhill est de 4 M€. Son résultat net de 1,3 M€ et ses dettes financières de 4,2 M€. Les valeurs qui en découlent sont donc :

$$V_{ROP} = 5 \times 4 \text{ M€} - 4{,}2 \text{ M€} = 15{,}8 \text{ M€}$$
$$V_{PER} = 10 \times 1{,}3 \text{ M€} = 13 \text{ M€}$$

3. Conditions de réussite d'un LBO

Pour que le montage soit viable, il faut que la holding soit en mesure de faire face au service de sa dette (intérêts et remboursements en capital) à partir des dividendes qu'elle perçoit de la cible. Ceci suppose donc :
– que le niveau d'endettement de la holding soit en rapport avec la capacité de distribution de la cible, qui tient compte des CAF prévisionnelles de la cible, de ses besoins de financement (investissements et augmentation du BFR) et de ses remboursements d'emprunts ;

[4] Pour une présentation détaillée de ces approches, voir chapitre 10.

– de tenir compte d'une marge de sécurité dans le calcul de la capacité de distribution de la cible ;

– que l'*aléa* relatif à cette capacité de distribution soit limité, et donc que les bénéfices futurs de la cible soient relativement stables dans le temps ;

– que la cible soit en bonne santé et qu'elle dispose d'atouts par rapport à ses concurrents afin de limiter le risque de dégradation de sa situation ;

– que la cible ne doive pas avoir besoin de réaliser d'investissements importants à moyen terme, sous peine de limiter sa capacité de distribution ;

– les dividendes ne doivent pas représenter, généralement, plus de 2/3 du résultat net de la cible.

Au bout de quelques années (5-7 ans), une fois que les dettes sont remboursées, les partenaires financiers ont vocation à sortir du capital en cédant leurs titres afin de réaliser une plus-value. Cette cession peut se faire de différentes façons : introduction en bourse de la holding, cession directe de la participation à un acquéreur, parfois financée par un nouveau LBO (LBO secondaire), etc. La rentabilité de l'investissement s'apprécie par le calcul du TRI (taux de rendement interne) du projet qui met en rapport les sommes apportées par les investisseurs et le prix de cession à terme de leur participation. Dans certains cas, lorsque la plus-value réalisée est supérieure à ce qui était anticipé, les investisseurs financiers peuvent en rétrocéder une partie aux dirigeants repreneurs.

Les échecs dans ce type de montage peuvent avoir deux causes principales. La première est que la cible ne soit pas en mesure de distribuer suffisamment de dividendes à la holding, qui ne peut alors rembourser ses dettes et fait faillite. Ceci peut être dû à un retournement de conjoncture ou à des besoins d'investissements qui n'avaient pas été anticipés. Or la politique de dividende de la cible est dictée par la holding de reprise. D'où le second risque, qui est qu'en forçant la cible à distribuer des dividendes généreux, cette dernière ne dispose plus de la trésorerie nécessaire pour financer une partie de ses investissements et se retrouve en difficultés.

4. Les modalités de paiement des actions de la cible

Le paiement au vendeur du prix d'acquisition de la cible peut prendre plusieurs formes. La plus courante consiste pour la holding de reprise à verser en numéraire le prix à payer, que ce *cash* ait pour origine l'emprunt souscrit par la holding ou les apports en capital des associés. Le vendeur peut convertir une partie du prix en créance sur la holding. Ce crédit vendeur conduit à lier le sort du vendeur au devenir de son ancienne société car, en cas de faillite de cette dernière, le vendeur n'est pas assuré de récupérer la totalité de sa créance. La fixation du prix est toujours une étape délicate car le vendeur souhaite obtenir le prix le plus élevé et l'acquéreur le plus faible. Pour concilier leurs intérêts divergents, un complément de prix (clause d'*earn out*) peut être mis en place. Ce type de clause prévoit qu'une partie du prix sera versée dans le futur, et que son montant sera indexé sur des indicateurs de performance. Si, à l'échéance prévue, les objectifs sont atteints ou dépassés, un complément au prix prévu est versé.

5. Les modalités de financement du LBO

Le prix à payer est financé pour partie grâce aux apports en capital des repreneurs, et pour le solde par des dettes. En moyenne, un LBO est financé à 30-35 % par fonds propres, 50-55 % par dette senior et 15 % par dette mezzanine. Le calibrage de l'endettement de la holding se fait en partant de la capacité de distribution de la cible. De cette dernière, on déduit la capacité de remboursement de la holding et donc le niveau maximal d'endettement. Puis cette capacité d'endettement est confrontée à la valeur de la participation, la différence étant financée par fonds propres.

La dette peut comprendre plusieurs tranches, chacune ayant ses spécificités (taux, durée, différé du remboursement...) en fonction du couple risque/rentabilité espérée qui leur est propre.

La dette à moyen terme (généralement sur 3-7 ans) est appelée dette senior et est calée sur les flux de trésorerie disponibles (FTD) et récurrents de la cible.

Le complément de financement, dite dette mezzanine, est structuré en tenant compte de la part des FTD futurs qui ne présentent pas un caractère récurrent et sont donc plus aléatoires. Le financement mezzanine a donc un profil de risque intermédiaire entre les capitaux propres et les dettes bancaires. Ce financement mezzanine se fait souvent via des OBSA, dont le remboursement est conditionné au désintéressement des créanciers seniors. Il s'agit donc assez souvent d'une dette remboursable *in fine*.

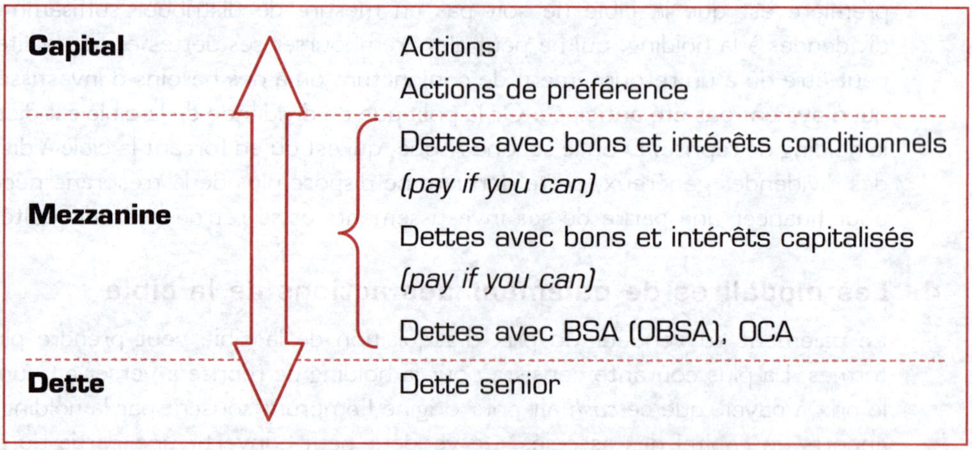

Pour le mezzaneur (celui qui finance la dette mezzanine), il s'agit de concilier la rémunération perçue par les actionnaires et le niveau de risque supporté par les créanciers. La mezzanine la plus simple est constituée d'une dette obligataire, remboursable *in fine*, et assortie de bons de souscription d'actions (BSA). La dette est généralement garantie par les actifs de l'entreprise, mais à un rang inférieur à celui des créanciers seniors. En cas de liquidation de la société, les créanciers seniors sont remboursés en premiers, puis les créanciers juniors (mezzanine), puis les actionnaires. Compte tenu des différences de prise de risque, la rentabilité attendue par les créanciers juniors sera supérieure à celle des créanciers seniors. Il existe ainsi une hiérarchie entre les risques pris et la rémunération des apporteurs de fonds, qu'ils soient créanciers (seniors ou juniors) ou actionnaires. Le fait de financer une partie du LBO par mezzanine ne modifie pas le risque pris par les créanciers seniors, mais permet de faire jouer l'effet de levier pour les actionnaires, en limitant les sommes qu'ils ont à apporter car plus le financement par dettes est élevé, plus les besoins en capitaux propres sont faibles.

Afin de se protéger, les créanciers peuvent prévoir des clauses d'endettement (*debt covenants*), qui imposent le respect de certains ratios à la holding. Parmi les plus courants dans les LBO, on rencontre :

– dettes financières (holding et cible) / résultat opérationnel cible < 4
– résultat opérationnel cible / intérêts des emprunts (holding et cible) > 3

En cas de non-respect de ces clauses, la dette devient immédiatement exigible, ce qui peut mettre en péril la société.

6. La rémunération attendue par les différents participants au LBO

Comme toujours en finance, la rémunération attendue est une fonction croissante du risque encouru. Les créanciers seniors disposent de garanties sur les actifs de la société holding (généralement au travers d'un nantissement des actions de la cible), et sont donc ceux qui exigent la rémunération (taux d'intérêt) la plus faible. Puis viennent les mezzaneurs, qui sont des créanciers de second rang. En plus de l'intérêt sur la dette, ils bénéficient généralement d'un supplément de rémunération qui trouve son origine dans le fait qu'ils peuvent entrer dans le capital de la holding de reprise au terme du prêt, grâce aux BSA qui sont éventuellement attachés à la dette ou à l'option de conversion s'il s'agit d'une OCA. Cette entrée dans le capital peut permettre au mezzaneur de réaliser une plus-value alors qu'en tant que créancier, il ne touche théoriquement que des intérêts. On parle d'*equity kicker*. Cette double composante de la rémunération du mezzaneur rend le calcul d'un TRI (taux de rendement interne) nécessaire. De façon générale, leurs attentes se situent autour de 15% par an. Enfin, les apporteurs de fonds propres attendent avant tout de réaliser une plus-value au moment de la revente de leur participation. Compte tenu du risque qu'ils prennent, le rendement moyen de ce type d'opérations est de 20 à 30 % par an.

exemple

Le prix d'achat de notre cible est de 15 M€, financé à hauteur de 9 M€ par une dette bancaire. Finalement, les repreneurs se mettent d'accord pour maintenir les équilibres initiaux dans le capital de la holding (2/3 et 1/3), mais souhaitent ramener leurs apports à 4 M€. Pour cela, les 2 M€ restant seront financés par une dette mezzanine, au taux de 8 %, remboursable in fine dans 7 ans, auquel s'ajoute une participation au capital de la holding de 6 %.

Quel est le rendement attendu par le mezzaneur dans l'hypothèse d'une valeur dans 7 ans de la cible de 25 M€ ? Montant du coupon annuel : 2 M€×8 % = 160 K€

------ ►

Equity kicker : 6 %×25 = 1,5 M€

Le mezzaneur apporte ainsi 2 M€, reçoit pendant 7 ans 160 K€ par an et, à la 7e année, est remboursé des 2 M€ et perçoit un *equity kicker* de 1,5 M€, soit un TRI de :

$$2\,000\,000 = 160\,000 \times \frac{1 - (1 + TRI)^{-7}}{TRI} + 3.500.000 \times (1 + TRI)^{-7}$$

d'où un TRI de 14,81 %.

Pour les apporteurs en capital :

Part dans les capitaux propres dans 7 ans : 100 % – 6 % = 94 %

Valeur des fonds propres détenus par les repreneurs (à l'année 7) : 94 %×25 M€ = 23,5 M€

Soit un TRI de : 4 M€ = $23{,}5 \times (1+TRI)^{-7}$

TRI = $(4/23{,}5)^{-1/7} - 1$ = 28,78 %

4 ▶ Les offres publiques

Une offre publique est une opération par laquelle une personne physique (rare) ou morale (la plupart du temps) informe le marché de son intention d'acheter les actions d'une société cotée, à un prix déterminé, les actionnaires de la société visée restant libres d'apporter ou non leurs actions à l'offre, sauf en cas de retrait obligatoire où l'apport est obligatoire. L'offre peut résulter d'une négociation entre les directions des deux sociétés (offre amicale) ou, au contraire, n'avoir fait l'objet d'aucune discussion préalable (offre hostile). En France, la grande majorité des offres publiques sont amicales, soit dès l'origine, soit qu'elles le deviennent en cours d'opération. C'est notamment ce qui s'est passé en 2006 lors de l'OPA de Mittal Steel sur Arcelor. La direction d'Arcelor qui était opposée à l'offre à son annonce s'est, par la suite, rangée du coté de Mittal Steel après que ce dernier ait modifié les conditions de l'opération. Juridiquement, on distingue :

– les offres publiques normales ;
– les offres publiques simplifiées ;
– les offres par garantie de cours ;
– les offres publiques de retrait ;
– les retraits obligatoires.

Cette technique présente pour l'offreur l'avantage de la rapidité, à la différence d'un ramassage en bourse qui est toujours beaucoup plus long. Pour rendre l'offre attractive et inciter les actionnaires de la cible à vendre leurs titres, l'initiateur de l'offre doit offrir une prime par rapport au cours boursier de la cible. Cette prime est généralement comprise entre 15 et 30 %.

L'offre publique est ainsi un moyen particulièrement rapide de réorganisation d'un groupe, que ce soit par le redéploiement de ses actifs ou par un changement de son équipe de direction. Contrairement à la fusion, l'offre publique permet de s'adresser directement aux actionnaires de la cible, sans avoir besoin de l'accord de ses dirigeants.

A. Les modalités de l'offre

L'offre peut consister en :

– une offre unique proposant l'achat des titres visés contre du numéraire (offre publique d'achat) ou des titres existants ou à émettre (offre publique d'échange) ;

– une offre alternative, où les actionnaires de la cible ont le choix entre plusieurs modalités (OPA et OPE par exemple) ;

– une offre principale assortie d'une ou plusieurs options subsidiaires, l'offreur limitant les quantités d'actions qu'il est possible d'apporter aux offres autres que l'offre principale.

L'offre publique d'échange (OPE) présente l'avantage d'éviter à l'offreur de s'endetter ou de réduire sa trésorerie pour payer les actions de la cible. Pour cela, il remet en échange des titres de la cible ses propres actions. En contrepartie, les actionnaires de la cible deviennent actionnaires de l'offreur, ce qui réduit mécaniquement la part du capital de l'offreur détenue par ses actionnaires d'origine.

Sauf exceptions, l'offre publique vise 100 % des titres donnant accès au capital ou aux droits de vote de la société visée. L'initiateur peut, par ailleurs, stipuler dans son offre une condition d'obtention d'un certain nombre de titres, en deçà duquel l'offre n'aura pas de suite positive. Ce seuil est généralement des 2/3 du capital ou des droits de vote.

Le projet d'offre publique est adressé à l'Autorité des Marchés Financiers (AMF) et précise notamment :

– les objectifs et intentions de l'initiateur ;

– le nombre et la nature des titres de la société visée qu'il détient déjà seul ou de concert ou peut détenir à sa seule initiative ainsi que la date et les conditions auxquelles leur acquisition a été ou peut être réalisée ;

– le prix ou la parité d'échange auxquels l'initiateur offre d'acquérir les titres, les éléments qu'il a retenus pour les fixer et les conditions de paiement ou d'échange prévues.

Une note d'information, établie par l'initiateur, seul (OPA hostile) ou conjointement (OPA amicale) avec la société visée doit être publiée dans la presse financière afin d'informer le marché des conditions de l'opération. Dès le dépôt du projet d'offre, le Président de l'AMF peut demander à Euronext de suspendre la cotation des titres visés par l'offre publique.

La société cible peut, dès la publication du communiqué de l'initiateur, publier un communiqué afin de faire connaître l'avis motivé de son conseil d'administration ou de son conseil de surveillance sur l'intérêt de l'offre ou sur les conséquences de celle-ci pour la société visée, ses actionnaires et ses salariés.

B. Les différentes procédures

Lorsque l'initiateur, agissant seul ou de concert, détient moins de la moitié du capital ou des droits de vote de la société visée, seule la procédure normale d'offre publique est applicable.

Une procédure simplifiée peut notamment intervenir dans les cas suivants :

– une offre émise par un actionnaire détenant déjà directement ou indirectement, la moitié au moins du capital et des droits de vote d'une société ;

– une offre limitée à une participation de 10 % au plus dans le capital de la société visée.

La durée de l'offre correspond à la période pendant laquelle les actionnaires de la cible peuvent apporter leurs titres à l'offre. Elle est comprise entre 25 et 35 jours de bourse pour la procédure normale. Dans le cas de la procédure simplifiée, cette durée peut être limitée à 10 jours s'il s'agit d'une OPA et à 15 jours dans les autres cas.

Un projet d'offre publique concurrente peut être déposé auprès de l'AMF. Il faut pour cela surenchérir d'au moins 2 % par rapport au prix offert dans l'offre initiale.

Le dépôt d'une offre peut être obligatoire et ne pas résulter de la seule volonté de l'offreur. C'est notamment le cas lorsqu'il vient à détenir plus du tiers des titres de capital d'une société ou qu'il acquiert 2 % du capital dans l'année alors que sa participation est déjà comprise entre 1/3 et 50 %.

Est également tenue de déposer un projet d'offre publique (garantie de cours) une personne physique ou morale, agissant seule ou de concert, qui acquiert un bloc de titres lui conférant, compte tenu des titres ou des droits de vote qu'elle détient déjà, la majorité du capital ou des droits de vote d'une société cotée. Afin de garantir l'égalité de traitement entre les petits actionnaires individuels et ceux qui détiennent des blocs importants, la procédure de garantie de cours oblige l'acquéreur du bloc à se porter acquéreur sur le marché, pendant une durée de dix jours minimum, de tous les titres présentés à la vente au prix auquel la cession des titres a été ou doit être réalisée, et seulement à ce cours ou à ce prix.

Lorsque le ou les actionnaires majoritaires détiennent au moins 95 % des droits de vote d'une société cotée, une offre publique de retrait (OPR) peut être mise en œuvre, à l'initiative de l'actionnaire majoritaire, mais également à la demande des actionnaires minoritaires. Dans cette situation, le flottant est de moins de 5 %, le titre a perdu toute sa liquidité et fait l'objet en conséquence d'une décote en bourse. L'OPR peut alors être un moyen pour les minoritaires de céder leurs titres dans des conditions moins défavorables que s'ils devaient les vendre directement en bourse.

Enfin, à l'issue d'une offre publique de retrait, l'actionnaire majoritaire peut se voir transférer les titres non présentés par les actionnaires minoritaires dès lors qu'ils ne représentent pas plus de 5 % du capital ou des droits de vote, moyennant une indemnisation de ces derniers. Lors du dépôt du projet d'offre, l'initiateur fait connaître à l'AMF s'il se réserve la faculté de demander la mise en œuvre du retrait obligatoire une fois l'offre terminée, ou s'il demande que le retrait obligatoire soit réalisé dès la clôture de l'offre publique de retrait. À l'appui du projet d'offre, l'initiateur fournit à l'AMF une évaluation des titres de la société visée, qui est assortie de l'appréciation d'un expert indépendant. En effet, dans ce dernier cas, les actionnaires de la cible sont expropriés de leurs titres, ce qui explique le recours à un expert indépendant puisque les minoritaires ne peuvent s'opposer aux termes de l'offre, en conservant leurs titres.

exemple

Bataille de banquiers

Le 1er février 1999, la Société Générale (SG) et Paribas annoncent un projet de fusion, qui se ferait par le dépôt d'une offre publique d'échange (OPE) amicale, à raison de cinq titres SG contre huit Paribas.

Le 9 mars, la BNP qui craint de se trouver marginalisée suite à ce projet de fusion réplique à la surprise générale en lançant deux OPE hostiles sur SG et Paribas. Son offre consiste à proposer 11 actions BNP pour 8 Paribas, et 15 actions BNP pour 7 SG. En cas de réussite, le nouveau groupe serait la 1re banque mondiale.

Le 14 juin, la SG relève son offre sur Paribas en ajoutant des liquidités aux titres SG échangés, ce qui majore son offre initiale de 8 %, SG et Paribas ne souhaitant pas fusionner avec la BNP.

Le 21 juin, le Comité des établissements de crédit et des entreprises d'investissement (Cecei), présidé par le gouverneur de la Banque de France, Jean-Claude Trichet, invite les trois banques à trouver « une solution consensuelle » afin de créer un champion national. Les discussions débutent mais se soldent rapidement par un échec.

Le 1er juillet, la BNP relève son offre sur SG et Paribas. Les actionnaires de Paribas se voient offrir, en plus des titres BNP, des certificats de valeur garantie ; ceux de la Société générale pourront échanger leurs titres contre des actions BNP et des liquidités.

Le 23 août, le CMF annonce les résultats définitifs. La BNP détient 37,15 % du capital de SG et 31,8 % de ses droits de vote. La BNP a par ailleurs 65,06 % du capital et 65,2 % des droits de vote de Paribas.

Le 28 août 1999, le Cecei n'autorise pas la BNP à détenir une participation minoritaire dans la Société générale. Les titres apportés dans le cadre de l'OPE sont restitués à leurs actionnaires d'origine.

Au final, la Société Générale reste indépendante et Paribas, qui devait initialement fusionner avec SG, fusionne avec la BNP pour former le groupe BNP Paribas.

C. Les mesures anti-OPA

Afin de se prémunir contre la menace d'une OPA ou de répondre à une OPA hostile, les entreprises peuvent utiliser un certain nombre de mesures.

Les mesures préventives pour éviter qu'une offre hostile soit lancée :

– la société peut émettre des actions dont le droit de vote n'est pas proportionnel à la fraction du capital qu'elles représentent. Il peut s'agir d'actions à droit de vote double ou d'actions de préférences, qui sont alors cédées à des partenaires de confiance ;

– les statuts peuvent limiter le nombre de voix dont chaque actionnaire dispose lors des assemblées ;

– l'émission de bons de souscription d'actions (BSA) auprès de partenaires. En cas d'OPA, ils peuvent exercer leurs BSA, ce qui provoque automatiquement une augmentation de capital, rendant l'OPA plus coûteuse ;

– favoriser l'actionnariat des salariés de l'entreprise. Cela permet de le stabiliser car les salariés sont souvent opposés aux OPA hostiles qui visent leur société. Ceci peut se faire grâce à l'abondement (l'entreprise participe au financement de l'achat par le salarié d'actions de son entreprise) ou la décote à l'achat (les actions qui sont émises et souscrites par les salariés leur sont vendues à un prix inférieur à celui qui est demandé aux investisseurs) ;

– la mise en place d'un noyau d'actionnaires stables, ce qui rend la possibilité d'acquérir la majorité du capital plus compliquée, du moins tant que le noyau « d'amis » ne passe pas à l'ennemi ;

– la transformation en commandite par actions car le dirigeant de la société (on parle de gérant) est nommé selon les règles prévues par les statuts. Or, sur ce point, il existe une liberté totale[5], qui peut empêcher un actionnaire devenu majoritaire d'avoir toute influence sur le gérant. Il est majoritaire mais n'a pas de pouvoir de direction.

Les mesures défensives pour empêcher que l'offre hostile lancée réussisse :

– l'augmentation de capital sur délégation de l'assemblée générale extraordinaire : en cas d'OPA hostile, la société procède à une augmentation de capital ce qui accroît le coût de la prise de contrôle car la quantité d'actions à acquérir est plus élevée ;

– la défense PacMan : comme dans le jeu, la cible de l'OPA lance à son tour une OPA sur son agresseur. C'est ce qui se passa en 1999 où Elf lança une OPA (sans succès) sur Total Fina qui venait de déposer une OPA sur Elf.

5 Les statuts peuvent, par exemple, prévoir une dévolution de type dynastique, prévoyant l'accès aux fonctions de gérant de tel ou tel descendant du gérant (Cozian, Viandier, Deboissy, 2006).

CHAPITRE 14

Les opérations de restructuration

► Les opérations de restructuration consistent principalement à modifier la physionomie du bilan de l'entreprise, que ce soit au niveau de ses actifs ou de ses passifs. Au niveau des actifs, la restructuration peut se faire par une scission, un apport partiel d'actif, un *spin-off*, un *split-off*, une opération de titrisation ou l'introduction en bourse d'une filiale. La restructuration du passif, quant à elle, peut se faire, au travers d'opérations affectant le nombre d'actions ou d'une *defeasance*. Enfin, la restructuration d'une société cotée peut consister à la retirer de la cote.

1 ► Scission, apport partiel d'actif, *spin-off* et *split-off*

Dans une scission, une société disparaît en transmettant son patrimoine à deux sociétés ou plus, qui peuvent être créées à l'occasion ou exister préalablement. En matière de restructuration, la scission d'un groupe peut présenter un intérêt lorsque la valeur des différentes branches indépendantes est supérieure à la valeur du groupe avant scission ($V_A + V_B > V_{A+B}$).

Exemple de scission :

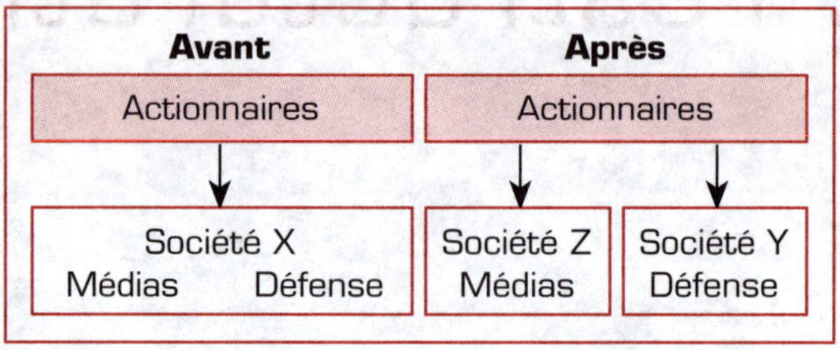

Lors de la scission, la société X disparaît au profit de deux autres (Y et Z). Au contraire, lors d'un *spin-off*, la société apporteuse ne disparaît pas (la société Z peut alors être la société X).

Fiscalement, les scissions sont traitées de la même manière que les fusions. Elles bénéficient du régime de faveur si les trois conditions suivantes sont réunies :

- La société scindée comprend au moins deux branches complètes d'activité ;
- Les sociétés bénéficiaires de ces branches reçoivent les actifs et passifs qui s'y rapportent ;
- Les actionnaires de référence s'engagent à conserver au moins trois ans les titres reçus.

Les principales conséquences de ce régime de faveur sont :

- un sursis d'imposition pour les plus-values sur immobilisations non amortissables (terrains...) ;
- un étalement sur 5 ans de l'imposition des plus-values sur immobilisations amortissables (15 ans pour les immeubles) ;
- un sursis d'imposition pour les plus-values sur les titres reçus en échange.

Lorsque le régime de faveur ne peut s'appliquer, les plus-values qui apparaissent sur les immobilisations de la société scindée sont imposées. Ces plus-values correspondent à la différence entre la valeur de chaque immobilisation au moment de la scission et sa valeur nette comptable.

A. Les différentes opérations

L'apport partiel d'actif correspond à l'apport, par une société apporteuse (A) au profit d'une autre société bénéficiaire (B), d'une branche autonome d'activité. En contrepartie de cet apport, la société B procède à une augmentation de capital au profit de la société A, qui devient alors actionnaire de la société B.

Exemple d'apport partiel d'actif :

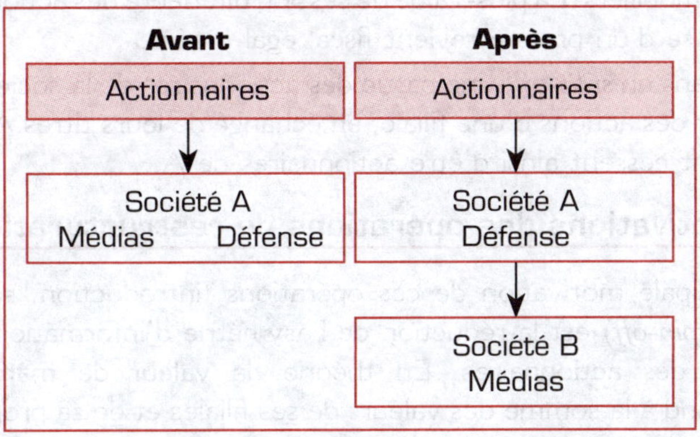

Contrairement à la scission, la société A continue d'exister. Contrairement au *spin-off*, les actions de B sont détenues par la société apporteuse (A), et non par les actionnaires de cette dernière. L'apport partiel d'actif est principalement utilisé dans le cadre de réorganisations de groupes, afin de filialiser certaines activités. Dans d'autres cas, deux sociétés concurrentes peuvent décider d'apporter une de leurs activités afin de créer une filiale commune, et réduire ainsi la pression concurrentielle ou réaliser des économies d'échelle. Si la société qui apporte (A) et celle qui reçoit (B) le souhaitent, l'apport partiel d'actif peut être placé sous le régime juridique des scissions et fusions. Mais, dans ce cas, les actionnaires de la société apporteuse devront être consultés lors d'une assemblée générale extraordinaire. Si l'apport n'est pas placé sous le régime des scissions, les actionnaires de A n'ont pas à être consultés. Indépendamment du régime juridique, l'opération d'apport peut être placée sous le régime fiscal de faveur des fusions, à la condition que l'apport porte sur une branche complète d'activité et que les titres de B reçus en échange soient conservés par la société A au moins 3 ans.

Un *spin-off* consiste, pour une société mère, à distribuer à ses propres actionnaires les actions qu'elle détient sur une filiale, au prorata de leur participation dans le capital de la mère. L'opération est donc assimilable à une distribution de dividendes, à la différence qu'ici, ce ne sont pas des liquidités mais des actions qui sont distribuées. Lorsque l'activité, dont la société mère souhaite se séparer, n'est pas filialisée, le préalable au *spin-off* est un apport partiel d'actif de l'activité à une filiale créée pour l'occasion.

Exemple de *spin-off* :

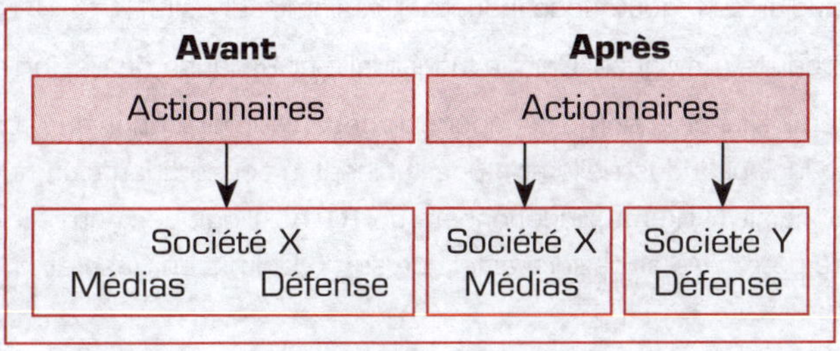

Fiscalement, l'attribution gratuite n'est pas considérée comme une distribution de revenus mobiliers. La plus-value de cession ultérieure des actions reçues sera calculée sur la base d'un prix de revient fiscal égal à zéro.

Enfin, dans un *split-off*, une partie des actionnaires de la société mère (A) se voient proposer des actions d'une filiale, en échange de leurs titres A. Les actionnaires qui acceptent cessent ainsi d'être actionnaires de A.

B. Les motivations des opérations de restructuration de l'actif

La principale motivation de ces opérations (introduction, scission, apport partiel d'actif, *spin-off*) est la réduction de l'asymétrie d'information afin de maximiser la richesse des actionnaires. En théorie, la valeur de marché d'une entreprise correspond à la somme des valeurs de ses filiales et de sa propre valeur. Or, du fait de l'asymétrie d'information, il existe une décote, d'où :

$$V_{cp}\text{ Groupe} < V_{cp}\text{Mère} + \Sigma\, V_{cp}\text{Filiales}$$

Plus les activités d'une société cotée sont variées, plus le cours boursier de cette dernière fait l'objet d'une décote. Cette décote s'explique par le fait qu'elle est plus difficile à valoriser qu'une entreprise présente sur une seule activité. Le marché préfère les *pure players*, car le nombre d'hypothèses à bâtir pour les évaluer est plus limité. En effet, bien que les sociétés cotées soient obligées dans le cadre des normes IFRS de publier des informations sectorielles, il reste délicat d'établir des prévisions par activité sans disposer d'un jeu complet d'états financiers. Si l'information sectorielle permet de désagréger une partie de l'information par secteurs d'activité et zones géographiques, elle ne permet pas de reconstituer des états financiers par activité. Or, pour valoriser correctement une activité, il faut pouvoir établir le *business plan* de cette dernière, pour ensuite estimer ses flux de trésorerie disponibles et les actualiser. Ce problème est accentué par le fait que la plupart des analystes financiers sont désormais spécialisés par secteur d'activité. Un analyste « pharmacie » dispose d'une expertise dans son secteur, qu'il n'a pas dans les autres.

exemple

Cas Arkéma

À partir de 2004, TOTAL a engagé une réorganisation de son secteur Chimie en simplifiant en trois grands pôles ce portefeuille d'activités très diversifiées :

- Chimie de Base qui regroupe les activités Pétrochimie et Fertilisants ;
- Chimie de Spécialités (caoutchouc industriel, résines, adhésifs) ;
- ARKEMA : Produits Vinyliques, Chimie Industrielle et Produits de Performance.

Le *spin-off* Arkéma s'inscrit dans la continuité de cette réorganisation du secteur Chimie de TOTAL. Il répond à une logique industrielle et a pour objectif la constitution d'un nouvel acteur important de la chimie mondiale (Arkéma), indépendant de TOTAL. Il doit permettre le recentrage de TOTAL sur son activité pétrolière et gazière ainsi que sur la Chimie de Base et la Chimie de Spécialités.

Cette opération sera réalisée au moyen de deux scissions partielles et d'une fusion :

Elf Aquitaine procédera :

- à un apport (scission) des participations qu'elle détient dans le capital de ses filiales exerçant une activité relevant d'Arkema à une société holding, S.D.A. ;
- à l'attribution à ses propres actionnaires (soit TOTAL à hauteur de 99,48 %) d'actions S.D.A. émises en rémunération de cet apport, à raison d'une action S.D.A. pour chaque action Elf Aquitaine.

TOTAL procédera :

- à un apport (scission) des participations qu'elle détient dans le capital de ses filiales exerçant une activité relevant d'Arkema (dont la participation dans le capital de S.D.A. qu'elle détient suite à l'apport-scission Elf) à une société holding, Arkema ;
- à l'attribution à ses propres actionnaires d'actions Arkema émises en rémunération de cet apport, à raison d'une action Arkema S.A. pour dix actions TOTAL.
- S.D.A. sera absorbée par voie de fusion par Arkema S.A., les actionnaires de S.D.A. devenant ainsi immédiatement actionnaires d'Arkema, à raison d'une action Arkema S.A. pour quinze actions S.D.A.

Les actions Arkema seront ensuite admises à la bourse de Paris sur le marché Eurolist by Euronext™ (compartiment A), à compter du 18 mai 2006.

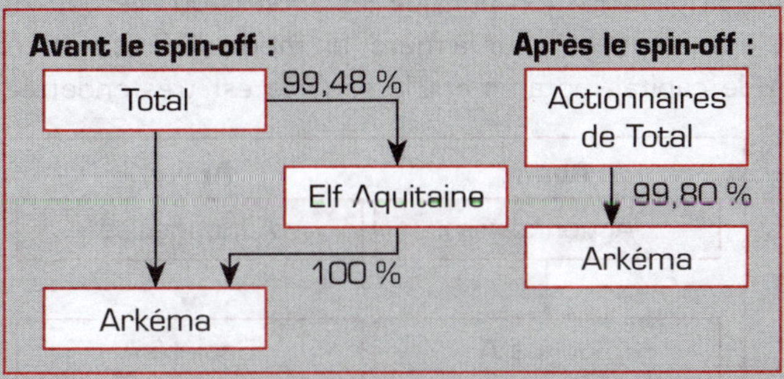

A l'issue de la scission des activités Arkema, les actionnaires de TOTAL et ceux d'Elf Aquitaine seront donc actionnaires d'Arkema.

Comptablement, Arkema crée des actions nouvelles en rémunération de l'apport de Total. Sur la base du nombre d'actions TOTAL, le nombre d'actions Arkema émises s'établit à 60 567 091 actions nouvelles, correspondant à une augmentation de capital d'Arkema d'un montant nominal de 605 670 910 euros. Le montant de l'actif net apporté par TOTAL s'élevant à 1 544 175 344 euros, et le montant de l'augmentation de capital d'Arkema s'élevant à 605 670 910 euros, la différence représente le montant prévu de la prime d'apport, soit 938 504 435 euros. Dans les comptes consolidés de TOTAL, l'ensemble des actifs et passifs faisant l'objet de l'apport de Total seront décomptabilisés sur la base de leur valeur nette comptable, en contrepartie d'une diminution correspondante des capitaux propres consolidés.

Supposons que vous déteniez avant l'opération 100 actions TOTAL et 150 actions Elf Aquitaine (vous faites partie des 0,58 % d'actionnaires minoritaires) :

- en contrepartie des apports de Elf Aquitaine à la société SDA, vous recevez 150 actions SDA (1 pour 1) ;
- en contrepartie des apports de Total à Arkéma, vous recevez 10 actions Arkéma (1 pour 10) ;
- en contrepartie de la fusion absorption de SDA par Arkéma, vos 150 actions SDA vous sont échangées contre 10 actions Arkéma (1 pour 15).

Au final, vous possédez donc 100 actions Total, 150 actions Elf et 20 actions Arkéma.

Source : note d'information.

2 ▶ L'introduction en bourse de filiales

L'introduction en bourse d'une filiale (*equity carve-out*) consiste, pour une société mère, à faire coter en bourse une filiale dont elle détenait généralement 100 % du capital. Pour procéder à l'introduction en bourse, la société mère cède une partie de sa participation, ce qui lui permet d'encaisser des liquidités mais également de mieux valoriser sa participation puisque les actions qu'elle détient deviennent des titres cotés. L'opération est, pour la mère, un mode de financement alternatif à une augmentation de capital, notamment lorsqu'elle est très endettée.

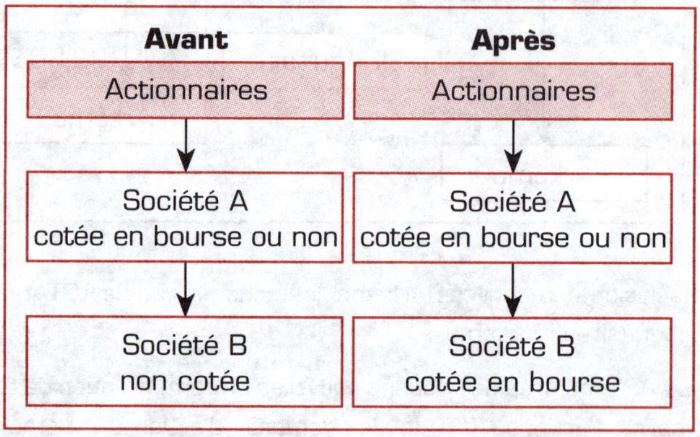

Mais cette opération présente d'autres avantages. Elle permet au marché de mieux valoriser la société mère car elle réduit l'asymétrie d'information qui existe entre ses dirigeants et le marché en améliorant la quantité et la qualité de l'information qui est diffusée au marché (investisseurs, analystes financiers…). La filiale introduite est alors mieux valorisée, de même que la société mère. En effet, la valeur de la filiale s'obtient directement à partir de sa capitalisation boursière (son cours boursier) alors qu'il fallait, précédemment, procéder à son évaluation, ce qui était long, coûteux et subjectif. L'opération permet également à la société mère de se recentrer, en se dégageant de la gestion opérationnelle de sa filiale. Cette justification à l'introduction en bourse est d'autant plus pertinente que les activités de la mère et de sa filiale sont éloignées. Enfin, elle peut permettre, à terme, de se désengager de sa filiale en la cédant plus facilement.

En faisant coter sa filiale, la société mère la place sous le regard du marché, ce qui peut avoir un impact positif sur sa performance du fait de la pression exercée. Dans le même esprit, les managers de la filiale peuvent se voir attribuer des actions ou des *stock-options* afin de les intéresser à la performance de la société.

exemple

Une bien mauvaise affaire

L'introduction en bourse d'une filiale n'est pas toujours une bonne affaire pour les petits actionnaires. Prenons le cas de France Telecom (FT), qui détient Wanadoo (W). La valeur de FT comprend la valeur de W puisque FT est actionnaire à hauteur de 100 % de W. Or si W n'est pas coté en bourse, il est délicat pour le marché de le valoriser correctement car W n'est pas soumis à l'obligation de publier des informations détaillées sur sa situation, comme le sont les sociétés cotées. Dans ces conditions, le marché applique une décote lorsqu'il doit l'évaluer, ce qui affecte à son tour la valeur de FT. En introduisant 10 % de Wanadoo en bourse en juillet 2000, au plus haut de la bulle internet, France Telecom réalise ainsi une double opération. Tout d'abord, FT engrange des liquidités à hauteur de 2 milliards d'euros. Mais ceci permet aussi de valoriser Wanadoo 20 milliards d'euros, dont FT possède 90 %, ce qui n'est pas neutre en matière de valorisation, mais également de structure du bilan consolidé. En février 2004, France Télécom offre de racheter les actions détenues par les minoritaires, avec une prime de 17 % sur le dernier cours de Wanadoo mais avec une décote de 60 % par rapport au prix d'introduction de 2000. L'introduction de Wanadoo se solde ainsi par un cuisant échec pour les petits actionnaires.

L'introduction en bourse d'une filiale se distingue d'un *spin-off* sur trois points. Tout d'abord, la participation dans la filiale n'est pas distribuée aux actionnaires de la société mère mais directement cédée sur le marché. La seconde différence est liée au fait que dans le cadre de l'introduction en bourse, la mère conserve généralement le contrôle de sa filiale, alors qu'elle l'abandonne après un *spin-off*. Enfin, alors que le *spin-off* ne dégage aucune trésorerie, l'introduction en bourse procure des liquidités à la société mère. Cependant, dans certains cas, cette introduction peut être un préalable à un *spin-off*, car il est de peu d'utilité de distribuer à ses propres actionnaires des actions d'une société qui n'est pas cotée. L'introduction permet de créer un marché liquide pour les actions de la filiale.

3 ▶ Les retraits de la cote

Si les sociétés peuvent être introduites en bourse, elles peuvent également être retirées de la cote. Entre 1998 et 2005, on estime ainsi à près de 600 le nombre de sociétés qui ont fait l'objet d'un retrait de la cote [1] à la bourse de Paris. Les raisons de ces retraits sont nombreuses :

- Liquidation ou redressement judiciaire de la société ;

[1] Lettre économique et financière, AMF, été 2006.

- Fusion de la société cotée avec une autre société cotée ;
- Volonté pour une société étrangère de n'être plus cotée que sur son marché d'origine, afin de limiter les coûts liés à la cotation ;
- Offre publique de retrait suivie d'un retrait obligatoire, ce qui suppose que le ou les actionnaires majoritaires détiennent 95 % du capital de la société cotée.

Alors que dans les deux premiers cas le retrait de la cote est subi par la société, les deux derniers résultent d'une démarche volontaire. Ce sont donc ces deux raisons qui vont ici nous intéresser. Les sociétés concernées sont généralement de petite taille comparativement aux autres sociétés cotées, et surtout ont des actions relativement peu liquides. Cette liquidité réduite résulte du passage d'un nombre limité d'ordres de bourse (achat ou vente), ce qui induit une non-cotation du titre certains jours. Deux facteurs peuvent expliquer ce phénomène. Le premier est mécanique et lié au fait que l'actionnariat peut être concentré, et donc le flottant du titre réduit. Le second peut être le manque d'intérêt des investisseurs pour la société concernée.

Deux principales motivations sont avancées pour justifier le retrait de la cote. La première est la réorganisation du groupe auquel appartient la société cotée. Le retrait de la cote permet de simplifier les structures, en fusionnant certaines filiales ou en les scindant en plusieurs activités. La restructuration doit permettre de dégager des synergies et/ou de réaliser des économies d'échelle. La seconde justification est le souhait de réduire les coûts liés à la cotation. Le fait d'être cotée engendre un certain nombre de coûts pour la société : redevance à verser à Euronext, coûts liés aux obligations légales associées à la cotation sur un marché (double commissariat aux comptes, publication d'un rapport annuel, états financiers en normes IFRS, etc.). Or ces coûts ne sont pas nécessairement compensés par les avantages qu'il est possible de tirer de la cotation, notamment en termes de sources de financement.

4 ▶ Les opérations affectant le nombre d'actions

A. La division du nominal

Lorsque le cours d'une action devient trop élevé, la liquidité du titre s'en trouve réduite car il est plus difficile pour un investisseur individuel de diversifier son portefeuille lorsqu'il est composé d'actions qui valent 1000€ que d'actions à 100€. La division du nominal va consister à diviser la valeur nominale de chaque action, ce qui fait mécaniquement baisser son cours, tout en laissant intacte la richesse de l'actionnaire, qui reçoit en contrepartie des actions nouvelles. Le niveau de la division dépend du cours de l'action, plus ce dernier est élevé, plus la division sera importante. En 2006, le nominal de l'action Georex a ainsi été divisé par 25.

exemple

En 2006, Ipsos a divisé la valeur nominale de ses actions par 4. Le nombre de ses actions est passé de 8 465 836 (de nominal 1 €) à 33 863 344 (de nominal 0,25 €) avec prise d'effet le 4 juillet. Le cours du titre qui était le 3 juillet de 112,6 euros est tombé le 4 juillet à 27,78 euros.

Mais pour que la comparaison dans le temps ait un sens, il faut appliquer aux cours antérieurs à l'opération un coefficient d'ajustement, de 1/4 dans le cas d'Ipsos. Le cours ajusté d'Ipsos le 3 juillet 2006 est donc de 112,6/4 = 28,15 euros. Pour l'actionnaire, l'opération est neutre car celui qui détenait 1 action Ipsos à 112,6 € se retrouve avec 4 actions à 27,78 €, la différence (112,6−4×27,78 = 1,48) représentant la variation de cours entre les deux jours.

B. L'incorporation de réserves au capital

L'incorporation de réserves au capital de la société entraîne une augmentation de capital au profit des actionnaires de cette dernière, qui se voient attribuer gratuitement des actions, au *prorata* du nombre d'actions qu'ils détiennent déjà. En juin 2006, Air Liquide a ainsi distribué à ses actionnaires 1 action nouvelle pour 10 actions anciennes. Tout comme lors de la division du nominal, la valeur de l'entreprise n'est pas affectée par l'opération puisqu'elle ne reçoit aucun fonds nouveau. Par contre, puisque le nombre d'actions augmente, le cours de l'action baisse mécaniquement. Pour que la comparaison ait un sens, il faut également appliquer aux cours antérieurs du titre un coefficient d'ajustement égal à N/(N+N'), où N représente le nombre d'actions anciennes et N' le nombre d'actions nouvellement créées. Dans le cas d'Air Liquide, ce coefficient est ainsi de 10/11. Le cours de clôture du 9 juin 2006 qui était 158,60 euros devient 144,20 euros (158,60×10/11).

5 ▶ La defeasance

La defeasance est une opération d'ingénierie financière qui permet à une entreprise de transférer tout ou partie de ses dettes à une structure *ad hoc* (une fiducie ou un *trust*). Simultanément, elle lui transfère également un portefeuille de titres sans risques (généralement des obligations d'État) dont la vocation est d'assurer le service de la dette (paiement des intérêts et remboursement du capital) transférée. Cette technique permet, pour une entreprise, de gérer la physionomie de son bilan en faisant disparaître une partie de ses dettes et d'améliorer ainsi sa notation financière. Les nouvelles normes comptables réduisent cependant cet avantage.

Le portefeuille de titres qui est transféré doit être construit de telle sorte que les flux qu'il procure (coupons perçus et remboursements à l'échéance) permettent le service de la dette qui est, elle aussi, transférée. Juridiquement, le transfert de la dette ne supprime pas l'obligation de l'entreprise vis-à-vis de ses créanciers, ce qui n'est pas neutre en matière comptable. En IFRS, dès lors que la dette de la société n'est pas juridiquement éteinte, elle ne peut être déconsolidée. Quant aux normes françaises (CRC 2004), elles prévoient une consolidation des entités *ad hoc* contrôlées exclusivement, quand bien même aucune action ne serait détenue.

6 ▶ La titrisation

La titrisation (*securization*) consiste, pour une entreprise, à rendre liquide une partie de ses créances, en les cédant à une structure créée à cet effet, un fonds commun de créances (FCC) qui émet en contrepartie des titres (d'où le nom de titrisation). Le principe est relativement simple. Les titres émis par le FCC sont rémunérés et remboursés sur la base des flux que procureront dans le futurs les actifs titrisés. Les titres émis sont ainsi adossés à un portefeuille d'actifs (*Asset Backed Securities*). Le recours à cette technique permet à l'entreprise qui titrise :

- de diversifier ses sources de financement grâce aux fonds qu'elle reçoit ;
- d'améliorer la structure de son bilan, les créances qui figuraient à l'actif étant remplacées par de la trésorerie ;
- de réduire en conséquence ses frais financiers.

Cette technique a ainsi permis au Crédit Foncier de France de récupérer 3,3 milliards d'euros en 2004 en titrisant une partie de son portefeuille de prêts immobiliers.

A. Principes

Concrètement, la société qui souhaite titriser une partie de ses créances lance un appel d'offre afin de sélectionner la ou les banques qui gèreront l'opération. Une fois sélectionnée, la banque crée le FCC. Le FCC achète les créances de l'entreprise, qui ne peuvent être douteuses ou litigieuses, et les finance en émettant des parts, des titres de créances négociables ou des obligations. En règle générale, le cédant des créances en reste dépositaire. On parle alors de cédant recouvreur car il agit par la suite en tant que gestionnaire et non plus propriétaire des actifs titrisés. Cela implique que, bien qu'il les cède, c'est à lui que les débiteurs verseront les fonds le moment venu. L'opération de titrisation est ainsi invisible pour les débiteurs dont les créances sont cédées, ce qui allège considérablement la gestion de l'opération. Une fois les sommes encaissées, le cédant recouvreur reverse les fonds au FCC. Une fois les créances payées, le FCC rembourse les obligations et/ou parts qu'il a émises.

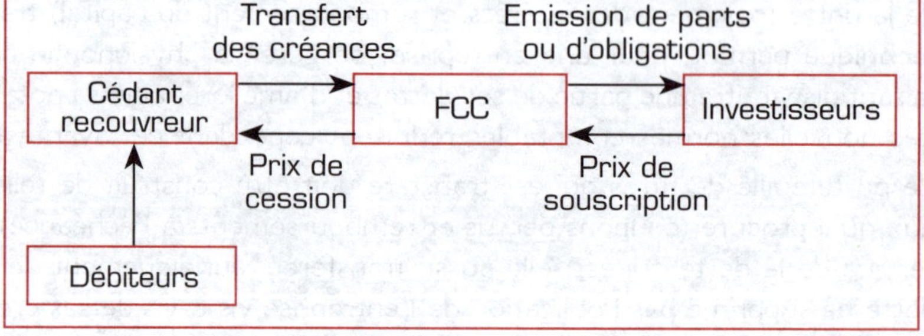

B. Structuration de l'opération

Le FCC finance l'achat des actifs titrisés par l'émission de titres, qu'il rémunère et rembourse ensuite grâce aux fonds qui proviendront du règlement des créances par les débiteurs initiaux. En règle générale, les titres émis par le FCC comportent plusieurs tranches, avec des rangs de remboursement différents. En supposant qu'il y ait trois tranches (A, B et C), les fonds perçus par le FCC serviront en priorité à rembourser les titres A (*seniors*), puis les B et enfin les C (*juniors*). En cas de défaillance de certains débiteurs, la perte est alors supportée par ces parts juniors. En contrepartie, les tranches dont le remboursement est subordonné sont rémunérées à un taux d'autant plus élevé que leur rang est faible.

Exemple de structuration :

Classe	Proportion	Note	Rémunération
A	93 %	AAA	Eubibor + 10 pbs [2]
B	4 %	AA	Eubibor + 20 pbs
C	2 %	BBB	8 %, *in fine*
D	1 %	Non notée	12 %, *in fine*

Afin de protéger les investisseurs, les titres émis par le FCC doivent faire l'objet d'une notation par une agence spécialisée. La note attribuée, qui est fonction de la qualité des actifs titrisés, doit permettre aux investisseurs d'évaluer le risque qu'ils prennent en achetant les titres du FCC, et d'exiger en conséquence un certain niveau de rémunération. Par exemple, dans le cas d'un portefeuille de crédits immobiliers, l'agence de notation s'intéressera notamment à la qualité des emprunteurs (salaires, part de l'achat financée à crédit…).

Afin que l'émission soit attractive, le FCC doit rehausser la qualité du crédit de son portefeuille d'actifs. Le niveau du rehaussement de crédit est principalement déterminé par l'agence de notation afin que l'émission puisse obtenir la note souhaitée (AA par exemple). Le rehaussement se fait principalement par deux techniques. La première est l'émission de titres de différentes tranches (voir ci-dessus). Dans notre exemple, la tranche A est rehaussée car elle est prioritaire sur les trois autres tranches. En cas de défaillance de certains débiteurs, se sont les tranches D, puis C, puis B qui seront affectées. Le risque pris par les investisseurs en tranche A est donc très faible.

La seconde technique de rehaussement consiste à surdimentionner le FCC. Le montant des créances cédées est alors supérieur à la valeur des parts ou obligations émises par le FCC, ce qui permet de compenser la défaillance de certains débiteurs. À qualité d'actifs identique, la note sera d'autant plus élevée que le surdimensionnement est important. C'est donc souvent la note souhaitée qui conditionne le taux de surdimensionnement, et non l'inverse.

[2] Point de base. 1 point de base 0,01 %.

Exemple de surdimensionnement :

Taux de surdimensionnement	Note
1 %	BBB
3 %	A
5 %	AA
10 %	AAA

Dans cet exemple, un FCC qui souhaite obtenir un AAA devra disposer d'un portefeuille de créance d'une valeur supérieure de 10 % au montant des titres émis. Compte tenu de l'incertitude qui pèse sur les flux perçus par le FCC, la rémunération qu'il offre se fait généralement à un taux variable (Euribor + marge), payé trimestriellement. La durée de la tranche A est souvent comprise entre 3 et 7 ans. Le remboursement des titres émis se fait au cours du temps pour la tranche A, et *in fine* pour les tranches suivantes.

exemple

La titrisation en pratique

En 2005, RCI Banque, société de financement du groupe Renault-Nissan a réalisé une opération de titrisation de 850 millions d'euros. Elle portait sur les créances que détenait RCI Banque sur les concessionnaires de son réseau. Les titres émis avaient une maturité de 5 ans, et comprenaient deux tranches, A (814 M€) notée AAA et B (36 M€) notée A. La tranche A a été émise avec un *spread* de 9 points de base (pbs) au dessus de l'Euribor et la tranche B à 21 pbs. Le FCC créé pour l'opération achète sur une base quotidienne des créances sur les concessionnaires, ce qui permet de recharger en permanence le FCC.

C. Traitement comptable des opérations de titrisation

Un des problèmes qui se pose lors d'une opération de titrisation est de savoir si, au niveau des comptes consolidés, les créances cédées doivent figurer ou non à l'actif du bilan consolidé du cédant. Ce point n'est pas négligeable car l'opération de titrisation a notamment pour vocation de transformer des créances en disponibilités afin d'améliorer la physionomie du bilan. Or si le FCC est consolidé, le bilan du groupe fera apparaître à l'actif les créances cédées et, au passif, les titres émis par le FCC.

Comptablement, le FCC est une entité *ad hoc* (*Special Purpose Entity*). Dans le cas de la titrisation, cela signifie qu'il s'agit :

- d'une structure juridique distincte du cédant ;
- créée pour gérer une opération pour le compte du cédant ;
- et qui est organisée de telle sorte que son activité n'est exercée que pour le compte du cédant.

Le FCC étant une entité *ad hoc*, faut-il le consolider ? Le principe général est qu'une société doit entrer dans le périmètre de consolidation dès lors qu'une autre société la contrôle, que ce soit du fait de liens en capital ou de façon contractuelle (contrôle en substance), quant bien même la société consolidante ne détiendrait aucune action de la société contrôlée (FCC). Les normes comptables considèrent trois critères pour définir le contrôle en substance sur une entité *ad hoc* (le FCC) :

- La société consolidante (le cédant) dispose des pouvoirs de décision sur l'entité *ad hoc* ;
- Elle bénéficie de la majorité des avantages économiques de l'entité *ad hoc* ;
- Elle supporte la majorité des risques de l'entité *ad hoc*.

La réglementation comptable française (CRC 99-02) considère qu'il y a contrôle, et donc consolidation, dès lors que deux des trois critères sont remplis. Par contre, en normes IFRS, il suffit qu'un seul des critères soit rempli pour qu'il y ait contrôle. Lors de la structuration de l'opération de titrisation, la banque réalisant l'opération s'attachera à ce que les critères ci-dessus ne soient pas satisfaits afin que le montage soit déconsolidant.

CHAPITRE 15

Éthique et gouvernement d'entreprise

▶ Bien qu'il existe une réglementation prévoyant des sanctions pénales contre les actes frauduleux en matière de gestion d'entreprise, elle ne suffit pas à éviter les risques résultant d'erreurs stratégiques ou d'un mauvais management. La multiplication des scandales financiers a alarmé l'opinion publique sur l'éthique des entreprises. On pense bien évidemment à l'affaire du Crédit Lyonnais en France ou Enron et WorldCom aux États-Unis. L'organisation du pouvoir à l'intérieur de l'entreprise est un enjeux essentiel pour une bonne gestion. Les différentes parties prenantes de l'entreprise (dirigeants, actionnaires, salariés, prêteurs, Etat, Clients, fournisseurs) ne poursuivant pas toutes les mêmes objectifs, des conflits d'intérêts apparaissent. Pour limiter ces divergences d'intérêts, un certain nombre de mécanismes peuvent être mis en place, en particulier pour inciter les dirigeants à répondre aux attentes des actionnaires.

Cependant, ils peuvent parfois être contournés par des managers adoptant des comportements opportunistes. La question du gouvernement d'entreprise (*corporate governance*) est très actuelle et la réflexion se poursuit. Afin de restaurer la confiance des investisseurs, de nouvelles lois ont été votées (*Sarbanes Oxley* aux États-unis) et certaines règles de bonne conduite ont été édictées en matière de gestion des entreprises.

CHAPITRE 15

De multiples rapports (rapports Vienot 1 et 2, rapport Bouton) se sont intéressés à la gouvernance et à l'éthique des entreprises et ont proposé un certain nombre de recommandations dont certaines ont abouti au vote de lois (loi sur les nouvelles régulations économiques (NRE) et loi de sécurité financière).

1 La définition du gouvernement d'entreprise

Le gouvernement d'entreprise ou gouvernance d'entreprise recouvre les méthodes de direction et de contrôle des entreprises. Il concerne le cadre juridique retenu par l'entreprise, la façon dont les dirigeants et les administrateurs sont nommés, et l'organisation du contrôle interne. La gouvernance d'entreprise s'intéresse ainsi à la façon dont est réparti le pouvoir à l'intérieur de celle-ci.

Si dans les pays à modèle anglo-saxon, l'accent est mis sur les relations entre dirigeants et actionnaires, dans les systèmes dits « fermés » présents au Japon, en Allemagne et en France, l'intérêt de l'ensemble des parties prenantes (*stakeholders*) est pris en compte. Le gouvernement d'entreprise s'intéresse aussi à l'égalité de traitement entre les différents actionnaires : la défense des minoritaires face aux intérêts des majoritaires en matière d'accès à l'information mais aussi de droit de vote. La montée en puissance des investisseurs institutionnels et la multiplication des associations d'actionnaires ainsi que la promotion de l'actionnariat salariés conduisent à la recherche d'une certaine « démocratie actionnariale ».

2 Les conflits d'intérêt au sein de l'entreprise

L'existence de conflits d'intérêts à l'intérieur de l'entreprise peut s'analyser au travers de la théorie des droits de propriété. Dans l'entreprise dite « capitalistique », le dirigeant est aussi le propriétaire de l'entreprise et il recherche la maximisation du profit qui lui revient. Les fonctions de décisions et de propriétés reposent sur une seule et même personne.

À l'inverse, dans les entreprises dites « managériales » où les actionnaires délèguent la gestion de l'entreprise à un dirigeant, apparaissent des divergences d'intérêts. Le dirigeant peut avoir tendance à rechercher la maximisation de sa richesse plutôt que la création de valeur destinée aux actionnaires. Les comportements divergents des dirigeants peuvent être de plusieurs natures. Ils peuvent être illégaux et se traduire par des détournements de fonds, de la fraude sous forme de manipulations comptables, des transferts de richesse de l'entreprise vers d'autres organisations, par la réalisation de délits d'initiés, etc.

Mais les comportements divergents peuvent être aussi légaux. Le manager peut avoir intérêt à accroître la taille de l'entreprise en augmentant le chiffre d'affaires ou en procédant à des augmentations de capital ce qui n'est pas toujours synonyme d'augmentation de la rentabilité pour les actionnaires. Les grandes entreprises sont en effet plus reconnues et leurs dirigeants mieux payés. Le gestionnaire va être incité à réinvestir les bénéfices plutôt que de les distribuer aux actionnaires. Il diminue ainsi la probabilité d'une prise de contrôle rendue plus difficile par une surface financière plus importante. Il peut aussi s'octroyer des avantages en nature ou décider de majorer son salaire et l'ensemble de ses rémunérations annexes.

3 ▶ La théorie de l'agence et les moyens du contrôle

Il apparaît une relation d'agence « *lorsqu'une personne a recours aux services d'une autre personne en vue d'accomplir en son nom une tâche quelconque* » (Jensen et Meckling - 1976). Le mandataire est l'actionnaire et le mandaté, le dirigeant. Dans la théorie de l'agence, les actionnaires doivent mettre en place des procédures de surveillance et d'incitation pour vérifier que le dirigeant agit bien conformément à leurs intérêts.

A. Les moyens de contrôle externes

Le marché des biens et services exerce un contrôle externe sur le dirigeant en ce sens que si l'entreprise n'atteint pas un niveau de compétitivité suffisant, elle risque de connaître des difficultés financières l'entraînant vers une procédure de faillite. L'économie de marché constitue un élément incitatif pour le manager car, en cas de faillite de l'entreprise, il perd son travail.

Le rôle disciplinaire des prises de contrôle repose sur un des éléments fondamentaux du marché du contrôle des entreprises qu'est le marché des équipes dirigeantes. Lorsque les mécanismes de contrôle interne d'une entreprise, au travers notamment de son conseil d'administration, ne fonctionnent pas de façon optimale, une équipe dirigeante externe peut décider d'en prendre le contrôle par le biais d'une offre publique. Son objectif est alors d'y redéployer et d'y réorganiser les actifs de la société visée et de remplacer les dirigeants en place.

Par ailleurs, il est à noter que les modifications de l'environnement financier et des mentalités ont conduit à accentuer pour les entreprises le risque de survenance d'une offre publique. Dès lors, la simple menace de survenance d'une offre peut conduire les équipes dirigeantes en place à agir de façon plus efficace, dans l'intérêt de leurs actionnaires. Cette explication est assimilable à « un coup de pied au derrière ».

Le marché boursier joue aussi un rôle de sanction pour les dirigeants non performants. Les actionnaires des entreprises mal gérées peuvent décider d'abandonner leurs participations et de revendre leurs actions. Ces ventes contribuent à faire chuter le cours du titre, ce qui augmente la probabilité de prise de contrôle de l'entreprise concernée. Et, en cas d'OPA, le dirigeant a de forte chance de perdre son poste.

L'endettement joue aussi un rôle disciplinaire. Le service de la dette (paiement des intérêts et remboursement du capital) réduit la trésorerie disponible de façon discrétionnaire par les dirigeants, ce qui limite les possibilités qu'ils ont de l'utiliser de façon inappropriée. Par ailleurs, le fait qu'elle soit endettée impose au dirigeant de la société de dégager un certain niveau de profit car, dans le cas contraire, la société peut se retrouver dans l'impossibilité d'assurer le service de sa dette, ce qui peut la conduire à la faillite.

B. Les moyens de contrôle internes

Le principal mode de contrôle interne à l'entreprise est le droit de vote attribué aux actionnaires en assemblée générale. Les actionnaires ont le pouvoir d'approbation des comptes et du choix des résolutions à adopter, mais le droit de vote leur permet aussi de sanctionner les dirigeants. L'existence du conseil d'administration, et son pouvoir de révoquer les managers jugés non performants, assurent aussi un certain contrôle.

L'intéressement des dirigeants est enfin un bon moyen de les inciter à agir dans l'intérêt des actionnaires. L'indexation de leur rémunération sur la rentabilité de l'entreprise et l'attribution d'actions ou de plans de *stock-options* permettent de limiter les conflits d'intérêts et de rendre compatibles les objectifs des actionnaires et celles des managers.

C. Les limites des moyens de contrôle

Afin de limiter les conséquences de ces moyens disciplinaires et de retrouver un espace discrétionnaire maximum (marge de manœuvre et liberté maximales), le dirigeant dispose de certains moyens. Cela passe par la nomination d'administrateurs qui lui sont redevables, par la multiplication de mandats croisés ou encore par la réalisation d'investissements dans des secteurs qu'il maîtrise parfaitement. Il peut aussi augmenter la taille de l'entreprise pour en rendre la structure complexe et difficilement compréhensible et gérable pour un nouveau dirigeant. Il peut aussi prévoir des clauses anti-prise de contrôle (pilules empoisonnées).

4 ▶ Les recommandations des rapports

Les organismes patronaux se penchent régulièrement sur les problèmes de gouvernance des entreprises. Le premier rapport, le rapport Cadbury, rendu public en 1992 en Grande Bretagne, préconisait l'indépendance du comité d'audit qui devait être composé au maximum d'administrateurs indépendants. Il proposait la création d'un comité des rémunérations ainsi que d'un comité des nominations des administrateurs. En France, trois rapports (rapports Vienot - 1995 et 1999, et le rapport Bouton - 2002) ont émis un certain nombre de préconisations en la matière. Pour ce dernier, l'objectif de l'entreprise ne doit pas être limité à la seule création de richesse destinée aux actionnaires mais à la recherche d'un intérêt social, c'est-à-dire la satisfaction de l'ensemble des *stakeholders* (parties prenantes de l'entreprise). Le rapport Bouton préconise de plus l'indépendance du Conseil d'administration par rapport aux organes de direction et la mise en place de comités autonomes.

La loi relative aux nouvelles régulations économiques (NRE 2001) et la loi de sécurité financière (LSF 2003) prévoient le renforcement des pouvoirs de l'Autorité des Marchés Financiers (AMF), l'encadrement de la composition du conseil d'administration, des obligations plus lourdes en terme d'information pour les sociétés cotées, la possibilité de distinguer les fonctions de président et de directeur général, la transparence sur les conditions de préparation et d'organisation du conseil d'administration et sur les procédures de contrôle interne. La loi NRE limite ainsi à cinq le nombre de mandats pouvant être cumulés par un administrateur (contre huit auparavant).

A. La qualité de l'information financière diffusée

Le rapport Bouton ne tranche pas sur la périodicité optimale de la publication des comptes. Si la trimestrialité augmente la volatilité des résultats, elle permet, selon certains, un ajustement plus rapide des anticipations des investisseurs et des effets correctifs sur la gestion de l'entreprise. Le rapport insiste sur l'importance de la prise en compte des éléments hors bilan et les risques qu'ils peuvent engendrer.

Concernant les normes comptables, le rapport précise les quatre qualités requises :

- Participer à la stabilité des marchés, des économies et du financement des entreprises ;
- Faciliter la compréhension des états financiers, des tendances de fond et des risques de l'entreprise ;
- Être applicables et reconnues par tous les acteurs de la vie économique ;
- Produire une information digne de confiance, c'est-à-dire fiable et vérifiable.

Bien que la mise en place des normes IAS/IFRS et l'harmonisation comptable internationale répondent à un réel besoin, il en résulte une plus grande complexité de l'information diffusée. Pour une meilleure qualité de l'information diffusée, l'AMF préconise le recours à des indicateurs constants dans le temps afin d'éviter la manipulation d'information. Le mode de calcul de ces indicateurs doit être rendu public et ne doit pas varier.

B. La dissociation des fonctions de président et de directeur général

En France, les entreprises ont le choix entre la formule unitaire avec un conseil d'administration et la formule duale avec un directoire et un conseil de surveillance. La loi imposait jusqu'en 2001 le cumul des fonctions sur la tête du Président Directeur Général. Pour séparer les deux fonctions, il fallait opter pour la structure à conseil de surveillance et directoire. Depuis 2001 (loi NRE du 15 mai 2001), dans la formule conseil d'administration, il est désormais possible de choisir entre le cumul ou la séparation des fonctions.

C. L'indépendance du conseil d'administration par rapport au directeur

Le rôle du conseil d'administration est de définir la stratégie de l'entreprise, de désigner les mandataires sociaux, de contrôler la gestion et de veiller à la qualité de l'information communiquée aux actionnaires.

Le conseil d'administration doit comporter au minimum un tiers d'administrateurs indépendants (Vienot 1999) et la moitié si le capital est dispersé (rapport Bouton). La définition d'un administrateur indépendant selon le rapport Vienot 2 est un administrateur qui « *n'entretient aucune relation de quelque nature que ce soit avec la société ou son groupe qui puisse compromettre l'exercice de sa liberté de jugement* ». Le rapport Bouton précise de plus que pour être indépendant, l'administrateur ne doit :

- ni être salarié, ni mandataire social de l'entreprise ou de l'une de ses filiales ;
- ni être mandataire social d'une société dans laquelle la société détient un mandat d'administrateur ;
- ni avoir un lien de parenté ou personnel avec un mandataire social ;
- ni être ou avoir été auditeur de la société depuis moins de cinq ans ; ne pas avoir été administrateur pendant 12 ans de cette société ;
- ni être directement ou indirectement client, fournisseur ou banquier de la société ou de son groupe.

Le conseil d'administration, assisté du comité des nominations, est compétent pour juger de l'indépendance d'un administrateur.

D. La transparence

Si aucun mode de fonctionnement ne peut être privilégié par rapport à un autre, la répartition des responsabilités entre directeur et président doit être clairement définie et rendue publique. De la même façon, les modes de rémunération des dirigeants et des administrateurs doivent être rendus publiques. L'attribution des *stock-options* doit être rendue publique et le calendrier des attributions arrêté à l'avance. Le conseil d'administration doit être évalué au moins une fois par an. Son mode de fonctionnement doit être vérifié et la participation de chaque administrateur confirmée.

Le conseil d'administration doit être réuni au moins une fois par an pour juger de la performance du président et des directeurs généraux. Le conseil d'administration doit faire l'objet d'une évaluation annuelle. Le rôle, la compétence et l'implication de chaque administrateur au sein du conseil d'administration doivent aussi être étudiés. Les administrateurs doivent avoir accès à une information fiable et suffisante pour leur permettre de porter un jugement.

L'AMF a aussi émis des recommandations visant les mandataires sociaux. Ils doivent inscrire sous forme nominative les titres qu'ils détiennent et doivent déclarer l'ensemble des transactions qu'ils réalisent sur les titres de leur société.

5 ▶ La mise en place de comités spécialisés au sein du conseil d'administration

Les comités spécialisés ne doivent pas se substituer au conseil d'administration mais le renforcer. Le rapport annuel doit contenir un exposé sur les activités de ces différents comités.

Le comité des comptes ou comité d'audit doit être composé d'au minimum deux tiers d'administrateurs indépendants selon le rapport Bouton et ne compter aucun mandataire social. Ses membres doivent avoir des compétences en matière de finance et de comptabilité. Il doit auditionner les commissaires aux comptes, les directeurs financiers, comptables et les trésoriers, participer à la procédure de sélection des commissaires aux comptes et formuler un avis sur leurs honoraires. En plus des comptes sociaux et consolidés, il est aussi chargé de l'examen des engagements hors bilan.

Le comité des rémunérations ne doit comporter aucun mandataire social et être constitué d'une majorité d'administrateurs indépendants. Il est chargé de calculer la part variable des rémunérations versées aux mandataires sociaux qui sont indexées sur des critères de performance. Il doit évaluer les rémunérations, les avantages en nature et les compléments de retraite des dirigeants ainsi que les modalités d'attribution de *stock-options*.

Le comité des nominations travaille à l'élaboration de la composition de l'équipe dirigeante. Il peut être confondu avec le comité des rémunérations. Il sélectionne les nouveaux administrateurs et s'assure de leur indépendance.

6 ► L'indépendance des commissaires aux comptes

Suite à l'implication du cabinet d'audit Arthur Andersen dans l'affaire Enron, une réflexion portant sur l'indépendance des commissaires aux comptes était nécessaire. La durée du mandat du commissaire aux comptes est fixée à six ans et renouvelable, bien que la rotation soit souhaitable. Le montant des honoraires versés aux commissaires aux comptes doit être communiqué au comité des rémunérations et doit être en rapport avec les missions qui lui sont confiées. A l'échéance des mandats, la sélection des commissaires aux comptes doit faire l'objet d'un appel d'offre. Le commissaire aux comptes ne doit avoir aucune activité de conseil au sein de l'entreprise.

Bibliographie

Une bibliographie complète est disponible sur le site internet.

Aftalion F., *La Nouvelle Finance et la Gestion des Portefeuilles*, 2nde édition, Économica, 2004

Albouy M., Dumontier P., *La politique de dividende des entreprises*, PUF, 1992

Albouy M., *Financement et coût du capital des entreprises*, Eyrolles, 1991

Artus P., *Les anomalies sur les marchés financiers*, Économica Gestion Poche, 1995

Barabel M., Meier O., *Manageor*, Dunod, 2006

Barneto P., *Normes IAS/IFRS*, Dunod, 2004

Batsch L, *Finance et stratégie*, Économica, 1999

Bellier Delienne A., Khath S., *Gestion de trésorerie, Économica*, 2ème édition, 2005

Bhattacharya U., Spiegel M., Insiders, outsiders and the markets breakdowns, *Review of Financial studies*, 1991, volume 4(2), p. 255-282.

Black F., Scholes M., The valuation of option contracts and a test of market efficiency, *Journal of Finance*, 1972, 27 (2), 399–418.

Black F., Scholes M.S., The effects of dividend yield and dividend policy on common stock prices and returns, *Journal of financial economics*, 1974, volume 1 (1), p. 1-22

Brealey R.A., Myers S., *Principes de gestion financière*, 8ème édition, Pearson, 2006

Broihanne MH., Merli M., Roger P., *Finance comportementale*, Économica, 2004

Caballe J.,Krishnan M., Imperfect competition in a multi-security market with risk neutrality, *Econometrica*, 1994, volume 62 (3), p. 695-705

Caby J., Hirigoyen G., *La création de valeur de l'entreprise*, 3ème éd., Économica, 2005

Ceddaha F., *Fusions acquisitions*, Économica, 2005

Chadefaux M., *Les fusions de sociétés*, Revue fiduciaire, 2002

Charreaux G, Wirtz P., *Gouvernance des Entreprises : Nouvelles perspectives*, Économica, 2006

Charreaux G., *Gestion financière*, 6ème éd., Litec, 2000

Cherif M., Dubreuille S., *Création de valeur et capital-investissement*, Pearson, 2005

Chollet P., *Les bons de souscription d'actions*, Économica, 1995

Cobbaut R., *Théorie financière*, 3ème éd., Économica, 1994

Cohen E., *Analyse financière*, 6ème éd., Économica, 2006

Coispeau O., Bessière V., *L'évaluation des entreprises,* 3ème éd., SEFI, 1996

Copeland T., Koller T., Murrin J., *Valuation, Measuring and managing the value of companies,* 3rd ed., Wiley, 2000

Copeland T., Weston F., Shastri K., *Financial policy and corporate policy,* 4th ed., Pearson.

Damodaran, A., *Investment valuation*, Wiley, 2004

Denglos G., *La création de valeur*, Dunod, 2002

Desbrières P., *Ingénierie financière*, Litec, 1995

Dumas B., Allaz B., *Les titres financiers*, PUF, 1995

Fama E, Efficient capital Markets : A review of Theory an empirical Work, *Journal of Finance*, volume 25 (2), 1970, p. 3-417

Fama E., French K., Disappearing Dividends : Changing Firm Characteristics or Lower Propensity to Pay ?, *Journal of Financial Economics, 2001, n°* 60, p. 3-43.

Fama E., French K., Industry cost of equity, *Journal of Financial Economics, 1997, n°* 43, p. 153-193.

Fama E., French K., Permanent and temporary components of stock prices, *Journal of political economy*, 1988

Fama E., French K., The Cross-Section of Expected Stock Returns, *Journal of Finance*, 1992

Fama E., French K., The Equity Premium, *Journal of Finance, 2002, n°* 57, p. 637-659.

Fernandez P., *Valuation methods and shareholder value creation*, Academic Press, 2002

Fontaine P., Gresse C., *Gestion des risques internationaux*, Dalloz, 2003

French K., Stocks returns and the weekend effect, *Journal of Financial Economics*, 1980, volume 8, p. 55 -69

Gensse P., Topsacalian P., *Ingénierie financière,* 3ème éd., Économica, 2004

Gillet P., *L'efficience des marchés financiers*, 2nde édition, Économica, 2006

Gillet R., Jobard J.-P., Navatte P., Raimbourg P., *Finance*, Dalloz, 2003

Ginglinger E., Hasquenoph J.-M., *Mathématiques financières*, 2nde édition, Économica, 2006

Ginglinger E., *Le financement des entreprises par les marchés de capitaux*, PUF, 1991

Ginglinger E., *Les décisions d'investissement*, Nathan, 1998

Ginglinger E., *Les décisions de financement des entreprises*, Nathan, 1997

Goffin R., *Principes de finance moderne*, 4ème éd., Économica, 2004

Gordon M., Shapiro E., Capital equipment analysis : the required rate of profit, *Management Science, 1956,* 3, October, p. 102-110.

Grandin P., Hübner G., Lambert M., *Performance de portefeuille*, Pearson, 2006

Grandin P., *La gestion de portefeuille d'actions : Exercices et cas corrigés de gestion*, Nathan, 1998

Gresse C., *Les entreprises en difficultés*, Économica, Gestion Poche, 2ème Edition, 2003

Grinblatt M., Titman S., *Financial markets and corporate strategy*, 2nd ed., McGraw-Hill, 2002

Grossman S.J., Stiglitz J.E, On the impossibility of informationnaly efficient markets, *The American Economic review*, 1980, volume 70 (3), p. 393-407

GrossmanS.J, On the efficiency of competitive stock markets where agents have diverse information, *The Journal of Finance*, 1976, Volume 31 (2), 1976, p. 573-585

Guyvarc'h A., *Analyse financière*, e-thèque, 2004

Hamon J., *Bourse et Gestion de portefeuille*, Économica, 2ème Édition, 2005,

Hamon J., Jacquillat B., *Le marché des actions : études empiriques 1977-1991*, PUF, Finance, 1992

Hellwig M.F., On the aggregation of information in competitive markets, *Journal of Economic Theory*, 1980, volume 22(3), p. 477-498

Hoarau C., *Diagnostic financier et dynamique de l'entreprise*, PUF, 1996

Hoarau C., *Le diagnostic financier*, Revue fiduciaire, 1998

Hoarau C., Teller R., *Création de valeur et management de l'entreprise*, Vuibert, 2001

Hull J., *Options, futures et autres dérivés*, Pearson, 2007

Husson B., *La prise de contrôle d'entreprises*, PUF, 1990

Jacquillat B., *Les 100 mots de la finance*, PUF, 2007

Jacquillat B., Solnik B., *Marchés financiers, gestion de portefeuille et des risques*, Dunod, Gestion Sup, 4ème édition, 2004

Joffre P., Kœnig G., *Gestion stratégique*, EMS, 1992

Julian J-J., *Les normes comptables internationales IAS/IFRS : Entraînements et cas corrigés*, 2nde édition, Foucher, 2007

Kœnig G., *Management stratégique*, Dunod, 2004

La Bruslerie H. de, *Analyse financière et risque de crédit*, Dunod, 1999

La Bruslerie H. de, *Gestion obligataires*, 2nde édition, Économica, 2006

Lardic S., Mignon V., *L'efficience informationnelle des marchés financiers*, Éditions La Découverte, Repères Economie, 2006

Le Saout E., *Introduction aux marchés financiers*, Économica, 2006

Leutenegger M-A., *Gestion de portefeuille et théorie des marchés financiers*, 2nde édition Économica, 1999

Leutenegger M-A., *Les tableaux d'analyse des flux*, Économica, 1999

Levasseur M., Quintart A., *Finance*, 2ème éd., Économica, 1992

Lintner J., Distribution of incomes of corporations among dividends, retained earnings, and taxes, *American Economic Review*, 1956, volume 46, p. 97-113

Madden B., *CFROI Valuation*, Butterworth-Heinemann, 1999

Mangot M., *Psychologie de l'investisseur et des marchés financiers*, Dunod, 2006

Marion A., *Analyse financière*, Dunod, 2001

Meier O., *Diagnostic stratégique*, Dunod, 2005

Meier O., Schier G., *Fusions acquisitions*, 2nde édition, Dunod, 2006

Miller M., Modigliani F., Dividend policy, Growth and the valuation of shares, *Journal of Business*, 1961, volume 34, p. 11-433

Miller M., Scholes M., Dividends and Taxes, *Journal of Financial Economics*, 1978, volume 6, p. 332-364

Mourgues N., *Financement et coût du capital de l'entreprise*, Économica.

Myers S., Interactions of Corporate Financing and Investment Decisions-Implications for Capital Budgeting, *Journal of Finance*, 1974, p. 1-25.

Navatte P., *Finance d'entreprise et théorie des options*, Économica, 1998

Paget-Blanc E., Painvin N., *La Notation financière : Rôle des agences et méthodes de notation*, Dunod, 2007

Parienté S., *Analyse financière et évaluation d'entreprise*, Pearson, 2006

Parienté S., *Techniques financières d'évaluation*, Économica, 1995

Parrat F., *Le gouvernement d'entreprise*, Dunod, Les Topos, 2003

Penman S., *Financial Statement Analysis and Security Valuation*, McGraw-Hill, 2004

Pierre F., Besançon E., *Valorisation d'entreprise et théorie financière*, Éditions d'Organisation, 2003

Poincelot D., *Les marchés de capitaux*, EMS, 1998

Porter M., *Choix stratégiques et concurrence*, Économica, 1982

Raimbourg P., *Les agences de rating*, Économica, 1990

Rapport AFEP-AGREF, dirigé par D Bouton, *Pour un meilleur gouvernement des entreprises cotées*, septembre 2002

Rapport Viénot, *rapport du comité sur le gouvernement d'entreprise,* 1999

Rapport Vienot, *Le conseil des administrations cotées*, juillet 1995

Richard J., *Analyse financière et gestion des groupes*, Économica, 2000

Riva F., *Applications financières sous Excel en Visual Basic*, 3ème édition, Économica, 2007

Roger P., *Exercices de théorie financière*, Nathan, 1999

Sentis P., *Introduction en bourse, une approche internationale,* Économica, 2004

Simon Y., Lautier D., *Finance Internationale*, Économica, Finance, 9ème édition, 2005

Thauvron A., *Évaluation d'entreprise*, Économica, 2nde edition, 2007

Trigordis L., *Real Options : Managerial Flexibility and Strategy in Resource Allocation*, MIT Press.

Vernimmen P., Quiry P., Le Fur Y., 2002, *Finance d'entreprise,* 5ème éd., Dalloz, 2002

Warner J., Bankruptcy costs : some evidence, *Journal of Finance*, 1977, volume 32, p. 337-347

Welch I., Views of financial economists on the equity premium and on professional controversies, *Journal of business*, 2000, p. 501-537

Index

A

B

C

J

L

M

N

O

P

Q

R

S

[Table des matières]

COMPOSITION Maury

ÉDITIONS FOUCHER – VANVES – N° 91913 – SEPTEMBRE 2007 – MV/STM

IMPRIMÉ EN FRANCE PAR NORMANDIE ROTO IMPRESSION S.A.S., 61250 LONRAI – N° D'IMPRESSION : 072577